★ ★ ★ ★ ★

美国税制研究

张京萍　陈宇

编著

STUDY
— ON —
THE TAX SYSTEM
— OF —
THE UNITED STATES

中国财经出版传媒集团
经济科学出版社
Economic Science Press

图书在版编目（CIP）数据

美国税制研究／张京萍，陈宇编著．—北京：经济科学出版社，2017.12（2021.9 重印）

ISBN 978 - 7 - 5141 - 8871 - 4

Ⅰ.①美…　Ⅱ.①张…　②陈…　Ⅲ.①税收制度 - 研究 - 美国　Ⅳ.①F817.123.2

中国版本图书馆 CIP 数据核字（2017）第 320820 号

责任编辑：王红英
责任校对：隗立娜
责任印制：邱　天

美国税制研究

张京萍　陈　宇　编著

经济科学出版社出版、发行　新华书店经销

社址：北京市海淀区阜成路甲 28 号　邮编：100142

总编部电话：010 - 88191217　发行部电话：010 - 88191522

网址：www. esp. com. cn

电子邮箱：esp@ esp. com. cn

天猫网店：经济科学出版社旗舰店

网址：http://jjkxcbs. tmall. com

固安华明印业有限公司印装

710 × 1000　16 开　28 印张　350000 字

2017 年 12 月第 1 版　2021 年 9 月第 2 次印刷

ISBN 978 - 7 - 5141 - 8871 - 4　定价：69.00 元

（图书出现印装问题，本社负责调换。电话：010 - 88191510）

（版权所有　侵权必究　举报电话：010 - 88191586

电子邮箱：dbts@ esp. com. cn）

总　序

　　在传统的国家视角下，税收是为了维持国家机器运转和提供公共产品、公共服务的一种政府收入筹集形式。随着现代国家的建立，"法无授权不纳税""无代表不纳税"等理念逐渐深入人心，税收成为国家发展演进的推动力，甚至决定了现代国家的成长方式与发展路径。可以说，税收制度规定了国家与社会成员之间最基本、最重要的分配关系。正如马克思所说"赋税是政府机器的经济基础，而不是其他任何东西""国家存在的经济体现就是捐税"。在税制现代化的进程中，不同国家走过了不同的道路。从英国光荣革命到美国独立战争再到新兴经济体的崛起，税收都发挥了重要的作用。以

I

税制结构为例，税制结构变动的背后是经济、政治、文化和制度等多因素的推动。美、英、法、德、日等发达国家的税制结构经历了从以间接税为主体的税制结构到以直接税为主体的税制结构，再到当前间接税和直接税双主体的税制结构这样一个演变过程。可以说，一部税收发展历史就是一个国家经济社会发展的历史。

我国现行税制的基本特征是以间接税为主体，具有较强的"中性"特征，同时征收成本较低，在筹集收入方面具有显著的优势，也实现了税收收入的持续稳定增长。但是，随着中国经济社会发展进入新的历史时期，这种税制结构的"累退性"及对消费的抑制等弊端日益受到社会各界的关注。党的十八届三中全会通过的《中共中央关于全面深化改革若干重大问题的决定》将财税体制改革的重要性提升到一个前所未有的高度，确立了新的财税体制改革目标即建立与国家治理体系和治理能力现代化相适应的现代财政制度。现代税收制度是现代财政制度的重要组成部分，下一步税制改革与以往税制改革的主要区别就在于，以往税制改革仅局限于经济体制改革，强调适应社会主义市场经济的要求；而此轮税制改革则要在全面深化改革的总体布局下，融入国家治理体系的现代化进程，作为现代财政制度建设的一部分发挥好作为国家治理基础和重要支柱的功能。

更应该看到，在封闭经济条件下，国家税收主要追求的是平等、确定、便利、效率等目标；而在开放经济环境中，税源流动、税收竞争成为新常态，一个国家的税收制度和税收政策已经很难关起门来做决策。从宏观层面看，税收税制的改革完善影响着一个国家在全球的税收竞争力，一个具有竞争力和中立性的税制可以促进经济的可持续增长和投资，同时为政府的正常运转提供充足的收入。从微观层面看，中国全方位开放新格局中，中国企业走向世界，深入了解不同国家和地区的税收制度显得愈发重要。2015 年 3 月 28 日，中国政府发布了《推动共建丝绸之路经济带和 21 世纪海上丝绸之路的愿景与行动》，标志着"一带一路"倡议正式进入实施阶段，更大范围、更广领域和更深层次上的开放与发展使得对沿线国家税制研究显得尤为迫切。2016 年 9 月 5 日，G20 领导人杭州峰会胜利闭幕。大会通过了《二十国集团领导人杭州峰会公报》，就推动世界经济强劲、可持续、平衡和包容增长的"一揽子"政策和措施形成"杭州共识"。在税收方面，G20 提出将继续支持国际税收合作以建立一个全球公平和现代化的国际税收体系并促进增长。中国与世界经济日益融合，在世界的经济地位不断攀升，税收话语权提升也需要"知己知彼"，通过融合促进合作共赢。

本套《"一带一路"倡议下国别税制研究系列丛书》选择美国、英国、日本、俄罗斯等一系列国家和地区，梳理分析各国税收制度演变与现状，并通过专题研究加深对各国税收制度的理解。由于税收改革和税收政策日新月异，理论界和实务界大批专家学者和业界从不同角度对各国税收制度和政策进行了介绍和分析。本丛书的设计希望能够体现出较长的时间价值。每本书的内容主要由两个部分构成：第一部分是税制的发展演变以及现状，包括税制结构、主要税种的税制要素、中央地方税收关系、税收征管等；第二部分为税制研究专题，包括税收与经济增长、税收与收入分配等重要研究问题，并对未来的税制改革趋势做了展望。丛书在内容撰写中强调资料性和研究性并重，从历史演变中梳理脉络，从繁杂资料中分析规律，力图使得研究成果能够为进一步理解和分析该国和地区的税收制度奠定基础。

本丛书的编写人员主要由中央财经大学财政税务学院、中央财经大学财经研究院的相关专业教师组成，也集合了国内外高校、研究机构、实务部门的研究人员。其中，有财政税务学院国际税收系的多位老师，也有长期从事俄罗斯、日本等国财税研究的教授，还得到一些兄弟院校、财税部门的高度关注和积极参与。经济科学出版社也对丛书的策划和出版给予了一如既往的支持。

丛书编写主要基于有关国家和地区以及国际组织的官方网站、学术论文和著作、各种统计数据等第一手资料，力图兼具资料价值和研究价值。但是，由于受到时间和能力的限制，本丛书还存在着一些疏漏和不足，希望广大读者理解，也欢迎批评指正，使得我们的研究能够不断深入。

马海涛

2017 年 12 月

内 容 简 介

　　现代社会，税收不仅是政府取得收入的主要手段，更是政府调节社会经济活动的重要工具和实现国家治理的基础。在经济全球化的背景下，美国作为世界上经济实力最强的发达国家，其税收制度和政策不仅直接影响其本国社会经济的发展，也会间接影响到与美国经贸关系密切的其他国家的税收制度改革、税收政策取舍以及企业和个人对美投资等的行为选择。因此，美国的税收制度一直受到世界各国政府、企业和个人的广泛关注。

　　本书全面介绍美国税制，同时择要进行专题分析和研究。美国属联邦制政体，其税收制度体系由联邦税、州税和地方税构成，其中联邦税占主导地位。本书简要回顾美国税制的演变和发展历程，考察美国现行的税制体系和税收管理体制及其特点，介绍美国联邦、州和地方政府的主要税种及其征收管理制度，包括个人所得税、公司所得税、社会保障税、消费税、销售税、关税、财产税以及遗产与赠与税等。效率和公平是美国税制的两大目标，本书在全面介绍美国现行税制的基础上，分别从"税收与经济增长"和"税收与社会公平"两个角度，对美国现行税制的经济效应和社会效应进行深入分析，并在最后一章探讨了美国现行税制的不足，展望了未来税制改革的趋势。

本书的编写过程正值"特朗普税改"从财政部提案到国会审议期间，至交稿时，美国国会参众两院对税改方案仍未达成一致。最后的"税制改革趋势"一章，对国会参众两院的税改方案进行了介绍和讨论，以便读者了解美国税制改革的最新动向。

目录

Contents

I

1 经济社会概况

1.1 国家基本情况

美利坚合众国（United States of America），简称"美国"，是由华盛顿哥伦比亚特区、50 个州和关岛等众多海外领土组成的联邦共和立宪制国家。首都为华盛顿，全称华盛顿哥伦比亚特区，位于美国东北部。北美原为印第安人的聚居地，15 世纪末，西班牙、荷兰、英国等国开始向北美移民。1775 年，爆发了北美人民反抗英国殖民者的独立战争。1776 年 7 月 4 日，第二次大陆会议在费城召开，由乔治·华盛顿任大陆军总司令，会议通过了《独立宣言》，美利坚合众国正式成立。

1861 年，南北战争爆发。亚伯拉罕·林肯领导北方的自由州战胜了南方的蓄奴州。美国从此结束了"一国两制"，开始全面实行自由资本主义，走上了快速发展的道路。

美国是一个高度发达的资本主义国家，其政治、经济、军事、文化、创新等实力领衔全球。作为世界第一军事大国，其在高等教育水平和科研技术水平以及航空技术方面，是当之无愧的世界第一，其科研经费投入之大、研究型高校企业之多、科研成果之丰富堪称世界典范。

1.1.1 地理环境

美国位于北美洲中部，是美洲第二大的国家，领土包括美国本土、北美洲西北部的阿拉斯加和太平洋中部的夏威夷群岛。北与加拿大接壤，南靠墨西哥湾，西临太平洋，东濒大西洋。国土面积963.142万平方公里，其中陆地面积916.923万平方公里，内陆水域面积约46万平方公里。本土东西长4500公里，南北宽2700公里，海岸线长22680公里①。

美国国土地形变化多端，地势西高东低。东海岸沿海地区有着海岸平原，南宽北窄，一直延伸到新泽西州，在长岛等地也有一些冰川沉积平原。在海岸平原后方的是地形起伏的山麓地带，延伸到位于北卡罗来纳州和新罕布什尔州、高1830米的阿巴拉契亚山脉为止。

阿巴拉契亚山脉以西是美国中央大平原，地势相对平坦，五大湖和密西西比河—密苏里河流域——世界上第四大的河域也位于这里。在密西西比河以西，内部平原的地形开始上升，最后进入美国中部面积广阔而地形独特的大平原。

在大平原西部则有高耸的落基山脉，从南至北将美国大陆一分为二，在科罗拉多州的最高峰达到4270米。西海岸地区有内华达山脉和海岸山脉。美国最高的山峰是麦金利山，海拔6193米，也是北美洲第一高峰。

1.1.2　行政区划

美国全国共分50个州和1个特区（哥伦比亚特区，首都华盛顿所在地），有3042个郡。联邦领地包括波多黎各和北马里亚纳；海外领地包括关岛、美属萨摩亚、美属维尔京群岛等。

这50个州的名称是：亚拉巴马、阿拉斯加、亚利桑那、阿肯

---

①　世界银行网站：http://data.worldbank.org.cn/country/united-states?view=chart。

色、加利福尼亚、科罗拉多、康涅狄格、特拉华、佛罗里达、佐治亚、夏威夷、爱达荷、伊利诺伊、印第安纳、艾奥瓦、堪萨斯、肯塔基、路易斯安那、缅因、马里兰、马萨诸塞、密歇根、明尼苏达、密西西比、密苏里、蒙大拿、内布拉斯加、内华达、新罕布什尔、新泽西、新墨西哥、纽约、北卡罗来纳、北达科他、俄亥俄、俄克拉何马、俄勒冈、宾夕法尼亚、罗得岛、南卡罗来纳、南达科他、田纳西、得克萨斯、犹他、佛蒙特、弗吉尼亚、华盛顿、西弗吉尼亚、威斯康星、怀俄明。

主要经济中心城市包括：纽约、洛杉矶、芝加哥、亚特兰大、波士顿、达拉斯和西雅图等。

1.1.3 人口总量

截至 2017 年 8 月，美国人口普查局（Bureau of the Census）统计的美国人口约为 3.26 亿。美国属多民族国家，非拉美裔白人占 62.1%，拉美裔占 17.4%，非洲裔占 13.2%，亚裔占 5.4%，混血占 2.5%，美国印第安人和阿拉斯加原住民占 1.2%，夏威夷原住民或其他太平洋岛民占 0.2%（少部分人在其他族群内被重复统计）[1]。从各州情况来看，加利福尼亚州是美国人口最多的州，为 3720 万人；怀俄明州人口最少，只有 56.4 万人；得克萨斯州人口绝对数量增长最多，为 2510 万人。2016 年美国的人口增长率为 0.78%，城镇人口占总人口的百分比为 81.61%，农村人口占美国总人口的 18.38%[2]。

1.1.4 自然资源

美国农业、矿产和森林资源丰富，在世界上占有举足轻重的地位。

---

[1] 外交部网站：http://www.fmprc.gov.cn/web/gjhdq_676201/gj_676203/bmz_679954/。

[2] 世界银行网站：http://data.worldbank.org.cn/country/united-states?view=chart。

1. 农业用地

耕地、牧地约为 4.3 亿公顷，占全球农业用地 10% 左右。美国耕地面积占全国土地面积 18.01%。农业自然条件得天独厚，土壤肥沃，雨量充沛，加上现代化的生产手段，使得美国粮食产量约占世界总产量 1/5，主要农畜产品如小麦、玉米、大豆、棉花、肉类等产量均居世界第一位。

2. 矿藏资源

铁、铜、铅、锌、煤、石油、天然气以及硫磺、磷酸盐、钾盐等矿物储量均居世界前列，钼、钒、钨、金、银、铀、硼等矿藏也在世界储量中占较大比重，但钛、锰、锡、钴、铬、镍等矿产主要依赖进口。美国许多矿产资源具有埋藏浅、分布集中、开采条件较好的特点。美国煤炭探明储量近 4910 亿吨，占全球总储量的 27%，居世界第一。有色金属矿以铜、铅、锌为主，部分是三者共生矿，其中铜矿探明储量 9200 万吨（金属量），居世界第二位；铅矿探明储量 5352 万吨（金属量），居世界首位。

3. 油气资源

截至 2011 年，美国已探明原油储量 206.8 亿桶，居世界第 13 位；已探明天然气储量 244.7 万亿立方英尺，居世界第 5 位。

4. 林业资源

美国林业资源比较丰富。北有阿拉斯加的寒带林，大陆本土有广阔的温带林，在波多黎各和夏威夷还有繁茂的热带林。全美共有 6.5 亿公顷的森林和草地，其中森林约占一半，森林覆盖率达 33%。林地面积仅次于加拿大和巴西，居全球第三位。主要树种有美洲松、黄松、白松和橡树类。

1.1.5 国家象征

1. 国旗

美国国旗为星条旗（Stars and Stripes）。呈横长方形，长与宽之比为 19∶10。主体由 13 道红、白相间的宽条组成，7 道红条，6 道白条；旗面左上角为蓝色长方形，其中分 9 排横列着 50 颗白色五角星。红色象征强大和勇气，白色代表纯洁和清白，蓝色象征警惕、坚韧不拔和正义。13 道宽条代表最早发动独立战争并取得胜利的 13 个州，50 颗五角星代表美利坚合众国的州数。

2. 国徽

美国国徽的主体为一只胸前带有盾形图案的白头海雕（秃鹰）。白头海雕是美国的国鸟，它是力量、勇气、自由和不朽的象征。盾面上半部为蓝色横长方形，下半部为红、白相间的竖条，其寓意同国旗。鹰之上的顶冠象征在世界的主权国家中又诞生一个新的独立国家——美利坚合众国；顶冠内有 13 颗白色五角星，代表美国最初的 13 个州。鹰的两爪分别抓着橄榄枝和箭，象征和平和武力。鹰嘴叼着的黄色绶带上用拉丁文写着"合众为一"，意为美利坚合众国由很多州组成，是一个完整的国家。

1.2 经济概况

1.2.1 美国经济发展阶段

工商业是美国经济的立国之本。由企业家开拓精神推动的科技创新和商业扩张是美国经济快速发展的重要原因。同时，由大规模工业化带动的现代农业以其极高的效率为美国从工业时代进入信息时代奠定了牢固的基础。要了解美国的经济发展，就要把握它从传统农业迅速发展到现代工业，以及进入信息产业时代和经济全球化阶段的基本轨迹。美国经济大致经历了如下发展阶段：

1. 从农业经济向工业经济转化阶段（1790～1860年）

1860年，美国工业总产值为19.07亿美元，超过农业总产值（14.69亿美元），这标志着美国经济从此走向工业化发展道路。美国从农业经济向工业经济转化可划分为3个时期：（1）1790～1815年，工业依赖于欧洲，但促成了工厂制的诞生。（2）1815～1840年，出现小型工厂，制造业登上历史舞台。（3）1840～1860年，蒸汽机的发明和运用奠定了工业革命的基础，并带动铁路和制造业的迅猛发展。铁路的兴起大大刺激了交通运输，制造业的发展使小型工厂开始具有现代化工业发展特征，工业资本不再是"重商主义"的附属物，而成为国民经济主体；工厂主不再是商人或掮客，而成为企业家（资本家）；来自家庭手工业或小作坊的工人不再是从事简单劳动的生产者，而成为现代化大机器相结合的先进生产力。这一时期爆发的"南北战争"结束了奴隶制，解放了劳动力，扫清实现工业化的障碍，加速了北方的工业革命。加之与其相配合的经济"自由放任政策"，造就了资本主义的繁荣①。

2. 从自由工业经济向集中和垄断经济转化阶段（1860～1914年）

自由竞争加速了资本和财富的积聚。1859～1914年美国工业总产值增长了33倍，在世界的排名从1860年的第四位上升为1894年的第一位，其当年的工业产值是英国的两倍。美国实行工业化比

---

① Harold Underwooe Faulkner "American Economic History", Harper & Brother Publication, New York 1960.

英国晚 50 年，但只用了 70 年左右的时间就超过英国，被认为是一个"奇迹"。

"自由放任政策"加速资本的集中和垄断，集中和垄断成为资本主义发展的趋势，它有利于大资本发展。从生产领域看，垄断有利于形成规模经济，在不同产业实行生产专业化，最大限度地提高机器的效率；从交换领域看，垄断有利于扩大贸易，减少转运费用，稳定物价；从分配领域看，垄断有利于大资本控制劳工，节约工资成本，降低行政费用，以获取超额垄断利润；从科技进步角度看，垄断有利于研究和开发，加强企业持续发展的能力。但是，垄断使中小资本尤其是消费者的利益受到损害，最终导致国家资源的巨大浪费。在资本市场，垄断资本通过合并，"虚股"发行，对银行和中介机构付给大量佣金，大量掠夺中小投资者的利益。在生产领域，垄断资本对不愿意参加托拉斯的企业采取非法手段予以打击和排斥。在政治上，垄断资本对政府行贿，操纵竞选，"自由放任政策"使一小撮积累了国家大量财富与资源的垄断寡头得到好处，广大民众的愤怒和不满达到顶点。垄断导致的腐败和一系列社会问题引起美国立法机构的重视，并于 1890 年通过了反托拉斯法令。根据这一法令，控制了全国石油生产的 90% 以上的美孚石油公司和美国烟草公司被解散。尽管反托拉斯法收到一定成效，但是，由于资本主义私有制本性所决定，这个法令执行基本上是失败的。

3. 从垄断资本向"新帝国主义"转化阶段（1914~1945 年）

这一阶段，美国经历了两次世界大战。"老牌帝国主义"开始于重商主义时代，其以掠取和瓜分殖民地领土为目标。1898 年前的美国扩张基本属于这种性质。"新帝国主义"乃是"工业革命"所产生的直接后果，其主要原因在于资本主义的高度发展使国内市场需求已不能满足工业革命诱发的巨大供给，只有向海外扩张才能缓和国内的矛盾。"美西战争"是标志美国进入帝国主义的开端。"新帝国主义"的侵略手段包括：军事征服；通过不平等条约分割殖民地土地；利用经济贷款控制受援国的经济命脉；以美国公民与当地居民的摩擦为由，进行经济渗透和干预。由于殖民地与附属国人民的斗争，美国在1938年废除了"罗斯福推论"政策，而用缔结所谓互惠协议的方式替代武装干涉。

由于美国生产力社会化与生产资料私人占有之间的基本矛盾无法解决，美国经济发生了周期性的危机，1857～1929年，先后发生过9次经济危机（1857年、1873年、1884年、1893年、1903年、1907年、1913年、1920年、1929年），1929～1933年的经济大萧条，历时最长，规模最大，影响最深。大萧条使经济下降60%左右，失业率高达25%以上，信贷和银行体系瓦解。1933年上任的罗斯福总统放弃历届美国政府奉行的"自由放任政策"，改为奉行凯恩斯理论，针对大萧条实行"新政"，即加强国家对经济的宏观调控，奉行赤字财政政策，扩大国家预算支出，扩大内需和外需，刺激经济增长，防止经济衰退。"罗斯福新政"的核心，是通过政府干预来弥补市场经济的缺陷[1]。

4. 从经济稳定增长转入经济"滞胀"阶段（1945～1979年）

经过1945～1952年的恢复期，20世纪50年代美国GDP平均增长速度为3.2%，60年代达3.9%，1970～1973年增速高达4.7%，经

---

[1] Harold Underwooe Faulkner "American Economic History", Harper & Brother Publication, New York 1960.

济持续稳定增长。这种经济增长态势，与战后和平时期的外部环境以及奉行凯恩斯主义政策有一定关系。然而，1974～1975年，美国经历了战后以来最严重的经济危机，经济增长速度以平均1.3%的比率下降。1976～1979年，美国经济渡过危机后有所回升，但是增长幅度日趋减弱，出现经济停滞伴随通货膨胀的"滞胀"局面①。

5. 摆脱经济"滞胀"进入高速经济增长阶段（1980～2000年）

美国经济的"滞胀"问题对凯恩斯理论提出挑战。"需求决定论"和"赤字财政政策"导致严重的通货膨胀、失业和经济衰退。在凯恩斯主义失灵的情况下，美国"供应学派"理论应运而生。该理论的核心是反对"需求决定论"，主张"供给决定论"和"供给会自行创造需求"。它并不反对国家干预经济本身，也不是回到"自由放任政策"老路，而仅仅是在国家干预的方式和程度上与凯恩斯主义有所不同。

里根政府和老布什政府奉行"供应学派"理论，推行"经济复兴计划"，主要内容是：大力削减联邦预算；减税；紧缩财政政策；政府行政改革。尽管里根声称平衡预算，但是，在其执政期间，财政赤字非但没有减少，反而越来越大，多次突破2000亿美元。老布什政策后期，财政赤字高达3000亿美元。看来，"供应学派"理论并没有挽救美国经济的颓势。

克林顿政府上台后，采取所谓"新经济"政策，从而使美国经济摆脱"滞胀"，持续了美国历史上从未有过的高速增长，其特征表现为：低通货膨胀和低失业率并存；经济收缩期缩短，扩张期延长；

---

① 美国经济分析局.美国统计摘要［M］.外文出版社，1979年，第437页。

消灭财政赤字，连续 4 年财政盈余。如何解释上述特征，成为颇受争议的问题。首先，通货膨胀和失业率之间存在相辅相成的关系，菲利普斯曲线认为低通胀率和低失业率不能长期同时并存，然而美国经济在低通货膨胀（1% 以下）和低失业率（2% 以下）并存下增长近 9 年，它使菲利普斯曲线失灵，西方经济学受到挑战。其次，美国经济已经多次打破持续增长 106 个月的历史记录。尽管人们还不能做出经济周期已经消失的结论，但是，美国经济收缩期在不断缩小，扩张期在不断延长的事实，向经典的经济周期理论提出挑战。再次，曾作为资本主义腐朽性之一的"孪生赤字"已变成"单生赤字"。在亚洲国家包括日本和中国靠赤字财政来拉动经济增长的同时，美国却在为如何处理财政盈余而争吵，有人从新经济的角度解释这种现象。科技进步是内在原因，经济全球化是外在原因，政府的宏观经济调控政策是保证[①]。

1.2.2　美国经济发展现状

1. 经济发展状况

（1）美国 GDP 总量和增速

美国是世界上最发达的市场经济国家，GDP 总量居世界首位。GDP 是国民经济核算的核心指标，也是衡量一个国家或地区总体经济状况重要指标。美国 2001～2016 年的 GDP 绝对量及增长情况如表 1-1 和图 1-1 所示。

---

① 肖炼.美国经济研究.中国友谊出版公司，2007 年，第 13 页。

表 1-1 2001～2016 年美国 GDP 增长情况（基于 2010 年美元不变市场价格）

年份	GDP（亿美元）	增长率（%）
2001	106220	1.0
2002	109780	1.8
2003	115110	2.8
2004	122750	3.8
2005	130940	3.3
2006	138560	2.7
2007	144780	1.8
2008	147190	−0.3
2009	144190	−2.8
2010	149640	2.5
2011	155180	1.6
2012	161550	2.2
2013	166920	1.7
2014	173940	2.4
2015	180370	2.6
2016	185690	1.6

资料来源：世界银行：http://data.worldbank.org.cn/country/united-states?view=chart。

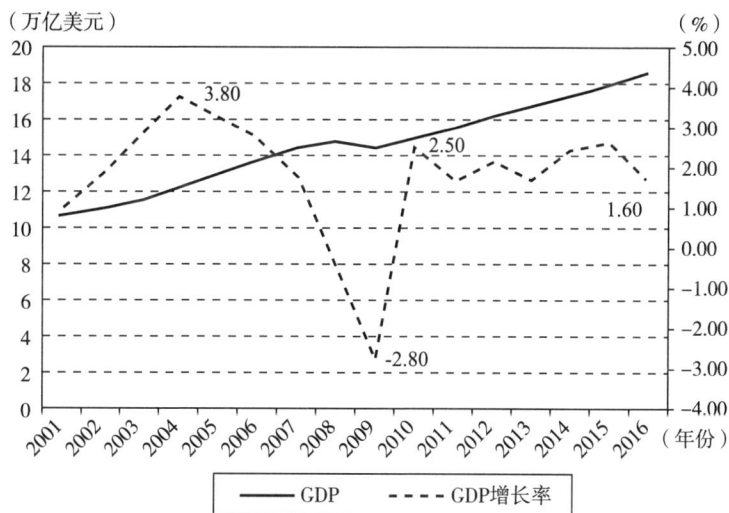

图 1-1 2001～2016 年美国 GDP 增长情况（基于 2010 年美元不变市场价格）

注：笔者根据表 1-1 的数据制作。

2001～2004 年，美国进入新一轮繁荣期，经济持续高速增长，经济增速由 2001 年的 1.0% 提高到 2004 年的 3.8%。

2005 年美国经济下行因素增多，2007 年 7 月次级房贷危机全面爆发。2008 年 9 月，随着雷曼兄弟等多家金融机构接连破产、被兼并或由政府接管，美国次贷危机迅速升级演变成大萧条以来最严重的国际金融危机，金融系统损失重大，信贷市场迅速萎缩，实体经济深度衰退，市场信心受到严重影响。受金融危机影响，2009 年美国 GDP 增速降至 -2.8%，达到 2001 年以来经济增速最低值。奥巴马政府上台后实施大规模刺激经济计划，2009 年下半年起美国经济金融形势开始好转，国内生产总值恢复增长。2010 年美国经济继续复苏，全年 GDP 增长率达 2.5%，经济总量基本恢复至危机前的水平。

2011～2016 年，经历了金融风暴洗礼后，经过各个部门的去杠杆化进程，取得了一定的成效，美国经济逐渐从阴云中走出，经济整体企稳回升，但复苏进程依然曲折。2011 年虽然经济增速较 2010 年有所下降，但经济继续保持温和复苏势头，全年经济增长率为 1.6%。2013 年，美国国内生产总值达到 16.69 万亿美元，居世界国家和地区第 1 名。人均国内生产总值 53，142.89 美元，居世界国家和地区第 10 名。2015 年全年美国的经济增长达到 2.6%，创造 2008 年金融危机以来的最大增速。2016 年经济增速为 1.6%，较 2015 年有所下降。

（2）三大产业对 GDP 的贡献

GDP 总量并不能完全反映国家的经济发展状况，通过三大产业增加值的 GDP 占比，可以了解一国经济发展质量。2001～2016 年美国三大产业对 GDP 的贡献情况见表 1-2 和图 1-2。

表 1-2	美国三大产业增加值占 GDP 的比例		单位：%
年份	第一产业增加值 （占 GDP 的比例）	第二产业增加值 （占 GDP 的比例）	第三产业增加值 （占 GDP 的比例）
2001	1.16	22.13	76.70
2002	1.00	21.27	77.73
2003	1.17	21.38	77.45
2004	1.29	21.67	77.04
2005	1.18	21.93	76.89
2006	1.06	22.34	76.61
2007	1.09	22.16	76.76
2008	1.15	21.65	77.20
2009	1.06	20.22	78.73
2010	1.17	20.39	78.44
2011	1.37	20.63	78.00
2012	1.24	20.54	78.21
2013	1.45	20.64	77.91
2014	1.33	20.69	77.98

资料来源：世界银行：http://data.worldbank.org.cn/country/united-states?view=chart。

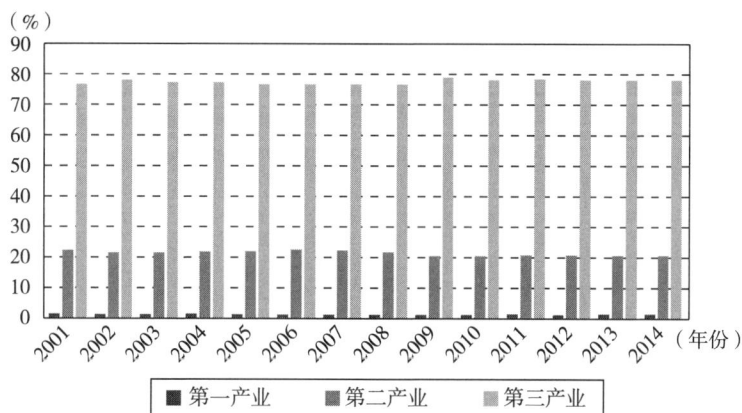

图 1-2 三大产业增加值占 GDP 的比例

注：笔者根据表 1-2 的数据制作。

数据显示，2001~2014 年，在三大产业中美国第三产业产值占 GDP 的 77% 左右。第二产业紧随其后，对 GDP 的贡献达到 20% 左右，并且在 2001~2009 年，该比重逐年下降；2009~2014 年，该比重有所上升。相较而言，第一产业占 GDP 的比重较小。

美国的第一产业为农业。美国农业高度发达，机械化程度高，是世界上重要的农业国家之一。2010 年共有农场 220 万个，耕地面积 9.2 亿英亩。2010 年美国粮食产量约占世界总产量的 16.5%。2011 财年农产品出口总额为 1374 亿美元，中国首次成为美国农产品最大的出口市场，出口额接近 200 亿美元，出口产品包括大豆、棉花、坚果和毛皮等。2014 年农业产值约占国内生产总值的 1.33%。农、林、渔业等部门就业人数约占总就业人口的 0.7%。

美国的第二产业包括采掘业、电力、建筑业、制造业四类。美国自 2011 年以来，保持了全球第二大工业国的地位，近两年工业占 GDP 的 20% 左右，大约为 2.8 万亿美元。2014 年，美国工业生产增长率约为 1.7%，占当年美国国内生产总值的 20.68%。工业就业人数约占全部就业人口的 20.3%。目前，美国制造业已出现明显振兴势头：一是制造业产值显著增加。2010~2013 年制造业产值年均增幅达到 4%，高于同期 GDP 增幅[1]。2015 年 5 月产能利用率达到 78.1%，创 2008 年 2 月以来最高位。二是制造业较其他行业竞争力明显增强。2010~2013 年制造业人均产值平均增幅 3.9%，大大高于同期全

---

① Bureau of Economic Analysis, "Revised Statistics of Gross Domestic Product by Industry: 2008 through Third Quarter 2016," April20 , 2017 , https://www.bea.gov/newsreleases/industry/gdpindustry/2017/gdpind316.htm.

行业人均平均产值的增幅（1.9%）[1]。三是制造业生产率较其他国家明显提高。2010～2011年全球制造业增加值占全球GDP比重下降了0.99%，而美国增加了2.19%，好于中国、墨西哥和英国。

与此同时，信息、生物等高科技产业发展迅速，利用高科技改造传统产业也取得新进展。其主要工业产品有汽车、航空设备、计算机、电子和通信设备、钢铁、石油产品、化肥、水泥、塑料及新闻纸、机械等。在石油工业、冶金工业、化学工业、食品工业等领域，美国位列全球第一。在电力工业、机械制造、电信设备等领域，美国位列全球第二。

2014年，就工业基本金属钢铁来说，美国产量占世界4.8%；汽车产量占世界12.84%，销量占世界19.04%；全口径净发电量为40786.70亿千瓦时，同比增长0.03%。2014年，全球专利合作协定（Patent Cooperation Treaty，PCT）的专利申请量为232642件，其中美国为56424件，占世界总量的24.3%。

美国服务业范围广、统计口径大。包括银行和其他金融证券业、保险业、商业的批发和零售、外贸、运输业、公用事业、建筑业、电讯业与其他信息技术产业、教育、医疗、法律、会计、审计、咨询业、文化娱乐业、新闻媒体等。2014年服务业创造的产值约占国内生产总值的77.98%，服务行业就业人数约1.2亿，占总就业人口的79.1%，其中管理、专业、技术类领域就业人数占总就业人数的37.3%，销售等领域就业人数占24.2%，其他服务行业占17.6%。

---

① FederalReserve, "Industrial Productionand Capacity Utilization," April20, 2007, http://www.Federalreserve.gov/Releases/G17/default.htm.

2. 就业

在美国现代经济中，经济增长和充分就业是评估宏观经济健康状况、衡量经济周期的两项重要指标。2001～2013 年美国就业情况见表 1-3 和图 1-3。

表 1-3   2001～2013 年美国就业情况

年份	就业人数（万人）	失业率（%）	劳动力参与率（%）
2001	13837.57	4.8	66.0
2002	13796.25	5.9	65.6
2003	13922.58	6.1	65.2
2004	14074.41	5.6	64.9
2005	14312.08	5.2	65.0
2006	14580.80	4.7	65.1
2007	14741.97	4.7	64.9
2008	14674.75	5.9	64.3
2009	14129.53	9.4	63.5
2010	14049.87	9.7	63.0
2011	14130.36	9.0	62.9
2012	14387.43	8.2	62.5
2013	14531.23	7.4	62.4

资料来源：美国劳工部：https://www.bls.gov/ces/。

2001～2006 年，美国经济呈现繁荣的景象，就业市场状况良好，失业率普遍较低，劳动参与率保持在 65.5% 的水平上。2003 年失业率为 6.1%，仅比 2002 年增长 0.2%。2004 年，失业率开始下降，到 2006 年下降到 4.7% 的水平，这也是近十年来失业率的最低水平。

2008 年金融危机爆发，经济形势的低迷使得就业形势变得严峻，失业人口大量增加。失业率从 2007 年的 4.7% 急剧上升到 2009 年的 9.4%。2010 年经济形势虽然有所缓和，但失业率仍较 2009 年小幅上升，达到 2000 年以来的最大值 9.7%。

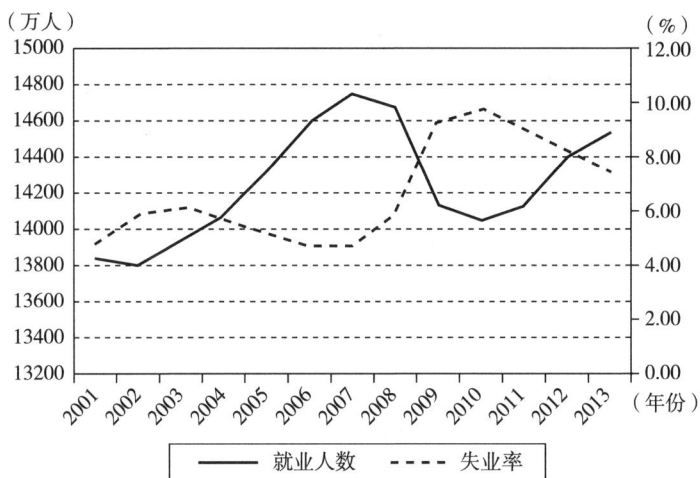

图 1-3　2001～2013 年美国就业情况

注：笔者根据表 1-3 的数据制作。

2011 年起美国经济和金融形势开始好转，国内生产总值恢复增长。经济增长通常会创造新就业岗位，提高劳动者就业积极性。美国国内失业率已从 2010 年 9.7% 的高点降至 2013 年的 7.4%，这也是自 2008 年金融危机以来最低的水平。

在失业率不断下降的同时，劳动力市场结构性失衡问题也不断暴露。一是长期失业问题严重。目前约有 660 万美国人从事的是兼职工作，因为其无法获得全职工作。美国失业总人口 2013 年降至869.8 万，但其中失业时间超过半年的长期失业者人数高达 270.9 万，占总失业人数的 31.1%。衡量在职和求职人口总数占劳动年龄人口的劳动参与率自 2001 年逐年减小，在 2013 年仅为 62.4%，为十年来最低点，这说明美国目前仍有相当多有劳动能力的劳动者不愿申请工作，主动退出劳动力市场。二是就业机会分配不平等。美国"移民研究中心"的最新研究显示，在过去的 15 年中，美国国内就业增加的岗位主要被移民和非法劳工获得，在美国本土出生的美国人并未从就业机会增加中获得好处 [1]。三是劳动者生活状况未能从就业机会增加中受益。美国皮尤研究中心的民调称，由于物价上涨等因素，近 2500 万中产阶级沦为"月光族"（每月薪资全部用光，无储蓄），美国中产阶级状况堪忧 [2]。四是低薪工作增加可能成为"新常态"。美国劳工问题智库及维权组织"全国就业法协会"（National Employment Law Project）的报告指出，劳动者生活状况未能与就业同步增加的主要原因是，目前创造的工作大多数是低薪工作，经济衰退期间损失的低薪工作占 22%，但后来增加的低薪工作却占 44%；高薪工作在经济衰退期损失 41%，但在增加的工作中只占 30% [3]。

3. 物价水平

物价水平是用来衡量目标市场潜在的消费能力和分析其经济状况的重要指标。物价稳定是经济稳定、财政稳定以及货币稳定的集中体现，物价稳定同时标志着社会总体需求量的基本平衡、财政收支的基本平衡和市场流通的货币供应量与市场需求的货币量的基本适应。美国 2001~2016 年消费者价格指数见表 1-4。

---

[1] Federal Reserve, "Normalizing Monetary Policy: Prospects and Perspectivs," April 20, 2017. http://www.federalreserve.gov/newsevents/speech/yellen20170420a.htm.

[2] Center for Immigration Studies, "Panel Transcript: Immigration Briefing for 114th Congress," April 20, 2017, http://cis.org/Panel Transcripts/Event–Immigration–Briefing–114th–Congress.

[3] Pew Research Center, "America's Wealth Gap between Middle income and Upper income Families Is Wideston Record," April 21, 2017, http://www.pewresearch.org/fact–tank/2017/04/21/wealthgapuppermiddleincome.

表 1-4 美国 2001～2016 年消费者价格指数

年份	消费者价格指数（2010年=100）	按消费者价格指数衡量的通货膨胀（年通胀率）（%）	能源消费价格指数（%）	食品消费价格指数（%）	非能源非食品消费价格指数（%）
2001	81.20	2.83	3.8	3.3	2.7
2002	82.49	1.59	−5.9	1.3	2.3
2003	84.36	2.27	12.2	2.1	1.5
2004	86.62	2.68	10.9	3.8	1.8
2005	89.56	3.39	16.9	1.9	2.2
2006	92.45	3.23	11.2	1.8	2.5
2007	95.09	2.85	5.5	4.2	2.3
2008	98.74	3.84	13.9	6.4	2.3
2009	98.39	−0.36	−18.4	0.5	1.7
2010	100.00	1.64	9.5	0.3	1.0
2011	103.16	3.16	15.4	4.8	1.7
2012	105.29	2.07	0.9	2.5	2.1
2013	106.83	1.46	−0.7	0.9	1.8
2014	108.57	1.62	−0.3	2.4	1.7
2015	108.70	0.12	−16.7	1.2	1.8
2016	110.00	1.3	−6.6	−1.3	2.2

资料来源：经合组织统计网站：http://stats.oecd.org/Index.aspx?DatasetCode=MEI_PRICES#。

2008 年美国次贷危机爆发后，为了稳定本国金融体系、防止经济陷入衰退，美国先后 10 次降息。2008 年 12 月 16 日，美联储将联邦基准利率从 1% 降至 0～0.25%。但是，"零利率政策"并未取得预期的效果，反而使经济陷入流动性陷阱。传统的货币政策工具已经失效，加之美国财政赤字问题严重，使得财政政策的使用受限。在此背景之下，美联储开始创新非常规的货币政策工具，即量化宽松政策。2009 年 3 月至 2010 年 8 月，美国逐步实施了第一轮量化宽松的货币政策，共投放货币量 1.15 万亿美元，包括 3000 亿美元的长期国债、7500 亿美元的房地产抵押债券与 1000 亿美元的"两房"债券。2010 年 11 月又开始实施第二轮量化宽松的货币政策，但此轮政策较之前有所收紧，共购买 6000 亿美元的国债。与此相应，美国的物价水平自 2007 年开始出现上升，在 2008 年达到最大值 3.84%。在 2009 年短暂下降后，2010 年又开始上升。

2012 年通货膨胀率保持在 2.07% 的低水平，受到汽油价格大幅波动影响，去除食品和能源价格影响的核心消费价格指数环比上涨 2.1%，比 2011 年的 1.7% 高 0.4 个百分点。

在 2014 年年中油价大幅下跌之前，美国国内物价水平一直在 2% 的警戒线以下徘徊，外界一度担心美国会出现通缩风险。国际油价下跌进一步削弱美国国内通胀动力。能源消费物价指数在 2015 年环比减少 16.7%，消费者物价指数增长仅 0.1%，创 2009 年 10 月以来最低值。在经济止跌回升、流动性闸门大开、货币政策极为宽松的环境下，通胀仍不温不火，这在美国经济史上并不多见。

4. 消费与投资

国民总支出由总消费和总投资构成，总投资是指常住单位在核算期内对固定资产和存货增量的投资支出合计，总消费是指常住单位在一定时期内对货物和服务的全部最终消费，包括居民消费和政府消费。美国 2001～2015 年国民支出情况见表 1-5。

居民消费总额最直观地反映出了社会的购买力程度，以及国家零售市场的规模。美国的居民消费总额世界第一。从数据来看，美国 2001～2015 年居民消费占 GDP 的比重呈逐年上升趋势。美国 2015 年的国内生产总值达到 18.04 万亿美元，其中消费总额贡献了 68.1%。同年，中国国民生产总值是 9.24 万亿美元，消费总额贡献了 37% 左右。可见美国是一个有巨大消费动力的市场。在美国的个人消费支出中，医疗支出比重最高，也是个人消费支出中增长速度最快的部分。此外，政府支出占美国 GDP 的 15% 左右，比重最高的是教育和国防支出。

表 1-5　　　美国 2001～2015 年投资与消费占 GDP 比重　　　单位：%

年份	国民总支出（占GDP的百分比）	资本形成总额（占GDP的百分比）	固定资本形成总额（占GDP的百分比）	存货变动（占GDP的百分比）	最终消费支出（占GDP的百分比）	居民最终消费支出等（占GDP的百分比）	政府最终消费支出（占GDP的百分比）
2001	103.47	22.05	22.41	-0.36	81.42	66.87	14.55
2002	103.88	21.58	21.41	0.17	82.31	67.27	15.04
2003	104.38	21.66	21.49	0.17	82.72	67.46	15.25
2004	105.04	22.53	22.01	0.52	82.52	67.29	15.23
2005	105.51	23.22	22.77	0.46	82.28	67.16	15.12
2006	105.56	23.33	22.85	0.48	82.23	67.15	15.08
2007	104.96	22.35	22.11	0.24	82.61	67.35	15.26
2008	104.91	20.79	21.00	-0.22	84.13	68.03	16.09
2009	102.74	17.51	18.54	-1.02	85.23	68.29	16.94
2010	103.43	18.39	17.98	0.41	85.03	68.18	16.85
2011	103.74	18.54	18.28	0.27	85.19	68.88	16.31
2012	103.50	19.35	18.97	0.38	84.15	68.40	15.75
2013	102.95	19.76	19.21	0.55	83.19	68.07	15.12
2014	102.93	20.01	19.64	0.38	82.91	68.21	14.70
2015	102.89	20.35	19.83	0.52	82.55	68.10	14.44

资料来源：世界银行：http：//data.worldbank.org.cn/country/united-states?view=chart。

投资是美国经济重要组成部分，美国 2001～2015 年各年投资支出大约占美国 GDP 的 20%。其中包括每年 1.6 万亿美元的设备和软件投资、7000 亿美元的商业地产投资和 5000 亿美元的住宅投资。

5. 财政收支

财政收支包括财政收入和财政支出两个方面。财政收入是国家为了保证实现政府职能的需要，通过税收等渠道集中的公共性资金收入；财政支出则是为满足政府执行职能需要而使用的财政资金。财政赤字亦称预算赤字，是指财政年度国家财政支出大于收入的差额。在不同的社会制度下，财政赤字形成的原因和国家所持的政策是不同的。在资本主义制度下，一方面是经济危机造成税源萎缩，财政收入锐减；另一方面是政治经济矛盾的激化，使国家为实行反危机措施和强化资产阶级暴力机构，特别是扩军备战，造成财政支出剧增。美国2001～2016年财政收支情况见表1-6。

表1-6　　　　　　美国2001～2016年财政收支情况　　　单位：亿美元

年份	财政收入	财政支出	财政赤字	财政赤字率（赤字／GDP）（%）
2000	31382	29718	1664	1.86
2001	31232	31740	−508	0.48
2002	29719	33633	−3914	3.57
2003	30480	35722	−5243	4.55
2004	32703	37779	−5076	4.14
2005	36690	40403	−3713	2.84
2006	40079	42743	−2664	1.92
2007	42088	45472	−3384	2.34
2008	41175	49166	−7990	5.43
2009	36995	52203	−15208	10.55
2010	39365	55025	−15660	10.47
2011	41322	55922	−14601	9.41
2012	43123	56231	−13108	8.11
2013	48252	56595	−8344	5.00
2014	50331	58122	−7791	4.48
2015	52600	59930	−7330	4.06
2016	53128	61775	−8647	4.66

资料来源：美国经济分析局：https://www.bea.gov/iTable/iTable.cfm?ReqID=9&step=1#reqid=9&step=3&isuri=1&904=2000&903=86&906=a&905=2017&910=x&911=0。

　　在克林顿执政期间（1993～2001年），由于结束了前任总统布什的战争政策，在节约开支的同时加强税收，尤其是鼓励互联网经济和信息产业的发展，使美国经济实现低通胀高增长，并且在1997年克服了联邦财政赤字的痼疾，2000年克林顿卸任前夕，美国出现1664亿美元的财政盈余。

　　在小布什执政时期（2001～2009年），布什政府发动对伊拉克和阿富汗两场战争，国防开支急剧上升，同时布什政府曾在2001年6月、2003年5月和2008年1月三次推出大规模减税计划，分别减税1.35万亿、7260亿和1500亿美元[①]。战争和减税计划导致美国财政出现赤字，逆转了克林顿时期的财政盈余。2001年美国财政收支从上一年度1664亿美元的盈余急剧转为508亿美元的赤字，此后财政赤字一路攀升。2003和2004年连创财政赤字历史新高，分别为5243亿美元和5076亿美元。小布什上任初期，美国的财政盈余占GDP的比重为0.48%，而2004年美国的财政赤字占GDP的比重，即财政赤字率高达4.14%，已超过3%的国际警戒线[②]。

　　奥巴马任职以来（2009～2012年），正值金融危机爆发，经济增长疲软，财税收入降低。奥巴马政府为应对金融危机，在2010年12月签署了减税延期法案，将布什政府时期的全民减税政策延期两年并给予企业投资税减免。该法案总额为8480亿美元。2011年12月，奥巴马签署了薪资税减税延期两个月法案，该法案金额为330亿美元。这些无疑都制约了奥巴马政府的财政收入增加。同时，为了稳定金融市场和刺激实体经济，美国政府先后实施了多轮大规模救市

[①] 孙大海.美国财政赤字的深层原因和影响[J].中国财政, 2010, (2).
[②] 朱邦宁.美国经济中的"双高赤字"及其前景[J].求是, 2005, (22).

方案。大量政府支出加剧了财政收支缺口，美国联邦政府赤字大幅上升①。2008 年，美国财政赤字高达 7990 亿美元，财政赤字率从 2007 年的 2.34% 提高到 5.43%。2009 年财政赤字增至 1.52 万亿美元，是 2008 年的 2 倍之多，财政赤字率创下了 10.55% 的新纪录。2010 年和 2011 年财政赤字分别为 1.57 万亿和 1.47 万亿美元。美国联邦财政赤字从 2009~2012 年连续四年居于 1 万亿美元高位。

2013 年美国联邦财政赤字由 2012 年的 13108 亿美元锐减为 8344 亿美元，为过去 4 个财年中首次低于 1 万亿美元，但是当年财政赤字占国内生产总值的比例依旧超过 3% 的国际警戒线。财政部表示，财政收入的提高对赤字下降的贡献度是 79%。导致赤字下降的因素还包括经济持续改善、自动减支计划使多项税收优惠政策自动终止，以及提高了对高收入家庭的征税。另一个原因是房地美与房利美向政府偿还了大部分的援助贷款，总额达 1870 亿美元。2014 年和 2015 年财政赤字均有所下降，2015 年财政赤字达到 2008 年以来的最低值，并且两年财政赤字率均低于 3% 的国际警戒线。2016 年财政赤字较 2015 财年有所上升。

6. 国际贸易

美国是世界上第一大进口国和第三大出口国。2010 年 3 月，奥巴马签署行政法令《国家出口倡议》，加大对美国出口企业的支持力度。2011 年美国前五大货物贸易伙伴为加拿大、中国、墨西哥、日本和德国。美国前五大货物出口市场为加拿大、墨西哥、中国、日本和英国。美国前五大货物进口市场为中国、加拿大、墨西哥、日

---

① 姚璐，朱邦宁. 美国经济中的死穴——美国巨额财政赤字问题分析［J］. 新视野,2012,（5）.

本和德国。美国主要出口商品为：化工产品、机械、汽车、飞机、电子信息设备、武器、食品、药品、饮料等；主要出口服务为：旅游、交通、保险与金融服务、计算机、通信服务等。主要进口商品是：食品、服装、电子器材、机械、钢材、纺织品、石油、天然橡胶以及锡、铬等金属。美国2001～2015年的国际贸易情况见表1-7。

美国2001～2016年国际贸易情况大体如下：

（1）进出口市场巨大，且不断增长

"9·11"事件对美国对外贸易产生了巨大影响，美国2001年的对外出口、进口与2000年相比分别下降6.3%和5.7%。2001年之后美国经济有所复苏，2003年继续好转，但值得注意的是在2003年美国由于出口疲软，将20世纪90年代繁荣时期夺回的出口第一大国的宝座再次转交给德国，并一直延续至2008年（2009年被中国取代）。2004年美国GDP的增长率达到3.8%，该年也曾被认为是美国经济的拐点，其贸易出口和进口的增长幅度都远高于2001～2003年，而此后开始下滑。

2007年美国"次贷危机"爆发，到2008年陷于金融危机的美国经济跌入深渊。次贷危机使美国政府几乎是本能地通过对进口的抑制缩减进口，通过对出口的刺激扩张美国的出口，从而使美国对外贸易的规模和结构开始发生变化。2007年美国出口增长13.5%，为2001年来最大增长幅度；进口仅增长5.9%。

2009年美国的出口较2008年下降高达14%，进口下降23.1%。2010年奥巴马政府增加对出口企业的扶持政策，2010年较2009年出口总额增长高达17.69%，进口总额增长高达19.6%，2011年美国也延续了出口和进口的高增长。2012～2015年美国的进出口额总量

表1-7　美国2001~2015年国际贸易情况

单位：亿美元

年份	出口（现价美元）				进口（现价美元）				净出口	增长率（%）
	服务	商品	出口总额	增长率（%）	服务	商品	进口总额	增长率（%）		
2001	2661.3	7291.0	9952.3	-6.3	1981.4	11791.8	13773.2	-5.7	-3820.9	-3.9
2002	2730.1	6931.0	9661.2	-2.9	2050.2	12002.3	14052.5	2.0	-4391.3	14.9
2003	2809.4	7247.7	10057.1	4.1	2186.0	13030.5	15216.5	8.3	-5159.4	17.5
2004	3259.7	8148.7	11408.5	13.4	2567.8	15256.8	17824.6	17.1	-6416.1	24.4
2005	3574.2	9010.8	12585.0	10.3	2769.9	17327.1	20097.0	12.8	-7512.0	17.1
2006	3975.1	10259.7	14234.8	13.1	3138.1	19180.8	22318.9	11.1	-8084.0	7.6
2007	4674.7	11482.0	16156.7	13.5	3443.1	20204.0	23647.1	5.9	-7490.3	-7.3
2008	5137.3	12874.4	18011.7	11.4	3801.7	21694.9	25496.6	7.8	-7484.9	-0.1
2009	4921.8	10560.4	15482.2	-14.0	3553.4	16053.0	19606.4	-23.1	-4124.0	-44.9
2010	5435.4	12785.0	18220.4	17.69	3773.5	19691.8	23465.3	19.6	-5244.8	27.1
2011	6055.8	14825.1	20880.9	14.60	4044.7	22660.2	26704.9	13.8	-5823.9	11.0
2012	6335.7	15457.0	21792.7	4.37	4241.5	23365.2	27606.7	3.4	-5813.9	-0.1
2013	6786.3	15795.9	22582.2	3.6	4357.4	23290.6	27648.0	0.2	-5065.7	-12.9
2014	7229.3	16205.3	23434.6	3.7	4570.3	24125.5	28695.8	3.8	-5261.2	3.9
2015	7305.9	15049.1	22355.0	-4.6	4671.3	23079.5	27750.8	-3.3	-5395.8	2.6

资料来源：世界银行：http://data.worldbank.org.cn/country/united-states?view=chart。

在增长，但增长幅度很小。2016 年美国的进口额和出口额出现下降，分别下降了 3.3% 和 4.6%。经过短暂的贸易逆差下降后，2010 年美国贸易逆差再现上升态势，增长幅度达到 27.1%。到 2016 年，美国的贸易逆差已达到 5395.8 亿美元。

（2）贸易逆差巨大，且呈上升趋势

2001~2006 年美国国际贸易逆差不断上升，由 2002 年的 3820.9 亿美元上升到 2006 年的 8084.8 亿美元。其中 2004 年的增长幅度最大，比 2003 年的贸易逆差额增长 24.4%。其中商品贸易逆差 7108.1 亿美元，服务贸易顺差 691.9 亿美元。

2007 年美国结束了 2002~2006 年历经五年逐年创造贸易逆差历史新高的纪录，首次出现贸易逆差的下降，由 2006 年的 8084.0 亿美元下降至 7490.3 亿美元，并且 2008 年及 2009 年美国贸易逆差继续下降，下降幅度为 0.1% 和 44.9%。

（3）对外贸易结构体现国际竞争力

工业经济时代向知识经济时代转变是当今世界经济发展的必然趋势，体现在对外贸易上则是服务贸易的比重将逐渐增大而商品贸易的比重将逐步减小；高技术产品的贸易比重将逐渐增大，而低附加值产品的比重将逐步减小。美国率先进入后工业社会，遥遥领先其他世界各国，统领信息时代，使其无形贸易在世界市场上独领风骚，呈现出服务贸易的持续顺差。服务贸易一直是美国获取巨额顺差并冲抵商品贸易逆差的优势所在。如表 1-8 所示，2015 年美国商品贸易逆差 8030 亿美元，而服务贸易顺差 2635 亿美元，并且进出口的服务中计算机、通信服务等高科技服务占最大比重，该类服务占出口服务的 43.6%，占进口服务的 39.4%。可见美国在高新技术服务方面的活跃程度。

表 1-8 2015 年美国进出口商品与服务各项目占比

项目	2015 年
出口：	
服务出口额（现价美元）	7306 亿美元
旅行服务（占服务出口比例）	28.0%
交通服务（占服务出口比例）	12.0%
保险与金融服务（占服务出口的百分比）	16.4%
计算机、通信和其他服务（占服务出口额的百分比）	43.6%
商品出口（现价美元）	15050 亿美元
矿石和金属出口（占商品出口的百分比）	3.0%
制造业出口（占商品出口的百分比）	64.0%
燃料出口（占商品出口的百分比）	8.3%
食品出口（占商品出口的百分比）	10.1%
农业原材料出口（占商品出口的百分比）	2.6%
进口：	
服务进口额（现价美元）	4671 亿美元
旅行服务（占服务进口比例）	24.2%
交通服务（占服务进口比例）	20.8%
保险与金融服务（占服务进口的百分比）	15.6%
计算机、通信和其他服务（占服务进口额的百分比）	39.4%
商品进口（现价美元）	23080 亿美元
矿石和金属进口（商品进口的百分比）	2.1%
制造业进口（占商品进口的百分比）	78.9%
燃料进口（占商品进口的百分比）	8.7%
食品进口（占商品进口的百分比）	5.9%
农业原材料进口（占商品进口的百分比）	1.4%

资料来源：世界银行：http：//data.worldbank.org.cn/country/united-states?view=chart。

在信息社会全面到来之前，传统制造业在当今的国际贸易中仍然处于主导地位，为了满足美国居民对生活基本消费品和国民经济对部分生产资料的需求，美国仍必须大量从国外进口，而发达的服务贸易产生的顺差又无法抵消巨大的商品贸易逆差，从而导致美国整体上在对外贸易中呈现逆差状态，这是由于美国与其他发展中国家处于不同发展阶段所引致的贸易结果，而决非竞争力下降的表现。如前所述，知识经济时代是世界发展的必然趋势，美国虽然商品贸易呈现逆差，但是美国以先进技术服务为主的服务贸易持续保持顺差说明美国具有很强的国际竞争力。美国已率先发展服务贸易，而更多发展中国家仍停留在商品贸易领域，而人类离不开商品，总要有人去生产，仅以服务贸易为贸易形式的国际贸易不会存在。现如今，国际贸易仍以商品贸易为主要形式，遂出现美国"越发达，越会有贸易逆差"的状态。

（4）贸易流向以高收入国家为主

由表1-9可以看出，美国对高收入经济体的进出口占进出口总额的最大比重，出口占商品出口总额的62%左右，进口占商品进口总额的53%左右。美国出口的第二大经济体是拉丁美洲和加勒比地区的发展中经济体，约占出口商品总额的21%，且2010～2014年该比例逐渐上升，该经济体中的主要出口国家为墨西哥。美国进口的第二大经济体为东亚和太平洋地区发展中经济体，约占进口商品总额的24%，且2010～2014年该比例逐渐上升。其中日本和中国是美国在东亚的最大贸易伙伴。2014年美国对日本进出口贸易分别为1287.8亿美元和713.6亿美元，分别上升1.2%和下降2.9%。同期对中国的进出口贸易分别为4666.6亿美元和1240.2亿美元，同比分别上升 6% 和 1.9%。

表 1-9　　　　美国 2010～2014 年各地区进出口占比　　　　单位：%

项目	2010 年	2011 年	2012 年	2013 年	2014 年
出口（占商品出口总额的百分比）：					
报告经济体	0.49	0.45	0.52	0.42	0.35
撒哈拉以南非洲地区的发展中经济体	1.30	1.40	1.43	1.46	1.53
南亚地区的发展中经济体	1.89	1.89	1.68	1.64	1.57
中东和北非地区的发展中经济体	1.34	1.23	1.03	1.10	1.15
拉丁美洲和加勒比地区的发展中经济体	20.38	21.33	21.96	22.49	22.93
欧洲和中亚地区的发展中经济体	1.16	1.40	1.19	1.17	1.11
东亚和太平洋地区发展中经济体	10.45	10.10	10.13	10.78	10.61
阿拉伯世界发展中的经济体	3.81	3.80	4.25	4.50	4.41
高收入经济体	62.99	62.21	62.06	60.93	60.75
进口（占商品进口总额的百分比）					
报告经济体	0.06	0.07	0.04	0.03	0.02
撒哈拉以南非洲地区发展中经济体	3.28	3.31	2.10	1.69	1.13
南亚地区发展中经济体	2.08	2.13	2.26	2.36	2.43
中东和北非地区发展中经济体	1.78	1.71	1.66	1.12	0.99
拉丁美洲和加勒比地区的发展中经济体	15.94	16.59	16.95	16.92	16.74
欧洲和中亚地区的发展中经济体	0.60	0.62	0.59	0.60	0.63
东亚和太平洋地区发展中经济体	24.27	22.59	23.22	24.24	25.03
阿拉伯世界的发展中经济体	3.88	4.50	4.91	4.20	3.76
高收入经济体	51.99	52.98	53.17	53.05	53.03

资料来源：世界银行：http://data.worldbank.org.cn/country/united-states?view=chart。

1.3 社会概况

1.3.1 历史概况

北美洲原始居民为印第安人。在两万多年前,有一批来自亚洲的流浪者,经由北美到中南美洲,这些人就是印第安人的祖先。

16~18世纪,正在进行资本原始积累的西欧各国相继入侵北美洲建立殖民地。到了18世纪中期,在北美大西洋沿岸建立了十三块殖民地,殖民地的经济、文化和政治相对成熟。

18世纪中叶,殖民地与英国之间产生了裂痕,英国继续对北美地区采取高压政策,引起了北美地区居民强烈不满。从1776~1783年,北美十三州在华盛顿领导下取得了独立战争的胜利。1776年7月4日,《独立宣言》的发表宣告了美国的独立。美国正式诞生,先后制定了一系列民主政治的法令,逐步成为一个完全独立的民族主权国家。

美国独立后积极进行领土扩展,美国领土逐渐由大西洋沿岸扩张到太平洋沿岸。经济发生了显著变化,北部、南部经济沿着不同方向发展。南北矛盾日益加重。1861年4月美国南方与北方之间爆发战争,史称美国南北战争。最终1865年4月由北方领导的资产阶级获胜统一全国。

1865年开始了重建时期,逐步废除奴隶制。1877年,南部进行民主重建,制定了民主的进步法令,标志着民主重建的结束。

19世纪初期,美国开始工业化,而内战之后,则步入成熟阶段。在从内战至第一次世界大战的不到50年时间内,美国从一个农村化的共和国变成了城市化的国家。机器代替了手工,产品大量增加。

全国性的铁道网，增进了货品流通。应大众的需要，许多新发明应市了。银行业提供贷款，促成工商业经营的扩大。故从1890~1917年的近30年间被称为所谓"进步时期"，1914年，第一次世界大战爆发，1917年，美国终于被卷入大战漩涡中，并且在世界上尝试扮演新的角色。

第一次世界大战促进了美国的经济繁荣。战后，美国由欠60亿美元的债务国而成为贷出100亿美元的债权国，美国成为最富有的国家。但由于国内新兴工业畸形发展与生产过剩，使国民经济各部门比例严重失调，生产和消费脱节，农业长期陷于慢性危机，1929年10月美国首先爆发经济危机，随后资本主义各国陆续陷入1929~1933年世界性经济危机。

经济大萧条使上百万的工人失业，大批的农人被迫放弃耕地，工厂商店关门，银行倒闭，一片萧条。1932年，富兰克林·罗斯福当选总统，他推出了一系列的政策使大萧条得到一定程度的缓解。第二次世界大战爆发后，美国重振军备，才使经济得到恢复，走向繁荣。

第二次世界大战之后，随着轴心国的战败、英法实力的衰退，美国和苏联成了超级大国，世界被分成了东西方两大阵营。美苏及其各自阵营分别在军事、政治、经济、宣传各方面加紧准备，一如战时。这种状态，被称为"冷战"。

1991年，随着苏联解体，美国成为世界上唯一的超级大国。但是20世纪80年代美国经济情况仍较平稳。

20世纪90年代，美国计算机产业发展迅速，并带动全球的高科技信息产业，开拓了新一代的产业革命。

自 2008 年底至 2012 年，美国经济陷入次贷危机，经济一度遭受重创。不过，整起次贷危机对于美国的世界强国地位依然未有动摇。

1.3.2 政治概况

美国的国家组织是依据三权分立与联邦制度这两大政治思想而制定，当初在起草宪法时因恐权力过分集中于个人或某一部门将危害人民的自由，因而将立法、司法、行政三种权力分别独立，互相制衡，以避免政府滥权。根据宪法，立法机关是参议院与众议院并设的二院制议会；司法机关以联邦最高法院为首下设 11 个控诉法院，95 个地方法院及 4 个特别法庭；行政机关是以由人民直接选举的总统为最高行政首长，并以副总统辅之，下设几个行政部门。政府的权力有联邦政府、州政府之分，宪法起草人根据政府必须接近百姓才不致剥夺人民自由的原则，将有关各州自治权保留给州政府，各州政府本身拥有立法、司法、行政诸权限，联邦政府的权力系以一州政府无法单独行使者为限，如课税、财政、国防、外交、货币银行、出入境管理、对外贸易、国民福利和邮政，以及科学艺术的发展援助等。

1. 国会

国会是最高立法机构，由参议院、众议院两院组成。两院议员由各州选民直接选举产生。参议员每州 2 名，共 100 名，任期 6 年，每两年改选 1/3。众议员按各州的人口比例分配名额选出，共 435 名，任期两年，期满全部改选。两院议员均可连任，任期不限。参众议员均系专职，不得兼任政府职务。

2. 总统

美国总统每四年选举一次，个人最多只能任两届（由于第二次世界大战的原因，获得长达 12 年任期的富兰克林·罗斯福总统例外）。依据美利坚合众国宪法第二条第一款，总统须年满 35 岁，居住美国 14 年以上，也一定要是"自然出生的美国公民"（通常被解释为是出生时为合众国公民）或者是在宪法通过时为美国公民。美国官职中唯正、副总统两职具"出生时为合众国公民"的任职要件。政府由内阁部长和总统指定的其他成员组成。内阁实际上只起总统助手和顾问团的作用，没有集体决策的权力。

2016 年 11 月 9 日，共和党总统候选人唐纳德·特朗普当选美国总统，共和党副总统候选人、印第安纳州长迈克·彭斯当选美国新一届副总统。

3. 宪法

1776 年 7 月 4 日制定了宪法性文件《联邦条例》。1787 年 5 月制定了宪法草案，在 1789 年 3 月由第一届国会宣布生效。它是世界上第一部作为独立、统一国家的成文宪法。宪法的主要内容是建立联邦制的国家，各州拥有较大的自主权，包括立法权；实行三权分立的政治体制，立法、行政、司法三权鼎立，并相互制约。两个世纪以来，共制定了 27 个宪法修正案。重要的修改有：1791 年 9 月由国会通过的包括保证信仰、言论、出版自由与和平集会权利在内的宪法前 10 个修正案，后通称"民权法案"（或"权利法案"）；1865 年和 1870 年通过的关于废除奴隶制度和承认黑人公民权利的第 13 个和 15 个修正案；1951 年通过的规定总统如不能行使职权由副总统升任总统的第 25 个修正案。

4. 司法机构

美国法院机构的基本框架分为联邦法院和各州地方法院两个完

全独立的系统。联邦法院由联邦最高法院、联邦上诉法院、联邦地区法院及联邦特别法院（即破产法院、国际贸易法院和联邦赔偿法院等）组成。联邦最高法院由美国宪法设立，是联邦上诉法院的终审法院和美国司法系统的最高一级法院。联邦最高法院由首席大法官和 8 名大法官组成，终身任职。联邦最高法院有权宣布联邦和各州的任何法律无效。现任首席大法官约翰·罗伯茨。

5. 政党

美国政党主要分为共和党和民主党两派，此外还有美国绿党、美国改革党、美国共产党等其他政党。

美国共和党成立于 1854 年。1861 年林肯就任总统，共和党首次执政。此后至 1933 年的 70 多年中，除去 16 年，共和党一直主政白宫。1933 年以后，曾有艾森豪威尔、尼克松、福特、里根、老布什和小布什执政。

美国民主党（Democratic Party）前身是 1792 年杰斐逊创立的民主共和党，建党初期主要代表南方奴隶主、西部农业企业家和北方中等资产阶级的利益。在 1885～1933 年的 48 年中，该党执政 16 年，先后由克利夫兰、威尔逊出任总统。1933 年开始，民主党人罗斯福、杜鲁门、肯尼迪、约翰逊、卡特、克林顿、奥巴马先后当选总统执政。

1.3.3 文化概况

美国文化既具有欧洲文化，特别是基督教新教文化的传统，又具有在本土建国过程中形成的独特的文化价值观念。认识美国不能不了解美国文化及其相应的价值观念的形成和发展过程。从文化的历史发展来看，美国文化价值观念的形成与美国民族形成的特殊经历有关，而来自世界各国的移民又给美国文化带来了多姿多彩的风俗习惯。美国文化既是各种"色拉"的混合，又是融各种文化于一体的"熔炉"。从美国立国的文化政策上看，由于早期英国清教徒在本国一直受到英国国教的排挤，所以他们来到北美殖民地后，逐渐形成了政教分离的传统。从 1787 年通过宪法到 1791 年通过权力法案，直到 1868 年通过宪法第 14 条修正案，美国各种文化传统和信仰的多元化才得到了法律的保障。

虽然新教伦理是美国文化的核心价值观念，但是美国各个族群所信奉的不同宗教和遵循的各种传统让美国文化不可避免的表现了多样性特征。美国的新教伦理强调简朴的生活、简单的宗教仪式、个人的不断奋斗等价值观，这是欧洲的宗教改革以及以后清教徒移居美国大陆的历史变迁所造成的。新教伦理特别注重个人奋斗去达到俗世的成功，包括物质财富的获得，并认为这就是一个人最终获得救赎的保证。这种价值观实际为资本主义的大发展奠定了思想基础，而新教伦理主张的自力更生和自我约束的品格在美国的拓荒建国过程中得到了最好的体现。除了新教这个主要的信仰外，美国的天主教、犹太教以及伊斯兰教和佛教等都在美国各种不同类型的社区内有相当的影响。一些少数族群，如华裔、意大利裔、爱尔兰裔及非裔或西裔人群等，都有自己的民族风俗和生活习惯。因此，美国文化的多样性是美国社会人群结构及其所谓传统观念的真实反映。

美国文化价值观念中的个人主义虽然强调每一个个人的独立性，但是这种独立性是建立在自主和遵守法律基础之上的，也就是说每一个个人要对社会承担法律规定的义务和责任。同时，开拓创新的精神是美国民族立国的核心思想之一，对困难的克服和以强力来战胜对手等拓荒经历培育了美国人独特的民族性格。由于受到新教道德的影响，美国文化具有崇尚艰苦创业和赞同物质享受的双重特征。在创业精神的刺激下，许多科学技术的发明创造得到了飞速发展，甚至与宗教信仰产生冲突。1925 年田纳西州的教师斯科普斯因为讲授进化论而被地方法院判有罪，这典型地表明了科学与信仰之间的冲突，最后美国最高法院介入此案并认定科学无罪。美国的基本思想观念中，既有自由民主的思想传统，又有实用主义哲学影响下的功利主义。同时，自视为"上帝选民"的思想也使主导文化带有"美国化"的倾向。

美国文化的另一个重要方面是现代教育事业的确立。自从 17 世纪北美出现了现代意义上的中小学和大学之后，美国教育的规模不断扩大。虽然美国没有一个统一的全国性学习制度，但是联邦政府的教育部以联邦教育计划对各州进行指导和拨款，并监督实施这些计划。在美国，90% 的中小学生进入免费的公立学校，另外一批人则上收费的私立学校。美国的中小学既重视文化教育，也重视心理素质的培养，而私立学校常与各种教会有关。美国大学中既有老牌的八所常春藤盟校，又有著名的"十大"公立大学。美国的三千多所大学中，有研究生院的只有数百所，还有很多"社区大学"只负责职业教育和初级大学课程的教育，并没有"副学士"的学位。美国的教育经历了许多起伏，第二次世界大战以后的美国大学教育进入了大众化阶段，超过 50% 的人可以接受各种形式的大学教育。同时，美国的高等教育与经济发展密切相关，每年在工商管理、通信、计算机信息科学、教育、工程、经济和生物等专业毕业的本科生人数占毕业总数的 51%，而现在有 60% 多的美国人在从事与信息技术有关的工作。美国人对教育的重视既有宗教传统的影响，更有社会实际的需要，因为从工业社会到信息社会的发展中，良好的教育是个人获得事业成功的基本要求。

美国文化的多样性还表现在大众文化的繁荣上。美国的电影、电视、音乐、体育和文学的兴盛是美国社会工业化和城市化的一个必然结果。美国的文化产业首先在电影领域中得到了大力的发展，现在美国电影的质量虽然有高低之分，但是电影产业却在美国前三产业中具有重要的地位，并且在国际市场上占有很大的比重。美国是世界上最早实现电视普及的国家，电视文化十分注重节目的商业性和娱乐性，但是美国的电视也有专门的频道免费播放历史、政治和宗教等节目。美国音乐自 S. 福特斯（1862～1864 年）开始，把欧洲音乐传统和美国南方黑人音乐结合起来，创立了美国的大众流行音乐。美国人向来对体育抱有极大的爱好，他们认为体育不仅能锻炼身体，而且能够培养人的竞争意识和民族精神。

美国文学从 19 世纪初由 W·欧文和 J·库柏等人奠定了自己的民族文化传统，今日美国文学界有不少诺贝尔文学奖获得者，也有很多的大众文学作者。美国大众文学和电影电视的结合是当代美国文化的一个特别内容。在美国文学中，华裔美国文学近年来出现了许多喜人的成就，涌现了一批知名的小说家和剧作家。美国也有许多著名的哲学家和思想家，如爱默生和杜威等人。在美国，自然与人的关系一直受到极大的重视，除了征服太空的活动外，人们爱好旅游和重视环保的习惯也使美国文化具有一种独特的风格。如今，美国文化随着国力的扩展而日益向海外扩张，经济全球化运动使美国大众文化产品与其他商品一道进入了各国的市场，也遇到了其他民族文化的各种挑战。美国文化并非一成不变，因为美国文化不仅是历史发展的结果，而且也来源于其他文化，并在历史发展中不断得到创新和提高。

1.3.4 外交政策

美国具有全球性的经济、政治和军事影响力，其外交政策走向一直是世界关注和讨论的焦点。美国的外交关系规模是全世界最为庞大的。几乎所有的国家在华盛顿特区都设有大使馆和派驻大使。只有少数国家没有与美国建立正式的外交关系，包括不丹、伊朗、朝鲜、索马里和苏丹。随着国力渐增，美国开始将注意力转向海外，尤其是对外贸易的开拓。为此，美国占领了太平洋的许多领土，包括夏威夷和菲律宾，迫使日本开放贸易，并与欧洲列强竞争在中国的影响力。第二次世界大战后，美国在联合国的创建上扮演了重要角色，并且成为联合国安理会的五名永久会员之一。

冷战期间，美国最初试图限制苏联于世界各地的影响力。为了遏制苏联，美国、加拿大和 10 个西欧国家共同建立了北大西洋公约组织，简称"北约"，以联合盟国对抗任何向北美和欧洲的军事入侵，后来又有 14 个欧洲国家陆续加入了这一共同防御联盟，包括土耳其和一些前华沙条约成员国以及部分苏联加盟共和国。

奥巴马政府上台后，继续实施全球战略"再平衡"，巩固与传统盟友关系，提升与新兴大国关系，推动建设"多伙伴世界"。加大对亚太投入，促进中东国家"民主转型"，保持跨大西洋关系稳定。继续从阿富汗撤军，推进防扩散。大力实施"出口倍增"计划，开展经济外交，拓展全球市场，应对欧洲债务危机。

2 税制概览

美国现行的税收制度有两个突出的特征：一是所得税在其税收制度体系中的主体地位，个人所得税、公司所得税和社会保障税占联邦税收收入近90%；二是其税收制度的联邦制属性，在税收管理体制上即为彻底的分税制，根据宪法和相关法律，联邦、州和地方三级政府划分税权并各有其独立的税收制度体系。

美国税制的雏形在独立战争爆发前就已经产生，13个英属殖民地沿袭英国的制度，建立了符合各地区实际情况的税制，而这13个殖民地也成了美国最初建立时候的13个州。从邦联政府到联邦政府，从南北战争到第二次世界大战，从1787年《宪法》到1986年税制改革，美国税制历经了数次大大小小的变革，这些变革无不体现着税收的财政收入功能和调节功能。税制的设计不仅要满足不同时期的财政需求，还要根据社会、经济发展状况实现其调节职能，促进社会稳定和经济良性增长。现行的美国税制是在1986年税制改革的基础上形成的。以所得税为主体的税制，不仅为美国联邦政府提供了足够的财政支持，同时也突显了公平的价值取向，避免了社会阶层的过度分化。在税权划分上，美国遵循财权和事权相结合的原则，各级政府有不同的主体税种和税制结构，也在一定程度上调动了地方政府的积极性，有利于美国社会整体的发展和稳定。

2.1　税制改革的历史演进

2.1.1　联邦税制的历史沿革

联邦税制的演进可分为三个阶段。第一阶段是 1913 年以前的联邦税制。这一阶段社会制度尚不稳定，加上战争频发，联邦税制相对来说比较杂乱，税制和主体税种频繁更迭。第二阶段是 1913～1986 年的联邦税制。1913 年对美国税制来讲，是非常重要的一个时点，美国国会通过了第 16 次宪法修正案，确立了所得税的合法地位，为美国确立所得税的主导地位扫除了法律障碍。企业所得税和社会保障税也有了巨大的变革，尤其是 1935 年社会保障税的开征，对美国税收制度的发展影响深远。第三阶段是 1986 年以后的联邦税制。1986 年的税制改革奠定了美国现行税制的基础，明确了"宽税基、低税率"的指导思想。

1. 1913 年以前的联邦税制

殖民时代，从主观上讲，殖民地人民普遍不愿意缴纳任何税收，加上硬通货缺乏，所以征税较难。在各殖民地政府开支中，总督的薪金是预算中最大的项目，可见当时政府的功能非常有限，普遍遵从"量入为出"的财政理念，通过较小的税收收入规模限制政府职能。此外，各殖民地的税制相互独立，税种设立也互不相同，例如南方的殖民地主要通过征收进出口税，中部殖民地征收财产税和人头税，新英格兰殖民地则主要征收不动产税和货物税。①

值得注意的是 1773 年 12 月 16 日发生的"波士顿倾茶事件"。

---

① 付伯颖 . 美国联邦个人所得税变迁的思考与借鉴［J］. 地方财政研究，2014，（10），第 69 页。

一方面，"波士顿倾茶事件"反映了当时殖民地和英国本土的矛盾，另一方面其体现出的"无代表不纳税"税收思想，对之后美国税制的发展有着不可泯灭的影响，也直接成为美国独立战争的导火索。

1781年，美国《邦联条例》正式生效，各州签订的邦联条例规定的邦联政府财政地位较弱，邦联政府没有独立的全国性税制，只能依靠各州对邦联的捐赠和出售公共土地来获得收入。州政府的强大权力和财力严重限制了邦联政府的职能，政府很难发挥其正常功能。1789年，联邦宪法通过，改变了之前邦联政府在财政方面的不利地位，联邦宪法授权联邦政府可以"国会有权规定并征收税金、捐税、关税和其他赋税，用以偿付国债并为合众国的共同防御和全民福利提供经费"。[1]

联邦政府首先开征了关税和消费税，建立起一个以关税等间接税为主体的税收制度。此后，由于与法国的纷争，联邦政府又首次开征了直接税，征税对象主要为房产、土地、奴隶等财产。这一时期，政府收入主要依靠各种债务和货币发行，税收收入只占财政收入8%左右，税制对经济的影响力较小。

1861~1865年，美国发生南北战争。为了应付庞大的军费开支，联邦政府扩大了消费税的征税范围，并提高了税率，消费税迅速成为第一大税种。然而，战争进一步发展增加了联邦政府的压力。1861年，国会通过了《1861年收入法案》，开征个人所得税。虽然因宪法上的缺陷，当年并未征收任何所得税，但其后11年间征收的所得税收入占同期收入的20%，使得其收入能力开始为政府所认识。

---

[1] U.S. Const. art. I, § 8.

1862 年 7 月 1 日，国会又通过对一些新增的商品征收消费税，这些商品包括火药、羽毛、电报、钢琴等。此外，国会还决定对联邦所得税进行改革，这些改革成为现行联邦所得税的雏形。战后，消费税税负有所减轻，所得税也在 1872 年被完全废止，这一时期消费税占税收收入的绝大部分。

2. 1913～1986 年的联邦税制

1913 年以前的美国宪法第 I 条第 9 款规定："除与已进行的人口统计的数字成比例的直接税外，不得课征其他直接税"，[1] 这就意味着直接税必须要依据各州的人口平均分配，那么唯一可行的直接税只能是人头税。所以，当 1894 年国会通过联邦所得税时，便立即引起了激烈的争论，该税法也最终被美国最高法院判决违宪。但当时联邦政府的收入水平由于《西班牙—美国战争收入法案》的到期严重下降，加上人们开始意识到高水平的关税和消费税并不利于经济的良性发展，国会开始就开征所得税问题开展了激烈的争论。争论的结果导致了 1913 年的第 16 次修宪，即"国会有权对任何来源的所得征税，而不需在各州之间按比例课征，也不需考虑人口普查或调查的数据"。[2] 这就意味着，国会对所得征税的最大障碍被彻底清除。有意思的是，1909 年开征的实质意义上的公司所得税，由于名称上被称作"消费税"，巧妙地避免了因违宪而流产的命运。

1913 年 10 月，国会通过了新的个人所得税税法，最低税率为 1%，免征额为 3000 美元，对 500000 美元以上的所得再征收额外 6% 的所得税。但当时仅有不到 1% 的人缴纳个人所得税，当年只有

---

[1] U.S. Const. art. I, §9.

[2] U.S. Const. amend. XVI, §2.

357598 人进行纳税申报，平均纳税金额 78 美元，所得税筹集的收入非常有限。第一次世界大战期间，国会不断提高个人所得税税率以应对战时需求。到 1918 年，最低税率提高到了 6%，最高边际税率提高到了 77%，税率的提高使得税收收入大幅上涨，但此时也仅有 5% 的居民缴纳所得税。第二次世界大战期间，由于工薪阶层收入开始超过免征额，个人所得税缴纳人数开始增多。1939 年，有 760 万人进行纳税申报，缴纳税款约 10 亿美元。1945 年，纳税人数上升至近 5000 万人，个人所得税税款达到 190 亿美元规模。[①]

与此同时，公司所得税和社会保障税也在经历着巨大变革。1913 年第 16 次宪法修正案赋予了公司所得税合法地位。1917 年，美国提高了公司所得税税率，所得税开始取代间接税，成为联邦政府的主体税种，所得税收入占总税收收入的比重上升到 55%[②] 以上。1935 年，联邦社会保障法案正式生效，美国开征社会保障税。到 1968 年，社会保障税已经成为仅次于个人所得税的第二大税种。美国税制由此形成了以个人所得税、社会保障税和公司所得税等直接税为主体税种的新格局。

3. 1986 年以来的联邦税制

1981 年里根政府上台，为了应对"滞胀"困境，国会当年出台了《经济恢复税收法案》。该法案在降低最高边际税率、促进投资和经济增长方面取得了极大进步，但税制复杂程度并没有得到改观，

---

① 财政部税收制度国际比较课题组.美国税制［M］.中国财政经济出版社，2000，第 53～54 页。

② 财政部税收制度国际比较课题组.美国税制［M］.中国财政经济出版社，2000，第 5 页。

且由于大幅降低边际税率导致了高赤字。正是在这种情况下，国会通过了以简化税制、扩大税基、降低税率和提高税收公平性为主要特征的《1986年税收改革法案》（TRA86）。

1986年税收改革法案是联邦所得税自第二次世界大战以来最大的一次税收改革。个人所得税税率由原来的14档减少为2档，最高税率由原来的50%降低到28%；企业所得税税率减到34%。[①]此外，对高收入者实行5%的附加税，直到其平均税率达到最高档边际税率28%。同时，此次税改还提高了标准扣除额和个人宽免额，鼓励个人采取标准扣除，并取消分项扣除中一些繁杂的扣除项目。另外，1986年税制改革还取消了资本利得和普通利得的差异，使资本利得按照普通所得计税，进一步简化了税款核算过程。整个改革表现为中性特征，在一定程度上简化了税制。1986年税制改革奠定的"低税率、宽税基"的改革原则，对美国经济发展和税制进一步改革起到了积极的促进作用。

自1986年税制改革以来，美国国会又先后通过了五次较大的税改法案，依次是：1990年综合预算协调法案（OBRA90）、1993年综合预算协调法案（OBRA93）、1997年纳税人税收减免法案（TRA97）、2001年经济增长和税收减免协调法案（EGTRRA2001）以及2003年就业和增长的税收减免协调法案（JGTRRA2003）。

随着政府支出不断增加，导致了巨额赤字，到1991年赤字已高到2687亿美元。迫于高赤字带来的增收压力，1990年的税制改革提高了边际税率，由原先的28%变为31%。克林顿政府于1993年开

---

① 郑幼锋.美国联邦所得税变迁研究［M］.中国财政经济出版社，2006，第105页。

展了新一轮的税制改革，将公司所得税税率由原来的34%提高到了35%，并新增了36%和39.6%两级边际税率。同时法案还取消了工薪税的征税最高限额，进一步提高了高收入纳税人工薪收入的实际边际税率。

1994年，美国国会中期选举，共和党成了国会两院的多数党，他们要求减税和降低福利开支。1997年的税制改革更多的是通过一系列新的税式支出达到减税目的，这次改革增加了对大学生和独生子女的税收抵免以及针对低收入者的税收抵免，降低了资本利得的边际税率。2001年，小布什政府上台，在经济上小布什政府效仿里根政府减税增支的政策，意图刺激经济增长。这次减税主要是通过降低边际税率和取消遗产税，但新税法仍在程序和立法上增加了税制的复杂程度。2003年，国会又通过大规模的减税计划，计划10年内为美国家庭和企业减税3500亿美元，以及向财政困难的州政府提供200亿美元的财政援助。该计划还同时下调了资本利得税率和红利所得的最高边际税率，一定程度上缓解了双重课税，改变了此前企业股利分配持续下降的局面。上述五次税制改革虽然具有一定的时代背景和现实意义，但是它们破坏了1986年税制改革简化税制的初衷，反复不定的税制改革增加了税法的复杂程度和征纳成本。

由于小布什政府实行的减税增支政策，加上为了应对2008年次贷危机，美国政府又进一步通过减税和大规模的援助方案刺激经济，导致了高额的财政赤字。因此奥巴马政府上台后，增加高收入阶层税收成为其税收政策的核心，但是因为小布什政府在国际金融危机爆发后推行的减税政策在2012年12月31日才到期，所以在奥马巴总统的第一届任期内，税收政策并没有明显的成效。2012年末的"财政悬崖"是美国的财政纷争的关键节点，2013 年 1 月 1 日，两党达成了妥协方案，奥巴马总统签署了《2012 年美国纳税人救济法案》，该法案调高了年收入 45 万美元以上富裕家庭的个人所得税税率，将其边际税率从 35% 提高至了 39.6%。此外，奥巴马政府还推行一系列针对中低收入阶层的减税措施，包括给 1.5 亿名工薪阶层成员每人减税 500 美元或每户减税 1000 美元，对年收入低于 5 万美元的老人免征个人所得税，在保障中低收入阶层基本生活的同时，也在一定程度上实现了社会公平，稳定了社会秩序。

2.1.2 州税制的历史沿革

州政府的主体税种最初是财产税。美国的财产税起源于 18 世纪末，最早是由纽约州开始对所有的不动产和动产征收财产税。到了 19 世纪中叶，财产税已普遍在美国各州进行征收，成了当时州政府的主体税种。20 世纪 30 年代初，美国进入大萧条时期，居民收入和房产价值骤降，州政府的财产税遭受到巨大冲击。为了降低对房地产税的依赖，缓解财政收入压力，州和地方政府大多放弃了财产税，转而开始征收销售税和所得税，从此房地产税占地方税收收入的比重逐渐下降。第二次世界大战之后，大多数州的财产税收入占税收收入的比重已经降至很低了。

1911 年，威斯康星州开启征收现代的个人所得税和公司所得税的先河，随后其他各州纷纷效仿，逐渐开始引入这两个税种。所得税的分水岭是 1986 年的税制改革。税改前，由于联邦政府征收的个人所得税和公司所得税的税率都很高，州政府可征收的所得税税率水平有限，导致州的所得税收入在总收入中占比非常小。1986 年的税制改革改变了这个局面——联邦政府的所得税税率水平大幅降低，各州开始把所得税作为重点税源，提高州税的税率水平，州的所得税的收入比重持续上升。

20世纪30年代，销售税最先兴起于密西西比州和西弗吉尼亚州。自此，州的销售税开始在美国迅速发展起来，逐渐取代财产税，成为州政府的主体税种。到了1998年，共有45个州和哥伦比亚特区开征了销售税，销售税收入平均占州的税收总收入近50%。①

除此以外，州政府还根据实际情况开征了消费税、遗产与赠与税、资源税、社会保障税等一些税种。其中，所有的州都开征了遗产与赠与税，但与联邦税不同，州遗产税属于继承税，课税对象是遗产的继承人。1825年，宾夕法尼亚州最先开征了继承税，采用的是比例税率。直到1903年，威斯康星州才开征了现代意义的继承税，采用了累进税率。

不过，每个州具体开征的税种要根据当地的社会、经济发展状况来确定。例如，阿拉斯加州不开征销售税和个人所得税；内华达州不征收公司所得税、个人所得税和遗产税；新罕布什尔州不征收个人所得税、消费税，但针对股息和利息征收相应的所得税。

2.1.3 地方税制的历史沿革

地方政府的征税权不是由美国宪法授予的，而是由州政府授予，自主性很小。长期以来，大多数州政府不愿意赋予地方政府开征所得税和消费税的权力。目前来说，美国地方税制以财产税为主体税种。联邦政府并不征收财产税，而州政府在大萧条过后，也逐渐降低财产税在州税制的地位，由州政府征收的财产税占美国财产税总收入的比重非常小。虽然后来有一些州政府允许地方开征销售税、

---

① 财政部税收制度国际比较课题组.美国税制［M］.中国财政经济出版社，2000，第7页。

个人所得税、公司所得税，但这些税种的收入在地方政府税收收入中的比重一直都很小。

2.2 税制概况

联邦、州和地方三级政府有着各自独特的税制体系和结构，各级政府根据财权和事权统一的原则划分税权，并依据社会、经济发展情况，选择各自的税制体系，开征相应的税种。

2.2.1 税制体系及其结构

1. 美国税种构成

美国税制以直接税为主体，现行主要税种包括：个人所得税、公司所得税、社会保障税、消费税、遗产和赠与税、财产税和关税等。由于联邦制国家特性，美国实行联邦、州、地方三级征税制度，各级政府依据宪法和地方法律，根据社会经济发展状况和政府职能，选择不同主体税种。联邦政府以个人所得税、社会保障税为其主要收入来源，同时征收公司所得税、遗产与赠与税、消费税、关税等，州政府以消费税和州所得税为主，地方政府则以财产税为主（见图 2-1）。

2015 年，美国各级政府征收的个人所得税共计 1.94 万亿美元，占全年税收总收入 40.77%；社会保障税 1.13 万亿美元，占全年税收总收入 23.68%；财产税为 0.47 万亿美元，销售和使用税为 0.48 万亿美元，企业所得税为 0.4 万亿美元，而包括消费税、关税在内的其他税种则为 0.34 万亿美元 [①]（见图 2-2）。从联邦、州和地方整体税收结

---

① 根据 OECD 数据库的数据计算得出，网址：http://stats.oecd.org，最后访问时间为 2017 年 9 月 21 日。

构看，个人所得税占据税制的主导地位，社会保障税次之，其后是
财产税、销售税、企业所得税和消费税，关税、遗产与赠与税以及
其他税种在整体税制结构中的地位较低（见表 2-1）。

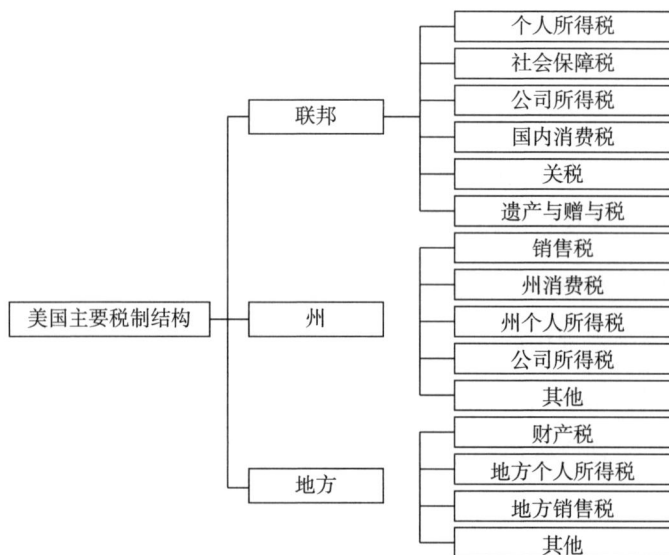

图 2-1　美国税收制度体系

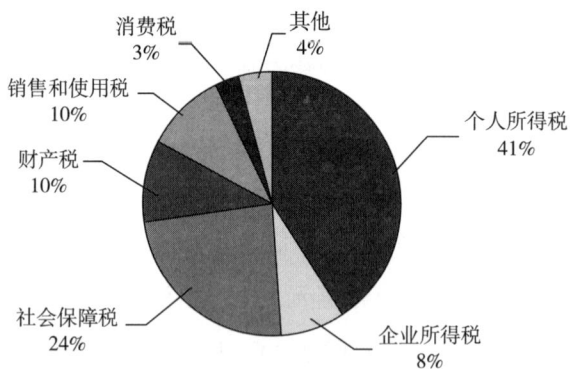

图 2-2　2015 年美国各税种占总税收收入比重

表 2-1　　　　　　　　美国各税种占总税收收入比重　　　　　单位：%

年份	个人所得税	企业所得税	社会保障税	财产税	销售和使用税	消费税	其他
2006	36.42	11.51	23.64	10.33	10.87	3.72	3.52
2007	38.30	9.98	23.46	10.62	10.68	3.55	3.40
2008	39.67	6.60	24.60	11.13	10.84	3.54	3.63
2009	34.32	5.98	27.20	13.33	11.40	4.28	3.49
2010	34.83	7.60	26.10	12.59	11.29	4.13	3.47
2011	38.79	7.39	22.87	12.04	11.33	3.95	3.62
2012	38.50	8.41	22.67	11.56	11.23	3.96	3.66
2013	38.74	8.29	24.11	10.67	10.72	3.58	3.89
2014	39.30	8.43	24.05	10.29	10.56	3.44	3.94
2015	40.77	8.33	23.68	9.89	10.14	3.24	3.95

资料来源：http：//stats.oecd.org。

2. 美国各级政府税收收入比重

第一次世界大战以前，美国的税收主要由地方政府征收，地方政府征收的税收收入占各级政府总收入的一半以上，联邦政府征收的税收收入次之，州政府征收的税收收入最少。第一次世界大战以后，州政府的税收收入增长较快，地方政府税收收入所占的比重相应下降。到了第二次世界大战以后，联邦政府的税收收入迅速增加，并确立了其在政府税收收入中的主导地位。20 世纪 60 年代以后，美国各级政府取得的税收收入趋于稳定。2012 年联邦税收收入占总收入比重达到了 63%，州政府为 21%，地方政府为 16%，联邦税收收入总量占据绝对优势地位，见表 2-2。

表 2-2　　　　　　　　各级政府税收收入占比情况　　　　　单位：%

年份	联邦政府	州政府	地方政府
1902	37	11	51
1913	29	13	58
1934	33	22	44

续表

年份	联邦政府	州政府	地方政府
1942	58	22	20
1960	70	16	14
1980	67	20	12
1991	61	24	13
2010	61	22	17
2011	62	22	16
2012	63	21	16
2013	65	20	15
2014	66	20	14
2015	67	19	14

资料来源：财政部税收制度国际比较课题组：《美国税制》，第9页，中国财政经济出版社，2000年8月。其中2010～2015年数据根据OECD数据库计算得出，网址：http：//stats.oecd.org。

2.2.2 税收收入状况

从收入总额角度来看，2006年，美国税收总收入为3.69万亿美元。2008年金融危机以后，税收收入呈现下降态势，2009年全美税收收入只有3.31万亿美元。2013年，美国税收收入突破了4万亿美元，达到了4.28万亿美元。

从收入水平的角度看，2014年，美国总税收收入达到了4.5万亿美元。我们选取OECD国家的税收收入情况进行横向比较。OECD国家中，德国和日本税收收入相对较高，2014年德国税收收入为1.42万亿美元，日本税收收入则达到了1.48万亿美元。但绝大部分OECD国家，税收收入达不到万亿规模，澳大利亚2014年税收收入为0.4万亿美元，墨西哥更是仅有不到0.2万亿美元。相比来说，美国税收收入的总额要大很多。2014年，OECD国家平均税收收入为0.44万亿美元，而当年美国税收收入是其10倍之多（见表2-3）。

表 2-3　　部分 OECD 国家税收收入水平

单位：百万美元

年份	澳大利亚	丹麦	德国	日本	墨西哥	美国	OECD 平均
2006	241869.70	131517.40	1036034.80	1229009.00	123810.40	3694331.90	346935.50
2007	292891.50	148318.70	1200351.20	1241927.50	137839.60	3867404.60	383950.90
2008	284606.90	158155.30	1326069.40	1350407.80	151536.10	3781221.60	397704.80
2009	261231.30	144480.60	1233155.70	1365455.60	121387.30	3318695.50	355975.30
2010	331040.10	144171.40	1196239.70	1509557.00	148245.00	3515772.80	373825.80
2011	404172.20	154429.30	1341915.00	1702089.20	163946.00	3708707.10	410041.40
2012	431748.60	148956.10	1288509.00	1748801.40	165122.00	3888469.80	410234.70
2013	421366.20	158540.40	1367262.90	1500043.00	184024.00	4283028.70	425742.80
2014	402748.60	171423.80	1418689.10	1482009.50	195986.80	4500529.60	437428.20
2015	—	137630.00	1242690.10	—	—	4754119.90	—

资料来源：http：//stats.oecd.org。

从税收收入占 GDP 的比重来看。美国 2014 年 GDP 为 17.39 万亿美元，税收收入占 GDP 的比重为 25.9%。2014 年丹麦税收收入占 GDP 的比重达到了 49.6%，占比较大，这主要是因为丹麦、瑞典等北欧国家实行高福利政策，必然需要较重的税负以支撑财政正常运作。2014 年德国税收收入占 GDP 的比重为 36.6%，澳大利亚为 27.8%，日本为 32%，都高于美国税收收入占 GDP 的比重。2014 年 OECD 国家平均税收收入占 GDP 的比重为 34.2%，仅墨西哥等少部分国家低于美国。虽然 GDP 规模较大是美国税收收入占比较低的原因之一，但这也间接反映出了美国整体税负水平不高（见表 2-4）。

表 2-4　　　　部分 OECD 国家税收收入占 GDP 的比重　　　　单位：%

年份	澳大利亚	丹麦	德国	墨西哥	日本	美国	OECD 平均
2006	29.6	46.4	34.5	12.8	28.1	26.7	33.7
2007	29.7	46.4	34.9	13.2	28.5	26.7	33.8
2008	27.1	44.9	35.4	13.8	28.5	25.7	33.2
2009	25.8	45.2	36.1	13.6	27.0	23.0	32.4
2010	25.6	45.1	35.0	14.1	27.6	23.5	32.6
2011	26.3	45.1	35.7	14.0	28.6	23.9	33.0
2012	27.4	45.8	36.3	13.9	29.4	24.1	33.4
2013	27.6	46.8	36.4	14.6	30.3	25.7	33.8
2014	27.8	49.6	36.6	15.2	32.0	25.9	34.2
2015	—	46.6	36.9	17.4	—	26.4	34.3

资料来源：http://stats.oecd.org。

2.3　税法体系和立法程序

美国的税收法律体系相对复杂，法律渊源多样，立法流程也较为繁琐。本节重点介绍美国的税法体系和立法程序。

2.3.1 税法体系

法律体系主要分为英美法系和大陆法系。美国法律体系属于英美法系，其主要特点是法官的自由裁量权较大，作为先例的法庭案例对于之后同类案件的审判具有法律效力，即判例可以作为直接的法律渊源，故英美法系又称判例法系。联邦、州和地方有各自的法律体系。

1. 联邦税法体系

美国的联邦税法体系主要包括：法律、行政解释以及司法判例。

（1）法律。和税收相关的法律主要有三个方面：美国联邦宪法、税收协定以及国内收入法典。此外，国会制定税收法案形成的报告，由于其可以明确国会立法意图，有助于纳税人和税务机关更好地理解法律，因此这类报告也可以作为税法解释的一部分。

①美国联邦宪法。联邦宪法赋予了联邦征税的权力。第Ⅰ条第8款规定，"国会有权规定并征收税金、捐税、关税和其他赋税，用以偿付国债并为合众国的共同防御和全民福利提供经费"。①

此外，宪法还规定了美国税收法案的立法程序。联邦宪法第Ⅰ条第7款规定，"有关税收的所有法案应在众议院中提出，但参议院可以以修正案的方式提出建议或表示同意。经众议院和参议院通过的法案，在正式成为法律之前，须呈送合众国总统。总统如批准，便须签署"。②此外，"如不批准，则应连同他的异议把它退还给原来提出该案的议院，该议院应将异议详细记入议事记录，然后进行复议"。两院超2/3的议员同意通过该法案，则该法案正式成为法律。

---

① U.S. Const. art. Ⅰ, § 8.
② U.S. Const. art. Ⅰ, § 7.

②税收协定。税收协定，又称国际税收条约，是指两个或两个以上主权国家，为了协调相互之间的税收管辖关系和处理有关税务问题，通过谈判缔结的书面协议。

根据美国国内收入局官网资料，截至 2015 年 12 月 31 日，美国共与澳大利亚、加拿大、丹麦等 58 个国家签订了双边税收协定（Tax Treaty）和议定书（Protocol）（见表 2-5）。[①] 美国与其他国家签订的税收协定通常只适用于所得税，不涉及其他税种，而且只是涉及联邦一级的所得税，州和地方政府课征的所得税不在协定约束范围。当税收协定的内容需要补充或者修改时，通常会采用议定书的形式，例如为了引入强制性仲裁条款，美国与德国在 2006 年 6 月 1 日签署了美国—德国税收协定议定书。

与其他国家不同的是，美国对外签订国际税收协定，参照的是美国财政部修订的美国所得税协定范本。该范本于 1981 年正式发布，并在 1996 年、2006 年和 2016 年分别进行了三次修订，它是美国与其他国家进行双边谈判的基础。与 OECD 范本和 UN 范本相比，美国的所得税协定范本更重视解决双重不征税或国际逃避税问题。2016 新修订的范本中新增了一些规定以避免在消除双重征税的同时反而创造了双重不征税或避税的机会。

表 2-5 美国对外签署的税收协定

国家	生效时间	国家	生效时间
希腊	1953 年 1 月 1 日	荷兰	1994 年 1 月 1 日
巴基斯坦	1960 年 1 月 1 日	以色列	1995 年 1 月 1 日

---

① https://www.irs.gov/individuals/international-taxpayers/tax-treaty-tables，最后访问时间为 2017 年 10 月 27 日。

国家	生效时间	国家	生效时间
特立尼达和多巴哥	1970 年 1 月 1 日	法国	1996 年 1 月 1 日
挪威	1971 年 1 月 1 日	瑞典	1996 年 1 月 1 日
波兰	1974 年 1 月 1 日	哈萨克斯坦	1996 年 1 月 1 日
罗马尼亚	1974 年 1 月 1 日	葡萄牙	1996 年 1 月 1 日
匈牙利	1980 年 1 月 1 日	瑞士	1998 年 1 月 1 日
韩国	1980 年 1 月 1 日	土耳其	1998 年 1 月 1 日
埃及	1982 年 1 月 1 日	南非	1998 年 1 月 1 日
牙买加	1982 年 1 月 1 日	爱尔兰	1998 年 1 月 1 日
澳大利亚	1983 年 12 月 1 日	泰国	1998 年 1 月 1 日
菲律宾	1983 年 1 月 1 日	奥地利	1999 年 1 月 1 日
巴巴多斯	1984 年 1 月 1 日	爱沙尼亚	2000 年 1 月 1 日
新西兰	1984 年 1 月 1 日	拉脱维亚	2000 年 1 月 1 日
加拿大	1985 年 1 月 1 日	立陶宛	2000 年 1 月 1 日
塞浦路斯	1986 年 1 月 1 日	委内瑞拉	2000 年 1 月 1 日
中国	1987 年 1 月 1 日	丹麦	2001 年 1 月 1 日
独联体	1987 年 1 月 1 日	卢森堡	2001 年 1 月 1 日
德国	1990 年 1 月 1 日	乌克兰	2001 年 1 月 1 日
印度尼西亚	1990 年 1 月 1 日	斯洛文尼亚	2002 年 1 月 1 日
突尼斯	1990 年 1 月 1 日	英国	2004 年 1 月 1 日
印度	1991 年 1 月 1 日	斯里兰卡	2004 年 1 月 1 日
芬兰	1991 年 1 月 1 日	日本	2005 年 1 月 1 日
印度	1991 年 1 月 1 日	孟加拉国	2007 年 1 月 1 日
西班牙	1991 年 1 月 1 日	比利时	2008 年 1 月 1 日
斯洛伐克	1993 年 1 月 1 日	保加利亚	2009 年 1 月 1 日
捷克	1994 年 1 月 1 日	冰岛	2009 年 1 月 1 日
墨西哥	1994 年 1 月 1 日	意大利	2010 年 1 月 1 日
俄罗斯	1994 年 1 月 1 日	马耳他	2011 年 1 月 1 日

资料来源：https：//www.irs.gov/individuals/international-taxpayers/tax-treaty-tables。

我国与美国在 1984 年 4 月 30 日签订了《中华人民共和国政府和美利坚合众国政府关于对所得避免双重征税和防止偷漏税的协定》《中华人民共和国和美利坚合众国政府关于对所得避免双重征税和防止偷漏税的协定的协议书》以及《中华人民共和国和美利坚合众国政府关于对所得避免双重征税和防止偷漏税的协定的换文》。三份文件于 1986 年 11 月 21 日正式生效，并于 1987 年 1 月 1 日开始执行。1986 年 5 月 10 日，我国又同美国政府签署了《中华人民共和国和美利坚合众国政府对 1984 年 4 月 30 日签订的关于所得避免双重征税和防止偷漏税的协定的议定书第七款解释的议定书》。这份补充协议和上述三份文件构成了中美税收协定的基础。

通常来说，税收协定与国内税法不一致时，税收协定处于优先执行的地位。但是美国政府采用的原则是：税收协定和国内法律处于同等地位；当二者相冲突时，以时间靠后的为准。但是美国在实际的立法和实践环节中，往往会利用国内法中一些的例外条款，推翻与本国税法不相适应的税收协定。

③国内收入法典（Internal Revenue Code，IRC）。即美国联邦税收法典，简称联邦税法。联邦税法属于美国法典的第 26 标题部分，分不同层次，包括分标题（Subtitle）、章（Chapter）、分章（Subchapter）、部（Part）、分部（Subpart）和节（Section）。在节以下还会有一系列编号，从大到小依次是（a）、（1）、（A）、（ⅰ）、（Ⅰ）。可见美国联邦税法的复杂程度。

美国历史上对联邦税法有两次比较大的修订。一次是 1954 年，另一次是 1986 年。美国现行的联邦税法就是在 1986 年税改的基础上不断修改、更新而来的。

①分标题。法典的分标题是法典的二级标题，包括从 A 到 K 总计 11 个分标题。分标题分别叙述了关于所得税、遗产与赠与税、雇佣税（即社会保障税）、杂项消费税、酒、烟以及其他特定消费税、征收程序与行政管理、税收联合委员会、总统竞选运动基金、信托基金法典、煤炭行业健康利益以及团体健康计划要求。其中，所得税占篇幅最大。

②章。分标题被进一步细分为章。例如，分标题 A 下设 6 章，包括第 1 章标准税与附加税、第 2 章自由职业者所得税、第 3 章外国非居民纳税人以及外国公司的预提所得税、第 4 章（被废除）、第 5 章（被废除）和第 6 章联合纳税申报。不同分标题下的章的排序并不连续。例如，A 分标题下章是从 1～6 排序，B 分标题下章是从 11～14 排序，C 分标题下章是从 21～25 排序。

③分章、部、分部。分章是对章的进一步描述。例如，A 分标题第 1 章，总共有 A ～ V（并非所有字母都使用）16 个分章，具体包括纳税义务的确定、应纳税所得额的计算、公司分配与调整等，其中第一分章又包括个人税收、公司税收、纳税年度内税率的变化、税收抵扣等部。每部还可用分部进一步明确。

④节。分部之下为节。节的号码从小到大排序，贯穿整个法典，并不按分标题重新排序。节的号码不一定连续，例如第 5 节后面紧跟着的是第 11 节。部分节还会存在并列条例，用字母 ABC 等标注。

为了防止混乱，在引用联邦税法条款时，一般采用的条款层级是节，分标题和章都被省略了。例如"Sec.220（c）（4）"表示第 220 节的 c 分节的第 4 段落；"Sec.220（c）（4）（B）"表示第 220 节的 c 分节的第 4 段落第 B 分段落。

（2）行政解释。除了国会制定的税收法律外，执法机关还应对税法做出解释，并制定具体的实施细则，以防止实践中出现的误解和纠纷。行政解释同样享有法律地位。执法机关的行政解释主要包括美国财政部制定的财政规章（Treasury Regulation）和国内收入局（Internal Revenue Service，IRS）的税收裁定（Revenue Ruling），财政规章的法律效力略高于国内收入局的税收裁定。

财政部制定的财政规章。根据国内收入法典第 7805 节规定，除向财政部的官员或雇员明确授权外，财政部部长应当制定为执行税法所必需的规则和规章，包括由于国内税收相关法律的修改所必要的规则和规章。

一般来说，财政部制定的规章分为解释性规章和立法性规章两种。解释性规章是用于解释法律条文。立法性规章是财政部根据国会授权制定的相关规章，其法律地位要高于解释性规章。

规章公布形式包括被提议规章、临时规章和最终规章三类。但根据国内收入法典第 7805 节规定，"部长所发布的任何临时规章应当作为被提议规章予以发布"。所以，临时规章和被提议规章在公布的时候采取的形式是一致的，直到它们以最终规章形式被公布，才能对纳税人或联邦税务局产生实质上的约束力。

国内收入局公布的税收裁定。税收裁定是国内收入局在税收执法过程中对税法和财政规章的具体解释和说明。税收裁定的法律效力要低于财政规章。当财政规章和税收裁定内容冲突时，优先适用财政规章。此外，国内收入局在税务法院的诉讼程序中败诉时，国内收入局将以默认（Acquiescence）或不默认（Non-acquiescence）的形式表明它对判决结果的赞同与否。国内收入局的默认与不默认也等同于税收裁定。

（3）司法判例。当纳税人与税务机关发生的纠纷通过行政途径无法解决时，可以通过法律诉讼途径解决。例如，当纳税人欠税时，税务机关会先向纳税人寄送一份30日函，在30日内纳税人有权向税务机关提起复议。纳税人如未提出复议，税务机关会向纳税人再寄送一份90日函，此时纳税人可以在90日内向税务法院提出欠税诉讼。如果纳税人还未提出诉讼，则税务机关将进行税务核定，确定纳税人的纳税义务。纳税人必须先缴清税款，才能在地区法院或联邦索赔法院提起退税诉讼。

税务诉讼分三个层次：一审、上诉以及最高法院最终判决。纳税人需要根据实际情况提起诉讼。联邦税务案件一般由税务法院、地区法院或是联邦索赔法院审理。纳税人或税务机关对一审判决不服，可以向美国上诉法院或联邦巡回法院提起上诉。对上诉法院判决结果不服从，则最终要向最高法院进行上诉。最高法院的判决是最终判决。各级法院做出的判决是对法典的一种解释，因此也对以后类似事件的处理提供了法律依据。

2.州和地方税法体系

各州在宪法、法律规定的范围内可以根据实际情况，制定税收法律。一般来说，美国各州的税法体系包括各州的宪法、税收法律、政府部门规章等。地方政府在不违反宪法和州法的前提下，可以根据当地社会经济发展需要制定相关税收法律，开征必要的税收。此外，地方的一些主要税种，诸如财产税，是由州政府授权给地方政府征收。因此地方税法体系不仅包括地方法律和税法，还包括州的相关税收法律。

2.3.2 立法程序

1. 联邦税收立法程序

美国国会的征税权在宪法中属于"可以列举的权利"。美国宪法第Ⅰ条第7款规定：有关税收的所有法案应在众议院中提出，但参议院可以以修正案的方式提出建议或表示同意。经众议院和参议院通过的法案，在正式成为法律之前，须呈送合众国总统。总统如批准，便须签署。①实际的联邦立法程序大体要经过四个阶段：立法动议的提出；众议院审议并表决；参议院审议并表决；总统决定。

（1）税收立法动议的提出。一般来说，国会两院议员都有立法提案权，但只有众议院议员有权提出税收立法议案。参议院议员之所以没有税收立法议案的提出权，主要是由于美国国会议员的选举机制。众议院参照各州人口规模，众议院议员数量和地区人口数量成正比关系，选举出总共435名议员。而参议院则采取每州2名的定额分配制度，共计100名。因此由众议院议员提出税收法案更能代表选民的利益。

总统没有立法提案权，但其可以在国情咨文中向国会提出立法建议，或是直接通过执政党议员向众议院提出立法草案。

（2）众议院审议并表决。众议院设有19个专业委员会，其中负责税收立法活动的是拨款委员会。该委员会成员由多数党和少数党按一定比例构成，总数约30人。拨款委员会除了负责税收立法活动外，还负责财政、关税、债务、贸易、健康福利和社会保障等方面的立法工作。拨款委员会只负责举行听证会，没有通过议案的权力。

① U.S. Const. art. I, §7.

众议院提出税收立法议案后由众议院院长决定是否可以形成法案。如果可以形成法案，则由拨款委员会组织有关专家起草法案，并在委员会内部进行表决。通常情况下，委员会会通过举行听证会，对草案进行聆讯和审议。经多数同意后，形成最终法律草案。同时，委员会还需准备呈递给众议院的报告，报告一般较为详细，记录了包括对该提案的反对意见等内容。众议院收到草案和报告后，会召开全体会议对税法草案和报告进行审议，然后进行表决。表决采用简单多数原则，通过后会交由参议院审议。否则，被退回拨款委员会重议或被放弃。

（3）参议院审议并表决。税收法案经过众议院审议通过后，送交至参议院审议。参议院内部设有财政委员会，负责审议税收相关议案。财政委员会采用与拨款委员会相同程序，对草案进行讨论、修改，并形成报告提交给参议院全体会议进行表决。一般情况下，财政委员会会把众议院提交的税法草案做较大程度的修改。参议院表决需要得到 51 票以上方能通过。如未通过，则提案被退回财政委员会或被搁置。

按照既定程序，经参议院表决通过后有两种情况。一是完全同意众议院的法案，方案可以直接提交总统签署；另一个则是参议院通过的法案与众议院提交的法案存在差异，需要将法案退回众议院。两院审议通过的法案必须完全一致才能交由总统签署。因此，当众议院同意参议院的法案时，可以提交给总统签署。否则，需要组成参、众两院联席委员会协调。

联席委员会委员由众议院议长和参议院议长指定，一般会由多数党 4~5 名、少数党 3~4 名组成。委员会要将参、众两院的两份草案协调形成一份相同的税法草案。联席委员会就最终达成的折衷方案提交两院再次表决，通过后提交总统签署。

（4）总统签署。一般情况下，总统会签署同意税法草案，形成最终法律。但总统对国会送来的税收法案也同样享有否决权。如果总统否决草案，法案将被退回国会，由国会重新表决。如果支持该法案的票数达到 2/3 以上，国会就可以推翻总统的否决，法案正式通过，成为法律。

2. 州税收立法程序

各州议会大多都采用"两院制"，仅内布拉斯加州州议会实行"一院制"。美国州一级的税收立法程序大体与联邦立法程序一样，都要经过法案提出、众议院审议、参议院审议以及州长签署。地方政府还可以利用公投形式，对立法草案进行表决。

（1）税收立法动议的提出。与联邦政府不同，州政府和两院议员都有提案权。各州州长权力很大，州政府所提的议案也可以直接交给议会讨论。州参、众议院议员都有税收提案权，议员向各自议会提交税收法案。

（2）众议院审议并表决。众议院议员、州政府向众议院提交税收立法草案，并由众议院拨款委员会内部审议讨论。州众议院的拨款委员会在职能和权限上与国会众议院基本相同。拨款委员会内部形成草案并通过后，再由众议院全体会议进行表决。表决通过后，众议院将税收草案交由参议院审议。由于参议院议员也有税收提案权，因此州众议院还可能收到参议院转递的税收议案，不过流程大致相同。

（3）参议院审议并表决。参议院在接到参议院议员、州政府或是众议院的税收议案时，会交由财政委员会审议研究。财政委员会要对税收议案提出意见，并在多数表决通过后提交到参议院全体会议辩论、表决。如不通过，则议案将会被退回财政委员会或是被放弃。如果表决通过，要区分两种情况。一种是该议案是由州政府或议员直接提交到参议院，表决通过后参议院需要将议案转交给众议院审核。第二种是该议案由众议院转交到参议院，如果参议院完全同意众议院提出的税收议案，则该议案将直接交州长签署。否则，议案要交由众议院再次审理。

如果众议院对参议院的转交的议案没有异议，议案将直接交由州长签署。反之，两院要成立联席委员会进行协调。

（4）州长签署。州两院最终会将达成一致的税收法案提交给州长，由州长签署通过，形成正式法律。除北卡罗来纳州州长外，其他州长对议案同样都有否决权。但州长的否决也可以被州议会超 2/3 多数票再否定。

2.4　税制特点

2.4.1　税收制度充分体现联邦制属性

美国联邦、州和地方三级政府依照宪法划分各自职权，并在此基础上形成了现行的美国税收制度体系。联邦制属性使得各级政府依照财权和事权相统一的原则，建立各自独特的税制体系。从税收立法角度，联邦政府和州按立法程序开展税收立法工作。国会审议通过联邦税法；州议会审议通过本州税法；地方政府主要税种由州政府授权开征，地方政府一般在不违背宪法和州法的前提下，做出解释和调整。从税种设立角度，联邦政府以个人所得税和社会保障税为主体税种，州政府以销售税为主体税种，而地方政府则以财产税为主体税种。从税收征管角度，美国国内收入局、关税署负责联邦税的征管；各州和地方根据实际情况设立管理机构，对本地区的税收进行征管。

2.4.2 直接税比重大，突出分配公平

2015 年，美国联邦政府税收收入占全国税收总收入的 67%，其中，个人所得税、公司所得税以及社会保障占比超过 90%。美国税制直接税比重大，税收的累进性较强。从个人所得税角度来讲，联邦个人所得税采用超额累进税率，并设置了一系列包括宽免、抵免以及扣除项目，充分体现了税制的纵向公平。

2.4.3 税收目标多元，税收功能显著

税收有两大基本功能，一个是筹集财政收入，另一个则是调节财富分配。个人所得税作为联邦税制的第一大税种，除了增加财政收入，还能起到调节社会公平、维护社会稳定的作用。社会保障税，包括工薪税、铁路员工保障税、失业保障税和个体业主税，其开征目的是解决社会保障问题，保证了失业人口、老年人能够享受政府的相关补贴，为铁路员工退休以及个人业主的医疗、伤残、老年提供了保障。征收遗产和赠与税，是为了调节贫富差距，推动慈善事业的发展。环境税类，比如固体废弃物处置税等，则是对环境污染的一种补偿。此外，各州还会开征一些特定目的的税收，例如亚拉巴马州开征的邦联退役军人税，主要用于维护邦联纪念公园。

3 税收管理体制

美国是一个联邦制的国家，其税收管理权限相对分散。美国政府分联邦、州和地方三个层次，相应地，美国宪法赋予联邦和州独立的税收立法权、执法权和司法权。19世纪60年代法院的一项判例强调，地方政府机构产生并授权于州的立法机关。发展至今，地方政府已经拥有了相当大的自主权。所以，联邦、州和地方三级政府都相应开征了各自的税种，形成了各自不同的税制体系和管理体制。

3.1 税收管理体制的历史沿革

本节我们将从税收立法、执法和司法三个角度叙述税收管理体制的历史沿革。税收立法体制的发展变革主要体现在立法权明确的过程，税收执法和司法体制则主要通过执法和司法机构的设立、变迁以及管理权限的变更说明。

3.1.1 税收立法体制的发展变革

联邦宪法第Ⅰ条第8款规定，"国会有权规定并征收税金、捐税、关税和其他赋税，用以偿付国债并为合众国的共同防御和全民福利提供经费"。[①] 此外，宪法还规定了国会税收立法的流程。联邦宪法第Ⅰ条第7款规定，"有关税收的所有法案应在众议院中提出，

---

① U.S. Const. art. I, § 8.

但参议院可以以修正案的方式提出建议或表示同意。经众议院和参议院通过的法案，在正式成为法律之前，须呈送合众国总统。总统如批准，便需签署"。①

美国宪法对国会的征税权有明文规定，国会需要在宪法允许范围内行使税收立法权，但由于对宪法的解释不同，实际上国会在进行税收立法工作的时候，经常会遇到违宪的争议和麻烦。国会的具体征税权涉及范围，在一次次的修宪和最高法判例中，得到了进一步明确。

1789 年 7 月 4 日，国会制定了《关税条例》（以下简称《条例》）。《条例》对 30 多种进口商品做出了征收特种关税的决定；对 51 种进口商品从价征收从 1.5%～15% 不同税率的关税。此外，《条例》还规定了对同美国做生意的外国船只加收每吨 50 美分的附加关税，而美国公民使用自己的船只运送货物则只征收每吨 5 美分的关税。《条例》中这些保护性的措施引发了长达一个半世纪的争论，最高法院认为这种额外的保护措施超过了征税的范畴。直到 1928 年，联邦最高法院在"汉普顿公司诉合众国"案中确认了这种保护性关税属于国会享有的征税权范围。

在美国宪法第 16 条修正案制定之前，美国宪法第 I 条第 9 款规定，"除与已进行的人口统计的数字成比例的直接税外，不得课征其他直接税"。②这使得能够开征的直接税只有人头税，而现代意义上的个人所得税和公司所得税都将因违宪而无法开征。工业革命后迅速壮大的工业和金融业者免于被征收所得税而获取了大量利益。

---

① U.S. Const. art. I, §7.
② U.S. Const. art. I, §9.

1913 年，国会通过了宪法第 16 条修正案，即"国会有权对任何来源的所得征税，而不需在各州之间按比例课征，也不需考虑人口普查或调查的数据"。[①]美国国会于同年 10 月通过了一个累进征收的个人所得税法案。至此，个人所得税和公司所得税才取得了宪法上的合法地位，国会有权对个人或公司法人所得征收所得税。1935 年，联邦社会保障法案生效，美国开征社会保障税。目前，社会保障税已经成为联邦第二大税种。

州议会有权在不违背宪法的情况下，开征本州的税种。但国家权力派和州权力派在联邦政府和州政府的分权问题上一直争论不断。1816 年，为了应对第二次反英战争带来的财政困难，国会通过了第二银行法案，并于 1817 年建立了合众国第二银行。第二银行在全国各地设有分行，妨碍了根据各州颁发许可证营业的小银行的利益。马里兰州议会在 1818 年通过法令，对合众国第二银行巴尔的摩分行所发行的票据征收重税，由此引发了"麦卡洛克诉马里兰州"案。最高法院裁决马里兰州无权对联邦银行分行征税，该行为是违宪且无效的。自此，以最高法院判例的形式确定了各州无权对联邦财产征税。州和地方政府目前主要依靠销售税、所得税以及财产税满足财政需求。

3.1.2 税收执法体制的发展变革

在联邦政府成立之前，为了满足政府财政职能的需求，各州独立行使课税权，组建本州的机构自行征收。1792 年，为了监督联邦税收的征收，联邦政府任命了税务局长，领导独立于各州的税务机

---

① U.S. Const. amend. XVI, § 2.

构。之后几十年间，联邦税务机构几经波澜，不断被取消、重建。到 1913 年，联邦所得税开始征收，联邦税务局的作用和地位也由此开始凸显。1953 年，联邦税务局正式更名为国内收入局（Internal Revenue Service，IRS），负责联邦税收的征收管理工作。

州和地方政府设有各自的税务机关，负责本地区税收工作的征管工作。由于地方政府的征税权主要由州政府授权，因此，地方税务机构的税收执法范围也随着地方税种的变迁而变化。

从执法范围来讲，联邦、州和地方各级税务机关并无重叠，各自负责本辖区的税收征管工作。在组织人事任命上，也没有垂直的领导关系。各级税务机关相对独立。但由于联邦和州存在对同一税源的征税的情况，而且在实际申报纳税环节，有些州规定申报州所得税的时候，可以扣除缴纳的联邦所得税部分，因此，各级政府在税收征管和信息交流上存在一定的合作关系。例如，1972 年的《联邦—州税收征收法》规定，联邦税务机关可以代征州政府的个人所得税，纳税人可以一次性申报联邦个人所得税和州个人所得税。

3.1.3 税收司法体制的发展变革

美国独立前，原有的 13 个英属殖民地基本沿袭了英国的法律传统，形成了单独的司法体系，并在建国后保留了各自的司法系统。现有联邦的法院组织架构、管辖权和诉讼程序是在 1789 年美国国会颁布的《司法条例》的基础上形成的。美国税收司法权的划分以美国司法体系为基础，分为联邦和州两套不同的司法系统。从程序上来说，美国税务司法程序分为一审、上诉以及终审三个环节，不同种类的税务诉讼在不同环节有其对应的诉讼法院受理，形成了较为复杂的司法体系。

这里我们简单介绍一下美国税务法院（United States Tax Court）管辖权的演变。美国税务法院是一个较为独特的司法机关，现有的美国税务法院是受理联邦税务诉讼的一审法院之一。与地区法院和联邦索赔法院不同，美国税务法院一般受理的是欠税诉讼。

1920 年，联邦税务局在内部设立了复议审查委员会，主要负责案件复议审理工作。但由于该委员作为税务局的内部机构，其做出的决定会被视为有利于税务局，因此破坏了公众的信任。1924 年，国会决定设立独立于联邦税务局和财政部的行政机构——税务上诉委员会（Board of Tax Appeals）。税务上诉委员会按照正式的司法程序运作，但美国最高法院在一次判决中确认了税务上诉委员会不是法院，没有判决执行权。1942 年，国会将税务上诉委员会更名为"美国的税务法院"（Tax Court of the United States），其成员也被给予法官头衔，但其仍是行政机构，在审理权限和程序上与税务上诉委员会并没有什么区别。

1946 年美国发布了《联邦行政程序法》，该法规定了行政行为的做出程序和对行政行为进行司法审查的程序，由此引发了税务法院的判决是否受行政程序法约束的问题。税务法院认为其在审理纳税未足额申报案件时，其地位相当于初审法院，不需受到行政程序法的规制。1969 年，国会将"美国的税务法院"正式命名为"美国税务法院"（United States Tax Court），税务法院终于成为根据宪法第一条设立的法院，其判决具有先例地位。由于其他法院一般都是依据宪法第三条而设立的，因此在法律地位上，税务法院的特殊性也就不言而喻了。

3.2 税收管理体制现状

美国是一个联邦制国家，由联邦、州、地方三级政府组成。美国共有 50 个州，8 万多个地方政府，包括县、市、镇、学区和特殊服务区等。联邦、州和地方三级政府遵循财权和事权相统一原则划分财权。值得注意的一点，联邦和州之间的权力划分和关系是典型的联邦制，而地方政府的税收立法权大多由州授权，也没有单独的司法体系，相对于联邦和州政府的权力划分，州和地方政治关系更偏向于单一制。

3.2.1 税收管理权限的划分

税收管理权限的划分主要分为两个维度，各级政府对税收立法、执法和司法权的纵向划分，以及同一级的立法机构、行政机关和司法机关对税收管理权限的横向划分。

1. 税收管理权限的纵向划分

美国联邦、州和地方有各自的立法权、执法权和司法权，各级政府、议会和法院在法律范围内，行使各自职权。

（1）税收立法权的划分。美国联邦、州和地方三级政府，可以在法律规定范围内，确定自己的税收制度。按照宪法规定，联邦政府不得对任何一州输出到另一州的商品征税。其他未被禁止的税收立法行为，联邦均有权行使。宪法还规定各州均不得对进口到美国和美国出口到其他国家的货物征税，因此关税只能由联邦政府征收。目前，联邦政府的主要税种包括个人所得税、公司所得税以及社会保障税等。联邦如果想通过新的税收政策，需要以税收法案的形式先提交到众议院，表决通过后再转交至参议院审议，最终由总统签署，正式成为法律。当然实际立法过程中，遇到的问题会很复杂。例如，国会两院通过的法案需完全一致，如果参议院审核通过的税收草案，与众议院提交的版本不一致，草案会被转交至众议院重新审议。众议院全体会议如果审议通过了参议院的草案版本，则草案可以提交给总统签署。否则，需要由两院组成联席委员会进行协调。

宪法未禁止的税收立法事项，州和地方政府都可以制定相关法律。因此只要在法律范围内，州政府可以根据实际情况，开征本地区适用的税收。通常来说，州以销售税、消费税、个人所得税以及公司所得税等税种为主，但美国各州在征税对象、税率等方面都各有不同，并没有一套统一的模式。地方政府也是如此，只要不违反宪法和州法，地方政府可以根据履行事权的需要，开征相关税收。

（2）税收执法权的划分。美国联邦、州和地方政府都有自己相对独立的税务征管系统。美国联邦的国内收入局、州税务局以及地方税务局之间没有直接的领导和隶属关系。

美国联邦一级的税务机关是国内收入局。国内收入局是财政部下设的税收征管机构，总部设在华盛顿。国内收入局局长由总统直接任命。国内收入局内部分三级机构，总部、大区税务局以及地区税务局和办事处。各州和地方政府下设各自的税务机关，分别负责本级税收的征收管理工作。

各级机关虽然在组织和人事上没有直接领导关系，但仍然保持着经常性的业务合作和信息沟通。尤其在同源征收的税种上，三级政府实行税率分享，信息共享有利于执法效率的提高和征管成本的降低。

（3）税收司法权的划分。联邦和州分别拥有各自的司法体系，地方没有独立的司法权。纳税人与联邦税务局或是州税务局发生税务纠纷时，可以分别向联邦法院系统或是州法院系统提起诉讼。

一般来说，纳税人与联邦税务局发生冲突时，可以根据实际情况向税务法院、地区法院或是联邦索赔法院进行申诉。对判决不服的可以向美国上诉法院或是联邦巡回法院提起上诉。税务刑事案件的公诉权则由美国联邦司法部行使。司法部的税务司负责对案件的调查和提起公诉。纳税人与州税务机关的纠纷，则由各州司法部门依照法律行使司法权。

2. 税收管理权限的横向划分

税收管理权限的横向划分，在联邦一级，是指国会、总统、财政部与税务局、联邦法院之间对联邦税收管理权限的分配；在州一级，是指州议会、州长、财政局与税务局、州法院之间对州税收管辖权限的分配。下面主要介绍联邦一级税收管理权限的横向划分，州一级税收管理权限的横向划分与此大体相近。

（1）国会的税收管理权限。国会负责税收立法，联邦政府征税必须遵照国会通过的法律进行，税种的设立、税率的调整以及税收减免等事项需要通过国会决议。根据联邦宪法的要求，税收法案只能由众议院提出。总统有权提出税收改革的建议。众议员提出税收提案后，要交由众议院拨款委员会拟订草案，并交由众议院全体会议表决。表决通过后再交由参议院，由参议院拨款委员会对草案进行商议、修改，并将修改后的草案提交至参议院全体会议表决。两院通过的税收草案必须一致，方能提交总统签署通过。总统如不同意，草案将送回两院重新表决。在重新表决环节，当两院超 2/3 议员同意该草案时，则税收草案通过，正式生效。

在州一级，立法权同样由州议会行使，立法程序与国会大体相同。与联邦和州议会不同，地方政府没有议会，只存在一个民选的管理委员会行使税收立法权，决定地方税收相关法律。

（2）总统的税收管理权限。总统的税收管理权限主要有三个，批准并签署国会通过的税法、向国会提出税收相关的立法建议以及领导财政部门制定税收规章。总统可以在国情咨文中提出税收政策相关的建议，或是通过众议院议员在众议院提出税收议案。总统可以批准或是否决国会通过的税收草案。如果总统不同意签署某项税收草案，可以拒绝签署，并通过同党派议员或利用自己的政治影响力，促使两院在重新表决环节得不到 2/3 以上的同意票。

州长和地方政府的行政长官的管理权限与总统的税收管理权限是类似的。

（3）财政部的税收管理权限。联邦财政部可以向总统提出立法建议，也可以按照国会授权解释联邦税法，或制定财政规章。

州和地方政府，机构设置有所不同，有的设立了财政局，有的没有设立。没有设立财政局的政府，其税收管理权限由税务局行使。

（4）国内收入局的税收管理权限。国内收入局负责联邦税收的征管，有权发布税收征管规章。国内收入局机构分三级，总部设在华盛顿，总部下设大区税务局，再细分为地方分局和办事处。

州和地方税务局的管理权限和国内收入局管理权限大体相似。州和地方根据实际情况设立自己的税务机构，负责本地区相关税收管理工作。

（5）法院的税收管理权限。纳税人和国内收入局在联邦税收征管过程中发生的纠纷，可以通过法律途径进行解决。在联邦司法体系中，可以受理税务诉讼的一审法院包括税务法院、地区法院和联邦索赔法院。三者可受理的税务案件又有所区别。欠税诉讼只能交由税务法院审理，而退税诉讼则只能交由地区法院或是联邦索赔法院审理。不同的一审法院对应的上诉法院也不一样。最高法院负责对上诉案件进行最终审理，如果纳税人或税务机关对上诉结果仍不满意，则需要最高法院进行最终裁决。

各州参照州内的司法体系，对相关税务诉讼行使司法管理权。

3.2.2 税种的设置

联邦、州和地方政府在宪法和法律的规定下，开征了相应的税种，发展形成了现行的税制体系。联邦政府主要开征个人所得税、公司所得税、社会保障税、消费税和关税等税种，并以所得税为主体税种。州政府虽然开征了所得税，但是一般来讲，销售税的收入规模最大。地方政府通常以财产税为主，并根据州政府授权和实际需要，开征相关税种。

1. 联邦税种

1913 年第 16 条宪法修正案的通过，标志着个人所得税在美国取得了合法地位。自此，个人所得税在美国税收收入中的地位不断上升，个人所得税占联邦税收总收入的比重从 1935 年的 14.6% 上升到了 2015 年的 49%。1935 年，联邦社会保障法案生效，美国开始征收社会保障税。此后随着社会保障税税目的增加、税率的提高以及税基的扩大，社会保障税收入规模迅速增加，逐渐成为仅次于个人所得税的第二大税种。到了 2015 年，社会保障税占联邦税收收入的比重已经达到了 35.3%^①。

　　现行联邦税种主要包括个人所得税、社会保障税、公司所得税、消费税和关税等，其中个人所得税占比最大，其次是社会保障税。如表 3-1 所示，2015 年联邦个人所得税达到了 1.56 万亿美元，社会保障税为 1.13 万亿美元。公司所得税收入仅次于个人所得税和社会保障税，且自 2008 年金融危机爆发，美国联邦公司所得税收入总额和占比与以往相比呈现衰减趋势。联邦政府还征收遗产与赠与税以及关税等，不过从收入角度看，这些税种相比于个人所得税、社会保障税和公司所得税，就显得无足轻重。

表 3-1　　　　　　2006~2015 年联邦税收收入情况　　　单位：万亿美元

年份	个人所得税	公司所得税	社会保障税	消费税	其他	总税收收入
2006	1.04	0.35	0.84	0.07	0.10	2.41
2007	1.16	0.37	0.87	0.07	0.10	2.57
2008	1.15	0.30	0.90	0.07	0.11	2.52
2009	0.92	0.13	0.89	0.07	0.10	2.10
2010	0.90	0.19	0.86	0.07	0.14	2.16
2011	1.10	0.18	0.82	0.07	0.14	2.30
2012	1.13	0.24	0.85	0.08	0.15	2.45
2013	1.32	0.30	1.03	0.09	0.06	2.80
2014	1.42	0.32	1.08	0.10	0.06	2.98
2015	1.56	0.34	1.13	0.10	0.06	3.19

资料来源：2006~2012 年数据来自 https：//taxfoundation.org/federal-tax-revenue-source-1934-2018/；2013~2015 年数据根据 OECD 数据库整理得出。

　　从图 3-1 可以更加直观地看到联邦税收收入中各税种的重要程

---

　　① 根据 OECD 数据库的数据计算得出，网址：http：//stats.oecd.org，最后访问时间为 2017 年 9 月 21 日。

度。个人所得税占联邦税收收入的比重为49%，社会保障税次之，占比为35.3%，两者加起来占整个联邦税收收入的84.3%，公司所得税占比10.6%，而消费税以及其他税种仅占联邦税收收入总额的5.1%。

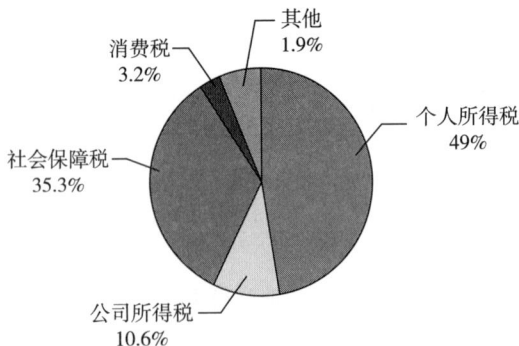

图 3-1　2015 年联邦主要税种所占比重

2. 州和地方税种

州政府的主体税种最初是财产税，到了 20 世纪 30 年代以后，各州陆续开始征收销售税，财产税比重持续下降，州销售税开始取代财产税成为州政府的主体税种。所得税在 1986 年以前占税收构成比重非常低，1986 年联邦进行大规模税收改革后，州政府有了喘息的余地，纷纷开始重视所得税，州所得税占税收收入的比重开始增加。目前州政府的主要税种包括销售税、个人所得税、公司所得税以及消费税等。地方政府一直以来以财产税收入为主。一般来说，财产税占地方税收收入比重超过 50%。除了财产税外，地方政府还征收销售税、使用税、个人所得税以及公司所得税等。

2014 年，美国州和地方财产税占其税收收入的比重达到了

31.3%，销售税占比达到了 23.3%，个人所得税占比为 22.9%，公司所得税则为 3.7%。我们可以通过表 3-2 直观地了解各税种占税收收入比重的大致情况。表 3-2 反映的是 2014 年美国阿拉斯加州、亚利桑那州、加利福尼亚州、佛罗里达州、密歇根州等 11 个州（包括地方）的财产税、销售税、个人所得税、公司所得税等主要税种占比情况。不难看出，大部分州的财产税比重最大，这主要是由于财产税作为地方主体税种，其占地方税收收入比重相当大，收入规模也非常庞大。个人所得税和销售税的比重在其次，公司所得税和其他税种收入规模相对较小。但各州的情况并不尽然，还是要取决于当地的经济状况和发展需求。

表 3-2　　2014 年美国部分州（含地方）主要税种所占比重　　单位：%

州	财产税	销售税	个人所得税	公司所得税	其他
阿拉斯加	34.9	3.9	0.0	7.3	53.8
亚利桑那	29.5	39.6	15.4	2.6	13.0
加利福尼亚	25.4	22.9	32.2	4.2	15.3
佛罗里达	35.7	35.3	0.0	3.1	26.0
密歇根	35.4	23.3	22.3	2.4	16.7
明尼苏达	25.0	18.3	31.3	4.3	21.1
新泽西	47.5	15.4	20.8	4.1	12.2
俄亥俄	28.6	25.0	26.7	0.6	19.1
俄克拉何马	17.5	33.3	21.4	2.9	24.9
犹他	27.7	24.3	28.0	3.0	17.0
华盛顿	29.9	45.4	0.0	0.0	24.6

资料来源：https://taxfoundation.org/toolkit-sources-state-local-tax-collections/。

表 3-3 更进一步地反映了地方政府的税收收入情况。2006～2015 年美国地方财产税收入从 3689.73 亿美元增长到了 4556.31 亿美元，几乎每年都有稳定的增长。2015 年，财产税占地方税收收入的比重

达到了70.4%。销售和使用税仅次于财产税，但收入规模相差明显，由此可见财产税在地方税收中占绝对的主体地位。个人所得税、公司所得税和消费税等其他税种相对来说变化不大，呈现出缓慢的增长态势。

表3-3 2006～2015年地方税收收入情况 单位：亿美元

年份	个人所得税	公司所得税	财产税	销售和使用税	消费税	其他
2006	236.07	73.67	3689.73	981.00	149.10	91.44
2007	265.35	72.74	3980.42	1004.58	154.34	96.85
2008	261.04	63.71	4081.29	957.34	160.83	99.33
2009	232.50	71.77	4290.06	944.98	160.40	95.87
2010	249.62	78.45	4286.61	976.47	161.78	100.44
2011	255.10	82.20	4335.80	1031.37	162.85	109.77
2012	272.05	87.95	4368.87	1094.79	162.84	118.44
2013	278.48	93.29	4436.70	1143.08	164.13	125.06
2014	289.95	97.11	4494.00	1182.88	165.45	131.50
2015	302.04	99.79	4556.32	1210.10	166.76	138.25

资料来源：http://stats.oecd.org。

3.2.3 税收收入的归属及使用

美国的分税制同样体现在税收收入格局上。在全国总税收收入中，联邦收入约占2/3，州和地方政府约占1/3，也就是说联邦政府占据了总税收收入中的绝大部分。在此收入格局下，各级政府在本级政府的事权范围内分配财政资源。同时，为了平衡各级政府的财政收支，美国还建立了自上而下的政府间转移支付制度。

1.各级政府的事权划分

美国各级政府参照财权和事权相统一的原则划分税收权利。联邦政府的权力由宪法单独列举。宪法明文规定了联邦政府的专有权力和禁止行使的权力。联邦专有权力包括战争决定权、外交事务、铸造货币、批准新州加入联邦等。根据其享有的事权，联邦政府主要负责国防开支、卫生、社会保障、国际事务等项目的开支。

根据宪法修正案第10条的规定，没有被宪法赋予联邦的权力，或者并未由宪法禁止授予各州的权利，由各州及其人民自主保留。也就是说，联邦拥有宪法第1~4条所列举的"授予的权力"和根据美国联邦最高法院所做宪法解释而从授予的权力中合理引申出来的"默示的权力"，州拥有"保留的权力"。[①] 一般来说，州政府主要负责道路建设、基础教育、公共福利项目以及公用事业（警察、消防等）。州政府也不能行使联邦政府的专有权力。地方政府的权限主要由州规定。通常负责土地管理、基础教育、公共设施的建设和维修等。

2. 政府间转移支付制度

除了各级政府的正常支出项目，为了平衡各级政府的财政收支，美国还建立了自上而下的政府间转移支付制度。联邦政府每年从本级财政中支出一定比例给州和地方政府发放补助金。州对地方也要发放一定的州补助金，用于地方教育、公路、公共福利等项目的支出。

美国联邦转移支付的模式主要有三种，即专项拨款、一般目的拨款和分类拨款。专项拨款是一种政策性的补助，主要用于医疗卫生、社会保障、教育、家庭等方面。专项拨款还可以进一步分为公示专项拨款和项目专项拨款。前者形式较为简单，一般来说拨款金额和人口规模、税收水平等相关联；后者则相对复杂，需要受补助者提出申请，经过评选、审批等环节，才能领取。一般目的拨款是

---

① 寇铁军.政府间事权财权划分的法律安排——英、美、日、德的经验及其对我国的启示[J].法商研究，2006（5）.

根据 1972 年通过的《联邦政府对州和地方政府的财政援助法案》产生的，州和地方政府可以按照一定比例分享联邦的收入。不过在 1986 年以后，为了缩减财政赤字，美国政府开始削减了一般目的拨款。分类拨款更像是专项拨款和一般目的拨款的结合，是对专项拨款的分类、合并，同时赋予州政府一定的自主管理权，更有利于资金使用效率的提高。目前，美国联邦转移支付制度形成了由专项拨款和分类拨款构成、有条件拨款为主导的、两者规模相当的分配格局。①

3.3 美国税收管理体制的特点

3.3.1 税收管理体制凸显联邦制特性，税权相互分立和制约

美国是典型的联邦制国家，行政、立法、司法三权分立。联邦、州与地方政府在税收立法、税收执法和税收司法上依据宪法和法律分级管理。地方政府权力由州授予，并可以根据实际情况征收必要税种。税收立法权归议会，议会可以根据宪法或法律要求，行使税收立法权，制定相关税收法律；执法权归税务机关，各级政府设立税务机关，以满足本级政府内的税收征管需求。税收司法权归法院，纳税人与各级税务机关的税务纠纷可以向有管辖权的法院提起诉讼。各级法院对税务诉讼的判决案例，也可以作为法律依据，为类似的税务诉讼提供判例。

3.3.2 税权划分以各级政府职能为基础，体现财权和事权相统一

美国税收管理权限的划分是建立在各级政府的职能基础上，充

---

① 徐小平，张启春.美的政府间转移支付改革及启示［J］.中南财经政法大学学报，2010，（2）.

分体现了财权和事权的统一。联邦政府主要负责国防、外交、军事、全国性的公共产品的提供以及社会福利。州政府负责州内的公共产品、社会保障以及道路修建等。地方政府依据州政府的授权履行相关职能，包括教育、卫生、城市发展以及财产保护等。各级政府依据财权和事权统一的原则，行使独立征税权，从而保证有足够的财力行使相关权力，履行政府职能，充分调动了各级政府的主动性和积极性。

3.3.3 税权关系以宪法和法律为基石，凸显其规范性和权威性

各级政府的税收权力和关系依据宪法和法律确立，保障了税权关系的稳定和权威。任何税制的变动都需要通过各级议会的立法，并通过总统或是地方行政长官签署，最终以法律形式确定。不论是总统或是州长，都无权不经过法律程序擅自对税法进行修改。

3.3.4 州和地方政府拥有相对独立的税收管理权，有利于提高资源配置效率

美国联邦、州和地方三级政府根据法律在职能范围内征税，以满足不同程度的财政需求。联邦政府以个人所得税、公司所得税和社会保障税等为主；州政府以销售税为主；地方政府则以财产税为主。美国州政府有立法权，各州可以在不违背宪法和州法的情况下，通过议会表决、州长签署通过的形式制定税收法律，决定本地区内开征的税种。例如，美国有 43 个州开征个人所得税，不征收个人所得税的有 7 个州 [1]。此外田纳西州和新罕布什尔州只对个人所得中的股票分红和利息征税。各州考虑开征何种税种的时候，会综合考量

---

[1] 这 7 个不征收个人所得税的州是：阿拉斯加州、佛罗里达州、内华达州、南达科他州、得克萨斯州、华盛顿州和怀俄明州。

本州的经济发展、地理位置以及社会文化环境。地方政府也可以根据实际情况，以及当地居民偏好开征相关税种。州和地方政府相对独立地行使税收管理权，能够增强本地区优势资源的配置效率，从而提高了政府的征税效率，也进一步优化了政府的收入支出规模，使之能够为本地区提供优质的公共服务。

4 所得税与社会保障税类

4.1 联邦个人所得税

4.1.1 联邦个人所得税的产生与发展

美国的联邦个人所得税或许是世界各国税收制度中规定最为细致和繁复的税种，其内容占据了美国《国内收入法典》（Internal Revenue Code，IRC）总篇幅的将近一半。而其产生与发展的过程，也可以说是几经波折，最早可追溯至美国南北战争时期。

在南北战争以前，关税和消费税是美国联邦政府财政收入的主要来源。战争开始后庞大的军费开支，迫使北方的联邦政府在 1861 年制定了一部所得税法以扩充财源，但该税法由于表述不清而未能生效。次年，美国国会又通过了一部所得税法并付诸实施，该税法在 1872 年废止前共计征收了约 3.76 亿美元的收入，相当于该期间美国国内税收收入的 20%[①]。

此后的 1894 年，随着国际贸易量的下降、对进口货物所征的关税和消费税减少，美国国会再次通过了一部个人所得税法以维持财政收入，但受到当时宪法中"除人头税外不得课征其他直接税"的规定限制，1895 年美国最高法院判定这部税法违宪，使得该税法未能出台。直到 1913 年因怀俄明州成为美国第 36 个州而进行的第 16

---

① 财政部税收制度国际比较课题组.美国税制［M］.中国财政经济出版社，2000，第 52～53 页。

次修宪，终于使联邦个人所得税克服了宪法上的障碍，而当年开征的这一税种也就一直沿袭至今。

1913年开征的联邦个人所得税普通税率为1%，个人的免征额为3000美元，已婚夫妇联合申报的免征额为4000美元，对纳税人所得超过50万美元的部分还要加征6%的税款。在当时的美国，所得能够超过免征额的个人只占大约1%，开征当年共有357598人进行纳税申报，平均每人缴纳的税额为78美元[①]。直到第二次世界大战期间，许多工薪阶层民众的所得超过了免征额，联邦个人所得税才逐渐成为一种普遍征收的税种。1939年，纳税申报人数达到了760万，缴纳的税款总额约为10亿美元；而到了1945年，由于战争时期实行特殊政策，纳税申报人数增长到近5000万人，税款总额也大幅提高至190亿美元[②]。在这段时期，联邦个人所得税的税率水平达到了顶峰，1944年的最高边际税率甚至高达94%。

随着社会变化与发展，在之后的1954年和1986年，美国政府对联邦个人所得税制度进行了两次较大规模的改革。其中1986年的改革主要着眼于税收效率方面，在大幅度降低税率的同时扩大了税基，取消了部分税收优惠项目，对整个世界的税制改革与发展都产生了深远的影响。尽管此后又经历了若干调整，现行的联邦个人所得税主要还是依据1986年《国内收入法典》征收的综合模式个人所得税。

---

① 财政部税收制度国际比较课题组.美国税制［M］.中国财政经济出版社，2000，第53页。

② 财政部税收制度国际比较课题组.美国税制［M］.中国财政经济出版社，2000，第54页。

4.1.2 纳税人

1. 公民、居民与非居民

联邦个人所得税的纳税人可以分为公民、居民与非居民，其中公民和居民负有无限纳税义务，须就其来源于全球的所得纳税；而非居民负有有限纳税义务，仅就其来源于美国境内的所得纳税。

对于外国人的居民身份判定，IRC 有着详细的规定：

（1）拥有美国法律许可的永久居留权、即持有美国"绿卡"的外国人，属于居民纳税人。若纳税人刚获得绿卡不足一年，但在当年于美国居住了一段时期，那么自次年 1 月 1 日起成为居民纳税人。

（2）对持非移民护照的外国人，确定其居民身份的方法主要为"实质性存在测试"或称"实际停留标准"（Substantial Presence Test）。如果纳税人某一年度在美国居住了至少 31 天，且最近 3 年内在美国居住的天数折合起来大于等于 183 天，则通常在本年度被视为居民纳税人。最近 3 年折合的居住天数＝本年居住天数＋去年居住天数 ×1/3 ＋前年居住天数 ×1/6。

这类纳税人在入境年度（成为美国居民的第一年）和离境年度（离开美国的那一年）适用特别规定。如果纳税人在前一纳税年度不是美国居民，那么在入境当年从于居住美国的第一天开始以居民身份纳税，之前的时期仍以非居民身份纳税；如果纳税人在离开美国后同其他国家保持更为密切的关系，并且在次年任何时候都不是美国居民，那么在离境当年仅于未离境期间以居民身份纳税，离境后的时期以非居民身份纳税。

关于居住天数的标准还有例外规定。如果纳税人在入境年度被视为非居民的期间曾于美国居住不超过 10 天（如短期出差、度假等情形），只要能够证明这段时期内他与其他国家保持着较为密切的关系，就不会被视为美国居民；同样，如果纳税人在本年度于美国居住未满 183 天，但满足了实质性存在测试的天数标准，只要能够证明本年度他的纳税国是其他国家，并且与该国保持着比与美国更为密切的关系，就不会被视为美国居民。

最后，对于持特定种类签证的外国人，其居民身份的判定也存在例外。例如，持 A 签证的外国政府官员，不论居住多久，均为非居民；持 J 签证的交换学者、教师、研修人员，在连续 6 年中居住时间不超过 2 年，仍为非居民；持 F 或 M 签证的学生，居住时间不超过 5 年，仍为非居民；等等。

（3）对于同美国签有税收协定国家的公民，其居民身份根据协定的有关内容进行判定。

2. 纳税身份

纳税人在进行申报时须选择纳税身份，不同身份适用不同的税收政策。若同时符合多种纳税身份的标准，纳税人可以选择税收负担最低的身份来申报。纳税身份的类型包括：

（1）单身者。即在纳税年度最后一天未婚、已离婚或与配偶合法分居，且没有被赡养者的纳税人。

（2）已婚夫妇。即在纳税年度内已婚的夫妇。若夫妻双方同意，已婚夫妇可以进行联合申报；而如果一方不同意联合申报（如存在婚姻或财产纠纷），那么双方必须单独申报。双方在想要各自支付税款，或是可以缴纳比联合申报更少税额的情况下，也可以进行单独申报。联合申报的夫妇有一方身故的，若另一方在配偶去世当年没有再婚，那么这对夫妇当年仍可以联合申报。

（3）户主。户主（Heads of Households）是指在纳税年度最后一天未婚、已离婚或与配偶合法分居，当年负担了一半以上的持家费用，并须赡养"被赡养者"（Dependents）的纳税人。被赡养者须在该年度与纳税人同住半年以上才符合条件（暂时离开的期间仍视为同住，比如子女外出就学期间），但若其为纳税人的父母，则不受此限制。

（4）抚养子女的鳏夫或寡妇。指配偶身故且没有再婚，需要抚养亲生子女或继子女（不包括收养子女），且当年负担了一半以上持家费用的纳税人。这是一种过渡性的纳税身份，纳税人可以在丧偶年度之后的两年选择以该身份申报，未来则须选择户主或是单身者的纳税身份。

3. 被赡养者纳税人

即使是作为被赡养者的个人，在一个纳税年度内取得的所得超过一定数额时，也要进行单独的申报并缴纳所得税。需特别指出的是，这其中也包括了儿童。如果监护人没有为其监护的应当申报的儿童进行纳税申报，那么这一纳税义务须由监护人代为承担。

4.1.3　应税所得

1. 毛所得

由于联邦个人所得税采用的是综合课征模式，纳税人在一个纳税年度内取得的一切类型所得都会被合并，在经过各种调整后以总额作为决定税率的依据。其中，"毛所得"（Gross Income，GI）是一个基础的概念，IRC 第 61 节对其所给的定义是："除非本分标题（即第 A 分标题：所得税）特别规定，毛所得是指源自任何形式的全部所得"。而美国国内收入局（Internal Revenue Service，IRS）进一步解释，毛所得是指除法律不予计列的所得外任何来源的全部所得，包括以任何形式实现的所得。在大多数情况下，非现金形式的所得会按照其公允市场价值（Fair Market Value，FMV）计入毛所得。

"不予计列所得"（Exclusions）即不征税所得，包括大部分人寿保险合同赔款、某些死亡抚恤金、赠与和遗产所得、州与地方政府公债的利息、对伤害或疾病的一定数额的补偿金、被免除的负债、房屋承租人对出租人房产所作的改良、符合条件的奖学金、雇主出于自身便利考虑为员工提供的食宿福利、某些员工的附带福利（Fringe Benefits），等等。在海外工作和居住的美国公民或居民如果满足一定条件，也可以选择将其外国勤劳所得中不超过一定数额的部分作为不予计列所得。

2. 所得的基本分类

按照来源划分，所得基本上可以分为四种类型：

（1）勤劳所得。"勤劳所得"（Earned Income）是指个人为获取报酬而提供劳动，或是开展一项贸易或经营活动所挣取的所得。来自非法活动（如贩毒、敲诈等）的所得也被视为勤劳所得，且纳税人须就其纳税。勤劳所得最常见的形式包括：①工资薪金、小费、奖金、佣金等；②贸易或经营等积极活动所得；③劳务所得；④非法活动所得。

（2）非勤劳所得。"非勤劳所得"（Unearned Income）是指来自投资的回报以及投资资产的销售、交易或其他处置的利得，其最常见的形式包括：①股息所得；②利息所得；③租金或特许权使用费所得；④年金所得；⑤来自合伙企业的所得；⑥产生上述非勤劳所得的投资资产的出售或处置利得。

（3）他人让与所得。"他人让与所得"（Transfers from Others）常

见形式的有：①奖品和奖金；②失业补偿金；③社会保障收入；④收到的赡养费。其中，失业补偿金是指从州政府的失业救济计划中得到的、被视为勤劳所得替代物的款项；而从州政府收到的另一种对由于工伤而无法继续工作者的工人补偿金，则属于不予计列所得中的伤害或疾病补偿金。赡养费则是指夫妇离婚后由一方支付给另一方的、属于双方所得简单分配的款项，领受人应就其缴纳所得税，但与赡养费一同支付的儿童抚养费无须纳税。

（4）推定所得。税法还专门列举了几个必须纳税的"推定所得"（Imputed Income）项目，包括：①取得低于市场利率贷款的收益；②他人负担的费用；③低价购买行为的收益。特别地，在美国税收制度中，业主自用住宅的租金价值不会被视为推定所得，也无须缴纳联邦所得税。

3. 资本利得与利亏

"资本利得与利亏"（Capital Gains and Losses）是所得中的一个特殊部分。综合所得的适用税率一经确定，任何其他所得都按照该税率统一纳税，但资本利得中的长期资本利得（Long-Term Capital Gains，LTCG）却以较低的特别税率来计算应纳税额。

资本利得与利亏来源于资本资产的出售或其他处置行为。资本资产（Capital Assets）是指除税法列举的部分资产（如经营用的存货、可折旧或摊销资产等）以外的全部资产，最常见的形式有股票、债券、出于投资目的持有的可租赁资产，以及家庭房屋、家具电器、私人汽车等个人用途资产。资产在销售或处置时实现的收入额为收到的任何形式货币与财产的 FMV 总额，其在减去相关交易费用后若高于资产的计税基础，差额部分被称为资本利得；若低于计税基础，则差额部分被称为资本利亏。

对于涉及特定类型企业交易（如企业分立或重组）的资产置换行为以及某些同类或相似资产的置换行为，税法规定应当采用"滚转法"（Rollover），将资本利得或利亏的确认时间推迟到纳税人对置换后的资产进行处置的时间；对于某些期货、期权合约，则不必等到处置时才确认资本利得或利亏。这些有关确认时间的特殊规定将在下文4.3.3节的资本利得与利亏部分进行介绍。

在处理资本利得与利亏时，首先要根据纳税人持有相应资本资产的时间长短，将当年发生的每笔利得或利亏划分为长期和短期两种类型，通常超过1年被界定为长期，不超过1年被界定为短期。在划分完成后，所有的长期资本利得或利亏和短期资本利得或利亏需分别进行加总，得到当年的长期净余额和短期净余额。这两项净余额若均为利得，则直接计入综合所得中，并对其中的LTCG部分按特别税率征税；若均为利亏，可以用其他所得进行弥补，但每年弥补的总额不得超过3000美元（已婚夫妇单独申报为每人1500美元），且优先弥补短期净利亏，剩余部分可以向以后年度无限结转；若一项为利得、另一项为利亏，那么需要将两项净余额互冲，最后剩下的部分按照原来的分类处理。例如，当长期净利得大于短期净利亏时，互冲后的余额将作为长期净利得计入综合所得并按低税率纳税，以此类推。不过根据IRC第1244节的规定，处置某些特定的小型企业股票（这类股票被称为"1244节股票"）所产生的资本利亏中，不超过5万美元（已婚夫妇联合申报为10万美元）的部分可以作为一般亏损处理，而不必计入资本利亏。

税法对出售个人住宅的资本利得作出了特别规定，如果满足下列条件，出售者在申报纳税时最多可以将其中的 25 万美元（已婚夫妇联合申报为 50 万美元）作为不予计列所得：①出售前 5 年内合计有至少 2 年的时间拥有该住宅的所有权；②出售前 5 年内合计有至少 2 年的时间以该住宅作为主要住所；③出售前 2 年内不曾将出售另一处住宅的利得作为不予计列所得。

此外，根据 IRC 第 1202 节的规定，非公司纳税人在处置某些小型企业股票（其范围不同于 1244 节股票）时，如果自其发行之时起就持有该股票且持股时间超过 5 年，就可以将其处置利得的 50%（若该股票于 2009 年 2 月 17 日以前取得；对某些开发区企业的股票，这一比例提高至 60%）、75%（若该股票于 2009 年 2 月 17 日至 2010 年 9 月 28 日期间取得）或是 100%（若该股票于 2010 年 9 月 28 日以后取得）作为不予计列所得。但利得不予计列的数额存在上限，不得超过该股票计税基础的 10 倍或是 1000 万美元（已婚夫妇单独申报为每人 500 万美元）这二者中较高的数额。

还有一项存在特别规定的所得是纳税人分得的股息，它虽然不属于资本利得的范畴，但在满足特定条件时可以被归入 LTCG 并享受低税率。分配股息的企业既可以是美国国内企业，也可以是满足下列条件之一的外国企业：①在美属领地成立；②符合与美国签订的全面所得税协定的优惠适用条件，该协定经美国财政部确认包含股息视同 LTCG 的相关内容以及情报交换计划；③该企业的股票在美国证券市场上流通。股息适用低税率须满足持股时间的要求，对于绝大多数类型的普通股以及股息对应的经营期不超过 366 天的优先股，纳税人被要求在自股权除息之日（即被持股企业决定分配股息的次日，从这一日起如果股权被交易，那么该笔股息在随后实际分配时将由卖方而非买方取得）前 60 天开始计算的 121 天内持有该股权至少 61 天，这 61 天包括处置股权当天（若纳税人在此 121 天内处置了该股权），但不包括取得股权当天；而对于股息对应的经营期超过 366 天的优先股，时间要求将延长为在自股权除息之日前 90 天开始计算的 181 天内持有该股权至少 91 天。

4. 儿童的非勤劳所得

若儿童在纳税年度终了时其父母至少有一方健在，并且本人属于下列情况中的一种：①未满 18 岁；②已满 18 岁但未满 19 岁，且勤劳所得不超过生活费（若其为全日制学生则除去奖学金）的一半；③已满 19 岁但未满 24 岁，身为全日制学生，且勤劳所得不超过生活费（除去奖学金）的一半，那么当其在一个纳税年度内的非勤劳所得超过一定数额时，需要就该所得纳税。这一对儿童非勤劳所得课征的税收被称为"孩童税"（Kiddie Tax），其税率与一般所得适用的税率有所区别。

5. 净投资所得

自 2013 纳税年度起，为筹集医疗保险范围扩大改革所需要的财政资金，联邦政府对有"净投资所得"的高收入个人（不包括非居民纳税人以及在同一纳税年度内一段时期为居民、一段时期为非居民的纳税人）还开征了额外的"净投资所得税"（Net Investment Income Tax，NIIT）。净投资所得包括但不限于利息所得、股息所得、年金所得、特许权使用费所得、租金所得以及某些特定的贸易或经营用途财产以外的财产处置净利得。

6. 调整后毛所得

毛所得实际上是个人通过所得税应税的项目获取的总收入，而为了得到净所得的部分，还需要对其进行一些调整（Adjustments to Income），即减去某些项目，计算"调整后毛所得"（Adjusted Gross Income，AGI）。为计算 AGI 而进行的扣减项目也被称为"线上扣除"（Above-the-Line Deductions），通常是纳税人在贸易或经营活动中发生的或是与获取所得相关的费用支出，具体包括贸易或经营的费用及亏损、为取得租金和特许权使用费而发生的费用、资本利亏弥补、支付的赡养费、对传统个人退休账户的缴款、搬迁费用等。下面介绍一些主要的调整项目：

（1）员工报销的费用。对于员工为雇主从事贸易或经营活动（如出差、采购工作用品等）所发生的费用，如果其在报销时必须向雇主提供相关开支的详细说明与材料，并退还报销款中超过实际开支的部分，那么称为存在"可说明的计划"（Accountable Plans）。按照可说明的计划进行报销时：①若报销款与实际费用数额相等，那么该笔报销款不计入员工的毛所得，被报销的费用也不得进行扣除；②如果报销款超过实际开支但员工未能在规定时间内退还超额部分，或是报销款超过了联邦政府规定的最高标准（比如按出差里程乘以一定费率计算的限额），那么超额部分应当计入毛所得；③如果报销款少于实际发生的费用额，那么在填写申报表时报销款会被全额计入毛所得，同时已报销的部分在计算 AGI 时通过"被报销的员工贸易或经营费用"项目进行调整，未报销部分则只能在分项扣除时计入杂项费用当中，并受到相关的数额限制（将在下文 4.1.4 节的扣除项目部分进行介绍）。如果没有按照可说明的计划进行报销，那么报销款须全额计入员工的毛所得，且全部费用都只能作为杂项费用进行扣除。

（2）自营职业者的调整项目。自营职业者的线上扣除项目可以归为三类：第一类是其缴纳的"自营职业税"，它属于联邦工薪税的范畴，具体包括社会保障税和"医保税"这两个税目（将在下文4.6节进行介绍），自营职业者可以将这两项税款已缴纳数额的50%（即相当于雇主方税款的部分）作为线上扣除项目，而医保税税款当中另外50%相当于员工方税款的部分可在分项扣除时计入个人医疗费用当中；第二类是自营职业者通过其自营企业为本人及员工向某些退休计划（比如利润分成计划、年金计划和养老金计划）进行的缴款；第三类则是其以企业名义为本人、配偶和被赡养者购买医疗保险和长期护理保险的费用，这两类支出可以全额扣除。

（3）对传统个人退休账户的缴款。自营职业者以外的其他纳税人自行选择退休计划并向其缴纳的款项，通常也可以进行线上扣除。这类退休金计划中最普遍的是"个人退休账户"（Individual Retirement Accounts，IRA），它是一种所有人都可以参与的个人信托账户，存在传统IRA与"罗斯IRA"（Roth IRA）两种类型。二者在纳税方面的区别在于，传统IRA的缴款可于当年计算AGI时扣除，未来的分配收入须全额纳税；而罗斯IRA的缴款不能从所得中扣除，未来取得分配时也无须纳税。个人每年允许向IRA缴款的数额存在上限，2017年的限额为5500美元，而在纳税年度终了时已满50岁的个人可以额外缴纳1000美元。

不仅缴款数额有上限，IRA缴款的扣除也存在限制，会受到纳税人"修改过的调整后毛所得"（Modified Adjusted Gross Income，MAGI）的影响，它是指将部分调整项目加回到AGI所计算出来的所得额。税法规定了许多可能要计算MAGI的情形，在不同计算目的下加回的项目往往有所区别。除此之外，IRA 缴款能否扣除还同纳税人或其配偶是否还有另外的在职退休安排有关。具体的限制规定参见表 4-1 和表 4-2。

表 4-1 2017 年度有其他在职退休安排的纳税人的 IRA 缴款扣除限制

纳税身份	MAGI（美元）	扣除比例
单身者 或 户主	不超过 62000	100%
	62000 至 72000	随 MAGI 增加而均匀递减
	超过 72000	0
已婚夫妇联合申报 或 抚养子女的鳏夫或寡妇	不超过 99000	100%
	99000 至 119000	随 MAGI 增加而均匀递减
	超过 119000	0
已婚夫妇单独申报	不超过 10000	随 MAGI 增加而均匀递减
	超过 10000	0

注：单独申报且在纳税年度内任何时候都不与配偶同住的纳税人，其扣除限制参照单身者。

资料来源：美国国内收入局：https://www.irs.gov/。

表 4-2 2017 年度无其他在职退休安排的纳税人的 IRA 缴款扣除限制

纳税身份	MAGI（美元）	扣除比例
单身者 户主 抚养子女的鳏夫或寡妇	任何数额	100%
已婚夫妇联合或单独申报 配偶无其他在职退休安排	任何数额	100%
已婚夫妇联合申报 配偶有其他在职退休安排	不超过 186000	100%
	186000 至 196000	随 MAGI 增加而均匀递减
	超过 196000	0

续表

纳税身份	MAGI（美元）	扣除比例
已婚夫妇单独申报 配偶有其他在职退休安排	不超过 10000	随 MAGI 增加而均匀递减
	超过 10000	0%

注：单独申报且在纳税年度内任何时候都不与配偶同住的纳税人，其扣除限制参照单身者。

资料来源：美国国内收入局：https://www.irs.gov/。

（4）搬迁费用。员工或自营职业者为了在新的主要工作场所开展工作而更换住所时，发生的相关搬迁费用中被报销的部分属于不予计列的员工附带福利，而未报销的部分也可以进行线上扣除，但须满足两项限制条件。一是新工作场所的距离条件：从先前的住所到该场所的距离必须比到旧的主要工作场所远 50 英里；如果没有旧的工作场所，那么从先前的住所到该场所的距离必须超过 50 英里。二是在新工作场所工作的时间条件：员工在搬迁后的 12 个月内需要有 39 周在新场所工作，而自营职业者在搬迁后的 2 年内需要有 78 周在新场所工作，除非出现死亡、残疾、解雇或者并非由于员工过错而发生的场所转移等情况。此外，相关搬迁费用中只有特定的项目可以扣除，例如家庭货物与个人财产的运费、纳税人及其家庭从旧住所前往新住所的交通和住宿费用、自行驾车搬迁时不超过一定标准的里程费用等，而搬迁途中发生的餐费则不得扣除。

4.1.4　扣除项目与个人宽免

1. 扣除项目

在通过线上扣除得到 AGI 以后，纳税人还可以根据个人的具体情况从 AGI 中再扣除一些费用支出项目，这些项目被称为"线下扣除"（Below-the-Line Deductions）。有两种从 AGI 中进行线下扣除的方式可供纳税人选择：

（1）标准扣除。"标准扣除"（Standard Deduction）是指纳税人不根据具体的支出项目与金额来计算扣除额，而是按照纳税身份和相应的规定从 AGI 中定额扣减一笔数额，这一数额每年会根据通货膨胀的情况进行指数化调整。它具有简便易行的优点，因此大多数申报者会选择标准扣除的方式，但非居民纳税人不得进行标准扣除。不同纳税身份的标准扣除额有所差别，最近 5 个纳税年度的标准扣除额如表 4-3 所示。

表 4-3　　　2013～2017 年度联邦个人所得税标准扣除额　　　单位：美元

纳税身份	2013 年	2014 年	2015 年	2016 年	2017 年
单身者	6100	6200	6300	6300	6350
已婚夫妇联合申报	12200	12400	12600	12600	12700
已婚夫妇单独申报	6100	6200	6300	6300	6350
户主	8950	9100	9250	9300	9350
抚养子女的鳏夫或寡妇	12200	12400	12600	12600	12700

资料来源：美国国内收入局：https://www.irs.gov/。

在纳税年度最后一天为盲人或满 65 岁老人的纳税人及联合申报的配偶，可以享受额外的标准扣除额。2017 年的额外标准扣除额对于已婚纳税人为 1250 美元，未婚纳税人为 1550 美元。额外标准扣除可以叠加，例如两名满 65 岁的盲人夫妇联合申报可以申请 4 倍的额外标准扣除。若联合申报的配偶去世时已年满 65 岁，那么纳税人在配偶去世当年仍可享受配偶的额外标准扣除。

而对于每一名被赡养者，税法也规定了标准扣除，2017 年被赡养者的标准扣除额为 1050 美元或其勤劳所得加上 350 美元这二者中较高的数额。

（2）分项扣除。纳税人也可以选择根据准予扣除的项目与相关限制逐项计算线下扣除额，但必须保存详细的有关材料，这一方式被称为"分项扣除"（Itemized Deduction）。准予进行分项扣除的项目及其限制如表 4-4 所示。

表 4-4　　联邦个人所得税分项扣除的项目内容及其扣除限制

扣除项目	扣除限制规定
医疗费用	1. 未被报销的医疗费用中，超过 AGI 10% 的部分准予扣除 2. 某些方面的开支（包括非处方药、常规保健品、化妆品、绝大部分美容手术、葬礼或掩埋等）不得扣除
其他非经营税款	1. 可扣除税款包括已纳的外国所得税（若不用于扣除，也可以进行税收抵免）、房地产税，州与地方的所得税、一般销售税、房地产税和个人财产税 2. 州与地方的所得税和一般销售税不能同时扣除 3. 州与地方的个人财产税应当是从价征收的
住房抵押贷款利息	为购置、建造或改良主要住宅和第二处住宅而发生的贷款，抵押总额不超过 100 万美元（已婚夫妇单独申报为每人 50 万美元）部分的利息准予扣除；若还有用于其他方面的房屋净值贷款，上述限额可以再增加 10 万美元（已婚夫妇单独申报为每人 5 万美元）
投资利息	不得超过当年的净投资所得，超过部分可以向以后年度无限结转
对符合条件组织的慈善捐赠	一般不得超过未扣除"净经营亏损"前转额（将在下文 4.1.7 节进行介绍）的 AGI 的 50%，对某些组织的捐赠被进一步限定为不得超过上述 AGI 的 30%

扣除项目	扣除限制规定
意外、灾害和盗窃损失	1. 此项扣除适用于个人财产和经营财产损失中未得到保险赔偿的部分，而用于从事工作的员工财产的损失应当被归入杂项费用当中 2. 在计算个人财产损失的扣除额时，首先须就每一次损失事项的损失额（与该事项中遭受损失的财产数量无关）减计 100 美元，余下的损失额中超过 AGI 10% 部分准予扣除；经营财产损失的扣除不受这一限制
杂项费用	1. 与经营相关的餐费和娱乐支出通常只能扣除 50%，部分交通运输业工作者可以扣除 80% 2. 绝大部分杂项费用（包括专业性组织的会费，专业期刊的订阅费，特殊用途制服费，税务和投资咨询费，纳税申报准备费，法律和会计费用，未报销的员工经营费用等）在扣除前需要进行加总，其总额超过 AGI 2% 的部分才准予扣除 3. 扣除不受 2% 标准限制的项目有赌博损失（但扣除额不得超过赌博收益总额），残疾人与损伤有关的工作费用，能创造收益的财产遭受的意外、灾害或盗窃损失，年金合同中因死亡而未收回的投资等

注：非居民纳税人可以申请扣除对符合条件组织的慈善捐赠以及意外、灾害和盗窃损失。

资料来源：美国国内收入局：https://www.irs.gov/。

分项扣除对 AGI 超过某一标准额的高收入纳税人存在限制性的递减机制（Phase-Out），该标准额同样会根据通货膨胀情况逐年调整，2017 年单身者适用的标准额为 261500 美元，已婚夫妇联合申报及抚养子女的鳏夫或寡妇为 313800 美元，已婚夫妇单独申报为 156900 美元，户主为 287650 美元。当纳税人的 AGI 超过上述标准额时，其分项扣除额须减计 AGI 超额部分的 3%，但医疗费用、投资利息、赌博损失以及个人财产和创造收益财产的意外、灾害和盗窃损失这四项扣除额可以不受递减限制。此外，分项扣除减计的数额最多为减计前总额的 80%。

2. 个人宽免

"个人宽免"（Personal Exemption）是纳税人在计算应纳税额时可以从 AGI 中扣减的另一个项目，它与标准扣除一样为定额扣减，其数额根据通货膨胀情况逐年调整；二者的不同之处在于，个人宽免额对所有身份的纳税人包括被赡养者都相同，每一名居民个人的宽免额在每个纳税年度能够且只能够被扣减一次。例如已婚夫妇单独申报时，其被赡养者的宽免额只能由一方进行扣减；而该名被赡养者在需要自行纳税申报时，也不能再扣减自己的个人宽免额。非居民纳税人则只允许扣减一名个人的宽免额，不论其婚姻状况与被赡养者数目如何。2017 年的个人宽免额为每人 4050 美元。

已婚夫妇联合申报与抚养子女的鳏夫或寡妇这两种纳税身份在税收待遇上的主要区别体现在个人宽免方面。纳税人在丧偶当年继续同已故配偶联合申报时，可以扣减配偶的个人宽免额；而在此后两个年度选择抚养子女的鳏夫或寡妇身份时，虽然适用的税率表、标准扣除额以及各种递减机制的 AGI 标准额等与联合申报基本相同，但配偶的个人宽免额将不得扣减。

高收入者在个人宽免方面同样会受到限制。当纳税人的 AGI 超过某一标准（该数额会逐年调整）时，每超过 2500 美元（已婚夫妇单独申报为每人 1250 美元）为一个计数段，每个计数段都会使宽免额降低 2%。2017 年个人宽免额递减的 AGI 标准见表 4-5。当 AGI 超过起始额时就已经超过了第一个计数段，宽免额将降低 2%，并在 AGI 超过完结额时最终降为零。

表 4–5　2017 年度联邦个人所得税个人宽免额递减的 AGI 标准　单位：美元

纳税身份	宽免额递减的 AGI 起始额	宽免额递减的 AGI 完结额
单身者	261500	384000
已婚夫妇联合申报	313800	436300
已婚夫妇单独申报	156900	218150
户主	287650	410150
抚养子女的鳏夫或寡妇	313800	436300

资料来源：美国国内收入局：https://www.irs.gov/。

4.1.5　税率

1. 一般所得适用的税率

联邦个人所得税对 AGI 减去线下扣除额与个人宽免额后最终的应税所得按照累进税率征收。不同纳税身份的纳税人适用不同的税率表，表中的应税所得额级距会根据通货膨胀情况逐年调整，但居民与非居民个人适用的税率表相同。2017 年一般所得适用的税率如表 4–6 所示。

2. 长期资本利得适用的税率

LTCG 适用特别的低税率。若纳税人在当年有应税的长期净利得（包括被归入 LTCG 的股息），首先需要将其与一般所得加总并作为最顶层的所得部分，在一般所得的税率表中找到该部分适用的税率，然后替换为 LTCG 适用的低税率计算应纳税额。LTCG 中适用 10% 或 15% 一般税率的部分低税率为 0，适用 25%、28%、33% 或 35% 一般税率的部分低税率为 15%，适用 39.6% 一般税率的部分低税率为 20%；但通过处置收藏品与 IRC 第 1202 节规定的小型企业股票取得的 LTCG 统一适用 28% 的税率，而可折旧不动产的"折旧冲回"

单位：美元

2017 年度联邦个人所得税税率（一般所得）

表 4-6

税级	单身者	已婚夫妇联合申报	已婚夫妇单独申报	户主	抚养子女的鳏夫或寡妇	税率（%）
1	0~9325	0~18650	0~9325	0~13350	0~18650	10
2	9326~37950	18651~75900	9326~37950	13351~50800	18651~75900	15
3	37951~91900	75901~153100	37951~76550	50801~131200	75901~153100	25
4	91901~191650	153101~233350	76551~116675	131201~212500	153101~233350	28
5	191651~416700	233351~416700	116676~208350	212501~416700	233351~416700	33
6	416701~418400	416701~470700	208351~235350	416701~444550	416701~470700	35
7	超过 418400	超过 470700	超过 235350	超过 444550	超过 470700	39.6

资料来源：美国国内收入局：https://www.irs.gov/。

（将在下文4.3.3节的资本利得与利亏部分进行介绍）部分利得统一适用25%的税率。这一税率对于居民与非居民个人是相同的。

一般所得的应纳税额不受LTCG影响，但LTCG的应纳税额会受一般所得影响。例如，某单身者在2017年度有应税的一般所得37450美元，（非通过处置收藏品或折旧冲回等取得的）长期净利得1000美元，那么所得总额为38450美元，其中前9325美元为适用10%税率的一般所得，之后的28625美元中有28125美元为适用15%税率的一般所得、500美元为适用15%一般税率因而低税率为0的LTCG，最后500美元为适用25%一般税率因而低税率为15%的LTCG；此时如果纳税人的长期净利得增加60000美元，那么所得总额提高至98450美元，最高税级由第3级提高至第4级，但一般所得仍为前9325美元适用10%税率、之后的28125美元适用15%税率；而如果纳税人的一般所得增加500美元，那么所得总额提高至38950美元且其中前37950美元均为一般所得，最后1000美元的LTCG就变为全部适用25%一般税率，因而低税率为15%。

3. 孩童税税率

孩童税的免征额在2017年为1050美元。应税的非勤劳所得中，在免征额以上但是不超过2100美元或是1050美元加上儿童就该所得申请的分项扣除额这二者中较高数额的部分，适用的税率等于该笔所得若作为最顶层的所得部分添加到其父母应纳税所得当中将会适用的税率与单独作为（未满65岁单身者的）一般所得时将会适用的税率之差；超额部分则适用其父母的税率，相当于作为最顶层的所得部分同父母的所得合并纳税。例如，某儿童2017年度的应税非勤劳所得为3000美元，且申请了1150美元的分项扣除，已婚父母联合申报的所得为 153000 美元，那么该笔非勤劳所得中的前 1050 美元无须纳税，之后的 1150 美元有 100 美元适用 15%（25%–10%）的税率、1050 美元适用 18%（28%–10%）的税率，最后 800 美元则有 100 美元适用 25% 的税率、700 美元适用 28% 的税率。

对于仅有股息和利息所得，在纳税年度终了时未满 19 岁或为全日制学生且未满 24 岁的孩童，如果其非勤劳所得达到了应缴纳孩童税的标准但不超过 10500 美元，那么可以选择将其所得合并到父母的所得当中一同申报纳税，而不需要单独进行申报。

4.净投资所得税税率

NIIT 的起征点是纳税人的 MAGI 额，在 2017 年对于单身者或户主为 200000 美元，已婚夫妇联合申报及抚养子女的鳏夫或寡妇为 250000 美元，已婚夫妇单独申报为 125000 美元。MAGI 超过起征点的个人须就其全部净投资所得缴纳 NIIT，税率为 3.8%。

4.1.6　税收抵免

联邦所得税的税收抵免（Tax Credits）是出于各种政策目的或为了消除对某些所得的重复征税而直接扣减应纳税额的项目。个人所得税的政策性税收抵免通常也存在随纳税人 AGI 提高而递减的机制，有些还同时规定了上限。税收抵免的种类繁多，下面介绍几种常见的类型：

1.勤劳所得税收抵免

"勤劳所得税收抵免"（Earned Income Tax Credit，EITC）的政策目的是为中低收入的工薪阶层纳税人减轻负担。纳税人享受 EITC 须满足下列条件：①身为美国公民或居民；②纳税身份不是已婚夫妇单独申报；③不是某一家庭中的符合条件儿童；④家庭中有一个符合条件儿童；⑤如果家庭中没有符合条件儿童，那么必须在纳税年度终了时年满 25 岁但未满 65 岁，当年有一半以上时间居住在美国，并且不是其他纳税人的被赡养者；⑥投资所得不超过一定数额，2017 年的规定为 3450 美元。

符合条件儿童是指纳税人家庭中满足下列条件的儿童：①年龄小于纳税人及其配偶（若为已婚夫妇联合申报），在纳税年度终了时未满 19 岁或为全日制学生且未满 24 岁；②身为纳税人的亲生子女（或养子女、继子女），根据法律规定或法院判决及行政决定寄养的子女，（包括同父异母或同母异父的）弟弟或妹妹，继父母所生的弟弟或妹妹，或者是上述个人的直系后代；③该纳税年度内与纳税人在美国同住半年以上。

EITC 数额的计算较为复杂。当纳税人的勤劳所得与 AGI 较低时，EITC 等于其勤劳所得额乘以固定的抵免率，但存在上限；而如果其勤劳所得或 AGI 超过了某一标准额，那么又需要从 EITC 中减去超额部分乘上固定的比例，直到 EITC 降为 0。用于计算 EITC 的抵免率和 EITC 的上限，会根据纳税人家庭中符合条件儿童的数目不同而有所区别。2017 年单身者或户主纳税人适用的各项数额如表 4-7 所示（已婚夫妇联合申报时，EITC 开始递减的勤劳所得或 AGI 标准额在表中数据的基础上提高 5590 美元）。

表 4-7　　2017 年度单身者或户主适用的 EITC 计算表　　单位：美元

符合条件儿童个数	收入较低时勤劳所得的抵免率（%）	EITC 上限	EITC 开始递减的勤劳所得或 AGI 标准额	超额部分从 EITC 中扣减的比例（%）	EITC 降低至 0 时的勤劳所得或 AGI
0	7.65	510	8340	7.65	15010

符合条件 儿童个数	收入较低时 勤劳所得的 抵免率（%）	EITC 上限	EITC 开始递减 的勤劳所得或 AGI 标准额	超额部分从 EITC 中扣减 的比例（%）	EITC 降低至 0 时的勤劳所 得或 AGI
1	34	3400	18340	15.98	39617
2	40	5616	18340	21.06	45007
3 及以上	45	6318	18340	21.06	48340

资料来源：美国国内收入局：https://www.irs.gov/。

2. 收养抵免

联邦个人所得税对纳税人收养儿童的税收优惠包括两方面，一是将雇主对员工收养行为的资助（如报销的费用）作为不予计列所得；二是对纳税人其他符合条件的收养费用给予 100% 的"收养抵免"（Adoption Credit）。大多数纳税人在 2017 年可申请的收养抵免额最高为每名儿童 13570 美元，并且在下列情况下会降低：①当纳税人的 MAGI 超过 203540 美元时，收养抵免额上限将开始递减，最终在 MAGI 达到 243540 时降为零；②若在以前年度就同一收养事项或未成功的上一次收养事项申请过抵免，那么在后续的符合条件费用又申请抵免时，此次抵免额的上限需要扣减掉之前被抵免的数额。这两条限制同样适用于不予计列所得的政策。

如果纳税人收养的是经州政府确认存在特别需要的儿童，那么即使没有发生足额的符合条件收养费用，也可以按 13570 美元的最高数额来申请收养抵免；但在纳税人 MAGI 过高或以前年度申请过该儿童的收养抵免的情形下，这一数额同样会减少。

3. 儿童与被赡养者看护抵免

"儿童与被赡养者看护抵免"（Child and Dependent Care Credit）

意在减轻那些需要雇人看护儿童、配偶或被赡养者，以便能够工作或寻找工作的纳税人的负担。享受抵免的纳税人不得为已婚夫妇单独申报身份，并且其本人以及配偶（如果为已婚夫妇联合申报）应当有勤劳所得。被看护的个人应为：①身为纳税人的被赡养者、未满 13 岁的儿童；②因身体或精神原因无自理能力，且在纳税年度内与纳税人同住半年以上的配偶或被赡养者。领受纳税人所付报酬的看护者不得为纳税人的配偶、未满 19 岁的子女、被看护人的父母，或是纳税人可以申请扣减个人宽免额的被赡养者。

这项抵免的数额等于符合条件的看护相关费用的一部分，此类费用不得超过纳税人或其配偶（如果纳税人在纳税年度终了时为已婚）的勤劳所得额。当需要被看护的个人为一名时，用于计算抵免的费用上限为 3000 美元，两名及以上为 6000 美元。收入较低的纳税人可以享受相关费用 35% 的抵免额，而当纳税人的 AGI 超过 15000 美元时抵免率开始递减，最终在其 AGI 超过 43000 美元时降低至 20%。

4. 对老人和残疾人的税收抵免

该项税收抵免是为了减轻低收入的老人与残疾人的负担。享受抵免的纳税人应符合下列条件：①身为美国公民或居民；②纳税身份若为已婚夫妇单独申报，那么应当在该纳税年度全年不与配偶同住；③在纳税年度终了时年满 65 岁；④若未满 65 岁，那么应当于该纳税年度以前因永久性残疾而在未满强制退休年龄之际退休，且有应税的残疾人所得（由雇主提供并计入退休工资的意外或保健计划、退休计划收入）。此外，纳税人的 AGI 以及当年领取的不征税的社会保障收入、退休金、年金、残疾人所得等（下面简称为不征税各项所得）应当低于一定标准额，见表 4-8。

表 4-8　　2017 年度申请老人和残疾人税收抵免的所得标准额　　单位：美元

纳税身份	AGI 标准额	不征税各项所得标准额
单身者 户主 抚养子女的鳏夫或寡妇	17500	5000
已婚夫妇联合申报 仅一方满足条件	20000	5000
已婚夫妇联合申报 双方均满足条件	25000	7500
已婚夫妇单独申报 全年不与配偶同住	12500	3750

资料来源：美国国内收入局：https://www.irs.gov/。

　　该项抵免额的计算较为复杂。第一步，纳税人需要确定一个基础额：在只有老人申请抵免的情况下，这一基础额即等于表 4-8 中的不征税各项所得标准额；但如果包括残疾人申请抵免的情形，那么单身者、户主、抚养子女的鳏夫或寡妇以及已婚夫妇单独申报适用的基础额为不征税各项所得标准额或是应税残疾人所得这二者中较低的数额，仅一方满足条件且为残疾人的已婚夫妇联合申报适用的基础额为不征税各项所得标准额或是双方应税残疾人所得之和这二者中较低的数额，而双方满足条件、一方为老人一方为残疾人的已婚夫妇联合申报适用的基础额为 5000 美元加残疾人应税残疾所得之和或是 7500 美元这二者中较低的数额。第二步和第三步，纳税人需要用基础额分别减去：①不征税各项所得的总额；② AGI 超过 7500 美元（单身者、户主、抚养子女的鳏夫或寡妇）、10000 美元

（已婚夫妇联合申报）或是 5000 美元（已婚夫妇单独申报）部分数额的一半。最后，该结果的 15% 通常即为可享受的抵免额；但如果该数额大于纳税人的应纳税额，那么抵免额等于应纳税额。

5. 儿童税收抵免

当纳税人的勤劳所得不低于 3000 美元时，若其家庭中有在纳税年度终了时未满 17 岁的符合 EITC 条件儿童，该儿童为纳税人的被赡养者，其全年所得不超过生活费的一半，并且目前或曾经是美国的公民、国民或外国居民，那么纳税人还可以申请"儿童税收抵免"（Child Tax Credit）。这项税收抵免可以与 EITC 或是儿童与被赡养者看护抵免同时申请。

儿童税收抵免额最高为每名满足条件的儿童 1000 美元。当纳税人的 MAGI 超过 75000 美元（单身者、户主、抚养子女的鳏夫或寡妇）、110000 美元（已婚夫妇联合申报）或是 55000 美元（已婚夫妇单独申报）时，每超过 1000 美元就会使每名儿童的抵免额减少 50 美元。

6. 外国税收抵免

外国税收抵免的目的是避免国际重复征税。若美国公民或居民的一笔来源于外国的所得同时负有外国（以及美属领地）与美国的所得税纳税义务，那么当纳税人没有选择将其作为不予计列所得时，该笔所得已缴纳或负担的外国所得税类税款可以用于抵免其在美国的应纳税额。非居民纳税人来源于外国的所得若与其美国境内贸易或经营活动有实际关联，那么在其缴纳了不是因为属于该国公民或居民而应当缴纳的所得税款时，也可以申请外国税收抵免。

联邦所得税的外国税收抵免允许进行 6 层间接抵免。当纳税人作为股东取得符合条件外国企业的股息时，该外国企业取得的、作为这笔股息来源的那部分所得在作出分配前已缴纳的外国所得税或利润税中，同纳税人股息份额相对应的部分也被视为该纳税人已负担的外国税款；同样，该外国企业作为股东取得符合条件的次级下属机构的股息时，次级下属机构缴纳的所得税或利润税也以相同的方式归属给该外国企业，以此类推，最多进行 6 层这样的间接税负归属。能够进行间接税负归属的每层下属机构须满足下列条件：①上一层的股东（最高层为美国纳税人股东）直接持有其至少 10%的有投票权股份；②最高层的美国纳税人股东间接持有其至少 5%的有投票权股份（间接持股比例通过每一层的直接持股比例相乘得到）；③第 4、5、6 层下属机构必须构成该美国纳税人的"受控外国公司"（将在下文 4.3.3 节的受控外国公司所得部分进行介绍）。如果纳税人申请间接抵免，那么计算出来的该笔股息间接负担外国税额应当加计到股息所得额当中。

在抵免限额方面，联邦所得税实行分类综合限额抵免的办法，即对纳税人的外国所得不论来源于哪个国家均统一计算限额，但要划分为不同的所得类型分别计算。在自 2006 年 12 月 31 日以后开始的纳税年度中，外国所得在计算限额时将被分为消极类型所得与一般类型所得两类；而在自 2006 年 12 月 31 日及以前开始的纳税年度中，计算限额时的所得分类有 9 种。纳税人在某一纳税年度内的某类所得外国税收抵免限额，等于当年纳税人此类所得中来源于外国的部分所占的比例乘以未考虑抵免时此类所得按美国税法计算的应纳税额。若已缴纳或负担的外国所得税款超过限额，超额部分可以向以前年度结转 1 年（相应年度的抵免总额同样不得超过限额）、剩余部分再向以后年度结转 10 年，最终未抵免的部分则不得再进行抵免。

当纳税人取得外国股息时，需要满足一定的持股时间要求，才能够申请外国税收抵免；而如果纳税人申请间接税收抵免，那么只有满足这一持股时间要求的下属机构才能被视为间接承担了相应的税负。对于绝大多数类型的普通股以及股息对应的经营期不超过 366 天的优先股，纳税人被要求在自股权除息之日前 15 天开始计算的 31 天内持有该股权至少 16 天；而对于股息对应的经营期超过 366 天的优先股，时间要求将延长为在自股权除息之日前 45 天开始计算的 91 天内持有该股权至少 46 天。此外，利息、特许权使用费等具有类似性质的其他所得在申请外国税收抵免时也须满足一定的财产持有时间要求，纳税人应当在此类所得付款之日前 15 天开始计算的 31 天内持有该财产至少 16 天。

4.1.7 应纳税额的计算

联邦个人所得税的计算步骤如下：

①全部所得—不予计列所得=毛所得

②毛所得—调整项目= AGI

③ AGI —标准（分项）扣除额—个人宽免额=应税所得额

④应税所得额 × 税率=应纳税额

⑤应纳税额—预缴税款—税收抵免额=应申报纳税额

如果纳税人计算得到的应税所得额小于零，那么首先需要计算当年"净经营亏损"（Net Operating Loss，NOL）的数额，它是指纳税人在将不予计列的小型企业股票资本利得、净资本利亏、非经营性扣除项目（包括支付的赡养费，自行对退休计划缴纳的款项，标准扣除和绝大部分分项扣除等）超过非经营所得的部分、个人宽免额和已扣除的其他年度 NOL 加回到所得当中后，其余扣减项目仍然超过所得的部分。纳税人可以将当年的 NOL 向以前年度结转 2 年、剩余部分再向以后年度结转 20 年，也可以选择仅向以后年度结转 20 年；由其他年度结转而来的 NOL 属于调整项目，可在结转年度进行线上扣除。负的应税所得额中超过 NOL 的部分则不予结转，在申报纳税时按零计，相应的应纳税额为零。

如果纳税人的应纳税额减去预缴税款和税收抵免额后小于零，那么可以申请退税，但退税额不一定等于负的税额：这其中不超过预缴税款的部分，是由于纳税人超额预缴所造成的，可以全部退还；而超过预缴税款的部分，则是因为税收抵免额大于应纳税额，其退税额需根据每项税收抵免的具体政策来确定。在上面介绍的几项抵免中：①对老人和残疾人的税收抵免与外国税收抵免不会造成负的税额；②收养抵免和儿童与被赡养者看护抵免不予退税，但收养抵免中未利用的部分可以向以后年度结转 5 年；③儿童税收抵免在不能被完全利用时，会通过另一个被称为"额外儿童税收抵免"（Additional Child Tax Credit，ACTC）的项目进行退税，退税额等于未利用的抵免额或是纳税人勤劳所得超过 3000 美元部分的 15% 这二者中较低的数额；④ EITC 中未利用的部分，则可以得到全额退税。

当纳税人向以前年度结转 NOL 与外国税收抵免时，相应年度的应纳税额会减少，而当年已纳税额超过应纳税额的这一部分也可以申请退税。

4.1.8　征收管理

1. 预缴

联邦个人所得税采取"随收随付制"（Pay As You Go，PAYG），纳税人必须于纳税年度期间预缴税款，在年终申报时根据预缴的数额与应纳税额多退少补；但如果应补缴的税额达到1000美元，并且超过了总应纳税额的10%，那么纳税人将被处以罚款。若纳税人未足额预缴税款是由于意外事件、自然灾害等不可抗力因素导致的，IRS可以酌情减免罚款额。预缴的方式有以下两种：

（1）代扣代缴。在向个人支付员工工资或年金、奖金、佣金等某些类型的所得，以及向外国个人支付来源于美国的应税所得时，付款人会被要求对该笔所得的应纳税款进行代扣代缴（Withholding）。若不考虑税收协定：①员工工资与奖金类所得的代扣代缴规定对居民与非居民个人相同，均按一般所得税率代扣代缴；②非居民个人来源于美国的合伙企业所得的预提税率等于一般所得最高税率39.6%，自营职业所得的预提税率为30%；③非居民个人来源于美国的其他所得（如经营所得、专业服务所得、年金、佣金、投资所得等），则通常适用与非居民公司相同的规定（将在下文4.3.9节进行介绍）。

支付给美国公民或居民的投资所得一般无须代扣代缴税款。但如果收款人没有向付款人提供纳税人识别号（Taxpayer Identification Number，TIN）、被IRS告知付款人其TIN不正确或者有瞒报投资所得的历史被IRS记录在案，那么根据"预备代扣代缴"（Backup Withholding）制度，付款人须按照28%的税率进行扣缴。

上述付款人若没有进行代扣代缴，将会被处以同未代扣代缴税额相等的罚款；未及时上缴代扣的税款也须缴纳罚款，罚款额等于税额的10%，同时还要加收利息。

（2）预估税款。当纳税人未曾（或没有就全部所得足额）通过代扣代缴方式预缴税款时，需要估计尚未预缴的税额，并向IRS按季度平均缴纳"预估税款"（Estimated Tax）；但如果纳税人为美国公民或居民且在上一纳税年度没有应纳税额，则可以不缴纳。预估税款缴纳的截止日期通常为纳税年度第4、6、9个月和次年第1个月的第15日（逢周末顺延），而若未缴纳或未及时缴纳，纳税人同样会面临罚款。

2.申报纳税

非居民纳税人必须向IRS提交纳税申报表，以确定其在美国的最终纳税义务。居民纳税人在纳税年度内的毛所得超过一定标准额时，也必须进行纳税申报，这一标准额通常接近纳税人的标准扣除额（包括65岁以上老人的额外标准扣除额，但不包括盲人与被赡养者的额外标准扣除额）与个人宽免额（不包括被赡养者的个人宽免额）之和。2017年度毛所得的申报标准额见表4-9。

表4-9　　　　2017年度联邦个人所得税毛所得申报标准额　　单位：美元

纳税身份	纳税年度终了时的状态	毛所得标准额
单身者	未满65岁	10350
	已满65岁	11900
已婚夫妇联合申报	双方未满65岁	20700
	仅一方满65岁	21950
	双方均满65岁	23200
已婚夫妇单独申报	任意年龄	4050

纳税身份	纳税年度终了时的状态	毛所得标准额
户主	未满 65 岁	13350
	已满 65 岁	14900
抚养子女的鳏夫或寡妇	未满 65 岁	16650
	已满 65 岁	17900
单身被赡养者 仅有勤劳所得	未满 65 岁且非盲人	6300
	已满 65 岁或为盲人	7850
	已满 65 岁且为盲人	9400
已婚被赡养者 仅有勤劳所得	未满 65 岁且非盲人	6300
	已满 65 岁或为盲人	7550
	已满 65 岁且为盲人	8800
单身被赡养者 仅有非勤劳所得	未满 65 岁且非盲人	1050
	已满 65 岁或为盲人	2600
	已满 65 岁且为盲人	4150
已婚被赡养者 仅有非勤劳所得	未满 65 岁且非盲人	1050
	已满 65 岁或为盲人	2300
	已满 65 岁且为盲人	3550

注：1. 若已婚被赡养者的配偶单独申报并进行分项扣除，那么其本人在毛所得超过 5 美元时即须进行纳税申报。

2. 兼有勤劳所得与非勤劳所得的被赡养者，若其勤劳所得不超过 700 美元，那么在毛所得超过 1050 美元时须进行纳税申报；若其勤劳所得在 700~5950 美元之间，那么在毛所得超过勤劳所得加上 350 美元时须进行纳税申报；若其勤劳所得超过 5950 美元，那么在毛所得超过 6300 美元时须进行纳税申报。

资料来源：美国国内收入局：https://www.irs.gov/。

　　纳税申报表种类繁多，采用不同纳税身份、不同申报办法（基本申报或简易申报）的纳税人要填写不同的表格，不同申报项目也要填写不同的分表。纳税人可以选择邮寄申报与电子申报两种方式。

大多数纳税人必须在纳税年度终了后的第 4 个月第 15 日前完成申报与税款缴纳；纳税住所在境外的美国公民或居民，以及在美国开展贸易或经营活动的非居民个人，则必须在纳税年度终了后的第 6 个月第 15 日前完成。纳税人若不能及时完成申报，在截止日前可以申请延期申报，一般会延长 6 个月的时限（但缴纳税款的时限不会随之延长）；若不能按期缴款，在截止日前可以申请延期纳税，但通常不得延纳超过 6 个月。对于没有按期申报与缴款的纳税人，IRS 将酌情予以处罚。

纳税人与 IRS 通常可以在申报截止之日起的 3 年内对申报进行修正；如果纳税人漏报的所得额超过其申报所得额的 25%，该期限可延长至 6 年；若存在涉嫌欺诈申报等情况，则不受此限制。纳税人在修正申报后如果应补缴税款，那么还要同时缴纳相应的罚款和滞纳金；如果应取得退税，那么可以同时要求 IRS 支付相应的利息。

3. 海外账户税收遵从法案

根据《海外账户税收遵从法案》（Foreign Account Tax Compliance Act，FATCA）的规定，美国公民或居民除了需要进行纳税申报以外，若持有的海外金融资产总价值超过一定标准额，还须每年通过纳税申报表向 IRS 报告这些资产的有关情况。海外金融资产包括海外的金融账户和非账户型投资资产，2017 年度个人须进行 FATCA 报告的海外金融资产总价值标准额如表 4-10 所示。

表 4-10　2017 年度个人进行 FATCA 报告的资产总价值标准额　单位：美元

纳税人居住地	纳税身份	资产总价值标准额
海外	已婚夫妇联合申报	600000（纳税年度内任何时间持有） 400000（纳税年度的最后一天持有）
	其他纳税身份	300000（纳税年度内任何时间持有） 200000（纳税年度的最后一天持有）

纳税人居住地	纳税身份	资产总价值标准额
美国本土	已婚夫妇联合申报	150000（纳税年度内任何时间持有） 100000（纳税年度的最后一天持有）
	其他纳税身份	75000（纳税年度内任何时间持有） 50000（纳税年度的最后一天持有）

注：若纳税人为已婚夫妇单独申报，那么夫妻共同持有的资产按一半的价值分别计入双方资产总价值。

资料来源：美国国内收入局：https://www.irs.gov/。

4.2　州与地方个人所得税

4.2.1　州与地方个人所得税概述

美国现代意义上的州个人所得税是由威斯康星州于1911年率先开征的。截至2017年4月，共有43个州和哥伦比亚特区征收州个人所得税。大多数州的个人所得税的模式与联邦个人所得税相同，不过总的来说比联邦个人所得税制度要简单一些。

州个人所得税存在的一个问题是各州对其态度不一。一方面，它使得税率水平、扣除与宽免、抵免待遇等税收要素在各州之间差别很大，一定程度上会影响纳税人就业与居住地的选择；另一方面，州的层面也存在居民与非居民的区分，但各州抵免制度的完善水平参差不齐，因此有跨州所得的纳税人可能面临重复征税的问题。

而在地方层面，截至2017年4月，全美共有17个州在郡、市或学区一级征收与个人所得相关的税收，包括亚拉巴马州、阿肯色州、加利福尼亚州、科罗拉多州、特拉华州、印第安纳州、爱荷华州、堪萨斯州、肯塔基州、马里兰州、密歇根州、密苏里州、新泽西州、纽约州、俄亥俄州、俄勒冈州、宾夕法尼亚州。其中阿肯色州的 7 个学区和爱荷华州的大部分学区采用州个人所得税附加税的形式征收，加利福尼亚州的旧金山市和宾夕法尼亚州的大部分地方政府对勤劳所得征收，科罗拉多州的 3 个市对超过一定标准的补偿金征收数额极小的定额税，堪萨斯州的地方个人所得税仅对股息、利息、证券交易所得征收，而印第安纳州与马里兰州的所有郡和俄亥俄州的大部分市都开征了个人所得税。

由于地方个人所得税在不同地区的政策差异很大，且其收入占地方政府总收入的比重非常小（通常不超过 2%）、重要程度相当有限，因此下面不再对其进行详细叙述，主要介绍州个人所得税的内容。

4.2.2 纳税人

与联邦个人所得税类似，州个人所得税的纳税人包括本州的居民与非居民，其中居民应就须就其全部所得纳税，而非居民仅就其来源于本州境内的所得纳税。各州对于纳税人居民身份的判定标准不尽相同，大多数州将纳税年度内在本州实际居住时间达到一定长度的纳税人视为本州的居民；而如果纳税人在某个州拥有个人居所或住处，也可能会被判定为该州的居民。

州个人所得税的纳税人通常也需要采用与联邦个人所得税一致的纳税身份进行申报，并根据其身份分别适用不同的税收政策；但某些州实行单一税率或者不采用综合模式征收，这些州的纳税人就无须进行纳税身份的区分了。

4.2.3 应税所得

对于本州的居民纳税人，大部分州以其联邦个人所得税的相关所得额作为计算应税所得的基础。截至 2017 年 4 月，有 28 个州选择以联邦 AGI 作为税基，5 个州选择以联邦应税所得额作为税基，3 个州和哥伦比亚特区选择以联邦毛所得作为税基，新罕布什尔州和田纳西州仅对股息和利息所得征税，其余 5 个州由本州政府自行确定应税所得额。

在选择了税基后，州政府通常会对某些所得或扣减项目采取同联邦个人所得税不同的税收待遇，以进行进一步的调整。此外，同联邦政府不对州与地方政府公债利息征税相对应，州政府对联邦政府公债的利息通常也是免税的，但田纳西州例外；而新罕布什尔州则对储蓄利息不征税。

4.2.4 个人扣减与税率

大多数征收个人所得税的州允许进行个人扣减，采取的形式包括扣除项目、免征额、个人宽免、税收抵免等。有 10 个州采用联邦标准扣除额、8 个州采用联邦个人宽免额，包括以联邦应税所得额为税基的 5 个州[①]；没有采用联邦个人宽免额的州，可能会对不同纳税身份适用不同的个人宽免额。2017 年度各州的税率与个人扣减情况可以参考表 4–11[②]。

[①] 关于各州选择税基以及是否采用联邦标准扣除额与个人宽免额的详细情况可以参考 https://taxfoundation.org/federal–tax–reform–the–impact–on–states 的可下载附录，但与部分州的政策存在一定出入，以表 4–11 的数据为准。

[②] 更详细的表格见 https://taxfoundation.org/state–individual–income–tax–rates–brackets–2017，但与部分州的政策存在一定出入，以表 4–11 的数据为准。

表4—11　2017年度州个人所得税税率与个人扣减表

单位：美元

州	税率范围 最低	税率范围 最高	税级数	单人所得级距 最低	单人所得级距 最高	标准扣除额 单人	标准扣除额 夫妇	个人宽免额 单人	个人宽免额 夫妇	个人宽免额 被赡养者	是否可以扣除
联邦个人所得税											
亚拉巴马 b, m	2%	5%	3	500	3000	2500	7500	1500	3000	1000	是
阿拉斯加						未开征		无			否
亚利桑那 b, e	2.59%	4.54%	5	10179	152668	5099	10189	2100	4200	2100	否
阿肯色 a, e, f, j	0.9%	6.9%	6	4299	35099	2200	4400	26	52	26	否
加利福尼亚 b, e, t, u	1.0%	13.3%	10	8015	1000000	4129	8258	111	222	344	否
科罗拉多	4.63%	4.63%		联邦应税所得额		无		无			否
康涅狄格 b, n, v	3.00%	6.99%	7	10000	500000	无		15000	24000	0	否
特拉华 a, t, aa	2.20%	6.60%	6	2000	60000	3250	6500	110	220	110	否
佛罗里达						未开征		无			否
佐治亚 c	1%	6%	6	750	7000	2300	3000	2700	7400	3000	否
夏威夷 b	1.40%	8.25%	9	2400	48000	2200	4400	1144	2288	1144	否
爱达荷 b, e, l	1.6%	7.4%	7	1454	10905	6350	12700	4050	8100	4050	否
伊利诺伊	3.75%	3.75%		修改过的联邦 AGI		无		2175	4350	2175	否
印第安纳 w	3.23%	3.23%		修改过的联邦 AGI		无		1000	2000	1500	否
爱荷华 a, t	0.36%	8.98%	9	1573	70785	2000	4920	40	80	40	是
堪萨斯 b	2.7%	4.6%	2	15000	15000	3000	7500	2250	4500	2250	否
肯塔基 b	2.0%	6.0%	6	3000	75000	2480	2480	10	20	10	否
路易斯安那 b, n	2%	6%	3	12500	50000	无		4500	9000	1000	是

续表

州	税率范围		税级数	单人所得级距		标准扣除额		个人宽免额			是否可以扣除
	最低	最高		最低	最高	单人	夫妇	单人	夫妇	被赡养者	
联邦个人所得税 [c, e, g, l]	5.80%	10.15%	4	21050	200000	11600	23200	4050	8100	4050	否
缅因	2.00%	5.75%	8	1000	250000	2000	4000	3200	6400	3200	否
马萨诸塞 [c, o, x]	5.1% 本州当行计算的所得					无		4400	8800	1000	否
密歇根	4.25% 修改过的联邦 AGI					无		4000	8000	无	否
明尼苏达 [l]	5.35%	9.85%	4	25390	156911	6350	12700	4050	8100	4050	否
密西西比 [a]	3%	5%	3	5000	10000	2300	4600	6000	12000	1500	是
密苏里 [a, l, bb]	1.5%	6.0%	10	1008	9072	6350	12700	2100	4200	1200	是
蒙大拿 [a, e, p]	1.0%	6.9%	7	2900	17600	4510	9020	2400	4800	2400	否
内布拉斯加 [b, j, l, t]	2.46%	6.84%	4	3090	29830	6350	12700	132	264	132	否
内华达	未平征										
新罕布什尔 [d]	5% 股息和利息所得					无		2400	4800	无	否
新泽西 [c, k, l]	1.400%	8.970%	6	20000	500000	无		1000	2000	1500	否
新墨西哥 [c, k, l]	1.7%	4.9%	4	5500	16000	6350	12700	4050	8100	4050	否
纽约 [b, j]	4.00%	8.82%	8	8500	1077550	8000	16050	无	无	1000	否
北卡罗来纳	5.499% 修改过的联邦 AGI					8750	17500	无			否
北达科他 [c, l]	1.10%	2.90%	5	37950	416700	6350	12700	4050	8100	4050	否
俄亥俄 [a, e, y]	0.495%	4.997%	9	5250	210600	无		2250	4500	2250	否
俄克拉何马 [b, h, l]	0.5%	5.0%	6	1000	7200	6350	12700	1000	2000	1000	否

续表

州	税率范围		税级数	单人所得级距		标准扣除额		个人宽免额			是否可以扣除
	最低	最高		最低	最高	单人	夫妇	单人	夫妇	被赡养者	
联邦个人所得税 b、e、z	5.0%	9.9%	4	3350	125000	2155	4310	195	390	195	是
宾夕法尼亚	3.07% 本州自行计算的所得							无			否
罗德岛 a、q	3.75%	5.99%	3	61300	139400	8375	16750	3900	7800	3900	否
南卡罗来纳 a、e、l	0%	7%	6	2930	14650	6350	12700	4050	8100	4050	否
南达科他	未开征										
田纳西	5% 股息和利息所得							无			否
得克萨斯	未开征										
犹他 r	5% 修改过的联邦 AGI										
佛蒙特 c、e、l	3.55%	8.95%	5	37950	416700	6350	12700	3038	6075	3038	否
弗吉尼亚 a	2.00%	5.75%	4	3000	17000	3000	6000	930	1860	930	否
华盛顿	未开征										
西弗吉尼亚 a	3.0%	6.5%	5	10000	60000	无		2000	4000	2000	否
威斯康星 c、e、s	4.00%	7.65%	4	11230	247350	10380	19210	700	1400	700	否
怀俄明	未开征										
哥伦比亚特区 i	4.00%	8.95%	6	10000	1000000	5650	10275	1775	3550	1775	否

a: 这些州的已婚夫妇联合申报适用与单人纳税者相同的所得级距。

b: 这些州的已婚夫妇合并申报适用所得级距的数额通常等于单人纳税者的两倍，但加利福尼亚州从第 9 层税级起直接适用最高税率，纽约州在数额上略高（相当于少 1 层税级），俄克拉何马州最高所得级距的数额低于单人纳税者的两倍，内布拉斯加州在数额上略高于单人纳税者，但未达到两倍。

c: 这些州的已婚夫妇联合申报适用所得级距的数额高于单人纳税者，但未达到其两倍。

d: 新泽西州的已婚夫妇联合申报适用 7 层税级，在单人税级的第 2 层与第 3 层之间增加一层税率，但最低所得级距与最高所得级距的数额仍与单人相同。

e: 这些州的所得税级。

f: 阿肯色州对低收入者（总收入不超过 2.1 万美元）与中等收入者（总收入在 2.1 万~7.5 万美元之间）采用特殊的税率表，此处所列的税率率适用于总收入超过 7.5 万美元的纳税人。

g: 缅因州对应税所得超过 20 万美元的部分征收 3% 的附加税，这里的 10.15% 为实际税率。

h: 俄克拉荷马州的最高税率可能为 5% 或 4.85%，由州公平委员会决定。纳税人在收入较低或者首为盲人时还可以享受额外份数的个人宽免额。

i: 哥伦比亚特区计划对第 3~5 层税级（应税所得额在 4 万~100 万美元之间）降低 2016 年及以后纳税年度的税率。当纳税人收入超过一定标准的高收入纳税人须就其全部所得——而不是超过最高所得级距的那部分所得——按单一最高税率纳税。超过 15 万美元时，每超过 2500 美元，个人宽免额将减少 2%。

j: 这些州实行"税收利益回收"（Tax Benefit Recapture）制度，应税所得额超过一定标准的高收入纳税人将额外上调 2500 美元。

k: 新墨西哥州的所得级距数额对联邦数额不超过 36667 美元（单人）或 55000 美元（夫妇）的纳税人的个人宽免额。

l: 这些州采用联邦个人所得级距数额对联邦数额一致的标准扣除额或个人宽免额是合并的。

m: 亚拉巴马州的标准扣除额在纳税人的个人宽免额在 AGI 超过 20500 美元时开始速减，每超过 500 美元减少 25 美元，但不超过 10 万美元时减少至 500 美元（单人）或 50 美元（夫妇）的纳税人。

n: 被赡养者的个人宽免额在纳税在纳税人 AGI 超过 2 万美元，AGI 超过 10 万美元时减少至 300 美元/人。

o: 马里兰州的标准扣除额为 AGI 的 15%，对于总收入超过 13333 美元的单身者、已婚夫妇单独申报，被赡养者纳税人最低为 1500 美元，最高为 2000 美元，对于总收入超过 26667 美元的已婚夫妇联合申报、户主以及抚养子女的鳏夫或寡妇纳税人最低为 3000 美元，最高为 4000 美元。

p: 蒙大拿州的标准扣除额为个人所得税 AGI 的 20%，最低为 2000 美元（单人）或 4000 美元（夫妇），最高为 4510 美元（单人）或 9020 美元（夫妇）。纳税人可扣除的已纳联邦个人所得税款不得超过 5000 美元（单人）或 10000 美元（夫妇）。

q：罗德岛的标准扣除与个人宽免额在纳税人修改过的联邦 AGI 达到 193600 美元时开始递减，达到 215800 美元时降为 0。

r：抗他州的标准扣除采用不可退税抵免的形式，数额等于纳税人联邦标准扣除或分项扣除额（不包含州与地方所得税）的 6%。这一抵免在纳税人的 AGI 达到 13867 美元（单人）或 27734 美元（夫妇）时开始递减，每超过 1 美元（夫妇）时开始递减，每超过 2500 美元减少 1.3 美分。该州的个人宽免额为联邦个人宽免额的 3/4。

s：威斯康星州的标准扣除额在纳税人的应税所得额达到 14800 美元（单人）或 21360 美元（夫妇）时开始递减，达到 100383 美元（单人）或 117477 美元（夫妇）时降为 0。

t：这些州的个人宽免采用不可退税抵免的形式。

u：加利福尼亚州的个人宽免额在纳税人的 AGI 超过 178706 美元（单人）或是 357417 美元（夫妇）时开始递减，每超过 2500 美元，抵免额将减少 6 美元（单人）或 12 美元（夫妇）。

v：康涅狄格州采用复杂的累进式计税方法：该州的低收入纳税人可以享受个人税收抵免，抵免额在其本州 AGI 大于个人税免额，但不超过一定标准额时等于应纳税时为 0；AGI 超过该标准额的 75%；AGI 进一步增加，那么每增加 5000 美元，抵免率开始递减，最终在其 AGI 达到 56500 美元（单人）或 100500 美元（夫妇）时降至 0；若 AGI 进一步增加，那么每增加 5000 美元，纳税人最低一层税级（税率为 3%）的所得中将有 1000 美元（单人）或 2000 美元（夫妇）改为适用更高一级的 5% 税率；对于 AGI 超过 20 万美元（单人）的纳税人，其 AGI 每超过 5000 美元，还要被加征 90 美元（单人）的额外税款，加征上限为 3150 美元（单人）或 6300 美元（夫妇）的额外税额。

w：印第安纳州的纳税人每扣除了 1000 美元的基本个人宽免额，在满足某些条件时还可以享受 1500 美元/人的额外宽免额。

x：马里兰州的个人宽免在纳税人的 AGI 超过 10 万美元（单人）或 20 万美元（夫妇）的额外宽免额，超过 12.5 万美元（但不超过 15 万美元时减少至 1600 美元/人，超过 12.5 万美元（但不超过 15 万美元）时降低至 1750 美元/人，达到 8 万美元（夫妇）时降低至 1750 美元/人，超过 15 万美元时减少至 800 美元/人，超过 15 万美元时减少至 0。

y：俄亥俄州的个人宽免额在纳税人在联邦 AGI 超过 4 万美元（单人）时降低至 2000 美元/人，达到 8 万美元（夫妇）时降低至 1750 美元/人。

z：俄勒冈州的纳税人在联邦 AGI 超过 10 万美元（单人）或 20 万美元（夫妇）时将不得享受个人宽免额。纳税人可扣除的已纳联邦个人所得税款不超过 3250 美元（单人）或 6500 美元（夫妇）。

aa：特拉华州对一次性总付的款项（如一次性离职金）还要额外征税。

bb：密苏里州纳税人可扣除的已纳联邦个人所得税款不得超过 5000 美元（单人）或 10000 美元（夫妇）。

资料来源：https://taxfoundation.org/state-individual-income-tax-rates-brackets-2017。

4.2.5 应纳税额的计算

州个人所得税应纳税额的计算步骤视各州选择的税基而定。对大多数以联邦个人所得税的相关所得作为税基的州而言，计算步骤可以归纳为调整税基（根据本州的规定加回或扣减掉某些项目）、计算应纳税额、减去预缴税款与税收抵免额，通常比联邦个人所得税的计算略为简单；但由于部分州（如康涅狄格州）的税负累进机制复杂，不同州的抵免与退税政策也各有差别，因此存在例外情况。对于那些自行确定税基的州，第一步应税所得额的计算则往往要繁琐一些。新罕布什尔州与田纳西州的税款计算是最为简便的。

4.2.6 征收管理

州个人所得税采用代扣代缴为主、自行申报为辅的申报缴纳制度。代扣代缴方式最早是由俄勒冈州于 1948 年开始实行的，目前仅新罕布什尔州与田纳西州无须代扣代缴，而对勤劳所得征税的其他 41 个州与哥伦比亚特区均要求代扣代缴。此外，还有一些州要求纳税人缴纳预估税款，包括加利福尼亚州、马里兰州、马萨诸塞州、明尼苏达州、纽约州等。

在申报方面，纳税人通常需要填写单独的州个人所得税申报表。截至 2017 年 4 月，有 37 个州（除加利福尼亚州、缅因州、马萨诸塞州、明尼苏达州、新罕布什尔州与田纳西州）与哥伦比亚特区加入了同 IRS 的"联邦—州电子申报"合作项目，这些州的纳税申报表将和纳税人的联邦个人所得税申报表一道被递交给 IRS。州个人所得税的申报与缴款时限通常与联邦个人所得税相同，部分州的时限略晚于联邦规定的时限，延期的时间也均为 6 个月 ①；但某些州的延期需要单独申请，不会随着联邦个人所得税的申请一同予以延期。

4.3 联邦公司所得税

4.3.1 联邦公司所得税的产生与发展

虽然联邦公司所得税的历史比联邦个人所得税要短，但在事实上它是先于联邦个人所得税开征的。1909 年，在努力开征个人所得税的同时，美国联邦政府就以"消费税"的名义率先实现了对公司净所得课税，并在当时的一项判例中获得了美国最高法院的支持。

1913 年的修宪使联邦公司所得税真正具有了宪法所赋予的合法地位。由于联邦个人所得税在开征之初规模较小，在 1913～1941 年的 28 年间，联邦政府的公司所得税收入有 17 年高于个人所得税；在 1941～1967 年，公司所得税也是仅次于个人所得税的第二大联邦税种。1968 年联邦政府的工薪税收入首次超过公司所得税，此后公司所得税收入在联邦收入中所占的比重开始逐渐下降，但仍是美国税制结构中重要的组成部分。

4.3.2 纳税人

1. 居民与非居民

与联邦个人所得税类似，联邦公司所得税的居民纳税人负有无限纳税义务，非居民纳税人负有有限纳税义务。在居民身份的判定方面，美国采用单一的注册地标准，在美国境内任何一个州或者哥

---

① 详细情况可以参考 https://www.efile.com/state-tax-return-due-dates-deadlines-refund-status。

伦比亚特区按照当地法律注册成立的公司即为美国的居民公司。下面介绍的内容主要为居民纳税人所适用的一般规定，而对非居民纳税人的特殊规定将在 4.3.9 节单独介绍。

2.经济实体的类别

在美国，经济实体具有许多不同的形式，但并非每种都必须缴纳联邦公司所得税，对特殊形式的经济实体会有专门的课税规定。从课税角度来看，经济实体可以分为以下几大类别：

（1）普通公司

普通公司（Corporations）是指按联邦公司所得税的一般规定纳税的公司。美国公司法中并没有"普通公司"的概念，这里的普通公司只是从课税角度划分出来的一个类别。为了与另一个类别"S 公司"相区别，普通公司通常被称为"C 公司"（C Corporations）。

（2）S 公司

S 公司的全称为"S 分章公司"（Subchapter S Corporations），是指普通公司在满足 IRC 第 A 分标题第 1 章第 S 分章所规定的条件时，作出了有法律效力的选择，从而享受特殊税收待遇的公司。在保留了普通公司法律特征（有限责任、股份可自由转移、无限期限和中央集权管理等）的同时，S 公司在所得税方面类似于合伙企业，被视为"穿透实体"（Flow-Through Entities）或者说是"透明实体"（Transparent Entities），其净所得不必缴纳联邦公司所得税，而是按照股权份额分配给公司股东，由股东分别申报缴纳个人所得税；相应地，其经营亏损也会按比例分配给股东，由股东在个人所得税申报时进行扣除。

要成为 S 公司，纳税人必须满足以下条件：①是一家美国居民公司；②所有股东均为个人，或是某些受许可的遗产和信托（将在随后进行介绍）以及免税组织；③股东人数不得超过100名（已婚夫妇均为公司股东的，双方可以视为1名股东）；④股东里没有非美国居民个人；⑤只能发行一种类型的股票；⑥全体股东一致同意选择S公司的身份。公司在作出选择之后的时期也必须满足上述条件，才能维持S公司的身份；一旦不符合某项法定要求，那么S公司的选择立即终止，该公司从终止之日起重新成为普通公司。

（3）合伙企业与有限责任公司

有限责任公司兼具普通公司与合伙企业的一些特性：它可以和普通公司一样被视为法律实体，与其所有者独立，股东责任也是有限的；但其股份与合伙企业一样没有自由转移性，公司股东能够控制由谁持有股份。根据"勾选规定"，有限责任公司会被默认为同合伙企业一样的过渡实体。

"勾选规定"（Check-the-Box Regulations）是指美国财政部对经营实体（Business Entities）纳税身份的划分作出的一项规定：除了C公司与一些本项规定所附列表中提到的外国经营实体会被视为"当然公司"（Per Se Corporations），不得选择纳税身份、必须缴纳公司所得税以外，其他类型的经营实体可以自行选择是按照公司身份缴纳公司所得税，按照合伙企业身份由股东缴纳所得税（如果该实体有多名所有者），还是作为"无视实体"（Disregarded Entities）（如果公司只有一名所有者）享受与个人所有者的独资企业或是公司所有者的分支机构相同的税收待遇。经营实体不包括信托等IRC作出了明确区分与特殊规定的经济实体形式。如果纳税人没有进行选择，那么其纳税身份会根据具体情况与相应办法被默认确定；而如果纳税人进行过选择，也可以在一段时间后更改之前的选项。

（4）遗产和信托

这里的遗产（Estates）是指作为遗产管理者代为管理死者遗留的财产，并定期向受益人分配所得的一类经济实体，它与信托的性质相似，都是财产所有者与经营者分离的财产经营模式。遗产和信托的种类繁多、课税规定也非常复杂，但除了少数几种免税类型外，其他类型的基本课税方式可以归纳为：管理者须就遗产和信托财产产生的应税所得纳税，其中已分配给受益人且不超过当年"可分配净所得"的部分可以扣除，而受益人须就分配的所得纳税。"可分配净所得"（Distributable Net Income）是用管理者层面最终的应税所得加回分配扣除额、免税净利息、净资本利亏和宽免项目，再减去净资本利得来计算得到的。对于这类其本身仅就未分配所得纳税、已分配所得由受益人直接纳税的实体，不妨视为"半透明"的实体。

大部分遗产和信托在管理者层面的课税模式与个人所得税相同，可以扣除与个人类似的扣除项目，还可以享受一定数额的宽免。2017 年度遗产和信托的宽免额为：①遗产 600 美元；②在当期必须分配全部所得的信托 300 美元；③符合条件的残疾人信托在其 MAGI 不超过 261500 美元时可享受最高宽免额 4050 美元；④其他信托 100 美元。也有少部分信托缴纳公司所得税，比如房地产投资信托（Real Estate Investment Trusts，REIT）。

（5）免税组织

免缴所得税的组织通常为非营利性组织，具体类型包括慈善、宗教、科学、文学组织，员工福利协会或基金（包括养老金基金、分享利润或股票奖金计划的信托等），社会福利组织，商业协会，政治组织，农业与园林组织，劳工组织，老兵组织等。

（6）其他特殊形式实体

其他特殊形式的实体还有"个人服务公司"（Personal Service Corporations，PSC），非免税的合作社（Cooperatives），"受管制投资公司"（Regulated Investment Companies，RIC），"房地产抵押投资渠道"（Real Estate Mortgage Investment Conduits，REMIC），等等。有些实体缴纳公司所得税，但适用特别的税率（比如 PSC）；有些具有半透明的特点（比如合作社、RIC），其中合作社缴纳公司所得税，可以在税前扣除分配的"赞助回报"（Patronage Refunds），而 RIC 须就几乎所有的未分配所得缴纳 4% 税率的"消费税"[①]；还有些则完全被视为透明实体（比如 REMIC）。由于篇幅的限制，这里就不再逐一介绍了。

4.3.3 应税所得

1. 毛所得

除了不予计列所得外，公司的一切类型其他所得，包括经营所得、资本利得、股息所得、利息所得、租金所得、特许权使用费所得、劳务所得、偶然所得等，都应当计入毛所得，在进行税前扣除后统一纳税。大多数情况下，非现金形式的所得以其 FMV 计入毛所得。归属于公司的所得如果被直接支付给了股东，仍应当计入公司的毛所得当中，并缴纳公司所得税。

不予计列所得主要有州与地方政府公债的利息，以及适用滚转法延期纳税的资本利得等。股东投入公司的资本不属于公司所得。

---

① 根据规定，RIC 应当有至少 90% 的毛所得来源于股息、利息、股票或证券销售利得等投资活动所得，并将其所得的 90% 以上用于分配。

2. 股息所得

对于股息所得，税法作出了不少特殊规定。如果股东公司承担了股息分配公司的债务且该笔债务与股息分配有关，或者股息分配的财产本身因被抵押等原因负有债务，那么股东公司可以从股息所得额中扣除这笔债务额，但债务额超过股息所得额的部分不得从其他所得额中扣除。

在美国，居民公司取得的由另一家居民公司分配的股息并非完全免税，而是采用"分配股息扣除"（Dividends Received Deduction，DRD）的办法，根据股东公司在分配公司中的持股比例从毛所得中全部或部分扣除（相当于减计所得额），具体规定是：

（1）若两家公司属于同一个合并纳税集团（将在4.3.8节的集团纳税部分进行介绍），包括股东公司持有分配公司80%以上股权的情形，或者股东公司为小型企业投资公司，扣除率为100%；

（2）若股东公司持有分配公司至少20%的股份价值与投票权，扣除率为80%；

（3）对于其他情形，扣除率为70%。

出于反避税考虑，纳税人进行DRD扣除须满足持股时间的要求。对于绝大多数类型的普通股以及股息对应的经营期不超过366天的优先股，纳税人被要求在自股权除息之日前45天开始计算的91天内持有该股权至少46天；而对于股息对应的经营期超过366天的优先股，时间要求将延长为在自股权除息之日前90天开始计算的181天内持有该股权至少91天。

其他不得进行DRD扣除的股息包括：①一般投资公司取得的资本利得性质的股息；②REIT取得的股息；③通过债务融资获取的股

权所取得的股息。

若分配公司为在美国开展贸易或经营活动的外国公司，在满足下列条件时，股东公司也可以进行 DRD 扣除：①如果股东公司持有分配公司至少 10% 的股份价值与投票权，那么在该笔股息中，同分配公司与其美国境内贸易或经营活动有实际关联的盈余，以及分配公司从其拥有 80% 以上股权的美国居民公司处取得的股息对应的那部分，可以适用 DRD 扣除办法；②如果股东公司持有分配公司 100% 的流通在外股份，且分配公司的全部毛所得与其美国境内贸易或经营活动有实际关联，那么扣除率为 100%。

此外，美国税法中还存在一个"盈余和利润"（Earnings and Profits，E&P）的概念，用以衡量公司向股东分配股息的经济能力，它既不同于应纳税净所得，也不同于财务会计角度的保留盈余，是以应税所得为基础，通过一些项目上的调整（如加上不予计列所得，变更某些所得与扣除项目的确认时间等）所计算得到的。在公司进行收益分配时，不超过股东所持股份对应的当年 E&P 份额的那部分收益将作为股东的应税股息所得，超过当年 E&P 的部分则会被视为退还的股本不予征税；倘若超过当年 E&P 的部分甚至大于股东股本的计税基础，那么计税基础以外的部分还要被视为股东出售或交换股权所取得的资本利得。另一项类似的限制是"异常股息"（Extraordinary Dividends）限制：如果股东公司持有分配股息的股份不足 2 年，且分配的股息额大于股权计税基础的 5%（优先股）或是 10%（普通股），那么该笔股息构成异常股息，其中无须纳税的部分（比如进行了 DRD 扣除的部分）应当从股权的计税基础中扣减。异常股息规定是为了防止股东在所收购的股权进行了股息分配、价值降低后将其抛售，从而产生虚假资本利亏。

3. 资本利得与利亏

联邦公司所得税中的 LTCG 一度同联邦个人所得税中一样适用较低税率，但在现行税制下，公司的资本利得适用的税率与一般所得已经没有差别。公司所得税中的资本利亏只能用资本利得进行弥补，而不能用一般所得进行弥补；当年未弥补的资本利亏可以向以前年度结转 3 年、剩余部分再向以后年度结转 5 年，也可以选择仅向以后年度结转 5 年。不过对于小型企业投资公司的股东而言，出售这类公司股权所产生的资本利亏可以作为一般亏损处理，而不必计入资本利亏。

对于可折旧或摊销的资产，如果纳税人在处置时取得了利得，那么通常需要对其已计提折旧或已摊销的全部或部分价值进行"折旧冲回"（Depreciation Recapture），即将利得中不超过应冲回价值的那一部分作为一般所得而非资本利得进行申报，并适用一般所得的纳税办法（除个人出售可折旧不动产的折旧冲回适用低税率以外）；但若该处置行为适用滚转法，那么只有不符合条件、不得推迟确认的那部分利得需要遵循折旧冲回的规定。已计提折旧或已摊销的价值中也应当包括需从资产计税基础中扣减掉的税收抵免额、IRC 第 179 节规定的扣除额、"特别折旧免征额"等，这些概念将在 4.3.4 节的折旧部分进行介绍。纳税人对非建筑物的资产须冲回已计提折旧或已摊销的全部价值，对建筑物只需冲回"额外折旧"价值（实际已计提折旧大于按照直线法应计提折旧的部分），但公司纳税人对建筑物还要再冲回全部价值与额外折旧价值差额的 20%。非居住房产与租赁性居住房产由于只能按照直线法计提折旧，因此仅在其申请了特别折旧免征额时才会出现需要冲回的折旧。

涉及特定类型企业交易的资产置换行为适用滚转法，若满足某些前提条件，其资本利得或利亏的确认时间在非跨境情形下通常将推迟到纳税人对置换后的资产进行处置之时，而在跨境情形下会受到一些特殊规定的调整。这些企业交易的类型包括：

（1）纳税人向公司转让财产以换取其股权，并且在交易完成后，纳税人及转让方集团立即拥有该公司的完全控制权（即持有该公司共计 80% 以上的有投票权股份和 80% 以上的流通在外无投票权股份）；

（2）母公司拥有完全控制权的下属机构进行完全清算，并向母公司分配财产；

（3）IRC 第 368 节（a）（1）（A）规定的"A 型重组"（Type A Reorganizations），即法定企业兼并或合并，在这种情况下收购方公司须通过股权形式支付至少 50% 的对价，在出售方公司完成清算后收购其全部的资产和负债；

（4）IRC 第 368 节（a）（1）（B）规定的"B 型重组"，在这种情况下收购方公司须通过股权形式支付至少 80% 的对价，以其（或者其完全控制方）有投票权的股份换取出售方公司的完全控制权，使出售方公司成为其下属机构；

（5）IRC 第 368 节（a）（1）（C）规定的"C 型重组"，在这种情况下收购方公司须在出售方公司完成清算后，以其（或者其完全控制方）有投票权的股份换取出售方公司以 FMV 计价的至少 80% 资产；

（6）IRC 第 368 节（a）（1）（D）规定的"D 型重组"，即"新

立"（Spin-off）、"换股分立"（Split-off）、"拆股分立"（Split-up）①等形式的企业分立，以及公司将资产转让给另一家公司以换取其完全控制权，并将取得的股权分配给转让方股东的企业收购交易；

（7）IRC 第 368 节（a）（1）（E）规定的"E 型重组"，即发行优先股来换回债券或流通在外普通股、发行普通股来换回流通在外优先股及其未付股息、发行新股票来换回同类旧股票、发行新债券来换回等额旧债券等形式的企业资本结构调整；

（8）IRC 第 368 节（a）（1）（F）规定的"F 型重组"，即企业标识变更、形式变更或组织所在地变更；

（9）RC 第 368 节（a）（1）（G）规定的"G 型重组"，即企业在破产时将资产转让给另一家公司，并将股票和证券分配给受让方股东的交易。

此外，适用滚转法的资产置换行为还包括在出售公开交易证券，并实现资本利得后购买特定小型企业投资公司的普通股或合伙权益作为置换资产，将经营或投资财产（不包括股票、证券或是以出售为目的持有的财产）与其同类财产进行置换，以及强制性或者非自愿的相似或相关用途财产相互置换（比如因旧财产意外报废而予以更换）。

根据 IRC 第 1256 节的规定，对于某些期货、期权合约，纳税人在纳税年度终了时即使并未将其出售，也应当按照最后一个交易日

---

① "新立"是指原公司出资成立新公司并取得新公司的全部股权，再将其按比例分配给原公司股东；"换股分立"成立新公司的方式类似于"新立"，但原公司股东需要以其持有的原公司股权来换取新公司股权；"拆股分立"则是指原公司将全部资产投入两个或以上的新公司并取得新公司的全部股权，再将其通过清算方式分配给原公司股东。

的 FMV 于当年确认资本利得或利亏；并且不论持有时间多长，纳税人都应当将其中的 40% 作为短期资本利得或利亏、60% 作为长期资本利得或利亏。此类合约被称为"1256 节合约"，包括规范的期货合约、外汇合约、非股票期权、交易商股票期权与交易商证券期货合约，但不包括其他股票期权或证券期货合约、掉期协议和类似性质的协议。

对于某些特殊类型的证券，若其在纳税年度期间丧失了价值，那么公司可以在该年度的最后一天就其确认资本利亏。另外，如果纳税人在对其持有的某一批股票或证券进行处置之日的前（后）30 天内购买了另一批实质上相同的股票或证券，或是签订了相关的购买合同或期权合同，那么处置该批股票或证券的资本利亏不得于当期确认，而是应当计入新购买股票或证券的计税基础（成本）当中，这一规定被称为"洗售规则"（Wash-Sale Rule）。

4. 受控外国公司所得

"受控外国公司"（Controlled Foreign Corporations，CFC）是指在纳税年度内的任意一天由美国股东共计持有 50% 以上股份价值或投票权的外国公司。这里所说的美国股东，包括直接、间接或建设性地（即通过直系亲属、收养子女，以及合伙企业、遗产和信托等存在利益关系的实体）持有 10% 以上 CFC 有投票权股份的美国公民或居民个人、国内公司以及国内合伙企业。

美国股东来源于 CFC 的某些所得，在纳税义务发生时间上适用特别的规定。如果某外国公司在一个纳税年度内有连续至少 30 天构成 CFC，那么该公司的所有美国股东都会被要求根据其持股比例，将其在 CFC 投资于美国境内财产的收益以及"F 分部所得"中所占的份额于所得产生的纳税年度就计入自己的毛所得当中，不论 CFC 是否在当年对该笔所得进行分配；而当 CFC 实际作出分配时，其中已经缴纳过税款的那部分所得将不再计入股东的毛所得当中。CFC 取得的其他类型所得，其纳税义务发生时间仍为向股东分配之时；若股东将 CFC 股权出售并获取了资本利得，那么同股东在其持股期间 CFC 的累积盈余中所占份额相对应的那部分利得会被视为 CFC 分配的股息所得，股东仅须就其中未缴纳过税款的部分纳税即可。股东对于当年计入自己毛所得的 CFC 所得可以申请外国税收间接抵免，而在 CFC 实际进行分配时不得再重复申请抵免，除非该笔外国所得税是在实际分配之时征收的。

"F 分部所得"（Subpart F Income）是指 IRC 第 A 分标题第 1 章第 N 分章第 Ⅲ 部分（来源于美国以外的所得）第 F 分部所列的 CFC 所得类型，其主要构成为"外国基地公司所得"（Foreign Base Company Income, FBCI），具体包括：① CFC 在其成立国以外的地区，通过涉及关联方的有形动产销售或者服务提供活动，以及油气相关活动获取的所得；②"外国个人控股公司所得"（Foreign Personal Holding Company Income, FPHCI），通常包括 CFC 取得的股息、利息、租金、特许权使用费、年金、财产出售利得等消极所得，但不包括某些例外项目，比如由其成立国境内的关联方支付的这一类所得、积极性的银行（或金融、租赁）活动所得，以及投资于某些保险公司的所得等。其他 F 分部所得还有同 CFC 成立国境外的风险有关的保险或年金合同所得，某些非法贿赂与回扣，等等。如果某家 CFC 在一个纳税年度内取得的 F 分部所得超过其当年毛所得总额的 70%，那么该 CFC 的全部所得都将被视为 F 分部所得。

然而如果符合下列条件，上述的特殊 CFC 所得也可以同其他所得一样，在分配时纳税：①该所得（在根据美国所得税标准考虑了扣除项目等之后）实际承担的外国所得税税负超过了该股东所适用的美国最高边际税率的 90%；②该 CFC 在纳税年度内取得的此类所得不具有重要价值，即总额不超过其毛所得的 5% 且低于 100 万美元；③若此类所得的总额超过了该 CFC 当年正的 E&P，那么超额部分在实际分配时才需要纳税。

4.3.4　扣除项目

1.经营费用

经营费用是指为了获取所得而在当期发生的支出，比如员工工资、租金费用、利息费用、税款、广告费等；其中外国所得税税款可以选择用于扣除，或是申请税收抵免。除免税活动的相关费用不得扣除以外，美国税法对公司纳税人经营费用的扣除限制比较宽松，主要是针对一些既具有经营性质又具有私人性质的费用、员工报酬、利息费用等有所限定。下面介绍一些主要费用的扣除限制：

（1）餐费和娱乐支出。同联邦个人所得税一样，联邦公司所得税中的餐费和娱乐支出通常也只能按 50% 计算扣除，并且必须是正常和必要的经营费用，不得为浪费的或奢侈性的。业务伙伴之间的相互招待费用不得扣除。

下列餐费和娱乐支出享受例外规定，可以不受限制全额扣除：①不具有重要价值且属于偶然发生餐费；②作为员工报酬，并已代扣代缴个人所得税的费用；③作为广告宣传手段向公众提供、以提高企业声誉的福利支出；④在特殊行业中属于经营活动必要支出的费用；⑤慈善体育赛事的门票费用。

（2）业务礼品支出。纳税人对于每一名直接或间接收受了其业务礼品的个人的相关礼品支出，在一个纳税年度内可扣除总额不得超过25美元。赠送给顾客家人的礼品视同该顾客间接收受；赠送给某一公司，并且最终用于某一特定个人或群体的个人用途以及福利的礼品，视同该特定个人或特定群体中的所有人间接收受。既可作为业务礼品支出又可作为娱乐支出的项目，通常被视为娱乐支出项目。

下列业务礼品支出享受例外规定，可以全额扣除且不计入25美元的总额：①印有纳税人的名称并且大量广泛分发的、单个价值不超过4美元的物品；②受赠者用于经营用途的宣传材料或物品。

（3）员工报酬。支付给员工的工资薪金、奖金以及其他报酬可以扣除，但必须符合两项条件：①该报酬是对员工服务的报酬；②该报酬满足合理性测试。

税法对员工报酬可扣除的数额也存在一些限制。比如对于每一名员工的绩效奖金，存在符合条件书面计划的，一个纳税年度内总额不超过1600美元的部分可以扣除；不存在符合条件书面计划的，则只有总额不超过400美元的部分可以扣除。上市公司在一个纳税年度内支付给某些员工（包括总裁或是类似职位的高级管理人员，以及公司内收入最高的数名员工）的报酬中，总额超过100万美元的部分不得扣除，且如果超额报酬延期至下一纳税年度的头两个半月内支付，仍然会被视为当年的报酬。

公司与高层管理人员之间还可能订立一种特殊的补偿协议：当公司的控制权发生变更时，高层管理人员无论主动还是被迫离开公司，都可以得到一笔巨额的安置补偿费用。这种补偿被称为"黄金降落伞款项"（Golden Parachute Payments），税法对其作出了特别规定，如果该笔报酬超过了某一标准额，那么：①超额部分不得于公司所得税前扣除，并且前面提到的100万美元限额也要在当年同等数额降低；②接受报酬的个人将被课以20%税率的"消费税"，且该笔税款不得于个人所得税前扣除。

（4）利息费用。在公司所得税制中，利息费用扣除限制最为广泛的形式是资本弱化规则。对于美国国内企业之间进行的债务融资，税法主要在融资行为的实质方面进行了限定，具有股权融资实质的利息费用不得扣除；企业的合理净资产负债率则没有一个明确的标准，一般被认为不超过3:1即可。而在涉及外国关联方时的特别规定，将在4.3.10节的资本弱化规则部分进行介绍。

而根据"统一资本化规定"，涉及某些资本项目的利息费用也不得于当期扣除，必须计入资产的计税基础当中在以后年度进行折旧、摊销或折耗。这些资本项目包括：①不动产；②规定折旧年限在20年以上的有形动产；③制造周期超过2年的有形动产；④制造周期超过1年，且预计制造成本超过100万美元的有形动产。

其他不予扣除的利息费用还包括：①与登记形式不符的须登记债务的利息；②"可适用高收益折扣债券"（Applicable High Yield Discount Obligation，AHYDO）（即5年期以上，折价发行程度明显，收益高于一定标准的债券）的利息；③大部分人寿保险、个人年金及养老合同所产生的利息（除非该个人为高级职员或持有20%以上控制权的股东等"关键个人"，在一个纳税年度内支付给每名关键个人的利息总额不超过5万美元的部分可以扣除）；④需要以资产进行支付或可转换为资产的债务工具的利息；等等。

（5）坏账。坏账可以分为经营性坏账与非经营性坏账两类：经营性坏账可以在全部或部分价值丧失时之作为经营费用扣除，除非属于自愿或出于赠与目的放弃的账款；非经营性坏账则只有在全部价值丧失（即除了已收回的账款外，债务人不可能再偿还任何一部分未收回账款）之时才能扣除，且应当计入短期资本利亏项目，受到资本利亏扣除的限制。

（6）保险费用。经营性的保险，比如火灾、盗窃及其他意外和责任保险，员工集体医疗保险和集体定期人寿保险，以及工人赔偿保险等，其保费通常可以扣除；作为纳税人给予被保险人的额外报酬，并属于被保险人应税所得的保险费用，也可以由纳税人进行扣除。但自保准备金和其他形式的人寿保险不得扣除。

（7）应当资本化的其他费用。根据统一资本化规定，同资本项目密切相关的其他费用支出大部分都应当资本化，而不得于当期直接扣除。然而还有一些项目，包括研究与实验成本、无形钻井成本（Intangible Drilling Costs，IDC）、矿产勘探与开发成本、报纸杂志的发行成本、企业开办费用、退役资产整体移除的费用、某些电影电视节目的制作成本等，可以由纳税人自行选择是在当期扣除还是资本化（其中矿产勘探成本的处理方式需要由股东作出选择）。部分项目准予当期扣除的数额存在限制，比如开办费用或是经营活动的启动成本只能于当期扣除 5000 美元（若其总额超过 5 万美元，还要从 5000 美元限额中减去超额部分），剩下的部分则只能进行摊销。

2. 亏损

亏损可以划分为经营亏损和资本利亏两大类，其中资本利亏的相关内容已在前面进行了介绍。经营亏损是指在当年已发生的经营活动的交易亏损和经营资产的意外、灾害或盗窃损失中未获保险赔偿的部分，不包括各种准备金、储备金。

对一般公司而言，经营亏损中除了与关联方的交易亏损不得扣除外，其他项目的扣除通常不受限制。公司的关联方包括：①与其同属于一个控制集团另一家公司；②直接或间接持有该公司 50% 以上流通在外股份的个人；③直接或间接持有该公司 50% 以上流通在外股份的信托或信托设立人；④由同一个人分别持有这两家公司 50% 以上流通在外股份的另一家 S 公司；⑤由同一个人分别持有本公司 50% 以上流通在外股份与该企业 50% 以上资本或利润权益的合伙企业；⑥ PSC 的持股员工（不论持股份额为多少均构成关联方）。

对于 PSC 与非公开招股公司（Closely Held Corporations），其消极活动的亏损扣除会受到特殊限制，不得超过其消极活动的所得。消极活动是指纳税人并未实质性参与的贸易或经营活动，比如在合伙企业中的有限合伙权益，以及租赁活动（但不包括提供旅馆房间，出租衣物、汽车或工具等带有提供劳务性质的出租活动）。

值得一提的是，美国税法允许纳税人进行全球范围内的亏损扣除，即其在外国从事应税活动发生的亏损可以用当年其他国家的外国所得和境内所得来弥补，境内应税活动的亏损也可以用当年外国所得来弥补。但其外国税收抵免的限额会受到跨境亏损弥补的影响：在某一纳税年度中，如果纳税人用境内所得弥补了外国亏损，那么在以后年度计算外国税收抵免限额时，不超过弥补亏损额的那部分外国所得将被划入境内所得当中，导致以后年度的抵免限额减少；反之，如果纳税人用外国所得弥补了境内亏损，那么在以后年度计算外国税收抵免限额时，不超过弥补亏损额的那部分境内所得将被划入外国所得当中，导致以后年度的抵免限额增加。

3. 折旧

除了土地和投入使用时间与处置时间在同一年内的资产外，对于其他有着确定的使用寿命且预计至少使用 1 年的经营性有形动产或不动产，纳税人可以计提折旧，并将每年的资产折旧额于税前扣除。美国联邦所得税在当前所采用的折旧制度被称为"修改过的加速成本回收制度"（Modified Accelerated Cost Recovery System，MACRS），它可以进一步分为"通用折旧制度"（General Depreciation System，GDS）和"替代性折旧制度"（Alternative Depreciation System，ADS）两种类型，对于同一资产，二者在计提折旧的方法与年限上可能有所不同。

税法规定，某些特殊资产必须采用 ADS 来计算折旧，具体包括：①用于经营用途的比例不超过 50% 的"列表资产"，包括交通运输业所使用运输工具、娱乐业所使用设备、电子计算机及其外部设备；②在一个纳税年度内主要用于美国境外的资产；③用于免税活动的资产；④通过免税债券融资购置的资产；⑤主要用于农业经营活动，且某些相关费用支出没有选择按照统一资本化规定予以资本化的资产；⑥从某些实行贸易管制或其他歧视性条款的国家所进口的资产。对于其他资产，纳税人可以自行选择采用 GDS 或是 ADS，但一经选择就必须用于当年投入使用的所有同类资产（非居住房产与租赁性居住房产除外，它们可以逐项进行选择），且不得变更。

根据 MACRS，计算折旧的过程可以归纳为以下几个步骤：

（1）确定资产的计税基础。一般情况下，资产的计税基础等于其原值加上：①应资本化的相关费用支出，例如地方政府对不动产开发或其他建设活动影响到周边公共设施和服务所征收的"影响费"、不动产项目的土地分区成本、予以资本化的可赎回地租、与取得或保有财产的所有权以及财产改良等相关的法律费用；②由于不动产所在地区发生改良项目（比如铺路等）所带来的不动产评估价值增值额；③遭受意外、灾害和盗窃损失所发生的复原支出（不同于修理费，修理费应当作为经营费用直接扣除）；再减去：①以前纳税年度准予计提折旧的数额（不管纳税人是否已经计提折旧并于税前扣除）；②意外、灾害和盗窃损失；③全部或部分的投资税收抵免额（将在4.3.6节的投资税收抵免部分进行介绍）以及某些其他项目税收抵免额；④适用滚转法的置换资产推迟确认的资本利得；等等。

对资产进行预计有效期至少为1年的改良项目，其支出通常不并入原资产的计税基础当中，而是作为单独的折旧项目，通过与该资产相同的方法计提折旧。由个人用途转为经营用途资产，其计税基础等于下列二者中的较低值：①初始成本加上改良项目价值，再减去已申请扣除的意外、灾害和盗窃损失等项目数额所计算得到的价值；②其在更改用途当日的FMV。

此外IRC第179节还特别规定，对于符合条件的可折旧资产，允许（遗产和信托以外的）纳税人在规定程度内以经营费用的形式将其原值在投入使用当年全部或部分扣除，而不必通过MACRS；相应地，对于部分原值已作为经营费用扣除的资产，纳税人应当从其计税基础中减去已扣除的部分。该规定旨在解决小额资产计提折旧程序繁琐的问题，因此每年准予扣除的此类费用总额存在上限（2017年为50万美元，但如果纳税人在当年投入使用的符合条件资产总额超过 201 万美元，那么需要从 50 万美元的限额中扣减掉超额部分），且不得超过纳税人的经营活动应税所得（超额部分可以向以后年度结转）。不得选择这一扣除办法的资产包括：①某些主要用于或有关住宿布置装饰的财产；②某些非公司纳税人用于租赁的资产；③主要用于美国境外的资产；④某些免税组织所使用的资产；⑤政府机关、外国个人或实体所使用的资产；⑥大部分的不动产。允许选择该扣除办法的不动产有三种类型：一是"符合条件租赁权改良财产"（Qualified Leasehold Improvement Property），即对投入使用超过 3 年的租赁性非居住房产所进行的内部改良项目，但不包括扩建项目、加装的电梯或扶梯、有利于公共区域的构件、建筑物的内部结构框架；二是"符合条件餐馆财产"（Qualified Restaurant Property），即 50% 以上的使用面积被用作餐馆备餐区与就座区的建筑物及其改良项目；三是"符合条件零售改良财产"（Qualified Retail Improvement Property），即对投入使用超过 3 年的、用于有形财产零售活动的门面所进行的内部改良项目，但不包括扩建项目、加装的电梯或扶梯、有利于公共区域的构件、建筑物的内部结构框架。

（2）计算特别折旧免征额。对于某些符合条件的资产，税法规定了在其投入使用的第一个纳税年度可享受的加速折旧优惠。这一优惠被称为"特别折旧免征额"（Special Depreciation Allowance），它等于资产投入使用前尚未计提任何折旧的计税基础减去 IRC 第 179 节规定的扣除额后剩余部分的 50%，可直接于投入使用当年全额扣除，另外 50% 再通过 MACRS 计提折旧。

下列资产可以扣除特别折旧免征额：①在 2008 年 8 月 31 日以后通过购买方式取得并投入使用，使用寿命至少为 5 年，用于回收再利用活动的机器设备；②在 2006 年 12 月 20 日以后通过购买方式取得并投入使用（但不得晚于 2017 年 1 月 1 日），仅在美国境内使用，用于第二代生物燃料生产的固定资产；③在 2020 年 1 月 1 日以前（对于某些飞行器与制造期较长的资产为 2021 年 1 月 1 日以前）由纳税人首次投入使用的某些资产，包括 GDS 折旧年限不超过 20 年期的资产，采用 GDS 计提折旧的用水设施，已经可以公开发售的计算机软件，对非居住房产所进行的内部改良项目（但不包括扩建项目、加装的电梯或扶梯、建筑物的内部结构框架）；④在 2015 年 12 月 31 日至 2020 年 1 月 1 日期间在美国境内种植的，在能够结实以前需要耗费至少 2 年来种植或嫁接的，可多次结实的水果或坚果植物（树、藤等）。适用滚转法的置换资产在符合条件时也可以申请这一扣除，但根据规定必须采用 ADS 的资产或是投入使用时间与转为个人用途时间在同一年内的资产不得申请。

对于 2015 年以后投入使用，并且可以扣除特别折旧免征额的资产，如果纳税人选择不进行扣除，那么该资产在计算"替代性最低税"时不必进行折旧扣除额的调整（将在 4.5.2 节进行介绍）。

（3）确定资产所适用的折旧年限。MACRS 对不同资产按照其种类与用途进行了详细划分，并对每一种情况在 GDS 与 ADS 下分别规定了统一的折旧年限，具体可参见 IRS 第 946（2016）号出版物[①] 的附表 B，其中表 B-1 对资产按照种类进行了划分，而表 B-2 在对资产按照用途进行划分的同时也详细列举了适用的资产类型。纳税人应当优先在表 B-2 中查找并确定其资产情况对应的折旧年限，如果

---

① 见 https://www.irs.gov/publications/p946/index.html。

并未在其中列明，再根据表 B-1 来确定。同一资产在 GDS 下的折旧年限不会长于（大部分情况下短于）在 ADS 下的折旧年限。

概而言之，在 GDS 下资产按通常情况的折旧年限可以分为 9 种大类，而在 ADS 下有 12 种不同的折旧年限，详见表 4-12 和表 4-13。

表 4-12　　　　　　　　按 GDS 折旧年限划分的资产大类

资产大类	资产举例
3 年期资产	压路机，投入使用时年龄超过 2 岁的赛马与超过 12 岁的其他马匹，"先租后买"模式的耐用消费品
5 年期资产	汽车、出租车、公共汽车、卡车、电子计算机及其外部设备、办公机器（打印机等）、研究与试验用途资产、种牛与奶牛、租赁性居住房产的配套设备或家具
7 年期资产	办公家具与固定装置（保险柜等），农用机器与设备，铁路轨道，没有一般使用寿命也未经法律指定为其他分类的财产，某些 2017 年 1 月 1 日以前投入使用的赛车赛道设施，2005 年 4 月 11 日以后投入使用的天然气集输管线
10 年期资产	舰船、驳船、拖船等水上运输设备，单一用途农业或园林业构筑物，水果或坚果的树与藤，2008 年 10 月 3 日及以后投入使用的智能电表或智能电网系统
15 年期资产	某些土地改良项目（如灌木、路桥等），机动车燃油零售站点，城镇污水处理厂，符合条件租赁权改良财产，符合条件餐馆财产，符合条件零售改良财产，为供气设施所作的前期土地清理与分层改良项目，2005 年 4 月 11 日以后投入使用的 69 千伏及以上非建筑物输电装置，2005 年 4 月 11 日至 2011 年 1 月 1 日期间投入使用的天然气输配管线，用于声音与数据双线交换的电话分配装置及类似设备

续表

资产大类	资产举例
20 年期资产	农业建筑物，为供电设施与供电厂所作的前期土地清理与分层改良项目
25 年期资产	用水设施（包括水的采集、处理、商业输送设备，城镇下水道）
租赁性居住房产（折旧年限为 27.5 年）	一个纳税年度内的租金毛收入有 80% 以上来源于居住单元的建筑物或构筑物（包括移动房屋，但不包括旅馆、汽车旅馆等短暂居住单元）
非居住房产（折旧年限为 39 年）	此类资产为建筑物，包括办公楼、商店、仓库、旅馆等

资料来源：美国国内收入局：https://www.irs.gov/。

表 4-13　　　　按 ADS 折旧年限划分的资产类别

折旧年限	资产举例
4 年	"先租后买"模式的耐用消费品
5 年	汽车与轻型卡车、电子计算机及其外部设备、安装在客户端的高科技电话基站设备、高科技医疗设备
12 年	没有常规使用寿命的个人财产
14 年	天然气集输管线
15 年	单一用途农业或园林业构筑物
20 年	水果或坚果的树或藤，为供气设施所作的前期土地清理与分层改良项目
25 年	为供电设施与供电厂所作的前期土地清理与分层改良项目
30 年	69 千伏及以上输电装置
35 年	天然气输配管线

续表

折旧年限	资产举例
39 年	符合条件租赁权改良财产，符合条件餐馆财产，符合条件零售改良财产
40 年	租赁性居住房产、非居住房产以及第 946（2016）号出版物附表 B 未列举的可折旧非建筑物不动产
50 年	铁路分层与隧道钻孔项目

注：租赁给免税组织、政府机关、外国个人或实体的资产，其折旧年限不得短于租期的 125%。

资料来源：美国国内收入局：https://www.irs.gov/。

（4）确定资产所适用的投入使用惯例。"投入使用惯例"（Placed-in-Service Convention）是一种对所得税认可的资产投入使用时间进行指定，从而简化折旧计算、让纳税人不必向 IRS 证明该资产的每一部分都已投入使用的办法。MACRS 下的投入使用惯例有 3 种：①"月中惯例"，适用于租赁性居住房产、非居住房产和铁路分层与隧道钻孔项目，它将资产投入使用或处置当月的月中作为其投入使用或处置的时点，在这两个月份按半个月计提折旧；②"季中惯例"，适用于在纳税年度最后 3 个月内投入使用的资产（不包括租赁性居住房产、非居住房产和铁路分层与隧道钻孔项目）的可折旧基础总额占到当年投入使用的全部资产可折旧基础总额至少 40% 的情形，它将资产投入使用或处置当季的季中作为其投入使用或处置的时点，在这两个季度按 1.5 个月计提折旧；③"半年惯例"，适用于其他所有资产，它将资产投入使用或处置当年的年中作为其投入使用或处置的时点，在这两个年度按 6 个月计提折旧。

（5）确定资产所适用的折旧方法。对于采用 GDS 的资产，存在直线法、双倍余额递减法和 1.5 倍余额递减法这三种计提折旧的方法，并且纳税人可以对某些资产适用的方法进行选择（但一经确定不得变更）；而对于采用 ADS 的资产，只能按直线法计提折旧。采用 GDS 的不同类型资产可选择的折旧方法见表 4-14。

表 4-14　　　　不同类型 GDS 折旧资产可选择的折旧方法

折旧方法	允许适用的资产类型
双倍余额递减法、结合直线法	3 年、5 年、7 年、10 年期的非农用资产
1.5 倍余额递减法、结合直线法	3 年、5 年、7 年、10 年期的非农用资产
	除符合条件租赁权改良财产，符合条件餐馆财产，符合条件零售改良财产以外的 15 年、20 年期资产
	除不动产以外的农用资产
直线法	所有 3 年、5 年、7 年、10 年、15 年、20 年期资产
	租赁性居住房产
	非居住房产
	水果或坚果的树或藤
	用水设施
	选择以税收抵免来代替特别折旧免征额的财产

注：采用余额递减法结合直线法进行折旧的资产，在投入使用前期、余额递减法下计提折旧的数额较大时适用余额递减法，而在后期直线法下计提折旧的数额较大时适用直线法。

资料来源：美国国内收入局：https://www.irs.gov/。

（6）适用特殊规定。为了简化折旧程序，MACRS 提供了一种可以将某些同类资产视为同一项资产、合并计提折旧的办法，它被称为"通用资产账户"（General Asset Accounts）。这里所说的"同类资产"是指在适用的折旧年限、投入使用惯例和折旧方法上都相同的资产，但兼具经营用途与个人用途的资产不得采用这一办法。在采用该办法时，对于适用月中惯例的资产，纳税人应将投入使用月份相同的归入同一个账户；对于适用季中惯例的资产，纳税人应将投入使用季度相同的归入同一个账户；而对于客运汽车，由于存在年折旧额的限制，纳税人应当将它们单独归入一个不与其他资产共用的账户。

每台客运汽车在每年准予扣除的折旧数额（也包括了 IRC 第 179 节规定的扣除额，"特别折旧免征额"等）都会受到限制。按照适用限额的不同，客运汽车可以分为常规汽车、电动汽车和卡车或厢车三类；而即使是同一类型的汽车，其适用的限额也会根据投入使用年份与已使用年限而各有差异。对于折旧扣除受到限制，因而未能在折旧年限之内完全计提折旧的客运汽车，如果在折旧年限终止以后仍被用作经营或投资用途，那么纳税人还可以继续对其计提折旧。

4. 摊销

摊销（Amortization）这一税前扣除办法适用于企业的开办费用、经营活动的启动成本、研发活动成本等长期待摊费用，以及用于经营的专利权、版权、特许权、商誉等无形资产的成本。纳税人必须使用直线法，按税法规定的摊销年限计算每年的摊销额。

大部分需要摊销的项目都适用 15 年的摊销年限，尤其是 IRC 第 197 节规定的无形资产的成本，这些无形资产被称为"可摊销 197 节无形资产"。不属于可摊销 197 节无形资产的项目包括：①在公司、合伙企业、遗产和信托中的权益（不得摊销）；②在期货合约、外汇合约、利率掉期等金融合约下的权益（不得摊销）；③土地权益（不得摊销）；④大多数计算机软件（通常通过折旧方式扣除成本）；⑤不是通过贸易或经营性购买所取得的电影、录音带、录像带、书籍或其他类似财产，专利权（摊销年限为 17 年），版权（摊销年限为作者寿命加上 50 年）等；⑥仍然有效的有形资产租赁权的租赁费（摊销年限为仍然有效的租期）；等等。研发活动成本可享受优惠政策，其摊销年限只有 5 年。

5. 折耗

"折耗"（Depletion）是指纳税人在其拥有经济利益的、经营中使用的自然资源被消耗掉以获取收入时，对投资原值进行税前扣除的办法。可折耗的自然资源包括两大类：一是油井、气井、矿井等自然储藏物（矿业财产）；二是木材林。

计算折耗的方法有成本折耗法与百分比折耗法两种。对于矿业财产，纳税人必须在每年分别采用其中折耗数额较大的方法计算扣除；而对于木材林只能采用成本折耗法。在投资原值完全扣除掉以后，成本折耗法就不能再使用了，但由于百分比折耗法是根据毛收入计算的，此时纳税人通常还可以采用该方法进行扣除。下面分别对两种方法进行介绍：

（1）成本折耗法。采用成本折耗法时，首先应当在每个纳税年度确定尚未弥补的财产折耗基础、年初的自然资源可回收总量（包括已开采或采伐但尚未出售的数量）与年内出售的自然资源数量。尚未弥补的财产折耗基础中不应当包括下列项目：①可以通过其他方式（经营费用、折旧等）扣除的成本；②递延费用；③经营结束后土地及改良项目的残值；④并非出于该资源生产的目的购置的土地成本。纳税人用当年尚未弥补的财产折耗基础除以年初的自然资源可回收总量，以求得"每单位资源成本率"，再乘以年内出售的自然资源数量，就计算出了该年度可以扣除的折耗数额。

（2）百分比折耗法。百分比折耗法是用每个纳税年度销售自然资源的毛收入乘以税法规定的折耗率，以计算当年可扣除折耗数额的方法。在计算折耗时，为使用该自然资源而发生的租金、特许权使用费和销售分成支出应当从毛收入中扣减掉，且最终可扣除的数额不得超过来源于该财产的应税所得在扣除折耗与"国内生产活动扣除"（将在随后进行介绍）以前数额的50%。对于油井和气井，只有独立生产者与特许权所有者才能采用百分比折耗法，但折耗的扣除上限改为未扣除折耗、国内生产活动扣除、NOL与资本利亏前转额的全部来源应税所得的65%。部分自然资源的折耗率如表4-15所示。

表4-15　　　　百分比折耗法下部分自然资源的折耗率

资源类型	折耗率（%）
硫磺，铀，美国境内开采的石棉、铅矿石、锌矿石、镍矿石和云母，固定合同下出售的天然气	22
油井、气井、金、银、铜、铁矿石、某些美国境内开采的油页岩	15
硼砂、花岗岩、石灰石、大理石、贝壳、碳酸钾、板岩、鸡血石	14
煤、褐煤、氯化钠	10
为制造下水管道、砖块或烧结轻集料所使用或出售的黏土与页岩	7.5
为制造排水瓦、屋面瓦、花盆以及同类产品所使用或出售的黏土，砾石，沙，石（不包括作为尺寸或装饰石材使用或出售的石料）	5

资料来源：美国国内收入局：https://www.ris.gov/。

6. 慈善捐赠

纳税人在纳税年度内对符合条件组织的慈善捐赠也可以在税前申请扣除，但不得超过未扣除慈善捐赠额、DRD、IRC第249节规定的债券购买溢价扣除、国内生产活动相关扣除项目、NOL 与资本利亏前转额的应税所得额的 10%。

纳税人以存货进行捐赠时，可扣除的数额通常为存货的调整后计税基础；但如果纳税人不是 S 公司，且该项捐赠单独用于照顾病人、穷人以及儿童，或是被捐赠给大学或符合条件的机构用于研究、实验，那么可扣除数额为其计税基础加上 FMV 与计税基础差额的 50%，不过仍不能超过计税基础的 2 倍。

7. 国内生产活动扣除

对于在美国国内而不是海外开展生产活动的纳税人，税法还提供了一项被称为"国内生产活动扣除"（Domestic Production Activities Deduction，DPAD）的特别优惠，代替先前取消的"域外所得排除"（Extraterritorial Income Exclusion）和"外国销售公司"（Foreign Sales Corporation，FSC）制度。纳税人通常可以在税前扣除掉其"国内生产活动所得"（Domestic Production Activities Income，DPAI）（包括 S 公司、合伙企业、农业合作社等实体分配的国内生产活动收益）的 9%，但不得高于当年所支付员工工资的 50%；此外，个人、遗产和信托纳税人的扣除额，还不应当大于其进行 DPAD 扣除前的 AGI。若纳税人有来源于油气生产活动的 DPAI，那么可扣除的数额需要减去以下三者中最小值的 3%：①与油气生产活动相关的 DPAI；②纳税人的全部 DPAI；③个人、遗产和信托纳税人进行 DPAD 扣除前的 AGI。

4.3.5 税率

1. 一般税率

对于大部分联邦公司所得税的纳税人，其全部应税所得都统一适用如表 4–16 所示的八级累进税率。

表 4-16　　　　　　　联邦公司所得税一般税率表　　　　单位：美元

税级	应税所得额	税率（%）
1	0~50000	15
2	50001~75000	25
3	75001~100000	34
4	100001~335000	39
5	335001~10000000	34
6	10000001~15000000	35
7	15000001~18333333	38
8	超过 18333333	35

资料来源：美国国内收入局：https://www.irs.gov/。

2. 个人服务公司适用的税率

如果应税所得额不是太低，那么对于相同数额的所得，联邦公司所得税课征的税额通常低于联邦个人所得税按一般税率课征的税额。鉴于这一情况，为防止个人纳税人就其提供个人服务的所得通过组建公司的方式避税，税法规定 PSC 只能适用 35% 的单一税率，而不得适用累进税率。

根据税法的定义，满足下列条件的公司即构成 PSC：①其主营业务为提供个人服务；②其持股员工实质性提供了这类服务，即该公司提供个人服务活动的薪酬支出中有超过 20% 是对其持股员工提供个人服务的薪酬；③其持股员工在纳税年度的最后一天或是纳税年度开始的那个日历年度最后一天持有其合计 10% 以上的流通在外股份 FMV。

3. 遗产和信托适用的税率

对于不缴纳一般公司所得税的遗产和信托，其一般所得在 2017

年适用的税率如表 4-17 所示。

表 4-17　　　　2017 年度遗产和信托税率表（一般所得）　　　单位：美元

税级	应税所得额	税率（%）
1	0～2550	15
2	2551～6000	25
3	6001～9150	28
4	9151～12500	33
5	超过 12500	35

资料来源：美国国内收入局：https://www.irs.gov/。

这些遗产和信托的应税所得中属于 LTCG 的部分，则适用与个人相似的税率规定；而属于净投资所得的部分，也同样需要缴纳 NIIT，适用的 MAGI 起征点在 2016 年度为 12400 美元。

4. 累积盈余税与私人控股公司税税率

为了防止公司对累积盈余不进行分配、帮助个人股东逃避股息所得的纳税义务，税法专门设立了“累积盈余税”（Accumulated Earnings Tax），对数目超过了合理经营需要的累积盈余加征 20% 税率的惩罚性税收。该税种适用于除私人控股公司、F 分部所规定的免税公司和 IRC 第 1297 节规定的“消极外国投资公司”以外的所有公司。合理经营需要范围内的累积盈余数目对大多数企业通常为不超过 25 万美元，对主营业务为会计、咨询、建筑、法律等方面的服务以及艺术活动的企业通常为不超过 15 万美元；超额的累积盈余，除企业能够证明其经营合理性的部分外，都必须缴纳累积盈余税。

与之相似的是“私人控股公司税”。私人控股公司（Personal Holding Company，PHC）是指满足下列两个条件的公司：①其“调整后常规毛所得"有 60% 以上属于股息、利息、租金等消极所得，或者来自在该公司持股比例至少为 25% 的股东的个人服务合同；②不超过 5 名的个人股东在纳税年度下半年直接或间接持有其合计 50% 以上的流通在外股份价值。"调整后常规毛所得"（Adjusted Ordinary Gross Income，AOGI）是指该公司的毛所得减去资本利得、获取租金所得的相关费用等一些项目后剩余的部分。由于 PHC 的所得大部分都归属于这些个人股东，因此对于其未分配的所得，税法也设置了 20% 税率的私人控股公司税。

4.3.6　税收抵免

联邦公司所得税同样有着众多的税收抵免政策，其中外国税收抵免的办法与联邦个人所得税类似，后面将不再赘述；而其他抵免通常旨在对特定的行业、活动或社会群体提供税收福利。下面介绍几种重要类型的税收抵免：

1. 投资税收抵免

投资税收抵免是对数项给予特定投资行为的、需要在同一张纳税申报表上进行申报的税收抵免的统称。相关的投资财产不得为主要用于美国境外的财产，免税组织、政府机关、外国个人或实体所使用的财产，用于住宿或住宿布置装饰的财产，也不包括可折旧财产中成本进行了 IRC 第 179 节所规定扣除的部分；而如果发生已申请税收抵免的投资财产被转为个人用途或是在投入使用后的 5 年内被处置等情形，使得纳税人不再符合享受税收抵免的条件，那么之前的抵免额应当全部或部分冲回。投资税收抵免的具体种类包括：

（1）恢复抵免。"恢复抵免"（Rehabilitation Credit）是对纳税人出资恢复（包括翻新、修复与重建）某些老旧建筑提供的优惠政策。纳税人在相关支出额不低于该建筑的调整后计税基础且至少达到 5000 美元时，可以申请该项抵免，但相关支出不包括购置建筑与扩建的成本。抵免额等于相关支出额的 10%，如果该建筑在 1936 年以前投入使用；或是 20%，如果该建筑为历史建筑。在获得该项抵免后，纳税人应从建筑的计税基础当中减去已获得的抵免额。

（2）能源抵免。"能源抵免"（Energy Credit）是对纳税人在 2008 年 2 月 14 日以后出于优化能源使用的目的，建造、重建、架设或者购置并初次使用某些满足规定标准的可折旧财产提供的优惠政策。抵免额等于纳税人获取该能源设施并投入使用的相关支出额乘以不同的抵免率，对于太阳能设备、燃料电池、小型风电设备为 30%，对于地热能设备、微型燃气轮机、热电联供厂为 10%；在计算该项抵免时，需要从相关支出额中扣掉已用于计算申请恢复抵免的支出额。获得该项抵免后，纳税人应从财产的计税基础当中减去已获得抵免额的 50%。

（3）某些符合条件项目的抵免。这类抵免有"符合条件先进煤炭项目抵免"（Qualifying Advanced Coal Project Credit）、"符合条件气化项目抵免"（Qualifying Gasification Project Credit）和"符合条件先进能源项目抵免"（Qualifying Advanced Energy Project Credit）三种，主要是为能源生产者提供的优惠。

符合条件先进煤炭项目抵免对不同的项目设置了 15%、20% 和 30% 三档抵免率，且在 3 年内每一类项目的抵免总额上限分别为 5 亿美元、8 亿美元和 12.5 亿美元，即全部抵免总额不得超过 25.5 亿美元。

符合条件气化项目抵免的抵免率一般为 20%，对某些满足特殊标准的项目为 30%。单个项目每年用于计算抵免的投资额不得超过

6.5 亿美元，该项目可申请的抵免总额上限对于抵免率 20% 的项目为 3.5 亿美元、对于抵免率 30% 的项目为 6 亿美元。

符合条件先进能源项目的抵免率为 30%，单个项目该项目可申请的抵免总额上限为 23 亿美元。

此外税法规定，对于符合条件先进煤炭项目和符合条件气化项目，如果纳税人通过某些特定的方式（如免税的私人活动债券）进行融资，那么此类融资额不得包括在用于计算抵免的投资额当中。

2. 工作机会税收抵免

"工作机会税收抵免"（Work Opportunity Tax Credit，WOTC）旨在促使纳税人雇用高失业率社会群体的成员，如老兵、前罪犯、某些援助项目的受助人等。对支付给这些目标群体员工的第一年工资（以及长期家庭援助受助人员工的第二年工资），纳税人可以就其中不超过规定标准额的部分申请 WOTC；这一标准额根据员工的具体情况会有所不同，最高为 24000 美元（对于某些老兵）、最低为 3000 美元（对于青年暑期工），大多数情况下为 6000 美元。对于第一年工资，如果员工当年为纳税人工作的时长在 120～400 小时之间，抵免率为 25%；如果超过 400 个小时，抵免率为 40%。对于长期家庭援助受助人员工的第二年工资，抵免率为 50%。

3. 研究抵免

对于进行了研发活动的纳税人，可申请的研究抵免分为三部分：①对增加研究活动的抵免；②对基础研究支出的抵免；③对纳税人在纳税年度内与能源研究协会进行贸易或经营活动（包括捐赠）以进行能源研究所发生支出额的抵免。这三部分的抵免额均为符合条件支出额的 20%，但第二部分只有公司有资格申请，其他类型的实体无法享受。

对增加研究活动的抵免中，符合条件的支出额等于当年研究支出总额减去税法规定的"基础额"以后剩余的部分；研究支出总额中的外包服务支出额减按 65% 计，但如果承包方为能源研究协会，那么可以全额计算，同时归入到第三部分抵免当中。税法规定的基础额是用一个"固定基础百分比"乘以纳税人申请抵免当年的前 4 个纳税年度的年均毛收入计算得到的，但不得低于纳税人当年研究支出总额的 50%；纳税人连续数年申请对增加研究活动的抵免时，固定基础百分比在前 5 年为 3%，此后每年会有所上调，但最高不会超过 16%。

对基础研究支出的抵免中，符合条件的支出额等于公司当年以现金形式支付给符合条件组织机构用于研究的支出额减去按照规定办法计算的研究活动保底费用以后剩余的部分。已用于计算基础研究支出抵免的支出额，应当在计算增加研究活动的抵免时分别从研究支出总额与税法规定的基础额当中扣减掉。

4. 低收入住房抵免

"低收入住房抵免"（Low-Income Housing Credit, LIHC）是对经济适用型租住房屋的开发者与所有者提供的。当纳税人对主要用于出租给低收入美国居民的新住房项目进行开发时，可以在 10 年内最高享受总额为开发成本 70% 的税收抵免；而如果纳税人将其所拥有的存量房屋用作此类租住房屋，那么 10 年内的抵免总额最高为房屋现值的 30%。

5. 新市场税收抵免

"新市场税收抵免"（New Markets Tax Credit）是对投资于符合条件的社区开发实体（Community Development Entities, CDE）的纳

税人所提供的，这类投资通常会使低收入社区的居民增加就业机会、改善物质生活状况。纳税人可以在7年内享受总额为符合条件股权投资额39%的抵免额，前3年的抵免率为5%，后4年的抵免率为6%。

6.通用经营抵免

"通用经营抵免"（General Business Credit）不是一项真正的税收抵免，而是对有来自其他年度的结转抵免额以及有资格申请多项抵免的纳税人的一种限制政策，受到这一限制的抵免项目包括了除外国税收抵免和个人抵免项目以外的其他所有抵免项目。上述纳税人首先需要在每个具体抵免项目的申报表上计算当年可申请的抵免额，然后统一结转到通用经营抵免的申报表上。通用经营抵免的数额不得超过纳税人未扣除通用经营抵免的应纳税额减去下面二者中较大值后剩余的部分：①纳税人暂时的替代性最低税；②未扣除通用经营抵免的应纳税额超过2.5万美元部分的25%。

4.3.7 应纳税额的计算

1.纳税年度

要确定纳税人在某一纳税年度的应纳税额，首先需要对纳税年度的起止时间进行界定。纳税年度可采用的形式有日历年度与会计年度两种，其中会计年度被定义为下列两种期间之一：①在12月以外的任何其他月份最后一日结束的一个12个月的期间；②一个52～53周的期间，该期间终止于每年固定某一周的同一天，可以是某月份最后一周的某天，也可以是最接近某月末的某天。

通常来说，C公司可以自由选择使用哪种会计期间作为纳税年度，但S公司只能以日历年度作为纳税年度。合伙企业则必须：①首先使用那些在其资本和利润中占多数份额（50%以上）且纳税年度相同的合伙人的纳税年度；②在没有这样的合伙人时，使用持有5%以上权益的"首要合伙人"（Principal Partners）共用的纳税年度；③最后，在首要合伙人的纳税年度不相同时，使用其中能够让"合计递延"（Aggregate Deferral）（即以该合伙人的纳税年度终止时间与其他每名合伙人的纳税年度终止时间相比推迟的月数分别乘以每名合伙人相应的权益份额，最终加总所得到的数额）最少的纳税年度。遗产、免税信托和慈善性质的信托可以选择纳税年度，其他信托则只能使用日历年度作为纳税年度。

2. 会计方法

会计方法也会影响所得或扣除项目在不同纳税年度之间的归属。税法规定，C公司通常应当采用权责发生制的会计方法，但存在两项例外：①如果公司在之前3年内的年均毛收入低于500万美元，可以采用收付实现制；②从事农业活动的公司可以采用收付实现制，但其所从事的非农业经营的独立项目应当采用权责发生制进行会计处理。S公司与合伙企业则通常可以自行选择两种方法中的一种，但有1名以上公司合伙人的合伙企业必须采用权责发生制。

3. 计算与处理

联邦公司所得税的应纳税额计算步骤与联邦个人所得税基本相同，并且由于调整项目与扣除项目的合并而有所简化。下面主要介绍NOL与超额抵免的处理方法。

公司纳税人计算NOL的相关项目与个人、遗产和信托等有所不同，但同样可以将当年的NOL向以前年度结转2年、剩余部分再向以后年度结转20年，也可以选择仅向以后年度结转20年；负的应税所得额中超过NOL的部分也不予结转，应纳税额按0计。当公司的所有权发生变更，即由于股份所有权的变更或者股权结构的转变导致 50% 以上的公司所有权与之前 3 年相比有所变化时，每个后续年度可结转的 NOL 数额都将受到限制，不得超过该公司被认定为发生所有权变更之时的价值乘上所有权变更当月 IRS 发布的长期免税利率所计算得到的数额。

而对于超额税收抵免，所有包括在通用经营抵免内的项目都不予退税，也都统一通过通用经营抵免的形式向其他年度进行结转。在减去某些情况下应当冲回的数目后，未完全利用的通用经营抵免额通常可以向以前年度结转 1 年、剩余部分再向以后年度结转 20 年；但对于某些符合条件的小型企业，可以向以前年度结转 5 年。20 年结束后（或是享受抵免的个人纳税人在 20 年结束前死亡后）最终未能抵免的数额，则还可以作为一个扣除项目进行处理。

4.3.8 征收管理

1. 预估税款

除了非居民纳税人要缴纳预提税以外，居民经济实体一般只需通过预估税款的方式进行预缴。公司纳税人在估计自己的应纳税额超过 500 美元时即须按季度平均缴纳预估税款，截止日期为纳税年度第 4、6、9、12 个月的第 15 日，而对于资产总额超过 10 亿美元的公司还存在特殊规定；S 公司和免税组织、免税信托则必须就某些应税项目缴纳预估税款。其他遗产和信托的预缴规定通常与个人纳税人相同，但遗产在最初两个纳税年度可以不缴纳预估税款。若未缴纳或未及时缴纳预估税款，纳税人将会面临罚款。

2. 申报纳税

对于自 2015 年 12 月 31 日及以前开始的纳税年度，居民公司必须在年度终了后的第 3 个月第 15 日前完成申报与税款缴纳；而对于自 2015 年 12 月 31 日后开始的纳税年度，申报与缴款的截止日期推迟到第 4 个月第 15 日。纳税人若不能及时完成申报，在截止日前可以申请延期申报，一般会延长 5 个月的时限（对于某些不采用日历年度作为纳税年度的纳税人可能为 6 个月或 7 个月），而缴纳税款的时限也会随之延长。对于没有按期申报与缴款的纳税人，IRS 将予以处罚。

纳税人和 IRS 通常可以在申报截止之日起的 3 年内对申报进行修正；如果纳税人要申请退税，该期限为 2 年；如果纳税人要修正的项目与丧失价值的证券或坏账有关，该期限为 7 年；若存在涉嫌欺诈申报等情况，则不受此限制。纳税人在修正申报后如果应补缴税款，那么还要同时缴纳相应的罚款和滞纳金；如果应取得退税，那么可以同时要求 IRS 支付相应的利息。

3. 集团纳税

对于某些在美国法律下成立（或是在加拿大、墨西哥法律下成立，且满足一定条件）的公司，如果其中的某家母公司至少拥有另外一家公司的完全控制权，并且除母公司以外其他所有公司的完全控制权都被其中的另外某家公司或者母公司所拥有，那么这些公司可以组成一个合并纳税集团（Consolidated Group），该母公司被称为集团的共同母公司，集团内所有公司的纳税申报都由共同母公司合并进行。在其他国家法律下成立的公司不得加入合并纳税集团，某些特殊类型的公司（如保险公司、免税组织、RIC、REIT 等）也不具备这一资格。在组成合并纳税集团的第一年，共同母公司与所有具有资格且由集团完全控制的下属机构都必须提交申报表来选择集团纳税方式，该集团才能成立；在随后的年度中，由该集团取得完全控制权的新下属机构也必须选择集团纳税，而不再满足完全控制条件的下属机构则须从集团当中移除。

集团纳税人需要对其成员公司按一般规定计算的应税所得额作出一些调整，比如集团内部分配的股息不列入应税所得当中，向集团成员出售货物或财产所取得的利润推迟到该货物或财产被转售给非集团成员或是用于计提折旧时才予以确认，等等；但在集团成员出售或处置其所持有的另一成员股份时，相关的利得或利亏必须予以确认，同时适用某些特殊的调整规定。在新成员加入集团或是有成员退出时，也要对之前发生的相关项目进行调整。此外，某些扣除项目（比如 DRD 扣除、资本利亏扣除、慈善捐赠扣除、DPAD 扣除、NOL 扣除）和通用经营抵免也是在整个集团的基础上合并计算的。

集团内某一成员在应税所得状况为净亏损时，通常可以用集团内其他成员的利润进行弥补。但对于新加入成员，其在加入前的累积亏损，不得用其他成员的利润来弥补或是在该集团内结转至以前年度；其在加入的头 5 个纳税年度内所发生的净亏损准予用其他成员利润进行弥补的数额，也被限定在一个低于其加入之时资产总值的标准额以内。此外，对于集团内具有外国居民身份的成员公司，其净亏损也不得用其他成员的利润进行弥补，除非该国与美国签订了相关的双边协议或是该笔净亏损不可能被用于减少外国的纳税义务。

集团纳税人采用与母公司相同的纳税年度，而如果母公司对纳税年度进行更改或是母公司的身份被转移给另一家公司（比如该集团被另一集团整体收购时），那么集团的纳税年度也要随之更改。同样，新加入或退出集团的成员，也要对纳税年度进行相应调整。

4.海外账户税收遵从法案

根据 FATCA 的规定，自 2015 年 12 月 31 日以后开始的纳税年度中，某些被认定为出于直接或间接持有特定海外金融资产的目的而被设立或利用的美国国内公司、合伙企业、信托等，也将负有进行 FATCA 报告的义务。上述经济实体持有海外金融资产的总价值在纳税年度内任何时间达到 75000 美元，或是在纳税年度最后一天达到 50000 美元时，就必须进行报告。

4.3.9　非居民税收

1.非居民纳税义务

（1）贸易或经营所得纳税义务。对于在美国开展贸易或经营活动的非居民纳税人，美国国内税法采用"引力原则"（Force of Attraction Principle），对其"与美国境内贸易或经营活动有实际关联的所得"（下面简称"贸易或经营所得"）征收美国联邦所得税，除非该纳税人的居民国同美国签订了税收协定；而在有税收协定的情况下，美国采用基本符合 OECD 范本界定的常设机构标准来确定征税权。

非居民纳税人来源于美国的所得除"FDAP 所得"与资本利得外，大多数会被判定为贸易或经营所得，须就其进行了各项经营活动扣除以后的净额按居民纳税人适用的一般税率纳税。"FDAP 所得"是指"固定或可确定的，年度或周期性的利得、利润与所得"（Fixed or Determinable, Annual or Periodical Gains, Profits and Income），包括股息、利息、租金、特许权使用费、工资薪金、佣金、服务酬金、保险金、年金等；此外，纳税人在收到其所持有的折价发行债务融资工具支付的款项，或是对该融资工具进行处置时，也应当就全部或部分的发行折价确认 FDAP 所得。

来源于美国的 FDAP 所得与资本利得，通常在符合下列条件之一时将被视为贸易或经营所得：①该笔所得或利得来源于用以在美国境内开展贸易或经营活动的资产；②美国境内的贸易或经营活动是实现该笔所得的必要因素。对于来源于美国境内不动产权益的 FDAP 所得，纳税人可以选择将其全部作为非经营性 FDAP 所得；而来源于美国境内不动产权益的资本利得，则必须作为贸易或经营所得。

（2）非经营性 FDAP 所得纳税义务。在美国没有开展贸易或经营活动或是在有税收协定的情况下未于美国设立常设机构的非居民纳税人，须就其来源于美国的非经营性 FDAP 所得的全额，按 30%（在有税收协定的情况下可能降低）的单一税率缴纳所得税。

（3）非经营性资本利得纳税义务。在美国没有开展贸易或经营活动或是在有税收协定的情况下未于美国设立常设机构的非居民纳税人，无须就其来源于美国的非经营性资本利得缴纳所得税。此类利得包括出售未构成持有美国不动产权益的公司①股份所取得的利得，证券市场上公开交易的，且纳税人在该公司持股比例不超过 5%（对于一般公司）或是 10%（对于 REIT）的公司股份所取得的利得，等等。

（4）运输业所得税。非居民纳税人（包括非居民个人）通过舰

---

① 根据规定，若某公司持有的美国不动产权益的 FMV 在其持有的全球不动产权益与贸易或经营资产的 FMV 中所占比例达到 50%，就将构成持有美国不动产权益的公司。

船或飞行器取得来源于美国的运输业所得时，如果该笔所得不是通过美国境内的固定经营场所赚取的，且归属于定期航程的所得比例未达到90%，则将被视为同贸易或经营活动没有实际关联。对于来源于美国的非经营性运输业所得，美国还要就其全额按4%的税率征收运输业所得税。

（5）分支机构利润税。在美国境内通过分支机构开展贸易或经营活动但其居民国未与美国签有税收协定的外国公司，除了要缴纳通常的非居民所得税外，其分支机构在汇回利润时还会被视为下属机构分配股息，须就不超过"股息等价物数额"的部分额外缴纳税率为30%的"分支机构利润税"（Branch Profits Tax，BPT）。"股息等价物数额"（Dividend Equivalent Amount）是指该分支机构当年与美国境内贸易或经营活动有实际关联的E&P在根据其美国净资产增减情况进行调整后的数额，纳税人需要通过比较该分支机构的美国净资产在上一纳税年度终了时的余值和本纳税年度终了时的余值来进行调整：如果在本纳税年度有所增加，那么增加部分应从当年E&P中扣除（以扣完为限）；如果在本纳税年度有所减少，那么减少部分应加到当年E&P中（以之前年度累积未汇回的E&P为限）。

此外，分支机构支付的利息，也会被视为美国国内公司所支付的利息，需要缴纳预提税；而如果在计算分支机构当年的贸易或经营所得时，归属于该分支机构的利息费用数额大于该分支机构实际支付的利息数额，那么超额部分将被视同一家完全受控的美国国内下属机构向其外国母公司分配的股息，也需要缴纳BPT。

2.非居民税收征管

（1）预提税。如果在美国境内开展贸易或经营活动的合伙企业有外国公司合伙人，那么对于外国公司合伙人与本企业有实际关联的应税所得，该合伙企业须扣缴 35% 税率的预提税。

非经营性 FDAP 所得通常必须缴纳预提税，税率为 30% 或是较低的税收协定税率。但下列类型的利息无须缴纳：①银行存款利息；②美国发行人发行的"组合债务工具"（Portfolio Debt Obligations）（公司或合伙企业发行时已注册的，被持有该公司 10% 以下的净资产或是该合伙企业 10% 以下的资本或利润权益的个人所持有的债务工具），以及某些符合条件的记名文书；③发行日与到期日间隔不超过 183 天的短期债务利息；④国内税法规定免税的州与地方政府公债利息。为了防止避税，税法对来源于美国的"股息等价物"（Dividend Equivalents）（包括根据证券租借交易、售后回购交易或者名义本金合同所支付，然而是根据或者参考来源于美国的股息款项所确定的替代款项）作出了特殊规定，它们要适用与股息相同的税收待遇。

来源于美国境内不动产权益的资本利得也需要缴纳预提税：对于 2016 年 2 月 16 日及以前发生的处置行为，税率为 10%；对于 2016 年 2 月 16 日以后发生的处置行为，税率为 15%。特别地，如果受让方取得不动产是为了作为个人住所，那么在实现的利得不超过 30 万美元时，可以不缴纳预提税；超过 30 万美元时，预提税率为 10%；在 2016 年 2 月 16 日以后发生的处置行为实现利得超过 100 万美元时，预提税率为 15%。应缴纳预提税的非居民纳税人可以同 IRS 签订事前协议，以减少预提的税额。

（2）申报与缴款时限。在美国境内开展贸易或经营活动的外国公司，如果设有境内的办事处或者固定经营场所，那么申报与缴款时限和居民公司相同；其他具有来源于美国所得的外国公司，则必须在年度终了后的第 6 个月第 15 日前完成申报与税款缴纳。

4.3.10 国际反避税

除了上文已经提到的反避税措施外，美国税法在国际反避税方面还有许多详尽的限制规则，因篇幅所限，这里仅作简要介绍。

1. 转让定价规则

若关联方之间没有依照公平交易原则进行交易，IRS 将有权作出转让定价调整，在交易各方之间对税收上认可的所得与扣除项目等数额参照公平交易的标准进行分配，以防止避税行为；企业也可以与 IRS 进行预约定价安排，在 IRS 许可的范围内确定自己的转让定价，而无须受到审查与调整。

下面按照交易对象的类型简要介绍其转让定价规则。

（1）有形资产转让。对于有形资产转让交易，IRS 在进行调整时可采用的方法包括：①可比非受控价格法；②再销售价格法；③成本加成法；④可比利润法；⑤利润分割法；⑥其他未详细列举的可靠方法。这些方法的使用没有优先级顺序，IRS 应当采用在具体条件下能使得到的公平交易价格最为可靠的方法。

（2）有形资产使用。对于有形资产使用权或占用权转让的交易，判定公平交易的租金费用需考虑的因素包括使用权转让的期限，资产使用的时间与地点，出租方在资产上的投资额或是向上一级出租方支付的租金，资产的维修维护费用，资产的类型与状况，等等。

（3）无形资产转让。对于无形资产转让交易，IRS 在进行调整时可采用的方法包括：①可比非受控交易法；②可比利润法；③利润分割法；④其他未详细列举的可靠方法。此外，IRS 也有权对特许权使用费进行调整。这些方法的使用没有优先级顺序，IRS 应当采用在具体条件下能使得到的公平交易价格最为可靠的方法。

（4）贷款与垫款。对于贷款与垫款交易，IRS 提供了一项"避风港"（Safe Harbor）标准，如果实际收取的利率在 IRS 公布的"可适用联邦利率"（Applicable Federal Rate，AFR）（即美国政府同类型债务利率）的 1～1.3 倍之间，那么将不必受到审查与调整。

（5）服务提供。对于提供服务的交易，IRS 在进行调整时可采用的方法包括：①服务成本法；②可比非受控服务价格法；③服务毛利率法；④服务成本加成法；⑤可比利润法；⑥利润分割法；⑦其他未详细列举的可靠方法。这些方法的使用没有优先级顺序，IRS 应当采用在具体条件下能使得到的公平交易价格最为可靠的方法。

2. 资本弱化规则

在涉及外国关联方时，资本弱化规则适用于全部美国公司的关联方债务与母公司担保非关联方债务，不过实际上限制的主要是美国境内高财务杠杆的下属机构。

当美国下属机构的净资产负债率超过了 1.5∶1，并且其所支付利息的收款方不必就全部所得缴纳美国所得税，或是享受税收协定优惠税率时，若其在一个纳税年度内的净利息支出额超过当年"调整后应税所得"的 50%，那么超额部分在当年不得进行税前扣除。"调整后应税所得"（Adjusted Taxable Income，ATI）是指将纳税人当年的净利息支出、NOL、折旧、摊销、折耗以及其他财政部长规定的扣除项目加回到其应税所得后计算出来的结果。净利息支出不予扣除的部分可结转至以后年度进行扣除，而扣除限额中未利用的部分也可以向以后年度结转 3 年。

3. 其他国际反避税规则

（1）透明实体的预提税率。在有税收协定的情况下，支付给协定缔约国经济实体的款项通常适用较低的预提税率。但如果该实体为透明实体，或者是混合实体（Hybrid Entities），即在美国税法中被视为透明实体、但在协定缔约国税法中被视为法人的经济实体，且该实体的合伙人或成员无须就取得的该笔款项在协定缔约国缴纳所得税，那么根据反避税规定，这笔款项不得享受协定税率。身为美国居民的反向混合实体（Reverse Hybrid Entities）在类似的情形下同样不得享受美国所签税收协定的优惠。

（2）导管融资交易。对以避税为目的的跨境导管融资交易，包括背靠背贷款，IRS 有权不予认可并重新界定其交易结构。这一规定既可以防止两家不构成关联方的公司分别向对方所在集团的某下属机构提供贷款、以绕过资本弱化规则的管制，也可以防止不符合税收协定优惠享受条件的纳税人利用中介公司构成形式上的满足条件以滥用税收协定。

（3）离境公司与合伙企业。被外国公司并购的美国公司与合伙企业，通常将不再为美国的居民纳税人。但如果该笔并购交易构成"反转交易"（Inversion Transactions），即该美国公司的前股东或合伙企业的前合伙人在企业离境后持有收购方外国公司实质性的股权份额，且该外国公司所在的"广义附属集团"于其成立国并没有实质性的经营活动，那么就要适用以下特别规定：上述的前股东或前合伙人，如果持有收购公司 80% 以上的所有权，那么收购公司将被视为美国国内公司；如果持有收购公司 60%～80% 的所有权，那么会受到一些其他的税收限制；此外，前股东或前合伙人还要就其取得的特定股权偿付的价值缴纳 15% 税率的"消费税"。"广义附属集团"（Expanded Affiliated Group，EAG）的结构类似于居民公司集团纳税时的合并纳税集团，但囊括范围包括全球公司，且判定为集团成员的控制权标准由 80% 以上降低至 50% 以上。

（4）海外账户税收遵从法案。对于外国金融机构（Foreign Financial Institutions，FFI）与非金融业外国实体（Non-Financial Foreign Entities，NFFE），若其成立国政府同美国政府签订了有关协议，那么 FATCA 也会对其作出报告要求。FFI 须向 IRS 提供其身为美国居民的账户持有者的信息，而 NFFE 须提供其身为美国居民的实际所有者的信息。拒绝提供信息的 FFI 将适用 30% 的预提税率，并且须缴纳预提税的所得范围会被扩大。

4.4　州与地方公司所得税

4.4.1　州与地方公司所得税概述

美国现代意义上的州公司所得税也是由威斯康星州于 1911 年率先开征的，截至 2017 年 4 月，共有 44 个州和哥伦比亚特区征收州公司所得税，4 个州对公司的毛收入征税。州公司所得税的模式与联邦公司所得税基本相似，只是税基和税率水平各有不同，计算步骤有其特殊性。

而在地方层面，公司所得税则非普遍征收的税种，截至 2017 年 4 月仅存在于 4 个州：①密歇根州有 4 个市征收，税率在 1%～2.3% 之间；②纽约州的纽约市按 4 种不同的税基计算应纳税额，并取其最高者征收；③俄亥俄州有 8 个市征收，6 个市的税率为 2%，另外两个市的税率为 1% 与 2.5%；④宾夕法尼亚州的费城对公司的毛收入与净所得征收两部分税款，其中净应税所得适用的税率为 6.45%。此外，加利福尼亚州的洛杉矶市与旧金山市对公司的毛收入征税。

由于地方公司所得税在不同地区的政策差异很大且重要程度相当有限，下面不再对其进行详细叙述，主要介绍州公司所得税的内容。

4.4.2　纳税人

州公司所得税同样采用单一的注册地标准判定纳税人的居民身份：公司在哪个州按照当地法律注册成立，即为哪个州的居民公司。但由于公司取得跨州所得的情况极其常见，且往往来源于多个不同的州，对本州居民公司的全部所得征税会使双重征税问题变得过于严重复杂。因此，绝大多数州只对公司来源于本州的所得征税，而不论其是否为本州居民。

不过，在联邦公司所得税中被视为透明或半透明实体的某些公司类型，在州的层面可能适用与联邦不同的所得税待遇。例如对于 S 公司，新罕布什尔州、田纳西州、得克萨斯州与哥伦比亚特区要求它们同 C 公司一样缴纳公司所得税，路易斯安那州采用半透明的对待方式，而阿肯色州、新泽西州和纽约州虽然仍视其为透明实体，但要求单独进行州一级的 S 公司选择。

4.4.3　应税所得

各州对于应税所得的规定不一，但总的来说都是以联邦公司所得税的应税所得为基础，再对个别项目予以调整。例如，州与地方政府公债利息、已缴纳的联邦与其他州公司所得税税款、某些折旧项目等可能要计入应税所得当中或是不得扣除，而联邦政府公债的利息则通常是免税的。

最关键的问题在于，如何确定公司来源于各州的所得分别为多少。美国宪法禁止各州对未与本州产生一定程度联系的其他州居民公司征收所得税，因此各州通常将公司的所得区分为经营性与非经营性两大类，并根据其与本州的联系程度采用不同的处理办法。非经营性所得往往会根据各笔所得的具体情况被逐笔归于单独的某个州，比如不动产处置的资本利得或利亏一般被视为来源于不动产所在州；但经营性所得几乎无法逐笔划分，故而采用就其总额在各州间划分的方式，最基础的办法是由马萨诸塞州首创的"三因素法"。然而康涅狄格州、缅因州、马里兰州、密歇根州、内布拉斯加州、新罕布什尔州、罗得岛与得克萨斯州这8个州，会将公司的全部净所得都通过划分的方法进行归属。

"三因素法"中的三个因素分别为资产额、工资额与销售额。根据最传统的划分公式，某个州在确定公司来源于本州的经营性所得数额时，首先应当就这三个因素计算该公司当年在本州的数额占全公司数额的比例，然后对这三个比例进行平均，就得到了其经营所得中来源于本州所得的比例。但在过去20多年间，由于物流行业的发展，公司仅在某些州集中设立分支机构进行生产与存储活动、再向全国分销这一类的情况越来越常见，因此大部分州都围绕销售额因素对传统划分公式进行了修改（比如提高销售额所占的比重，甚至是仅采用销售额作为衡量指标），并可能对不同行业采用不同的计算公式。截至2017年1月，仅有8个州还允许采用传统公式，而25个州与哥伦比亚特区采用了单一销售额因素公式，还有3个州计划将计算公式转变为单一销售因素①。

4.4.4 税率

由于对公司毛收入所征的税收与公司所得税具有本质上的不同，且其税率基本没有可比性，因此在这里仅介绍各州的公司所得税税率。大多数州采用单一的比例税率，也有一些州采用累进税率，但累进程度一般不高。有 7 个州的最高边际税率不超过 5%，只有 6 个州的最高边际税率达到了 9% 及以上，最高为爱荷华州的 12%。2017年度各州的税率可以参考表 4-18②。

表 4-18　　　　　2017 年度州公司所得税税率表　　　　　单位：美元

州	税率范围		税级数	所得级距		是否可以扣除联邦公司所得税	是否可以扣除其他州公司所得税
	最低	最高		最低	最高		
亚拉巴马	6.5% 单一税率					是	否
阿拉斯加	0	9.4%	10	25000	222000	否	否
亚利桑那	4.9% 单一税率					否	否
阿肯色 [a]	1.0%	6.5%	6	3000	100000	否	是
加利福尼亚	8.84% 单一税率					否	否
科罗拉多	4.63% 单一税率					否	是
康涅狄格 [b]	7.5% 单一税率					否	否
特拉华	8.7% 单一税率					否	否
佛罗里达	5.5% 单一税率					否	否
佐治亚	6% 单一税率					否	否
夏威夷	4.4%	6.4%	3	25000	100000	否	否
爱达荷	7.4% 单一税率					否	否
伊利诺伊 [c]	7.75% 单一税率					否	是
印第安纳 [d]	6.25% 单一税率					否	否

---

① 详细情况可以参考 https://www.taxadmin.org/assets/docs/Research/Rates/apport.pdf。

② 更详细的表格见 https://taxfoundation.org/state-corporate-income-tax-rates-brackets-2017。

续表

州	税率范围		税级数	所得级距		是否可以扣除联邦公司所得税	是否可以扣除其他州公司所得税
	最低	最高		最低	最高		
爱荷华 ᵍ	6%	12%	4	25000	250000	是	是
堪萨斯	4%	7%	2	50000	50000	否	否
肯塔基	4%	6%	3	50000	100000	否	否
路易斯安那	4%	8%	5	25000	200000	是	是
缅因	3.50%	8.93%	4	25000	250000	否	否
马里兰	8.25% 单一税率					否	否
马萨诸塞	8% 单一税率					否	否
密歇根	6% 单一税率					否	否
明尼苏达	9.8% 单一税率					否	否
密西西比	3%	5%	3	5000	10000	否	否
密苏里 ᵍ	6.25% 单一税率					是	否
蒙大拿	6.75% 单一税率					否	否
内布拉斯加	5.58%	7.81%	2	100000	100000	否	否
内华达	对毛收入征税						
新罕布什尔	8.2% 单一税率					否	否
新泽西 ᵉ	9% 单一税率					否	否
新墨西哥 ᶠ	4.8%	6.2%	2	500000	500000	否	否
纽约	6.5% 单一税率					否	否
北卡罗来纳	3% 单一税率					否	否
北达科他	1.41%	4.31%	3	25000	50000	是	否
俄亥俄	对毛收入征税						
俄克拉何马	6% 单一税率					否	否
俄勒冈	6.6%	7.6%	2	1000000	1000000	否	否
宾夕法尼亚	9.99% 单一税率					否	否
罗得岛	7% 单一税率					否	是
南卡罗来纳	5% 单一税率					否	否
南达科他	未开征						
田纳西	6.5% 单一税率					否	是
得克萨斯	对毛收入征税						

续表

州	税率范围		税级数	所得级距		是否可以扣除联邦公司所得税	是否可以扣除其他州公司所得税
	最低	最高		最低	最高		
犹他	5% 单一税率					否	否
佛蒙特	6.0%	8.5%	3	10000	25000	否	否
弗吉尼亚	6% 单一税率					否	否
华盛顿	对毛收入征税						
西弗吉尼亚	6.5% 单一税率					否	否
威斯康星	7.9% 单一税率					否	否
怀俄明	未开征						
哥伦比亚特区	9% 单一税率					否	否

a：阿肯色州实行"税收利益回收"制度，应税所得额超过 10 万美元的纳税人须就其全部所得——而不是超过 10 万美元的那部分所得——按单一最高税率 6.5% 纳税。

b：康涅狄格州对全年毛所得超过 1 亿美元的纳税人征收应纳税额 20% 的附加税。

c：除了 5.25% 税率的公司所得税以外，伊利诺伊州还征收一种名为"个人财产替代税"（Personal Property Replacement Tax，PPRT）的税种，以纳税人的联邦应税所得额为税基，对 C 公司的税率为 2.5%，对 S 公司、合伙企业、遗产和信托的税率为 1.5%。这里的 7.75% 为合计税率。

d：印第安纳州的税率自 2015 年 6 月 1 日起为 6.5%，且每年降低 0.25%，自 2020 年 6 月 1 日起为 5.25%，最终自 2021 年 6 月 1 日起降低至 4.9%。

e：新泽西州实行 3 档单一税率，纳税人在净所得超过 10 万美元时适用的税率为 9%，在超过 5 万美元但不超过 10 万美元时为 7.5%，在不超过 5 万美元时为 6.5%。

f：新墨西哥州的税率将于 2018 年降低至 5.9%。

g：爱荷华州与密苏里州对已缴纳的联邦公司所得税款的扣除比例为 50%。

资料来源：https://taxfoundation.org/state-corporate-income-tax-rates-brackets-2017。

4.4.5　税收抵免

绝大多数州的公司所得税都具有较多的抵免项目，且各州不尽相同。最常见的是对整治污染、保护资源和优化能源使用方面的设备投资抵免，以及对在本州"企业区"内进行投资与提供新就业机会的公司给予的专项税收抵免优惠。

4.4.6　应纳税额的计算

州公司所得税应纳税额的计算步骤可以归纳为：①计算本州分配所得；②计算应纳税额；③减去预缴税款与税收抵免额。

各州对 NOL 的处理方式类似联邦公司所得税，但伊利诺伊州、新罕布什尔州和宾夕法尼亚州对 NOL 每年准予结转的数额存在限制。此外，在 NOL 可结转年限上，某些州的规定与联邦不同：截至 2015 年 6 月 1 日，对于向以前年度结转的年限，有 12 个州采用联邦规定的 2 年，有 3 个州允许结转 3 年，其他 29 个州与哥伦比亚特区则不允许向以前年度结转；对于向以后年度结转的年限，有 30 个州与哥伦比亚特区采用联邦规定的 20 年，有 6 个州允许结转 15 年，其他州的年限则更短，最短的为阿肯色州与罗德岛规定的 5 年[1]。至于超额抵免的处理，各州规定可能存在更大的差异。

4.4.7　征收管理

大部分州要求 C 公司缴纳预估税款，还有一些州要求 S 公司也缴纳，包括特拉华州、肯塔基州、马里兰州、新泽西州、纽约州等。对于非本州居民公司，许多州也会要求缴纳预提税。

在申报方面，"联邦—州电子申报"合作项目同样适用于州公司所得税。州公司所得税的申报与缴款时限通常与联邦公司所得税相同，部分州的时限略晚于联邦规定的时限；但由于此前联邦公司所得税将时限推迟了 1 个月，许多州要通过立法程序进行相应的调整、

以使本州时限不会早于联邦，而一些原本就比联邦时限晚超过 1 个月的州则保持既定政策不变，因此各州在近几个纳税年度的申报缴款时限上可能存在诸多差别[①]。

4.5 替代性最低税

4.5.1 替代性最低税的产生与发展

"替代性最低税"（Alternative Minimum Tax，AMT）也称最小所得税，顾名思义，是纳税人在常规所得税的应纳税额过低时需要缴纳的一种替代性的最低税款。AMT 虽然为补充税种，但其设计非常特殊，采用一套与常规所得税差异较大且内容相当复杂的计税方法，因此这里仅介绍其基本的情况，以使读者有一个大致了解。需要注意的是，AMT 基本上是一种联邦层面的税收制度，因此下面主要介绍联邦 AMT 的内容，对各州的情况不再进行详细介绍（尽管有部分州设立了类似的税种，其中 8 个州对公司征收[②]）。

AMT 开征的初衷是为了降低纳税人利用所得税优惠规定进行避税的可能性，以保障税收公平。美国的所得税制度中存在大量用以鼓励纳税人从事政府所期望的经济与社会活动的优惠政策，且数量在不断增加，为纳税人提供了很大的税收筹划乃至避税空间；而如果直接对优惠政策进行清理，则需要在众多政策目标中进行取舍，

---

① 详细情况可以参考 https://www.aicpa.org/interestareas/tax/resources/compliance/downloadable documents/aicpa-states-corporate-due-dates-conformity-chart.pdf。

② 详细情况可以参考 https://taxfoundation.org/map-corporate-alternative-minimum-taxes-state-july-1-2014。

这种"一刀切"的做法也难免会导致另一种形式的不公平。所以美国国会选择了折中的办法，对从税收优惠中受益过多的纳税人单独采取限制措施。

1969年，美国国会首先出台了一个针对税收优惠项目的"加计最低税"（Add-on Minimum Tax），仅对个人享受税收优惠项目的所得超过3万美元以上的部分按10%单一税率征收。虽然期间也经过了一些调整，但该税种的调节效果始终没有令人满意。1978年，国会又开征了个人的AMT，要求将长期资本利得中不予计列的部分和分项扣除额超过标准扣除额的部分并入常规应税所得当中，作为AMT的应税所得，并按10%、20%和25%的三级累进税率计算AMT；纳税人需要将常规所得税与加计最低税的税额之和同AMT的税额进行比较，按其中较大的税额来纳税。

1982年，美国取消了加计最低税，将其内容与AMT进行了整合，并对AMT的税制作出了如下改动：①应税范围中增加了一些新的税收优惠项目，除去了分项扣除额超过标准扣除额的部分；②公司纳税人也开始缴纳AMT；③税率改为单一的20%税率；④修订了计算方法。

此后经过不断的修订，AMT的纳税人与税款数量大大增加，时至今日已经取得了较为重要的地位。

4.5.2　纳税人与应税所得

居民个人（包括须缴纳孩童税的儿童）、遗产和信托、成立1年以上且之前3个纳税年度的年均毛收入超过750万美元的C公司（对成立第2年至第4年的公司为超过500万美元），在其当年的"替代性最低应税所得"（Alternative Minimum Taxable Income，

AMTI）超过一定的宽免额时，就需要根据 AMTI 计算"未确定最低税额"（Tentative Minimum Tax），并在其结果大于常规所得税的应纳税额时按照二者的差额缴纳 AMT（随常规所得税一同缴纳）；合伙企业、S 公司等完全透明的实体，则是由其合伙人或股东来计算缴纳。非居民个人仅须将其来源于美国的工资、薪金和贸易或经营所得计入 AMTI，非居民公司仅须将其来源于美国的贸易或经营所得计入 AMTI，它们适用与居民纳税人相同的规定。

AMTI 是以纳税人常规所得税的应税所得为基础来计算的，包括对一般项目的调整和对税收优惠项目（Preference）的处理两大类变动。在一般项目的调整方面，AMT 通常会提前确认某些所得项目、递延某些扣除项目，最典型的例子就是 AMT 只允许采用年限较长的 ADS 来计提折旧。其他调整项目还包括：①矿产勘探与开发成本只能在 10 年以上的期间内进行摊销；②长期合同只能通过完工百分比法确认所得；③分期付款的销售所得不能递延；④ NOL 需要按 AMT 方法重新计算，常规所得税的 NOL 结转扣除额不予认可；⑤个人的标准扣除额、个人宽免额、分项扣除的非经营税款与杂项费用不得扣除；⑥公司纳税人还要对其当期的利润进行一些处理，计算"调整后本期盈余"（Adjusted Current Earnings，ACE），并在 ACE 超过 AMTI 进行该项调整与 NOL 扣除前的数额时将超额部分的 75% 计入 AMTI；等等。

尽管对一般项目的调整往往是应税所得的增项，但由于 ADS 延长了折旧年限，AMT 下纳税人的折旧额在 GDS 已经对资产计提完折旧的年度中反而会增加，构成应税所得的减项。但对税收优惠项目的处理就不存在应税所得的减项了，具体包括：①在可折耗的自然资源投资原值完全扣除掉以后，不得再用百分比折耗法进行折耗扣除；②无形钻井成本只能予以资本化并通过摊销来扣除，不得于当期直接扣除；③来自私营活动债券的利息不予免税；④根据 IRC 第1202 节的规定不予计列的小型企业股票处置利得，其中的 7% 要加回到 AMTI 当中；等等。

4.5.3 宽免额与税率

1. 宽免额

AMT 中也存在宽免额，以使那些应税所得属于中等水平又没有过多调整项目与税收优惠项目的纳税人可以免纳 AMT。不同身份纳税人适用的宽免额不同，并在其 AMTI 超过一定的标准额时开始递减（每超过 1 美元，宽免额就会减少 0.25 美元），这一宽免额与标准额对个人、遗产和信托每年随通货膨胀情况进行指数化调整。2017 年度的宽免额如表 4-19 所示。

表 4-19	2017 年度 AMT 宽免额		单位：美元
纳税身份	宽免额	宽免额开始递减的 AMTI	宽免额降低至 0 时的 AMTI
单身者	54300	120700	337900
已婚夫妇联合申报	84500	160900	498900
已婚夫妇单独申报	42250	80450	249450
户主	54300	120700	337900
抚养子女的鳏夫或寡妇	84500	160900	498900
遗产和信托	24100	80450	176850
公司	40000	150000	310000

此外，须缴纳孩童税的儿童（视同单身者）在宽免额上还会受

到特殊的限制，不得超过其勤劳所得额加上 7500 美元。这一限制额也会根据通货膨胀情况逐年调整。

2. 税率

个人、遗产和信托适用两级累进税率。2017 年度纳税人在宽免额以上的 AMTI 中，不超过 187800 美元（已婚夫妇单独申报为每人 93900 美元）的部分适用 26% 的税率，超额部分适用 28% 的税率。

公司纳税人 AMTI 在宽免额以上的部分适用 20% 的单一税率。

4.5.4　税收抵免

常规所得税中的各项抵免几乎都不适用于 AMT，但还有两项可以在 AMT 中申请。此外，纳税人如果在某一纳税年度缴纳了 AMT 而非常规所得税，还可以在以后年度的常规所得税中申请一种特殊的抵免。

1. 外国税收抵免

AMT 中的外国税收抵免基本模式与常规所得税相同，只是抵免限额存在差别。纳税人用其来源于外国的所得在 AMTI 中所占的比例乘以扣除抵免前的未确定最低税额，就得到了 AMT 中的外国税收抵免限额。超额部分的结转年限仍与常规所得税相同。

2. 研究抵免

在自 2016 年 1 月 1 日及以后开始的纳税年度中，对于之前 3 个纳税年度年均毛收入不超过 5000 万美元的独资企业、合伙企业以及股份未公开交易的公司，相关纳税人在 AMT 中也可以申请研究抵免。不过对于合伙企业的合伙人以及 S 公司的股东，其本人在之前 3 个纳税年度中的年均毛收入也应当不超过 5000 万美元，才有资格申请这项抵免。

3. 常规所得税的之前年度已纳 AMT 抵免

由于在计算 AMTI 时大多数一般项目的调整只是针对所得的暂时性差异，因此如果纳税人在某一年度缴纳了 AMT，那么在以后年度的常规所得税中可能还要就同一所得项目再次进行申报。为了避免重复征税问题，税法对纳税人的常规所得税提供了之前年度已纳 AMT 的抵免。该项抵免额等于纳税人所有之前年度的"调整后净最低税"（Adjusted Net Minimum Tax）——即每年实际缴纳的 AMT 税额超过当年不对暂时性差异项目进行调整所计算出来的 AMT 税额的部分——的总额，但不得使纳税人的常规所得税税额落到当年的未确定最低税额以下，未完全利用的部分须待以后年度再进行抵免。

4.5.5　应纳税额的计算

AMT 的计算步骤如下：

①常规所得税的应税所得 ± 一般项目的调整 + 税收优惠 =AMTI

②（AMTI– 宽免额）× 税率 = 扣除抵免前的未确定最低税额

③扣除抵免前的未确定最低税额 – 税收抵免额 = 未确定最低税额

④未确定最低税额 – 常规所得税税额 =AMT 税额

对于 AMT 下计算出来的 NOL，其结转年限与常规所得税相同，但每年准予扣除的 NOL 结转额不得超过当年 AMTI 的 90。至于适用范围扩大至 AMT 的研究抵免，其未完全利用的部分准予向以后年度结转，但自 2015 纳税年度及以前结转而来的研究抵免额不得用于抵免 AMT。

4.6 工薪税

4.6.1 工薪税概述

"工薪税"（Payroll Taxes）也称"雇佣税"（Employment Taxes），是一种以工资薪金为计税依据、对雇主或员工征收、专门用来筹集社会保障资金的税收。美国的联邦工薪税包含两大体系：一是根据《联邦保险缴款法案》（Federal Insurance Contributions Act，FICA）与《自营职业缴款法案》（Self-Employment Contributions Act，SECA）这两项法案所征收的"养老、遗属及伤残保险"（Old-Age, Survivors and Disability Insurance，OASDI）缴款[①]以及"医保税"（Medicare Tax）；二是根据《联邦失业税法案》（Federal Unemployment Tax Act）所征收的"失业税"（Unemployment Tax）。

同其他以所得为课税对象的税种相比，联邦工薪税出现的时间较晚，1935年才开始征收，并且只有用于养老福利（Old-Age Benefits）和失业救济两个税目，税率水平也很低。但其规模发展非常迅速，在随后的1939年、1957年和1966年分别开征了用于遗属福利（Survivors' Benefits）、伤残福利（Disability Benefits）与医疗福利（Hospital and Medical Benefits）的税目，并不断提高税率，最终自1968年起取代联邦公司所得税成为美国的第二大税种。目前用于养老福利、遗属福利和伤残福利的税目被合并为OASDI缴款，而用于医疗福利与失业救济的款项则分别通过医保税与失业税来筹集。

---

① 美国所称社会保障税(Social Security Tax)通常即指这一缴款。

所有的州也都开征了工薪税，不过其内容基本为失业救济缴款，只有加利福尼亚州、夏威夷州、新泽西州、纽约州与罗得岛还征收伤残保险缴款。由于同一税目在联邦与各州的征收模式基本相同，仅在税率、课税范围等方面有所差别，因此下面主要介绍联邦工薪税的内容，对各州的情况不再赘述 [①]。

4.6.2 纳税人与应税工薪

1. 纳税人

在美国境内以及美属领地发生雇佣关系、领取和发放工资薪金的员工与雇主（不论其是否为美国公民或居民），以及身为美国公民或居民的自营职业者，都是社会保障税与医保税的纳税人；而在美国境内以及美属领地于一个日历年度内的任何一个季度支付了不低于1500美元的工资薪金，或是于一个日历年度内的任意20天雇用了至少1名员工（不包括合伙企业合伙人）的雇主，是失业税的纳税人。

然而税法规定，上述的员工为下列个人时，相应的纳税人可以免缴工薪税：①农业工人、家务佣工；②年薪不足100美元的临时工；③由其父母雇佣的未满18岁儿童（或从事家务劳动、非经营活动的未满21岁儿童）；④神职人员；⑤实习的全日制学生；⑥某些政府雇员；等等。如果纳税人既从事免税工作，也从事应税工作，须按照50%的标准确定其是否缴纳工薪税：如果纳税人从事免税工作的时间超过总的受雇工作时间的50%，那么其全部工资薪金可以免缴工薪税；反之，则其全部工资薪金都应当缴纳工薪税。

---

① 各州工薪税的详细情况可以参考 https://www.adp.com/tools-and-resources/compliance-connection/state-taxes/2016-fast-wage-and-tax-facts.aspx。

2. 应税工薪

应缴纳工薪税的工资薪金，具体包括工资、薪金、奖金、津贴、假日薪酬、小费、退职费、加班费、员工的股票分红、佣金等。非现金形式的工资薪金类所得，应当以员工领受时的 FMV 计入工资薪金总额；以外币支付的工资薪金，应当按付款当日的官方汇率换算成美元。

对于员工的附带福利，工薪税的征税口径与个人所得税相同，属于不予计列所得的同样无须缴纳工薪税。在一个日历月度内收取的小费总额不超过 20 美元时，可以不计入应税工薪当中。自备车辆司机的工薪额，应当以领取的全部收入减去各类与车辆有关的费用支出。员工领取的工伤补偿金、社会保障收入、对某些符合规定退休计划的缴款、计算个人所得税时可扣除的搬迁费、报销的差旅费、按照可说明的计划报销的其他贸易或经营活动费用，也不计入应税工薪。

自营职业者的情况比较特殊，在工薪税制度中他们被视为兼具员工和雇主的身份，因此须就其扣除了（个人所得税中准予扣除的）各项经营费用的净经营所得缴纳双方的社会保障税与医保税（这其中包括了合伙企业合伙人所取得的净经营所得以及"保证付款"），但无须就其本人缴纳失业税。如果自营职业者从事多项经营活动，其各项经营的盈亏在计算净自营所得时要进行汇总；而如果他还有兼职工作，那么应税工作的工资薪金应当从净经营所得中扣除。此外，为了平衡税负，自营职业者的净经营所得还存在一个减计比例，它等于其适用的工薪税税率的 50%；净经营所得扣除掉可减计部分后的余额，才是自营职业者最终缴纳工薪税的计税依据。

税法对应税工薪的数额规定了上限，超过限额的部分无须缴纳工薪税。每名员工 2017 年度的社会保障税应税工薪上限为 127200 美元，失业税应税工薪上限为 7000 美元，而医保税自 1993 年起取消了应税工薪限额的规定。

4.6.3 税率

社会保障税对员工应税工薪不超过限额的部分按 6.2% 的税率征收，医保税按 1.45% 的税率征收，员工与雇主都适用相同的税率。

自营职业者适用的社会保障税税率为 12.4%，医保税税率为 2.9%。两项税收通常被合称为"自营职业税"（Self-Employment Tax），税率合计为 15.3%，因此其净经营所得的减计比例为 7.65%。

失业税对员工应税工薪不超过限额的部分按 6% 的税率征收。

4.6.4 税收抵免

1. 州失业税抵免

纳税人可以用已缴纳的州失业税税款来抵免联邦失业税应纳税额。这项抵免采用税率降低的方式，纳税人可以从联邦失业税税率中减去州失业税的税率，但最多降低 5.4%（即联邦税率不得低于 0.6%），随后按低税率来计算联邦应纳税额。

2. 研究抵免

在自 2016 年 1 月 1 日及以后开始的纳税年度中，对于符合条件的小型初创企业，即当年毛收入不超过 500 万美元且在当年开始计算的 5 个纳税年度以前没有毛收入的企业（包括 C 公司、S 公司、合伙企业、独资企业），如果纳税人有资格申请研究抵免，那么它可以选择不用于抵免所得税，而是用于抵免雇主方的社会保障税。

由于此类企业在当前阶段的所得税税额通常不高，因此这一政策可以使纳税人更早享受到研究抵免带来的优惠。但该项抵免同样存在限额,全年抵免的税款不得超过25万美元;未完全利用的部分准予向以后年度结转,但自2015纳税年度及以前结转而来的研究抵免额不得用于抵免社会保障税。此外,在判断是否有资格申请该项抵免时,纳税人关联方企业(共同控制水平超过50%)的毛收入也应当并入纳税人的毛收入中。

4.6.5　征收管理

雇主需要将员工方应纳的社会保障税和医保税税款随个人所得税一同代扣代缴,自营职业者则应当自行申报缴纳。纳税人或代扣代缴人首先要按季度申报,于每个季度终了后下个月的最后一天之前完成;年度汇总申报的时限则与个人所得税相同。

失业税是按年申报的,其纳税期限与个人所得税相同。

IRS会根据纳税人在前一纳税年度中连续12个月的应纳税额确定雇主缴纳税款的期限,并在每年的12月通知雇主。连续12个月税额不超过5万美元的雇主按月缴纳,截止日为下个月的第15日;超过5万美元的雇主按周缴纳;一个季度内税款总额不超过500美元的雇主,则可以按季度纳税。

5 商品税类

5.1 销售税

5.1.1 销售税概述

20 世纪 30 年代初，密西西比州和西弗吉尼亚州开始征收销售税（Sales Tax）。目前，全美国共有 45 个州和哥伦比亚特区设置了销售税，联邦政府不征收销售税。不征收一般州级销售和使用税的州是阿拉斯加州、蒙大拿州、特拉华州、新罕布什尔州和俄勒冈州；阿拉斯加州虽然不征收州级销售税，但征收地方销售税；特拉华州、夏威夷州和新墨西哥州对服务和租金征收总收入税（Gross Revenue Tax，GRT）。

销售税是美国州政府和地方政府的主体税种，它是州政府的主要财政收入来源。2015 年，州政府销售税收入平均约为州税收总额的 47%，州政府税收收入的第二大来源是个人所得税，平均约占州税收收入总额的 36.9% 左右。2015 年，州和地方政府的各类销售和使用税以及总收入税金额达 4313 亿美元，而州和地方企业所得税收入 491 亿美元，仅占州和地方税收总额的 5.4%[①]。

一般而言，销售税是对零售有形动产和提供某些服务所征收的一种税。美国各州的销售税一般选择在零售环节对商品和劳务征收，

---

① 资料来源：https://taxfoundation.org/data/。

因此也称零售税。除销售税外，美国一些州政府针对零售有形动产和提供某些服务还征收使用税。美国宪法规定，州政府不得对来自其他州的货物征收销售税。因此使用税是对销售税的一种补充，通常针对纳税人在所在州以外购买应税项目并带入所在州使用、储存或消费的行为征收。通常一项应税交易或者被征收销售税，或者被征收使用税。一些州允许本州税收居民就相关应税项目在其他州已缴纳的销售税用于抵免其应在本州缴纳的使用税。总收入税是一种销售税。总收入税是按交易总金额乘以比例税率，对零售商或服务提供方进行征税。总金额包括非主营业务收入，例如在正常业务以外的偶尔销售。一般情况下，总收入税允许的扣除很少，夏威夷州、新墨西哥州以及特拉华州是三个征收总收入税的州。

5.1.2 纳税人与征税范围

1. 纳税人

在美国从事有形动产销售、提供某些与该销售活动密切相关的辅助性劳务的零售商是销售税的纳税人。零售商负责向消费者收取税款，并向税务机关上缴税款。美国有 40000 多家零售商（商店或其他销售者）在销售有形动产及提供相关劳务时对消费者一并征收州销售税和地方销售税，即按照州销售税税率和地方销售税率合并的税率征收销售税。根据各地的规定，零售商可以把征收的销售税缴纳给州税务局，然后由州税务局把属于地方政府的销售税转付给地方税务局；零售商还可以向州税务局和地方税务局分别缴纳所征收的销售税。州税务机关可以对零售商或公司的财务情况进行审计，以核实他们是否向客户收取销售税以及收取的金额是否正确。

如果销售者与某地有"关联",即在该地实质性存在,那么该销售者就必须在销售货物时对消费者收取销售税。通常认为,销售者为了经营之目的在某地有临时居住或长期居住的个人(包括雇员、服务人员、独立销售或服务代理商),或者是在某地有财产(包括存货、办公室以及仓库),那么该销售者就与该地有"关联"。但是,目前各州对"关联"的定义并不完全一致,从而使跨州经营在销售税方面产生了很多问题。

2. 征税范围

美国各州的销售税一般选择在零售环节对销售的商品和提供的服务征税,因此也称零售税。各州销售税的应税商品和服务的范围由各州自行决定。

但零售商品和劳务中,开征销售税的各州都对处方药、电脑软件程序和医疗服务免税,食品、住宅用电器和煤气、农业机械、销售给免税组织的货物和劳务等,也是各州考虑免税的主要对象。其中,28个州对家庭消费的食品、住宅用电器和煤气免税,有24个州对生产过程中的一些消耗品,如燃料、润滑油等免税,还有一些州对工业用的机器设备免税。

目前,美国许多州没有对服务征收销售税,而夏威夷、新墨西哥州、南达科他州、西维吉尼亚州和哥伦比亚特区等几个州几乎对所有服务征收销售税。其他一些州,如康涅狄格州、爱荷华州和得克萨斯州对许多类型的服务征税。

自2016年3月1日起,北卡罗来纳州扩大了销售和使用税的征税范围,将在本州提供的维修和安装服务纳入了征税范围。同时该州还修改了"零售商"的定义,现在该定义包括"从事交付、架设、安装有形个人财产（在本州使用）服务的单位或个人"。

自2014年10月1日起，哥伦比亚特区更新其应税零售销售的定义，以增加额外服务。增加到应税零售业的新服务包括健康俱乐部服务或晒黑服务；提供的从水冷却器或类似的分配器分配瓶装水服务；地毯和室内装潢清洁服务（包括对二手地毯、地毯或室内装饰品进行清洁、染色以及对地毯的修理服务）；提供的保龄球馆或台球室服务；除了投币式自助洗车之外的洗车服务（包括清洗、打蜡、抛光）；除了一般商品仓储和投币式储物柜外，提供储存家庭用品的存储空间（包括房间、隔间、储物柜、集装箱以及室外空间）的服务。

对服务征税已成为各州重点关注的附加收入来源。随着服务业和信息技术的快速发展，各州正在评估如何扩大征税范围以适应社会经济变化从而筹集更多的财政收入。

3. 免税销售项目

在美国，商品以减免税率或附加税率征收销售税，或者免征销售税，没有适用零税率的商品或服务。审查每个州的豁免项目以验证豁免是否存在是必要的，当满足豁免条件时，消费者需根据豁免方式（免税或先征后退）提出免税申请。豁免采用先征后退豁免方式的项目非常有限。

各州针对商品和服务的性质或使用方式而对销售和使用税的免除项目有不同规定。有些州根据销售定义确定该商品是否属于免税项目，即当不满足"销售"的条件时，不对其征收销售税。例如，伊利诺伊州的销售定义中包括"所有权发生转移"这一要件，因此有形个人财产的租赁不满足"销售"的条件，则该项目被视为销售税的免税项目；有些州只对销售有形的个人财产征税，那么在这些州提供的服务以及销售的无形资产和不动产税将免征销售税；有些州对指定的服务征税，对提供的指定服务以外的其他服务则免征销售税。

许多州根据商品的性质确定免税项目，例如食品、药品、服装等。一些州根据商品的用途确定免税项目，例如，直接用于制造业、农业、研发和采矿业的项目。在这些情况下，客户必须向零售商证明该产品符合豁免条件，即证明该物品的性质或使用方式是在豁免范围内。

对于州的具体豁免规则，应该咨询该州的税法，以查明该州允许的豁免。常见的销售和使用税的免税项目有：农产品、某些飞机及飞机零件、煤炭、某些教材、电力、与农业有关的项目、食品和食品成分、食品券、汽油、医院用品、杀虫剂、制造业机械设备、制造材料、电影设备、汽油、包装和包装材料、处方药、假肢器官、铁路车辆和设备、种子、公共产品单位等。

以下是几种免税销售的情况：

（1）转售销售。美国销售税是在商品零售环节对最终消费者征收，零售之前的环节通常不征销售和使用税。因此分销商如果不消费产品而只是转售，则对其购买的产品免征销售税。分销商要享受这一权利需在购买产品时向卖家出示分销商证书（Reseller's Certificate），该证书由分销商向所在州税务机关申请。州税务机关会对该分销商购买的产品进行追踪和审查，以确定该产品的最终用途。若该产品制作成应税商品对外销售，则分销商必须对这部分产品补税；若该产品被分销商消费，则税务机关需就被分销商消费的部分要求分销商补缴销售税。美国先进的税务管理系统和税收征管体系保证了繁琐的追踪和审查程序的顺利实施。需要说明的是，对于转售销售免税的规定，夏威夷州是个例外，在该州批发业务的销售额要以0.5%的税率征收销售税。

对于"转售"的服务，该服务必须以当初购买时的方式提供才符合免税条件。比如某一服务提供商提供数据处理服务，则该服务提供商在没有附加服务的情况下将所购买的服务提供给客户时才能得到该项服务的豁免。

（2）州际交易。州际交易中的商品（服务）在起始州是免税的，因为美国各州只能对发生在其边界内的交易征税。但是商品（服务）的目的地所在州将对交易征收销售税或使用税，除非所购买的商品或服务适用豁免规定。

（3）个人偶然销售。个人发生的偶然销售（例如车库销售）通常免税，因为这种交易不被视为"零售"销售。许多州对此类交易的豁免以一定交易金额或交易数量为限，有的州对此类交易的豁免仅限于没有零售商许可证的个人。

（4）向公共机构的销售。零售商应就发生的各种销售向客户收取税款，并上缴给税务机关。包括对政府机构（联邦政府或州政府等公共机构）的公共商品或服务的销售。但由于存在联邦主权和美国宪法的至高无上的条款，州政府被禁止向联邦政府征税。

有些州规定该销售必须直接向联邦政府提供，并由联邦政府直接支付才符合销售税豁免。而有些州则仅免除由政府机构直接付款的销售。例如，在俄克拉何马州，对联邦政府雇员个人的销售额不得免税，除非该销售款项是直接向政府机构收取，比如通过政府采购订单或政府信用卡进行购买。对于此类销售，只要保留直接购买证明和付款的证明，通常不需要其他豁免文件。

关于向州和地方政府的销售，在许多州，对州和地方政府的销售都是豁免的。各州有能力决定是否向自己征税。部分州可自由提供对州政府的豁免，而不受其他非政府机构的限制，例如，佛罗里达州、伊利诺伊州、印第安纳州、马里兰州和得克萨斯州。但亚利桑那州、加利福尼亚州、南卡罗来纳州和华盛顿州则没有此项豁免。

（5）对非营利组织和慈善机构的销售。对非营利组织和慈善机构的销售豁免，因州而异，通常根据该组织或机构的性质及其目的（例如教育、宗教和慈善）或其联邦所得税状况而确定。大多数州都需要具体的申请才有资格获得销售和使用税的豁免。

（6）提供服务。服务交易通常是免税的，因为应税销售的定义可能仅限于销售有形的个人财产。然而，夏威夷、南达科他州和华盛顿州几乎对所有服务征收销售税。通常作为提供服务的一部分而购买的商品是需要征收销售税的。比如航空公司在提供航空运输服务的同时提供的飞机餐，如果该飞机餐包含在机票里而不需额外收费，则购买该飞机餐时航空公司需要缴纳销售税；如果该飞机餐需要额外收费，则视为转售，因此，航空公司在购买该飞机餐时不需要缴纳销售税。

（7）销售不动产。不动产销售在零售销售的定义下也是免税的，但是要对并入不动产的物料征收销售税。

（8）临时存储豁免。临时存储豁免允许客户在一定期限内将购买的商品储存在州内，在这一期限内客户将该商品转移出该州或以满足豁免条件的方式使用，则不对该商品征收销售税和使用税。并不是所有州都提供这种豁免，比如伊利诺伊州，只对使用税的应税项目提供这种豁免，而不对销售税提供此种豁免。因此，只有从州外零售商购买的商品才有资格获得此类豁免，而从本州零售商购进的商品则不得享受此类豁免。

5.1.3 税率

因为销售和使用税不是联邦税，所以没有共同适用的法规。每个州都规定了自己的法规、税收程序以及税率，因此美国各州采用的销售税税率各不相同。新税项的实施，例如征税范围和税率的变更，需要经过州的立法程序。销售税税率可以按以下几种分类来说明。

1. 基本税率

美国征收销售和使用税的州的基本税率结构如下：州和地方的销售和使用税税率为州税率加地方附加税率。也就是说，交易的适用税率将是州销售税税率加上消费者运送地址所在管辖区的当地附加税率。以加利福尼亚州为例，自 2017 年 1 月 1 日起，加利福尼亚州销售税和使用税的州税率为 7.25%，地方附加税率在 0 ～ 2.5% 之间，则加利福尼亚州及其地方的实际适用税率在 7.25% ～ 9.75% 之间。

除了阿拉斯加州、特拉华州、蒙大拿州、新罕布什尔州和俄勒冈州外，其他州都有州税率。2017 年各州销售税税率及 2017 年地方销售税附加税率范围见表 5–1。

表 5–1　　　2017 年州销售税税率及地方销售税附加税率范围　　　单位：%

州	州销售税税率	地方附加税率范围
亚拉巴马（Alabama）	4.00	0～8.5
阿拉斯加（Alaska）	0.00	0～7.5
亚利桑那（Arizona）	5.60	0～7.1
阿肯色（Arkansas）	6.50	0～5.5
哥伦比亚特区（Columbia）	5.75	0

州	州销售税税率	地方附加税率范围
加利福尼亚（California）	7.25	0～2.5
科罗拉多（Colorado）	2.90	0～8.0
康涅狄格（Connecticut）	6.35	0～1.0
特拉华（Delaware）	0.00	0
佛罗里达（Florida）	6.00	0～2.0
佐治亚（Georgia）	4.00	1～4.9
夏威夷（Hawaii）	4.00	0～0.5
爱达荷（Idaho）	6.00	0～3.0
伊利诺伊（Illinois）	6.25	0～4.75
印地安纳（Indiana）	7.00	0
洛瓦（Lowa）	6.00	0～2.0
堪萨斯（Kansas）	6.50	0～5.0
肯塔基（Kentucky）	6.00	0
路易斯安那（Louisiana）	5.00	0～7.75
缅因州（Maine）	5.50	0
马里兰（Maryland）	6.00	0
马萨诸塞（Massachusetts）	6.25	0
密歇根（Michigan）	6.00	0
明尼苏达（Minnesota）	6.875	0～1.50
密西西比（Mississippi）	7.00	0～1.0
密苏里（Missouri）	4.225	0.5～6.625
蒙大拿（Montana）	0.00	0
内布拉斯加（Nebraska）	5.50	0～2
内华达（Nevada）	6.85	0～1.415
新罕布什尔（New Hampshire）	0.00	0
新泽西（New Jersey）	6.875	0

续表

州	州销售税税率	地方附加税率范围
新墨西哥（New Mexico）	5.125	0.125~6.625
纽约（New York）	4.00	0~5.0
北卡罗来纳（North Carolina）	4.75	2~3.0
北达科他（North Dakota）	5.00	0~3.0
俄亥俄（Ohio）	5.75	0~2.25
俄克拉何马（Oklahoma）	4.50	0~6.50
俄勒冈（Oregon）	0.00	0
宾夕法尼亚（Pennsylvania）	6.00	0~2.0
罗得岛（Rhode Island）	7.00	0
南卡罗来纳（South Carolina）	6.00	0~3.0
南达科他（South Dakota）	4.50	0~2.0
田纳西（Tennessee）	7.00	1.5~2.75
得克萨斯（Texas）	6.25	0~2.0
犹他（Utah）	4.70	1~6.25
佛蒙特（Vermont）	6.00	0~1.0
维吉尼亚（Virginia）	5.30	1.0~2.2
西维吉尼亚（West Virginia）	6.00	0.5~3.9
威斯康星（Wisconsin）	5.00	0~1.0
华盛顿（Washington）	6.50	0~1.0
华盛顿特区	5.75	0~1.75
怀俄明（Wyoming）	4.00	0~4.0

资料来源：http://salestaxinstitute.com/resources/rates。

补充说明：

（1）亚利桑那州的销售税按销售总额或从事经营所得总收入的 5.6% 计算。5.6% 的税率也适用于以下商业类别：公路运输、公用事业、电信、管道运输、出版物、工作印刷、娱乐、餐厅和个人物业租赁。其中，5.6% 的税率包含将于 2021 年 6 月 30 日终止的 0.6% 的临时税率。

（2）加利福尼亚州对零售的有形动产征收销售税，对提供服务不征收销售税。2009年4月1日前，州税率为6.25%；从2011年7月1日至2013年1月1日，州有效税率为7.25%；从2013年1月1日至2016年12月31日，全州销售税率由7.25%上升至7.50%；自2017年1月1日起，加州的州销售和使用税率为7.25%。另外，还有一些司法管辖区被授权征收地方税，比如县交通区和医院区。

（3）北达科他州、纽约对零售销售的总收入征税，包括租赁有形的个人财产，某些服务也需缴纳税款。

（4）特拉华州、新墨西哥和夏威夷州不征收销售和使用税，但是对货物的卖方或服务提供方征收总收入税。除法规另有规定外，"总收入"包括从销售的商品和在州提供服务收到的总收入。不允许扣除商品或财产的成本、劳务成本、利息支出、已支付的折扣、交付成本、州或联邦税。

（5）伊利诺伊州的销售税分为四个单独的税：零售商职业税（ROT）、使用税（UT）、服务职业税（SOT）和服务使用税（SUT）。ROT是其他州所称的"销售"税，ROT的补充税是UT。SOT的补充税是SUT，它们适用于对应税服务征税。

（6）内华达州对零售销售、租赁有形财产以及提供某些列举服务征收销售税。与销售货物一起提供的服务一般不需要缴纳税款，但该服务需要在发票上另行说明。

（7）自2017年1月1日起至2017年12月31日，新泽西州的销售和使用税率为6.875%。自2018年1月1日起，新泽西州的销售和使用税率为6.625%。

2. 减免税率

有些州对食品、服装、特定机器设备和公共设施等物品的销售适用减免税率。与州基础税率一样，这些较低的税率也因州而异。例如，食品和食品原料在阿肯色州的销售和使用税率为5%，比基础税率低1.5%。需要注意的是，自2013年7月1日起，在阿肯色州销售预制食品（消费者买回后稍作加热或加工即可食用的食品，例如速冻水饺、寿司、罐头）、含酒精饮料、营养品和烟草的州销售税和使用税税率为6.5%。在亚拉巴马州，用于复合、加工和制造的机器的销售税税率为2.5%，比4%的州基础税率低了1.5个百分点。密苏里州对食品、生产材料以及公用设施实行减免税率。

（1）食品。许多州对非预制食品提供减免税率，各州可以自由地对食品进行免税或降低适用税率。这种豁免是为了尽量减少销售和使用税的累退性。由于较低收入的纳税人将其收入的较大比例用于食品等必需品，因此提供豁免有助于减轻这些纳税人的税收负担。亚拉巴马州不对食品进行豁免。

"食品和食品成分"是指以液体、浓缩、固体、冷冻、干燥或脱水形式存在的，被销售用于人类摄取或咀嚼，并且其味道或营养价值被消耗的物质。"食品和食品成分"不包括含酒精饮料和烟草。

该豁免不适用于预制食物，既包括现场消费（在餐厅消费）的也包括非现场消费（餐厅外卖）的。食品的范围因州而异，比如果汁、软饮料和瓶装水。在华盛顿州，天然果汁成分在50%以上的果汁是免税的，但天然果汁成分在50%以下的果汁则不享受免税。许多州区分零食和糖果。科罗拉多州对零食进行豁免，但糖果和口香糖则应征税。

（2）服装。有些州对服装提供减免税率。"服装"是指适用于一般用途的所有人造服装。"服装"不得包括：①单独出售的皮带扣；②单独出售的口罩；③单独出售的贴片和徽章；④缝纫设备和用品，包括但不限于织针、针、剪刀、缝纫机、缝纫针、卷尺和套管；⑤作为"服装"的一部分的缝制材料，包括但不限于纽扣、织物、花边、线、纱和拉链。

截至2012年4月1日，纽约州对售价低于110美元的服装、鞋类和用于制造或修理豁免服装的物品提供全年豁免。此外，戏服和租用的正式服装不符合豁免条件。在佛蒙特州，服装通常免征销售和使用税。在罗得岛州，从 2012 年 10 月 1 日起，包括鞋类在内的服装的销售价格在 250 美元及以下，则该服装免税；售价高于 250 美元则不享受豁免。提供全部或部分豁免的州还包括马萨诸塞州、明尼苏达州、新泽西州和宾夕法尼亚州。其他州在年"销售税假期"期间提供服装的临时豁免。销售税假期制度是指每年规定若干日期，在这些日期中所出售的有关商品可免征销售税 [①]。

（3）机械设备。有些州对用于制造有形个人财产的机械设备提供豁免或低税率。在对机械和设备提供减免税率的州中，大多数州提供了全面豁免。实施低税率的州包括亚拉巴马州、密西西比州和北卡罗来纳州。自 2014 年 7 月 1 日起，加利福尼亚州实施部分豁免。

设备的定义也可能有所不同，有些州正在开始将化学品、消耗材料等纳入设备的范围。可以列入州豁免的项目包括：直接在生产中使用的机械和设备、设备的维修或更换零件、研发设备、用于电力制造等公用事业的设备、打包设备和制造过程所必需的其他物品。佐治亚州自 2014 年 7 月 1 日起，将消耗品明确纳入机器设备豁免范围。根据该州的立法，"消耗品"的定义是指在制造有形个人财产时消费或消费的有形个人财产，包括为制造工厂的雇员提供安全的设备，如手套、耳塞、面罩、保护眼、安全帽、头盔和呼吸器具。佛罗里达州将其豁免范围扩大到打印机。缅因州的豁免项目则包括微生物和有机材料。有些州可能需要机械设备的资本化金额或使用年限达到一定标准才能了以豁免。例如，犹他州规定机械设备必须具有 3 年以上的使用寿命才能获得豁免。一些州为购买机械设备提供

---

① 关于各种销售税假期的详细信息可参见 http://salestaxinstitute.com/resources/sales-tax-holidays。

税收抵免。

一些州只允许新机械设备的豁免，在这些州通常还有一项规定，如果生产率有一定的提高或机械可以生产新产品，则该机械设备可以享受豁免。

3. 附加税率

一些州通常对特定产品或服务实施较高的税率，这些服务包括车辆租赁、酒店住宿、电信服务、娱乐活动以及旅游等。

各州对"罪孽税"（Sin Tax）的征收也有所增加。"罪孽税"是指政府为增加收入以及限制某些行为而在销售和使用税外对特定项目征收的适用较高税率的单独税项，这些特定项目包括香烟、酒精和特殊食品。已经颁布或试图颁布"罪孽税"的州包括亚拉巴马州、亚利桑那州、加利福尼亚州、科罗拉多州、康涅狄格州、夏威夷州、伊利诺伊州、堪萨斯州、密西西比州、新墨西哥州、纽约州、罗得岛州、南卡罗来纳州、田纳西州和佛蒙特州。最近一些地方司法机构提出了"软饮税"（Soft Drink Tax），试图影响与肥胖有关的行为。加利福尼亚州的伯克利市从 2015 年 1 月 1 日起，对该城市销售的糖果饮料产品额外征收每盎司 0.01 美元的税收。2017 年 1 月 1 日起，宾夕法尼亚州的费城对糖果饮料征收 0.015 美元／盎司的税。2016 年 11 月，另有 4 个司法管辖区通过投票方式核准征收"软饮税"。旧金山、奥克兰、加利福尼亚州、奥尔巴尼各自以每盎司 0.01 美元的税率批准征收"软饮税"。科罗拉多州博尔德批准了每盎司 0.02 美元的税；伊利诺伊州（包括芝加哥）库克县的县委员会批准了每盎司 0.01 美元的税，应该指出的是，自 1993 年以来，芝加哥已经实行了 3% 比例税率的软饮税。

特殊附加费也可以专款用于特殊项目的发展。例如，波士顿按机票价格的5%征收的附加费用于资助其会议中心（马萨诸塞州指令08-8）。不征收州或地方销售税的州可以征收特别附加费或许可费，例如，特拉华州颁布了各种年度执照税，类别包括广告、娱乐、拍卖、出租、酒店、停车、摄影、出租车和旅行社等。

5.1.4　申报缴纳

1. 申报要求

大多数州的销售税由卖方代收代缴。使用税则由买方自行评估。部分州要求经常从事零售业务的个人或组织到所在州注册登记为销售税纳税人。

如果卖方在某一地区被要求代收销售税，则其需要在该地区提交销售税纳税申报表。大部分地区都规定纳税人需按月提交纳税申报表，代收税款数额较小的卖方符合一定条件的可以适用较长的申报期限。部分州允许纳税人使用合并纳税申报表申报州和地区销售税，但大部分地区要求纳税人提交单独的地区销售税纳税申报表。部分地区允许或要求纳税人进行电子申报。如果买方在应税货物使用地未缴纳过销售税，则需要在当地申报缴纳使用税。部分州允许个人直接在其个人所得税纳税申报表中申报使用税。

2. 税款缴纳

所有征收销售税的州均要求卖方至少每季度缴纳一次代收的销售税。大多数州要求超过某些规定限额的纳税人按照短于一个季度的纳税期限缴纳税款。部分州对缴纳销售税的卖方提供减税优惠。

3. 罚款和滞纳金

纳税人未按期申报或按期足额缴纳销售税或使用税将被征收罚

款。罚款通常以逾期少缴或未缴税款为依据，但具体数额各地区有不同规定。

5.2 消费税

5.2.1 消费税概述

消费税产生于古罗马帝国时期。当时，由于农业、手工业的发展，带动了城市的兴起与商业的繁荣，于是国家相继开征了盐税、酒税等。美国早在 1789 年就开征了消费税，在南北战争期间，为了增加财政收入，联邦政府不断扩大消费税的征税范围，使之逐渐成为联邦主体税种，在美国税收体系中曾占有十分重要的地位。但随着个人所得税和社会保障税的兴起，消费税的地位不断降低，其收入占整个联邦税收总收入比例仅在 0.4% 左右，成为美国联邦和地方都征收的辅助税种。

美国联邦和州政府对某些货物（如运输用汽、柴油等）和行为（如乘坐飞机、生产特定货物和室内日光浴服务等）征收消费税，其目的在于筹集收入和限制特定商品和劳务的消费。2016 年美国消费税收入 758 亿美元，占 2016 年美国税收总收入的 2.3%。美国消费税属于专款专用的税种，许多税目的消费税收入分别形成特定的基金，诸如公路信托基金、机场和航线信托基金、矽肺残疾信托基金等，这些基金专项用于联邦政府的对应支出，避免专项资金被占用。

美国的消费税制度属于价外税，税额独立于商品价格另行计算，且在消费者消费时注明货款和税款，便于消费者明确税负。美国消费税中的应税服务在服务提供环节缴纳；应税货物的纳税环节主要集中在零售环节，例如，烟、酒、能源产品、奢侈品等，纳税环节在生产环节的很少，比如污染产品。不同应税货物或行为适用不同的消费税计算方法。例如，室内日光浴服务的应纳消费税为服务费的10%，销售自美国开采的煤的应纳消费税为每吨1.1美元或销售收入的4.4%，以二者较低计。

下面介绍的是联邦消费税制。

5.2.2　纳税人与征税范围

1. 纳税人

在美国境内生产、制造、使用及进口应税货物和提供应税劳务的单位和个人，为联邦消费税的纳税人。

2. 征税范围

美国联邦的消费税课税范围比较广泛。美国《国内收入法典》D部分规定，消费税的课税对象包括燃料、环境税、通信、运输、外国保险、卡车拖车挂车等车辆、制造业、烟草、赌博、酒类、港口税、室内晒黑服务、未被注册形式的债务合约等。

5.2.3　税目与税率

1. 税目

按照美国国内收入法典的有关规定，消费税包括以下税目：

（1）燃料。主要对汽油、柴油、煤油、机油、航空燃料、液化天然气、液化石油气、醇类燃料、混合燃料及其他燃料征税。

（2）化学品。对在美国境内制造、初次使用的进口破坏臭氧的化学品的各类单位征收，也称"环境税"（Environmental Tax）。

破坏臭氧的化学品的进口商和制造商，在首次使用、销售或进口这类破坏臭氧的化学品时必须缴纳"环境税"。任何单位都无权免纳"环境税",即便美国联邦政府、州和地方政府、印第安部落的政府以及非营利性教育组织也不例外。

"破坏臭氧的化学品的使用"是指,把这类化学品投入一项交易或经营中,或是用于产生所得的行为。把这类化学品用于制造商品(包括组成商品)、化学转化或释放到空气中,也都属于"使用"。如果使用这类化学品制造混合物,且在制造完成后破坏臭氧的化学品的化学属性不发生变化,制造商通常要在制造完成后缴纳"环境税"。

对于用于呼吸器、回收、出口破坏臭氧的化学品,以及把这类化学品作为中间投料使用的单位,可以免纳"环境税"。

(3)通信。对本地电话服务、收费电话服务和电传服务征税。

(4)运输。对空运、船运旅客和货物征税。其中,船运旅客的应税范围主要是对载人人数在 17 人以上的商船,或是运输时间超过一夜的运输服务。

空运货物的付款人有义务纳税,如果空运货物是要运出美国的,寄发该货物的人是纳税人;承运货物出境的人有义务代收税款。

(5)外国保险。对外国保险公司提供的意外保险、寿险、疾病保险、事故保险、年金合同和再保险等保险服务征税,计税基数为保险费。

(6)卡车、拖车、挂车等。对零售的卡车、挂车、挂车车厢及底盘、拖车征税。其中,毛车重超过 30000 磅的卡车、毛车重超过 26000 磅的挂车和挂车车厢及底盘、在高速公路使用的拖车要缴纳该税。

(7)制造业。在美国制造、生产、进口或使用下列货物的制造商要缴纳消费税:煤(包括地表及地下储藏的煤)、石油、大排量汽车、轮胎、疫苗、运动渔具、弓箭、枪械弹药、醇类、普通化学品、破坏臭氧的化学品等。

石油类应纳的消费税主要是对进口至美国的原油和石油制品，以及从美国出口的原油征税。在这里，破坏臭氧的化学品还要缴纳"店内在库税"（Floor Stocks Tax）。该税不同于"环境税"，主要是对为了销售或进一步生产而在每年1月1日持有超过一定数量的该类化学品的单位征收。自1998年起的各纳税年度，如果在1月1日持有超过400磅的普通的破坏臭氧的化学品；超过50磅的卤素类破坏臭氧化学品；超过1000磅的甲基氯仿，需要在6月30日以前缴纳该税。

（8）烟草。制造、生产和进口卷烟、雪茄、烟纸、烟嘴、无烟烟丝、烟斗烟丝的生产商或进口商需要缴纳消费税。从2000年开始，自制卷烟和出口卷烟的厂商和人员也需要缴纳消费税。

（9）赌博。从事各类赌博活动的赌场及个人，必须缴纳赌博消费税，也称"赌博税"（Casino Tax）。

从事赌博活动的赌场和个人，以及在赌博活动中接受下注或代人下注的纳税人，每年还要缴纳"职业税"（Occupation Tax）[①]。

（10）酒类。各类蒸馏酒、果酒、啤酒的生产商或进口商要缴纳消费税。按照国内收入法典相关章节的特殊规定，在生产时免纳消费税的酒类，要在运输、销售或使用环节纳税。

（11）港口。使用港口需要缴纳消费税，也称"港口税"（Port Tax）。在进口时载货进入美国，由进口商纳税；在出口时载货离开美国，

---

① 职业税以工作收益为课征对象，包括薪金工资、佣金、奖金、分红、补贴、赏金等。

由出口商纳税；其他情况下，由船东纳税。

（12）大型汽车。对于车辆毛重超过55000磅的大型汽车，其登记人或使用者每年必须缴纳消费税。

（13）未被注册形式的债务合约。对于应注册但未被注册形式的债务合约的借款方，要征收消费税。

（14）对某些特定医疗器械的制造商，生产商或进口商征收消费税。2016年1月1日至2017年12月31日，该项消费税暂停征收。

2. 税率

美国联邦消费税属于价外税，有定额税率和比例税率两种形式。其中，燃油、酒类、香烟、疫苗、普通化学品等适用定额税率，其他商品适用比例税率。在消费税税率设置上联邦消费税采用全国统一设置，各州和地方的消费税税率则由当地政府根据实际情况进行设置，各不相同。下面是部分项目的联邦消费税税率。

（1）定额税率。适用定额税率的项目为：燃油、酒类、香烟、疫苗以及水路运输服务。具体税率见表5-2、表5-3、表5-4、表5-5和表5-6。

表5-2　　　　　　　　酒类消费税税率

产品	税率	每单件税率
啤酒	**1桶（31加仑）**	**1瓶（12盎司）**
标准税率	18美元	0.05美元
低税率	啤酒产量<200万桶时：6万桶以内，7美元/桶；超过6万桶，18美元/桶	0.02美元
酒	**1加仑**	**1瓶（750毫升）**
酒精含量小于等于14%	1.07美元	0.21美元

续表

产品	税率	每单件税率
酒精含量 14%~21%	1.57 美元	0.31 美元
酒精含量 21%~24%	3.15 美元	0.62 美元
正常酒	3.40 美元	0.67 美元
人工碳酸	3.30 美元	0.65 美元
烈性酒	0.226 美元	0.04 美元
蒸馏酒	少于 13.50 美元	2.14 美元

资料来源：美国财政部；烟酒及贸易局网站：https://www.ttb.gov/tax_audit/atftaxes.shtml。

表 5-3 烟草制品消费税税率

产品	税率	每单件税率
烟草制品	**1 单位**	**1 支**
小型香烟	0.05033 美元	0.0505 美元
大型香烟	0.10569 美元	0.1055 美元
小雪茄	0.05033 美元	0.0505 美元
大雪茄	销售价格的 52.75%，但不超过 0.4026 美元	不超过 0.4026 美元
烟草制品	**1 磅**	**1 盎司锡或袋**
管烟草	2.8311 美元	0.1769 美元
咀嚼烟草	0.5033 美元	0.0315 美元
鼻烟	1.5100 美元	0.0944 美元
自卷烟草	24.780 美元	1.5488 美元

资料来源：美国财政部；烟酒及贸易局网站：https://www.ttb.gov/tax_audit/atftaxes.shtml。

表 5-4 卷烟纸及烟管消费税税率

项目	税率
卷烟纸	**1 卷**
香烟纸长小于等于 6 英寸	0.00063 美元

项目	税率
香烟纸长大于 6 英寸	使用之上税率，但大于 6 英寸部分每 2 英寸算一卷香烟纸
烟管	**1 管**
烟管长小于等于 6 英寸	0.00126 美元
烟管长大于 6 英寸	使用之上税率，但大于 6 英寸部分每 2 英寸算一根烟管

资料来源：美国财政部；烟酒及贸易局网站：https://www.ttb.gov/tax_audit/atftaxes.shtml。

表 5-5 燃料消费税税率

项目	税率（美元／加仑）
汽油	
普通汽油	0.184
含乙醇（甲醇）汽油：	
乙醇成分在 5.7% ~ 7.7%	0.1478
乙醇成分在 7.7% ~ 10%	0.1378
乙醇成分在 10% 以上	0.1240
柴油	
普通柴油	0.244
火车用柴油	0.044
公共汽车用柴油	0.074
含乙醇柴油	0.190
含甲醇柴油	0.184
煤油	0.244
液化石油气	0.136
液化天然气	0.119

资料来源：美国能源信息署：https://www.eia.gov/。

表 5-6　　　　　其他适用定额税率消费税应税项目及税率

项目	税率
疫苗	
普通疫苗	0.75 美元 / 剂
能防疫 X 种病毒的疫苗	0.75X 美元 / 剂
水路运输	3 美元 / 人

资料来源：美国国税局：https://www.irs.gov/pub/irs-pdf/p510.pdf。

（2）比例税率。适用比例税率的项目为：豪华客车、重型卡车和拖车、燃气车辆、某些公路机动车辆、轮胎、娱乐设备、枪械弹药、通信服务、航空运输服务、外国保险、赌博、港口维修以及未被注册形式的债务合约项目，具体见表 5-7。

表 5-7　　　　　适用比例税率的消费税应税项目及税率

项目	税率
武器和弹药	
手枪和左轮手枪	10% 的销售价格
其他枪支和弹药	11% 的销售价格
通信服务	3%
卡车、挂车、拖车	售价的 12%
港口税	船载商品价值的 0.125%
赌博	
州政府授权的赌场	赌博款的 0.25%
未经州政府授权的赌场	赌博款的 2%
外国保险	

续表

项目	税率
意外保险	保险费的 4%
寿险、疾病保险、事故保险	保险费的 1%
再保险	保险费的 1%
运动渔具	销售价格的 10%
弓箭（弓重量大于等于 30 磅）	销售价格的 11%
煤	取两者较小值
地下煤	1.1 美元 / 吨或销售价格的 4%
地表煤	0.55 美元 / 吨或销售价格的 4.4%
高速公路用轮胎	
室内晒黑服务	服务费用的 10%
未被注册形式的债务合约	合约金额的 1%
航空运输	
运输乘客	
国内出发	3 美元 / 人 + 运费的 7.5%
国际出发	12.2 美元 / 人 + 运费的 7.5%
往返乡村机场	运费的 7.5%
运输货物	运费的 6.25%

资料来源：美国国内收入局：https://www.irs.gov/pub/irs-pdf/p510.pdf。

5.2.4 申报缴纳

1. 申报要求

纳税人需要提交 720 号纳税申报表 ① 申报并缴纳消费税。720 号

---

① 关于 720 号表格来源可参见 http://www.irs.gov/pub/irs-pdf/f720.pdf。

纳税申报表中未包含的其他消费税税种（如赌博税、开业许可税和高速公路重型机动车使用税等），纳税人需提交其他纳税申报表申报缴纳。纳税人应在每季度终了后次月的最后一天之前提交720号纳税申报表。未按规定预存税款或需就应税燃料缴纳消费税的纳税人在一定条件下将被要求每月或每半月进行一次申报。纳税人可以进行电子申报。纳税人从事某些消费税应税行为（如汽、柴油混合等）需要使用637号表进行注册登记。

2. 税款缴纳

一般而言，纳税人需每半月预存一次消费税税款，预存截止期限为本半月期间结束后第14天。通信消费税和航空运输消费税的预存税款期限为每年9月。纳税人必须使用电子转账方式预存税款。除适用安全港规则（Safe Harbor Rule）的情形外，纳税人每半月预存的税款额不得少于当期应纳税额的95%。根据安全港规则，如果纳税人在本季度内每半月预存的税款额都至少为往回倒推第二个季度应纳税额的1/6，则可被自动视为在该季度已满足半月预存税款数额的要求。

3. 罚款和滞纳金

纳税人非因正当理由而逾期未进行消费税注册登记的，将被处以10000美元的罚款，并从逾期之日起每天加收1000美元的滞纳金。纳税人未按期（包括已延长期限）申报的，在一定条件下将自逾期当月每月被处以未纳税款5%的罚款，但最多不超过未纳税款的25%。纳税人如能证明其未按期纳税有合理原因，则不会被罚款。纳税人未按期纳税通常自逾期当月每月被处以未纳税款0.5%的罚款，但最多不超过未纳税款的25%。纳税人因故意或过失而有纳税违规行为的在一定条件下将被处以罚款。纳税人未按期纳税还将被征收滞纳金。纳税人因未按期进行纳税申报或因故意或过失而未按期足额纳税而被处以罚款的，将自纳税期限截止之日起至实际缴足税款时止被加征罚款滞纳金。联邦所得税法规定了相关滞纳金的适用比率。纳税人未在规定期限内预存规定数额的税款的，将被处以罚款。纳税人故意不代收或代收但未缴纳通信消费税、航空运输消费税和室内日光浴服务消费税的，在一定条件下会被征收与逾期未缴税款数额相当的信托基金追讨罚款。

5.3　关税

5.3.1　美国关税的演进

关税政策是一个国家外贸政策、经济政策的重要组成部分。美国建国至今，利用关税政策，不但成功地帮助历届政府及时而有效地解决了各个时期的经济困难，也有力地促进了幼稚工业的生存和发展，同时还为其成熟的工业有效地保护着一定规模的国内市场。目前，美国的关税水平较低，所有商品加权平均税率为 3% 左右。2010 年，关税收入占美国税收总收入的比重为 1.2%。但是，关税仍然是美国经济政策的重要工具。美国关税的演进大体上可以分为以下四个时期：

1. 财政关税时期（1792～1816 年）

1789 年，美国开始征收关税。1789 年 7 月 4 日颁布的关税法令规定，对 81 种商品从价征收关税。在美国独立之初，联邦政府无权征收关税。关税由各州自己征收，税率由各州自己决定。这不但使全国经济活动和对外贸易处于混乱，联邦政府也由于没有可靠的财源，显得软弱无力。为了摆脱这种状况，第一届国会通过的第一个法令，就是关税法。这一阶段关税的主要目的是增加政府的财政收入。但财政关税的税率是比较低的，第一个关税法规定的平均税率为8.5%。从1792~1816年，共通过25个影响美国关税的法律。这一时期，虽然关税的保护性不断增强，但关税在实质上仍然是财政性的。关税税率的变化，主要视财政的需要而定。如1812年关税税率提高一倍，目的是为对英国战争筹款，停战后即做了调整。

2. 保护关税时期（1816~1934年）

1816年关税法使美国的关税实质上转变为保护关税。其基本原则是合法地采取一些保护措施来弥补国内和国外生产成本上的差距，从而抵消外国产品在竞争上的优势，保护本国工业的发展。1816~1860年，美国工业开始发展，大量来自英国的进口商品是美国工业发展的障碍。特别是1825年英国经济危机期间，大量工业制成品以破产价格涌向美国市场。刚刚起步的美国工业，坚决要求政府采取措施抵制进口。因此，在1816年保护关税之后，美国又出现1828年关税法，把关税保护推向新的高度。应税商品的平均关税高达49%。即便把免税商品加在一起，平均税率也在45%以上。

1861年以后，美国关税保护的对象，由原来的幼稚工业转向保护成熟的产业。这一时期制定的关税法分别有1861年关税法、1862年关税法和1864年关税法，进口关税不断提高。第一次世界大战结束后，美国"1921年紧急关税法"除提高关税外，还制定了有关反倾销的规定，对价格便宜的进口商品设置额外障碍。随后的1922年关税法，彻底扭转了自1913年关税法刚刚萌发的减税及自由贸易的趋势。1930 年关税法，把美国关税提高到空前绝后的程度。

3. 双边互惠关税时期（1934～1947 年）

1930 年关税法实施的结果适得其反。高关税招致其他国家的报复，美国的出口锐减。这不但伤害了美国的外贸和经济，也带来了一场世界性的经济危机。正是在这种情况下，"1934 年互惠贸易协定法"应运而生。该法授权总统在得到外国相应的关税让步的情况下，在签订双边协定时，可以在 50% 的幅度以内降低关税。从美国关税史上看，"1934 年互惠贸易协定法"在美国贸易政策演变过程中形成了一个明显的转折点，它改变了美国长期以来的高关税政策，使美国的关税从此逐渐降低。美国的外贸政策，进入了一个在互惠基础上的"双边主义"时代。

4. 非关税保护时期（1947 年至今）

1947～1973 年是美国经济绝对霸权主义阶段，通过降低关税来推行贸易自由化是其核心指导思想。这个时期美国凭借其第二次世界大战膨胀起来的经济实力，借助国际协定和多国协定，打开别国市场，促进本国经济发展。1973 年至今，美国经济、贸易实力相对削弱，开始在关税之外寻找措施保护本国工业和市场。这一阶段的美国外贸政策，是以报复为中心的保护主义。随着 20 世纪 70 年代后期贸易赤字的不断增大，美国外贸政策中的互惠性已逐步让位给报复性。1974 年贸易法把 1962 年贸易扩张法中的第 252 款的适用范围进行扩充，形成 301 条款。它授权总统对有下述情况的贸易对象国进行报复：（1）保留不公正或无道理的关税和其他进口限制的国家；（2）实行不公正或无理歧视行为、法律和政策的国家；（3）对出口到美国的商品提供补贴，并使美国产品在美国国内市场和第三国市场的销售额减少的国家。这一法律在"1984 年贸易和关税法"、"1988 年综合贸易和竞争法"以及 1989年和 1990 年的修改中得到充实，演变成以后的特别 301 条款和超级 301 条款。

5.3.2 美国关税概述

1. 进口关税和管制的基本情况

美国海关从 1989 年 1 月 1 日起开始采用世界海关组织的《商品名称及编码协调制度》（International Convention for Harmonized Commodity Description and Coding System），简称 HS 制度（Harmonized System，HS）进行关税税则目录分类。美国海关税则称为《协调关税税则》（Harmonized Tariff Schedule，HTS）。美国海关税则共 22类 99 章，前 21 类（包含 97 章）的类别包括动物、蔬菜产品、食品、矿产品、木材及木制品、机器设备、珠宝、武器弹药等。第 22类，即 98 章和 99 章是美国本国增加的未包含在 HS 制度中的内容。第 98 章规定了在特殊情况下，允许免税进口或部分免税进口的货物的分类规定及免税条件，如货物复出口、个人免税物品、政府进口货物、宗教用品、教育用品、其他高质量的仪器、样品及保税区内进口的货物等。第 99 章规定了特殊商品的临时关税待遇，如国会对某些商品升降或免关税、关税的临时修改立法、额外的进口限制等。

关税税则的每·类章前除 HS 制度统一的注释外，都附有美国本国的附加注释。表 5-8 为 2017 年美国统一关税表部分表格。

表 5-8 2017 年美国统一关税表的部分内容

HTS 编码	后缀	商品描述	数量单位	完税税率		
				1		2
				普通	特别	
0101		活马、驴、骡子：马匹：				
0101.21.00	10	纯种繁殖动物		免税		免税
	20	公马 母马				
0101.29.00	10	其他		免税		20%
	90	进口立即屠宰				
	00	其他				
0101.30.00		驴子		6.8%	免税（A+,AU,BH,CA, CL,CO,D,E,IL,JO,KR,MA, MX, OM, P, PA,PE, SG)	15%
0101.90		其他：				
0101.90.30		进口立即屠宰		免税		免税
0101.90.40		其他		4.5%	免税（A+,AU,BH,CA, CL,CO,D,E,IL,JO,KR,MA, MX, OM, P, PA,PE, SG)	20%

资料来源：https://hts.usitc.gov/current。

关税的税率表分为五大栏。第一栏为编码的前 8 位（美国海关税则采用的是 10 位编码），是统一的 HS 关税税目；第二栏为编码的第 9、10 位，是美国自行增加的子目，这两位子目是美国关税的统计目录；第三栏为商品描述；第四栏为商品的计量单位；第五栏为税率，税率分为栏 1 和栏 2 两部分，根据美国有关法律，从古巴和朝鲜两个国家进口的商品适用于栏 2 税率，栏 1 则分为普通（general）和特别（special）两个子税率栏。详见 5.3.4 税率部分。

2. 出口关税和管制的基本情况

美国宪法规定"禁止国会征收出口关税"。但美国可以对由政府为出口提供的相关服务、便利等收费，比如政府对出具批准植物和植物产品出口的证书收取一定的费用。这类费用主要是由于进口国要求提供此类证书，并不是美国对出口本身征收的费用。为确保国家安全、配合对外政策和防止供应短缺，美国还对出口施加管制，主要通过出口许可证制度来实施。这也是其重要的国家战略。美国管制物品包括军民两用品和军品，分别被列入《商品管制清单》和《军品清单》，清单适用于所有出口目的地国家和地区。

5.3.3 纳税人与征税范围

1. 纳税人

进口商有义务就进口货物进行报关并缴纳关税。进口商可能是进口货物的所有人、购买人或经许可的报关代理人（Licensed Customs Broker）。进口商向美国海关和边防局（Customs and Border Protection，CBP）提交进口货物入境申请时发生关税纳税义务。

2. 征税范围

针对所有进口至美国的货物均需按照美国《关税税则》的分类规则被区分为应税货物或免税货物。

5.3.4 税率

美国关税税率分为从价税率、从量税率和复合税率。其中从价税率一般从 0～50% 不等，是最常用的税率。美国对与其有正常贸易关系（Normal Trade Relations，NTR）的国家实施普通税率（最惠国税率）和特别税率。没有正常贸易关系的国家目前只有古巴和朝鲜，美国对古巴和朝鲜的进口关税实行高税率。例如，2017 年，鞋头装有保护性金属的鞋类的最惠国税率为 37.5%，而古巴和朝鲜适用的关税税率高达 75%，为最惠国税率的两倍。

普通税率，即最惠国（Most-favored-nation Treatment，MFN）税率。主要适用于原产自最惠国待遇的国家或地区，或原产自与美国订有非歧视贸易协定的国家或地区的进口货物，但不包括可享受优惠税率的货物。普通税率是法定税率，是多边关税减让或双边谈判的结果。尤其反映在世界贸易组织框架下所作出的承诺。

特别税率。特别税率分许多类别，在税率表中，每个特别税率后面都用助记符（A、B、C等）表明所依据的法律条款，2017 年美国特别税率类别及其助记符见表 5-9。

表 5-9　　　2017 年美国特别税率依据的法律条款及其助记符

法律条款	助记符
普惠制	A 或 A*
美国—澳大利亚自由贸易协议	AU
汽车产品协议	B
美国—巴林自由贸易协定实施法	BH
民用航天器贸易法	C
加拿大产品（北美自由贸易协定）	CA
美国—智力自由贸易协定	CL
美国—哥伦比亚自由贸易协定	CO
非洲自由发展与机会法案	D
加勒比海流域经济恢复法案	E 或 E*
美国—以色列自由贸易区	IL
美国—约旦自由贸易区实施法案	JO
药品贸易协定	K
美国—韩国自由贸易协定实施法案	KR
乌拉圭染料中间化学品回收许可	L
美国—摩洛哥自由贸易协定实施法案	MA
墨西哥产品（北美自由贸易协定）	MX
多米尼加共和国—中美洲—美国自由贸易协定实施法案	P 或 P +

续表

法律条款	助记符
美国—巴拿马自由贸易协定法案	PA
美国—秘鲁自由贸易协定法案	PE
美国—加勒比海地区贸易伙伴关系法案	R
美国—新加坡自由贸易协定	SG

资料来源：https://hts.usitc.gov/current。

应税货物适用的关税税率依货物类别及原产国的不同有所不同。除特定类别的货物外，进口货物均应分别注明其原产国。按美国与某些国家签订的贸易协定和其他特别协定规定，原产于缔约国的某些类别或子类别的进口应税货物在满足一定条件的情况下可以适用优惠的关税税率。

5.3.5 关税政策及措施

1. 关税优惠政策和措施

美国关税优惠政策主要有三种类型。一是美国单边给予的优惠措施；二是美国所签署的双边或区域自由贸易协定；三是多边优惠政策。

（1）单边优惠政策

为促进经济增长和发展，美国长期通过单边优惠税率安排向发展中国家提供关税优惠，普惠制（Generalized System of Preference Documents，GSP）即是美国提供的单边优惠税率安排。普惠制是指工业发达国家对发展中国家或地区出口的制成品和半制成品给予普遍的、非歧视的、非互惠的关税制度。目前，共有 154 个国家和地区享受美国 GSP 待遇，其中包括 43 个最不发达国家。与此同时，通过设置诸如国际公认的劳工权利、外交政策、原产地规则等条件对享受优惠的国家做出严格限制。2011 年，美国对享受普惠制的国家或地区以及产品名单进行了修订，如果美国自某一享受普惠制待遇国家进口的某一商品占这一商品总进口量的比例超过政策规定的比例或者达到一定的数额，由总统发布命令或公告宣布取消或暂停其产品享受 GSP 优惠的资格，并从宣布之日起生效。自 1981 年以来，美国政府根据上述规定每年进行一次审查。

普惠制资格清单包含了美国统一关税表中的 3400 个不同子目下的多类产品。这些项目在美国关税表第五栏（税率栏）的栏 1 "特殊税率"子列中以符号 "A"、"A*" 或 "A+" 标识。按此方式标识的商品，如果从任何指定国家和地区直接进口到美国，则符合免税条件。对于从一些特定的国家进口商品，以 "A *" 标记的商品可能被排除在豁免之外。

普惠制定期到期，必须由国会续约有效。美国海关与边境保护局（Customs and Border Protection，CBP）向贸易区提供到期和续约通知。

另外，美国还给予加勒比地区国家《加勒比盆地经济复兴法案》（Caribbean Basin Economic Recovery Act，CBERA）、非洲地区国家《非洲增长与机会法案》（African Growth and Opportunity Act，AGOA）、安第斯地区国家《安第斯国家贸易促进和反毒法案》（Andean National Trade Promotion and Anti-Drug Act，ATPDEA）等单边贸易优惠。

（2）双边优惠政策

至 2017 年 4 月，美国已与 20 个国家签订自由贸易协定。美国在这些自由贸易协定下的进口占其进口总额的 16.4%。由于篇幅有限，下面仅对三个主要的自由贸易协定进行介绍：

①美国—北美自由贸易协定

北美自由贸易协定（North American Free Trade Agreement，NAFTA）

是美国、加拿大及墨西哥在 1992 年 8 月 12 日签署的关于三国间的全面贸易协定。1993 年美国制定了"北美自由贸易协定实施法"。北美自由贸易协定于 1994 年 1 月 1 日正式生效，并同时宣告北美自由贸易区正式成立。根据北美自由贸易协定，原产于加拿大或墨西哥的货物可以适用广泛的关税优惠。并且，进口应税货物可以在保税仓库或美国的外贸区内最多存放 5 年而无须缴纳关税。

NAFTA 中的附录 401 对于原产地的规定为该协定中最重要的部分，其规定十分详细与严格，目的是为确保 NAFTA 原产地产品才能享有 NAFTA 优惠待遇，避免其他国家业者以转运或简单加工之方式"搭便车"而影响 NAFTA 产品之权益；另外该规定也提供会员海关作为认定原产地的依据。

附录 401 中原产地的四项基本原则如下：(i) NAFTA 获得或生产的产品，如农、渔、矿产等；(ii) 完全使用 NAFTA 地区的原材料（这些原材料包括制造成原材料的外来材料），并在 NAFTA 地区生产；(iii) 符合附录 401 之规定（使用非原产地原料时），即区域产值含量（Regional Value Content, RVC）达 50％（净成本法）或 60％（交易价值法）；(iv) 未组装产品及与零件同属相同的税则号列的产品，须符合 RVC 之规定。

在美国所有的自贸区中，北美自贸区最为重要，自北美自贸区伙伴加拿大和墨西哥的进口额占美国所有自贸协定进口额的 91%，美国向加拿大和墨西哥的出口占其总出口的 77%。通过 NAFTA，美国对加拿大和墨西哥的出口支持了超过三百万美国的就业机会，美国与北美自由贸易协定合作伙伴的贸易已经为数百万美国人提供了工作和出口的机会。由于北美自由贸易协定的执行，美国伊利诺伊州、俄亥俄州、密歇根州等许多州在北美边界的出口出现了激增。自从北美自由贸易协定生效以来，美国对 NAFTA 的制造业出口增长了 258％，美国与加拿大和墨西哥的制造业贸易顺差持续上升；美国的计算机、电子产品、家具、纸张和金属制品的出口额已经翻了 3 倍。对于服务和许多类别的货物，美国与北美自由贸易协定国家保持贸易顺差。影响北美自由贸易协定国家贸易差额的最大因素是进口化石燃料及其副产品。如果这些产品被排除在外，就没有赤字。事实上，美国货物贸易顺差大，包括农业和制成品以及服务贸易顺差。NAFTA 进口增加了美国企业的竞争力。从加拿大和墨西哥进口的美国货物中，近 60％用于美国制造品和服务①。

②美国—智利自由贸易协定

美国—智利自由贸易协定（Free Trade Agreement，FTA）于 2004 年 1 月 1 日生效。FTA 消除关税并开放市场，减少服务贸易壁垒，保护知识产权，确保监管透明度，保证数字产品贸易不歧视，承诺缔约方保留禁止反竞争行为的竞争法，要求有效的劳动和环境执法。FTA 在 12 年的期限内对原产于智利和美国的货物免除关税。根据免除关税的规则，智利 85％的货物可立即获得减免待遇，剩下货物的关税将在四年、八年、十年和十二年期间逐步减免，智利和美国也可以选择加速减免。随着 2015 年 1 月 1 日的第十二个年度关税减免，美国出口的货物将 100％免税进入智利。

根据"统一关税表"附 26 中的规定，原产于智利或美国的商品将获得减免税率。来自其他地方，仅通过智利转运的货物将无权获

---

① 资料来源: https://ustr.gov/trade-agreements/free-trade-agreements/north-american-free-trade-agreement-nafta。

得关税的减免。

该协定中附录 4.1 规定符合原产地的定义需满足以下条件之一：（i）该货物完全是在智利或美国境内获得或生产的；（ii）在智利或美国境内生产的货物（使用非原产地材料），需符合附件 4.1 对关税税则转变或区域产值含量的规定；（iii）该货物完全使用智利或美国的原材料生产。

除了卸载、重新装载或维护货物外，其他在智利或美国境外对货物进行的任何操作将使该货物不再符合该协定所规定的原产地规则。例如，经过简单组合、包装操作或仅被水或其他物质稀释的货物将不再适用原产地规则。

该协定为美国工人和制造商带来新机遇，所有出口的消费和工业产品现在都可以免税进入智利。美国重要的产业从出口中受益，如农业、建筑设备、汽车和汽车配件、电脑等信息技术产品、医疗设备和纸制品。美国向智利出口最多的产品为矿物燃料、机械、车辆、电机和飞机。到 2013 年，美国对智利的农产品出口总额为 8.91 亿美元。主要产品包括小麦、饲料和饲料、禽肉、牛肉和牛肉制品。

③美国—哥伦比亚贸易促进协定

自 2009 年以来，美国与韩国、哥伦比亚和巴拿马分别签订了自贸区协定。其中，美国—哥伦比亚贸易促进协定（Trade Promotion Agreement，TPA）于 2012 年 5 月 15 日生效，TPA 是一项全面的自由贸易协定，可以消除关税以及包括金融服务在内的美国服务的障碍。除此之外还包括与海关管理和贸易便利化、贸易技术壁垒、政府采购、投资、电信、电子商务、知识产权、劳动和环境保护有关的重要领域。国际贸易委员会（International Trade Commission，ITC）

估计，如果全面实施 TPA 的关税削减，美国商品出口额将超过 11 亿美元，从而支持数千美元的美国就业机会。ITC 还预计，协定完全实施后，TPA 将使美国国内生产总值增加 25 亿美元 [①]。

（3）多边优惠政策

①跨大西洋贸易和投资伙伴关系协议

2013 年 6 月，时任总统奥巴马、欧盟理事会主席范龙佩和欧盟委员会主席巴罗佐宣布，美国和欧盟（EU）将就跨大西洋贸易和投资伙伴关系协议（Transatlantic Trade and Investment Partnership，T-TIP）达成协议。T-TIP 旨在成为一项雄心勃勃的全面的贸易协议，它大大扩展了美国与欧盟之间的贸易和投资，增加经济增长、就业机会和国际竞争力，并处理全球共同关心的问题。

T-TIP 将帮助美国家庭、工人、企业、农民和牧场主通过增加进入欧洲市场获得美国制造商品和服务的机会，这将有助于促进美国的国际竞争力、就业机会和增长。美国和欧盟的经济是世界上最现代、最发达、最致力于高标准的消费者保护的两个经济体。T-TIP 旨在加强已经强有力的关系，以帮助促进经济增长，并增加跨大西洋贸易和投资已经支持的 1300 多万美国和欧盟工作。T-TIP 将是一个前沿的协议，旨在提供更大的兼容性和透明度的贸易和投资法规，同时保持高水平的健康、安全和环境保护。T-TIP 提供了一个非凡的机会来加强重要的战略和经济伙伴之间的联系。

②跨太平洋伙伴关系协定

跨太平洋伙伴关系协定（Trans-Pacific Partnership Agreement，TPP），

---

① 资料来源：https://ustr.gov/trade-agreements/free-trade-agreements/colombia-tpa。

也被称作"经济北约",是目前重要的国际多边经济谈判组织,前身是
跨太平洋战略经济伙伴关系协定。是由亚太经济合作组织成员中的新
西兰、新加坡、智利和文莱四国发起,从 2002 年开始酝酿的一组多边
关系的自由贸易协定,旨在促进亚太地区的贸易自由化。

2015 年 10 月 4 日、澳大利亚、文莱达鲁萨兰国、加拿大、智
利、日本、马来西亚、墨西哥、新西兰、秘鲁、新加坡、美国和越
南的贸易部长宣布,经过 5 年以上的谈判,达成了跨太平洋伙伴关
系(TPP),这是亚太地区 12 个国家之间的贸易协定。该协定的特
点是约束主权、全覆盖、宽领域、高标准。该协定涵盖关税(相互
取消关税,涉万种商品)、投资、竞争政策、技术贸易壁垒、食品安
全、知识产权、政府采购以及绿色增长和劳工保护等多领域。TPP
协议条款超过以往任何自由贸易协定。既包括货物贸易、服务贸易、
投资、原产地规则等传统的 FTA 条款,也包含知识产权、劳工、环
境、临时入境、国有企业、政府采购、金融、发展、能力建设、监
管一致性、透明度和反腐败等亚太地区绝大多数 FTA 尚未涉及或较
少涉及的条款。TPP 消除或降低了大部分商品和服务贸易中的关税和
非关税壁垒,消除了各 TPP 国家对美国出口的包括制成品、农产品、
汽车产品以及信息和通信技术产品施加的 18000 多种税收。

美国当选总统特朗普竞选时表示,"经济投降的时代终将结束,
美国将再次经济独立""TPP 对美国制造业将是致命打击,会把美国
的市场向货币操纵国开放,如果签署 TPP,中国有一天也会'走后
门'加入""该协议可能会成为我们国家的一大灾难。我会就我们打
算退出 TPP 的意愿发出通知。相反,我们将开展磋商的,是能够让
工作岗位和产业重新登陆美国的、公平的双边贸易协议。"

2017 年 1 月 20 日，美国新任总统特朗普就职当天宣布从 12 国的跨太平洋贸易伙伴关系（TPP）中退出。2017 年 1 月 23 日，美国总统特朗普在白宫签署行政命令，标志着美国正式退出跨太平洋伙伴关系协定（TPP），特朗普政府将与美国盟友和其他国家发掘双边贸易机会。

2. 关税限制政策和措施

（1）关税配额

关税配额（Tariff Rate Quotas）是一种进口国限制进口货物数量的措施。进口国对进口货物数量制定某一数量限制，对于凡在该限额内进口的货物可以适用较低的税率或免税，但关税配额对于超过限额后所进口的货物则适用较高或一般的税率。

美国关税配额产品涉及 1.9% 的税目。2012 年共有 200 个农产品税目实施关税配额，主要包括牛肉、奶制品、糖、棉花、烟草以及花生等。

美国大部分关税配额是根据总统在有关贸易协议下的声明实施的，当海关确定在某日某时配额已经满额，海关现场官员有权对本关进口的关税配额商品税率作必要的调整。

美国总统可以将关税配额内的配额量分配给任何一个农产品的供应国或关税区，另外总统还可以根据需要调整配额的分配。总统还有权在必要时，采取行动，以保证进入美国的农产品不致扰乱美国现行的市场秩序。财政部对税目进行修改后，总统可以宣布关税配额产品的范围。农业部部长负责监督受制于关税配额管理的农产品的国内供应情况，并在国内供应发生短缺或在配额内进口的替代产品不能维持国内合理的价格时，向总统提出建议。

（2）反倾销和反补贴税

反倾销指对外国商品在本国市场上的倾销所采取的抵制措施。一般是对倾销的外国商品除征收一般进口税外，再征收附加税，使其不能廉价出售，此种附加税称为"反倾销税"（Anti-dumping Duties）。

反补贴是指一国政府或国际社会为了保护本国经济健康发展，维护公平竞争的秩序，或者为了国际贸易的自由发展，针对补贴行为而采取必要的限制性措施包括临时措施以及承诺征收"反补贴税"（Countervailing Duty）。其中的补贴是指一国政府或者任何公共机构向本国的生产者或者出口经营者提供的资金或财政上优惠措施，包括现金补贴或者其他政策优惠待遇，使其产品在国际市场上比未享受补贴的同类产品处于有利的竞争地位。

美国的反倾销法由三部分构成：一是以价格概念为核心，确定是否构成倾销；二是以美国工业概念为核心，确认是否造成损害；三是程序方面的规定。

美国的反倾销，是由美国商务部（Department of Commerce）和国际贸易委员会（United States International Trade Commission）两个部门负责。商务部负责确定是否属反倾销，国际贸易委员会负责对国内工业损害进行调查并确定倾销幅度。反倾销的立案，一般是由美国生产相同或相似产品的生产制造商协会、工会、经营相同或相似产品的批发商、商会或政府部门发起反倾销诉讼。接到反倾销诉讼后，如果商务部裁定某类或某种进口产品已经、正在或者可能以低于公平价值的价格在美国市场销售；同时，国际贸易委员会裁定由于该产品进口后销售对美国同类工业造成了实质性损害或实质性损害的威胁，反倾销诉讼即成立，即对该产品征收反倾销税，税率的多少取决于该产品的公平价值和美国市场销售价格的差额。

美国的反倾销程序一般包括：立案、初裁、停止或中止调查、最初终定、年度复审。根据美国法律，只要国际贸易委员会的三个委员意见一致即可确认倾销成立，反倾销案最终裁决后，即使总统也不得干预。法院只可要求重新调查，但不能推翻裁决。

（3）保障措施制度

根据美国贸易法律制度规定，即便进口商品没有违反反倾销法或反补贴法，只要某一进口商品大量进口，充斥国内市场，美国政府有权采取包括关税、配额和关税配额在内的临时保障措施。关税措施不足以消除危害时，可考虑增加数量限制措施。保障措施期限最长不超过8年。

保障措施的调查由国际贸易委员会负责，程序与反倾销调查相似，主要考虑的因素包括进口增长、是否是危害国内工业的直接原因、是否造成严重损害。判断进口增长是否过量和对国内是否造成危害，要考虑许多因素，包括进口规模、增长率、企业开工率、市场占有率、销售价格等。而且，不同产业情况不一样，如对成熟产业危害可能不大，但对高技术产业，由于建立时间短，危害可能要大一些。

保障措施由国际贸易委员会向总统提出建议，总统在征求其他部门意见后，决定是否实施、实施多大份额、多长时间。与反倾销不同，保障措施的决定权在总统手中。

保障措施与反倾销相比，有以下几个不同点：

——反倾销是针对不公平贸易；保障措施是针对进口料的增加。

——反倾销是针对某一国家进口的产品；保障措施是针对同一产品从所有国家的进口总量。

——反倾销是针对国内产品非常相近的进口产品，要求产品间的各个特征基本一样；保障措施针对的产品相似范围广，只要是竞争性产品，都可以纳入保障措施的调查范围。

——危害程度和措施也不一样。保障措施要求进口产品对国内工业有更大的损害；反倾销只增加反倾销税，以减少价格差别；保障措施可采取关税和数量限制措施。

——实施时间不同。反倾销要求每 5 年重审，决定是否加税，总体上无时间限制。保障措施有实施时间规定，一般最长 8 年。

美国近年来平均每年有 75 个左右反倾销案例，保障措施案例每年仅 1～2 件，或者更少。其原因就在于保障措施对市场和工业的损害要求高，而且要经过总统批准才能实施，总统有可能考虑国际关系等政治因素而否决。

5.3.6　申报缴纳

1. 申报要求

进口商必须在货物抵达美国入境口岸后或离开保税仓库或外贸区前 15 天内就进口货物的价值、原产国和其他信息进行报关。报关单中必须包含进口货物发票和所有进口货物装箱单或类似清单。进口货物的应纳关税由美国海关与边防局在进口商报关后进行核定，在进口商清缴关税税款前进口货物不得被放行。部分加入美国海关与边防局自愿自行评估安排（Voluntary Self-assessment Program）的进口商可以自行评估其应纳关税。用邮递方式进口的货物适用特殊的关税规则。

2. 税款缴纳

纳税人需在货物入关之前清缴关税税款。美国海关与边防局在纳税人清缴关税后对进口货物放行。目前大部分货物的应纳关税由进口商自行评估并向美国海关与边防局进行电子申报。纳税人就特定进口货物缴纳的关税，如果该货物在复出口时没有实质性改动，则纳税人可以申请退税。

3. 罚款和滞纳金

进口商未遵守美国海关与边防局关于货物进口的相关规定或未及时履行纳税义务的，在一定条件下将受到民事处罚。在一定条件下，受到处罚的进口商的进口货物还将被美国海关与边防局没收并变卖。此外，进口商如有某些违法行为，还将受到刑事处罚。刑事处罚措施包括处进口货物价值 2 倍以内罚金并处 20 年以下有期徒刑。

6 财产和其他税类

6.1 财产税

6.1.1 财产税概述

美国财产税由州和地方财产税组成,财产税是美国地方政府的主体税种,联邦政府不征收财产税。目前,美国的 50 个州下辖的地方政府都开征了财产税,但其中有七个州免征财产税,这七个州包括科罗拉多州、康涅狄格州、特拉华州、夏威夷州、爱达荷州、艾奥瓦州和纽约州。

财产税是对纳税人拥有的财产征收的一种从价税。财产可以划分为动产和不动产。州和地方政府通常要在特定日期根据财产的估定价值(不必是公平市场价)对位于本地区内的不动产和动产征收财产税,应税财产的所有人可以直接告知税局其财产的市场价值,税局可以接受也可以对此重新确定。对应税财产价值的重新确定通常由估税员进行。大部分地区都规定了对应税财产价值的定期重估制度。

各地区对特定日期有各自的规定,但通常该日期指每年的 1 月 1 日,并且税率各不相同。

美国最初的财产税是选择性地对土地、牲畜和房屋课税。18 世纪末,纽约州最早对所有的不动产和动产征收财产税。到 19 世纪中期,各州已经普遍征收财产税。20 世纪初期,财产税达到鼎盛时期。

随着财产特别是动产的大量增加，财产税的征收面临技术上的困难。1933 年，纽约州首先把有形动产排除在财产税的征收范围之外，以减少征收技术上的困难和征收成本。发展到今天，美国现代的财产税主要是对不动产征收，对动产只是在很小范围内的选择性的课税。20 世纪 30 年代以后，各州政府把课税重点转向销售税，逐渐放弃了财产税，财产税成为地方政府税收的主要来源。在 2014 年，在美国各州的收入中，财产税的收入比重为 1.6%；而在地方政府的收入中，财产税的收入比重约占地方全部税收收入的 72.5%[①]。

6.1.2 纳税人与征税范围

1. 纳税人

财产税的纳税人按照居住地分为居民纳税人和非居民纳税人，包括自然人和法人。其中，居民纳税人要就其坐落于全球的财产纳税。

2. 征税范围

财产税的征税范围是纳税人所拥有的不动产和动产。

动产的课税对象是汽车、船舶等需要在政府注册登记才能使用的财产以及企业的设备、仪器、家具等经营性财产。

不动产税的课税对象是纳税人所拥有的土地和土地改良物。这里所说的土地是一个广义的概念，除了包括土地本身外，还包括地上资源如树木等、地下资源如矿藏等、地上附属设施、地下附属设施等。

由于不动产具有无法隐匿、转移的特性，纳税人很难对征税人隐瞒其价值。相对而言，动产具有流动性和易隐藏性，这使得征税

---

① 资料来源：https://taxfoundation.org/toolkit–sources–state–local–tax–collections/。

人对动产征税较为困难。因此，美国财产税的课税对象主要为纳税人所拥有的不动产。

各州的审计办公室将不动产具体分为如下几类：

（1）家庭住所；

（2）商业用不动产；

（3）工业用不动产；

（4）空地；

（5）合规的农业用地包括灌溉种粮土地、干旱种粮土地、瘦地或废地、自然牧地、改良牧地、林地、其他农业用地等；

（6）非合规农业用地；

（7）油气和其他矿藏；

（8）其他。

6.1.3 计税依据和财产估值

财产税的税基并不完全等于市场价值。与其他税种不同，财产税是对财产所有者拥有财产的保有环节征税，而不是对年度经济流量征税，所以财产的税基即财产的价值是不能够客观得到的，必须接受相关部门的评估。因此，财产价值的评估方法和评估程序就成为财产税收制度的重要组成部分。

财产税是建立在一个比较全面的财产登记和财产估价制度基础上的。财产价值的估算是财产税制度的核心。税务机关首先估算出财产的市值，然后按照一定比例，折算成计税用的税基。绝大多数地方财产税的计税依据并不是财产的实际市场评估价值，而是计税财产的估定价值（Assessed Value）。作为税基的应税财产的估定价值一般是其真实市价的30%～70%。另外，为了保持财产税的增长和限制某些类型财产的价值评估，各州政府纷纷采取措施，有效限制财产税税基的扩大。其基本做法是，规定辖区内持有的特定类型的财产评估价值的年增长率不得高于某一固定比率。在大多数情况下，评估工作不会年年进行，一般是几年内重复评估一次。因此，在不能及时做出评估的年份，就采用以评估价值作为基数，乘以固定增长率的方法得出该年度财产的评估价值。一般来说，这个增长率会比市场增长率低。

经过多年以来的发展和积累，美国目前已经形成了系统的财产估价标准和估价方法体系，各地方政府建立了比较丰富和完整的财产估价的资料制度，以便加强对财产税的管理。

1. 估价的标准

在财产估价中，市场价值是最常用的估价标准。对于某些不适用市场价值标准的，例如农业用地，只能按照当前用途的价值估价。有些州和地方政府则采用按重置价值估价的标准。

2. 估价的方法

常用的估价方法有市场信息法、所得法和成本法。

市场信息法也称为可比价格法，是通过比较近期在市场被售出的类似财产的价格来估价。这一方法主要适用于自有住房类财产。在确定类似财产是否具有可比性时考虑的因素有：财产性质（房屋、办公楼、裸地等）、所处位置（靠近学校、医院等）、房产面积、财产用途（住宅、商业、农场等）、财产的特点（卧室数量、设施等级）、财产质量等。

所得法是通过预计财产的预期收益来估计财产的价值。这一方法比较适用于能够生成所得的财产，如公寓、商店、写字楼、停车场和农业用地等。

成本法是通过重置成本和累计折旧来估价。这一方法适用于通常不会产生所得并且可比交易很少的房产。

3.估价的种类

根据估价财产范围和估价周期，地方政府的估价制度可以分为全周期估价、按部分估价和年度估价三类。

全周期估价是指，财产在特定的年份被估价后，其估价在下一次规定的估价年份之前的整个期间内不变（如果财产在这期间被新建、损毁或改变用途，则要重新估价）。各地方政府的估价周期在2～10 年之间。

按部分估价是指，对于不动产，在一定周期内重新估价的同时，每年都对其中一部分财产进行重新估价。例如，某地方政府采用3 年的周期。每年该地方的财产的1/3 要被重估，全部财产在第三年都要被重估。

年度估价是指，每年根据市场的变化，对全部不动产重新估价。

4.财产信息的管理

对于应税财产，地方政府建立了比较详细的信息管理制度，其中，资料卡片是最常见的管理方法。卡片上的信息很全面，包括所在地、税号、财产类别、所有权的变更情况、估价的日期、估价的组成和变化情况、建筑的种类、土地的类别、房屋的种类和数量等。通常，工业和商业用财产的资料卡片的信息要更详细一些。在使用计算机管理后，这种信息管理制度可以为政府提供多方位的信息。

6.1.4　税率

财产税的税率由各地方政府自行规定，主要根据地方政府的财政支出规模、非财产税收入额、可以征税财产的评估价值等因素进行测算。其确定原理可以表示如下：

名义税率＝（地方政府财政支出规模－非财产税收入额）÷可征税的财产的评估价值

财产税的名义税率一般在3%～10%之间。由于对应税财产实行估价制度，所以造成实际税率和名义税率差别很大。总的来说，财产税的有效税率只有1%～4%的水平。

6.1.5　税收优惠

在财产税的发展过程中，美国各州都建立了各种针对特定财产、特定人群的优惠政策。可以享受优惠的财产可以分为以下几大类：

（1）联邦法律规定可以减免财产税的联邦政府财产；

（2）州和地方政府拥有的公共服务性不动产；

（3）居民住宅；

（4）慈善机构、公益组织等非营利机构拥有的、用于增加公共福利和弱势人群福利的不动产；

（5）特殊人群拥有的不动产，如65岁以上老人拥有的不动产、残疾人拥有的不动产、退伍老兵拥有的不动产等；

（6）政府扶持的文化、科学研究、环境保护等事业的不动产；

（7）用于宗教的财产；

（8）公立学校等非营利性教育机构拥有的财产；

（9）农业用地、农牧产品和农牧用的机械设备；

（10）制造企业的存货、厂房设备；

（11）企业孵化机构的财产；

（12）研发企业的财产；

（13）对污染控制设施和能源设施（特别是可再生能源设施）；

（14）运动场馆。

财产税豁免最大的部分是对非营利组织的豁免；2009 年的一项研究结果表明：美国 50 个州及其地方政府每年对非营利组织豁免的财产税金额在 170 亿～320 亿美元之间[①]。具体的税收优惠政策有以下几种：

1.减免税政策

（1）免税政策

美国财产税的免税项目因州而异，大多数州对以下项目免税：①居民购买的第一套非经营性自用房地产；②公共服务、宗教、慈善等非营利性机构的自用房地产；③文化、科研、环保等事业性机构的自用房地产。

（2）减税政策

①税基式减免

（i）评估限制，即对税基评估价值的增长进行限制。有 18 个州和哥伦比亚特区存在这种限制条款。主要是对各类型房产评估价值的增长设定限制，或对自住用房的评估价值上涨设定限制。例如，艾奥瓦州的评估限制条款规定：自住用房和农用房地产评估价值增长率不得超过 3%，商业和工业房地产评估价值增长率不得超过 4%，公共事业房地产评估价值增长率不得超过 8%。自住用房和农用房地产的评估价值的增长率相互联系，如果其中一个类别的房地产的评估价值增长率低于 3%，那么另一个类别的房地产也要受此增长率的限制。

① Daphne A. Kenyon; et al.（November 2011）."The Property Tax Exemption for Nonprofits and Revenue Implications for Cities"（PDF）. Urban Institute. Retrieved2015–02–01.

（ii）直接减少应税房产的评估价值，这种豁免主要针对特定人群首要住房进行豁免。以家园豁免（Homestead Exemption）最为典型，通常对家庭（个人）的首要住房评估值进行部分豁免。一些州的家园豁免项目面向所有的住房拥有者，对低收入家庭、老年人、残疾人、退伍老兵家庭的豁免程度可能更高；一些州的家园豁免项目仅面向拥有住房的低收入家庭；一些州的家园豁免项目则只面向拥有住房的低收入老年人、残疾人、退伍老兵家庭。豁免的范围随地区而异。家园豁免的方式主要有两种：一种是从住宅价值中扣减一定数额，如南加利福尼亚州从住宅价值中扣减 52500 美元；另一种是从住宅价值中减去一定比例，如俄亥俄州从住宅价值中扣减 12.5%。

②税率优惠

（i）适用较低税率。美国各州采用差别化比例税率，例如，2015年北卡罗来纳州梅克伦堡县财产税率为 0.8157%，维克县财产税税率为 0.6145%。

（ii）税率限制措施。有 36 个州存在这种限制条款。其中有 24个州分州、县、市、镇、学区等区域分别限制其税率或限制总税率；有的只限制州、市、部分县或学区的税率；有的则采取锁定税率、规定税率增长限制的办法，有的结合使用两三种限制办法。例如，亚拉巴马州的税率限制条款规定：州的总税率不超过 0.65%，县政府用于一般用途的房地产税税率不超过 0.5%，用于债务还本付息用途的房地产税税率不超过 0.25%，市政府用于债务还本付息用途的房地产税税率不超过 1.0%，用于债务还本付息以外用途的房地产税税率不超过 0.5%，学区的税率不低于 1.0%。经过选民同意，这些税率增长率不得超过 0.3%。内华达州的税率限制条款规定：房地产税率不得超过房地产评估价值的 5%，税收管辖权交叉区域的公共用途房地产的房地产税率不得超过房地产评估价值的 3.64%。

2. 税收抵免

断路器（circuit-breaker）政策是美国财产税税收抵免的一种政策，该政策主要是根据财产税占收入的比例来对财产税进行限制，政策设计者形象地将财产税比喻为电路中的电流，电流过大（财产税占收入的比例过高）时需要断路，这在本质上是一种税收优惠。具体方法是规定财产税占收入的最高比例，如果纳税人缴纳的财产税超过该比例，政府可以将超额部分抵免所得税或直接返还给纳税人。实施财产税"断路器"项目的各州均对受益家庭设立了最高收入限制，限额从俄勒冈州的 10000 美元到新泽西州的 200000 美元不等，其中有 10 个州"断路器"政策适应于符合收入门槛的所有家庭，有 8 个州只对低收入阶层、残疾人及老年人等弱势群体适应。"断路器"政策通常适应有房户和租房户，租房户的资格通常根据用于租房的支出情况来决定。

3. 延期纳税和税负冻结政策

（1）延期纳税

①针对低收入阶层。如果纳税人的财产价值出现大幅上升，且这种上升不是由于纳税人自身原因所造成的，纳税人可以根据这项财产的原有价值纳税，但需要将所纳税款和应纳税款之间的差额进行记录，并将差额延期缴纳。

②针对老年人。通常规定老年人的财产税（全部或部分）可延期到其死亡或财产销售时缴付。

（2）税负冻结政策

税负冻结政策主要针对老年人。税负冻结通常将老年人的财产税额度固定在某一基年（通常为 65 岁）的水平不再增加。通常收入低于一定水平的老年人才有资格享受延期纳税和税负冻结政策。

6.1.6　应纳税额计算

应纳财产税额 = 应税财产的评估价值 × 分类比率 × 适用税率—税收抵免额

应税财产的评估价值 = 财产市场价值 × 评估比率

应税财产适用的评估比率和分类比率依所在地区及财产类型的不同而不同。除部分州以外，大部分州下属各地区立法机构均可以自行规定本地区内应税财产所适用的评估比率和分类比率。例如，在宾夕法尼亚州的费城，自住用房的评估价值为市场价值的 70%，即房地产的评估比率为 70%；而政府仅对自住用房评估价值的 32% 进行征税，即该类用房的分类比率为 32%。

6.1.7　申报缴纳

1. 申报要求

财产税纳税义务在主管税务机关要求纳税人缴纳时才会发生。要求纳税的方式通常为向应税财产所有人或抵押权人邮寄税款账单。对于不动产，通常由地方政府的税务机关按照财产的估价计算出应纳税额，将缴款单寄交给纳税人，通知其纳税。对于动产，纳税人一般要在 4 月 1 日前申报纳税。如果纳税人对财产的估价等持有异议，有权申请复议。地方政府设立专门的委员会办理有关复议事项。纳税人还可以直接向法院起诉，由法院进行判决。

纳税人可以申报延期申报，期限一般为 1 个月。对于未能按期申报的纳税人，估价员可以在现有估价的基础上，增加 10% 作为惩罚，税务机关还要按照法定利率加收滞纳金，并处以罚款。

2. 税款缴纳

财产税按季度、半年或按年征收，各地区对财产税的缴纳期限和缴纳方式规定各不相同。在按年征收的地区，纳税人一般要在每年的 4 月 1 日前将税款一次缴清；按季度征收的地区，纳税人一般要在每年 1 月 1 日前清缴财产税税款。在缴款方式上一些地区要求纳税人预缴财产税。

部分地方政府为了节约征税成本，委托州政府代为征收财产税。纳税人在申报州财产税时一并缴纳地方政府的财产税，州政府将征收的税款拨还给地方政府。

3. 罚款和滞纳金

未按期纳税的应税财产所有人在一定条件下会被征收罚款和滞纳金。对罚款和滞纳金的数额、缴纳时间及程序各地区有不同规定，但通常与财产税的缴纳方式相同。应税财产所有人未履行纳税义务的，主管税务机关可以采取强制措施实现其附于应税财产上的财产税债权，不同州规定了主管税务机关实现债权的不同方式。有些州的主管税务机关可以将其债权出售给第三方，由该第三方自行收缴税款。大部分州的主管税务机关可以将应税财产没收并公开拍卖。

6.2 遗产与赠与税

6.2.1 遗产与赠与税概述

联邦遗产与赠与税属于财富转移税的一种。此外，财富转移税中还包括隔代转移税。1916年，美国联邦政府正式开征遗产税，1932年通过立法长期开征赠与税。1977年将遗产税和赠与税的税率和宽免项目统一，称为统一转移税，并开征了隔代转移税。遗产与赠与税收入占联邦政府收入的比重一直很低，一般为1%左右。

美国《2001年经济增长和税收减免协调法案》（Economic Growth and Tax Relief Reconciliation Act of 2001）对联邦遗产税、赠与税和隔代财产转让税进行了两个方面的重大修改，一是降低了遗产和赠与税的最高税率；二是在2002~2009年之间逐步增加遗产税的统一抵免额并降低最高税率，最终于2010年取消遗产税和隔代遗产税。赠与税继续征收，但是其最高税率降低，并采用新的终身统一抵免额。2011年重新恢复征收遗产税，当年最高边际税率为35%。2016年美国共筹集遗产与赠与税223亿美元，占2016年税收总收入的0.7%，其中遗产税收入为198亿美元，赠与税收入为24亿美元[①]。

如果个人在死亡后将资产留给配偶或联邦公认的慈善机构，则该资产通常不被征收联邦遗产税。此外，美国联邦遗产税制度存在税收抵免的规定，抵免额每年都会有所调整，2014年、2015年、2016年和2017年抵免额分别为534万美元、533万美元、545万美元和549万美元（已婚夫妇联合申报者分别为1078万美元、1066万美元、1090万美元和1099万美元）。由于存在这种抵免，美国所有遗产事项中仅有数额最大的0.2%需要缴纳遗产税。

2017年4月27日白宫公布特朗普税改计划，该税改计划中提出将永久取消联邦遗产税。

---

① 资料来源：美国国内收入局：https://www.irs.gov/uac/tax-stats。

6.2.2 纳税人与征税范围

1. 联邦遗产税

美国联邦遗产税适用于死亡时为美国公民和外籍美国居民的个人以及死亡时在美国境内拥有财产的非居民个人。遗产税的纳税人是遗嘱的执行人。

遗产税的征税范围为死者遗留下的全部财产以及死者在去世前3年期间转移的各类财产。美国公民或者居民的应税遗产包括其死亡时拥有的、位于任何地方的所有财产和财产权益。非居民的应税遗产仅指位于美国境内的财产。以下类型的财产被认为是美国境内的财产 [①]：

（1）位于美国的不动产；

（2）位于美国的有形私人财产；

（3）美国公司发行的股票；

（4）美国个人或企业（美国国内公司、美国公民和居民以及国内信托和遗产）的债务义务；

（5）美国政府、美国各州、政治分支机构以及华盛顿特区的债务义务；

（6）存放在外国银行的从事商业银行业务的美国分行的存款；

（7）美国居民、国内公司或政府单位具有强制执行义务的无形的个人财产。

某些类型的财产即使位于美国，也不属于非居民的应纳税财产。具体包括以下财产类型：

---

① IBFD 数据库：https://online.ibfd.org/kbase/#topic=doc&url=%252Fcollections%252Fgthb%252Fhtml%252Fgthb_us_s_005.html&WT.z_nav=outline&hash=gthb_us_s_5.2.1.1.

（1）美国银行的存款和保险公司的有息账户；

（2）存放在美国银行的从事商业银行业务的外国分行的存款；

（3）美国发行人的组合债务义务；

（4）美国公司的债务，该美国公司业务中的 80% 为外贸业务；

（5）非居民的人寿保险收益。

2. 联邦赠与税

美国联邦赠与税适用于所有美国公民和外籍美国居民以及在美国拥有财产的非居民个人，纳税人是财产的赠与人。

美国公民和外籍美国居民纳税人就其直接、间接或是以信托赠与形式赠与的财产缴纳赠与税，包括美国境内和境外的。这里的财产包括动产和不动产、有形财产和无形财产。非居民仅就赠与的位于美国境内的财产缴纳赠与税。

当一美国居民接受外国个人的赠与金额超过年度总金额的门槛时，该美国人必须向美国国税总局提交文件报告此项赠与。每年美国国税总局会根据通货膨胀指数对该年度总金额门槛进行调整。2017年需要提交报告的年度总门槛金额为 15797 美元 [①]。

6.2.3　计税依据和财产估价

1. 遗产税

联邦遗产税的计税依据为应税的总遗产价值减去允许扣除的项目。扣除项目主要有慈善捐赠扣除、婚姻扣除和一些必要的费用支出。用公式表示如下：

应税遗产（即税基）＝被继承人遗产总额 – 费用、债务与税收 –

---

① IBFD 数据库: https://online.ibfd.org/kbase/#topic=doc&url=/collections/gthb/html/gthb_us_s_001.html & WT.z_nav=outline&hash=gthb_us_s_1.

损失—为公共、慈善、宗教使用而转移的部分—对配偶的遗赠

（1）美国居民纳税人的扣除项目

美国联邦遗产税的扣除项目因纳税人性质不同而有所不同。对于纳税人为美国公民和外籍美国居民的扣除项目说明如下：

①"费用、债务与税收"主要包括了被继承人的丧葬费用、遗产管理费用、对遗产提出权利主张的费用以及被继承人生前所负担的债务、抵押等。对于债务方面的扣除，IRC 第 2053 节规定，被继承人在死亡时，其遗产若没有因为债务或抵押而减少价值，则计算应税遗产时，应将此部分价值扣除用以偿还债务。

②"损失"是指在遗产结算过程中，由于火灾、风暴、海难等其他灾难或者盗窃等原因所产生的损失中没有被保险或者其他方式予以赔偿的部分。

③"为公共、慈善、宗教使用而转移的部分"是应税遗产中扣除的重要项目。IRC 第 2055 节第（a）款中规定可以扣除的项目如下：（ⅰ）凡是以使用为目的向美国、各州及哥伦比亚特区政府或其中任何政治分支机构进行的赠与；（ⅱ）对宗教、慈善、科学、艺术或教育目的组建和运营的组织的赠与，用作奖励艺术、促进体育事业（其活动的任何部分不涉及提供体育设施或器材）、防止虐待儿童活动物等公益活动，同时其净收益不属于个人利益或任何私人股票持有者，并且也没有试图影响立法或参与、干涉任何竞选公职的候选人的任何政治活动。

对于"为公共、慈善、宗教使用而转移部分"的扣除，限额为被转让财产的价值。

根据国内收入局 526 号公告，以下七项捐赠不能获得扣除：（ⅰ）

对特定个人的捐赠；（ii）对不符合条件的组织的捐赠（没有资格获得减税捐赠的组织）；（iii）自己能得到部分捐赠返还或期望获得个人利益的捐赠；（iv）提供时间或服务的捐赠（如献血或提供志愿服务等）；（v）捐赠者个人的费用（如收养孩子的费用）；（vi）为确定捐赠财物市场价值所花费的评估费用；（vii）对于财产部分利益的捐赠。

关于第二项的不得扣除，也是有例外情况的。第一种例外情况是，被继承人为生前自身或死后继承人的利益考虑设立慈善性剩余信托（包括慈善性剩余年金信托、慈善性剩余单一信托化及共同收入基金）。这种模式是被继承人选定某家慈善机构，将财产委托其管理用于慈善性事业，慈善机构再将经营收益按照一定比例支付给捐款人。这种按比例支付的收益，显然是通过原先捐赠的财产产生的，其与捐赠的财产应近似于原物与孳息的关系，这种情况下，根据 IRC 第 2055 节的规定，其捐赠的财产是可以抵扣其应税遗产的。第二种例外情况是，如果存在任何其他利益，该利益采用保证年金的形式或者根据市场公平估价而进行年度分配，那捐赠的财产也是可以抵扣的。

④ "婚姻扣除"，对于遗产税是指，归属于死者配偶的遗产的价值可以从总遗产中全额扣除；对于赠与税，是指向配偶方的赠与可以全额扣除。

当一种财产利益从死者手中转移至任何主体手中时，当且仅当满足下列七个条件才成立 "对配偶的遗赠"：（i）该种利益是由死者遗赠给该主体；（ii）该种利益由该主体从死者手中继承；（iii）该种利益是死者配偶由亡夫或亡妻处继承来用以维持生计的利益；（iv）该种利益由死者于任何时间转移给该主体；（v）在死者死亡时，该种利益由死者与该主体（或由他们以及其他主体）共同所有，同时该主体享有遗属权；（vi）死者对于该利益有财产指定权（单独享有或与其他主体共同享有），如果他指定将该种利益给予该主体，或者如果该主体在死者放弃或不行使此种指定权时，以默示的方式取得该利益；（vii）该种利益由该主体能够收到的死者生命保险收益所构成。

但是，并不是所有对配偶的遗赠都可抵扣，对于其中终身产权或者其他可终止利益是有所限制的，法律规定"由于某个事件发生或不发生导致配偶继承的利益丧失或终止，关于该利益不得扣除"。其主要包括的情况为：该财产利益以不合理的低价转移至除配偶的其他主体手中；由于该种不合理的转移导致配偶在丧失利益后，其他主体或其指定之人占有或享有该财产的任何部分；如果依据死者指示，配偶可通过遗产执行人或信托管理人直接获得该利益。从上面规定的情况来看，考虑到了丧偶个人维持生计所需要的合理支出，但是坚决禁止以转移财产的方式规避遗产税。

配偶如果不是美国公民，也是不得抵扣的，除非该配偶在纳税申报之前成为美国公民并且在死者死亡之后到其成为美国公民这一时间点之间保持美国居民的身份；或者在符合条件的国内信托中的某些转让，允许婚姻扣除。

（2）美国非居民纳税人的扣除项目

如果位于美国境内的总遗产价值（即美国境内遗产的公平市场价值）为6万美元以上[1]，美国非居民纳税人必须提交遗产税纳税申报表。

---

[1]　IRC 第6018节。

美国非居民纳税人在确定应税遗产时可以扣除的项目有一些限制规定。其可以扣除的项目及其规定如下：

①对于费用、损失、抵押、债务和税收，只能按照位于美国境内的遗产价值占总遗价值的比例扣除；

②对于"慈善转移"，只有对符合条件的美国政府机构或符合条件的美国国内慈善机构的转移才可以扣除；

③对于"婚姻扣除"，归属于死者配偶的遗产中只允许扣除位于美国境内的财产。

（3）遗产的价值

遗产的价值，采用死亡日或其他可替代的估价日 ① 的公平市价估算。遗产执行人需要在第一次申报遗产税时选择一估值日，选择一经作出不得更改。

①不动产的估价。通常，要按照不动产当前的用途采用公平市价进行估价。但是，税法还规定，如果不动产满足 6 项条件（例如，占毛遗产 50% 以上、死者是美国公民或居民等），执行人可以选用特殊的估价方法。这一选择必须在 IRS 发出征税通知后的 90 天内作出。并且，税法要求，与公平市价的估价相比，使用特殊的估价方法对毛遗产的估价的减少额不得超过 75 万美元。

因估价的优惠规定而享受了遗产税优惠的死者的后裔，如果在死亡日后 10 年内出售或转移这类财产给非家庭成员，或是改变或终止原来的不动产的用途，IRS 要追回纳税人享受的遗产税优惠，纳税人必须要补缴相应的税款。

---

① 是指死亡日后的 6 个月内的财产分配日、销售日、交易日或其他处置日。

②股票和债券的估价。对于股票和债券的估价，要采用估价日的最高和最低售价之间的中间价格。如果在估价日没有开市，要采用最接近估价日之前的那一日的销售价估算。如果没有售价，应采用买方开出的买价进行估价。对于美国储蓄债券，应采用估价日的偿还价格计价；对于市价低于面值的美国国库券，应采用面值计价；对于共同基金的份额，应采用偿还价格计价。

③经营企业的权益。如果死者拥有个体企业，或是一名合伙人，其拥有的企业财产或合伙财产应该采用估价日的合理价格进行估价。估价可以参照有意购买方按照该企业的资产和获利能力所出的买价。

2. 赠与税

（1）美国公民和美国居民纳税人

美国公民和美国居民纳税人就其赠与的所有财产（包括美国境内和境外的财产）缴纳美国联邦赠与税。美国公民和美国居民可以扣除向符合条件的美国政府机构和慈善机构的捐赠，以及对配偶赠与的财产价值。公式表示如下：

应税赠与＝该公历年度的赠与总额－慈善性及类似赠与－对配偶的赠与－豁免额

该公历年度的赠与总额＝该年度全部赠与额－不应当视为赠与而进行的财产转让额

对于公式的各项目说明如下：

①"不应当视为赠与而进行的财产转让额"。该项目包括以下内容：（i）对于向未满21岁的未成年人的赠与而言，如果该利益将会在其21岁之前花费，或者该未成年在21岁前死亡，其受赠财产成为遗产转移给继承人，这部分财产不能视为应税赠与；（ii）为个人教

育或者训练作为学费向教育机构转让的财产，以及为个人健康向医疗机构所支付的医疗服务报酬，此类支出必须由赠与人以现金的方式支付才可以从应税赠与中扣除，如果此类款项由赠与人以支票的方式支付，则该支出不得扣除；（iii）养老金权利的放弃；（iv）通过艺术品进行贷款。

②"豁免额"。根据美国税法，对于赠与人而言，每一个公历年度对每位个人进行的赠与都可以享受豁免额，该豁免额在 2017 年为每人 14000 美元。

③"慈善扣除"。对公民或居民，可扣除的项目有：（i）向美国联邦政府或其他州、特区中的任何政治机构的赠与可以扣除；（ii）对以宗教、慈善、科学、艺术或教育目的组建和运营的公司、信托、社区组织、资金或基金的赠与，用作奖励艺术、促进体育事业（其活动的任何部分不涉及提供体育设备或器材）、防止虐待儿童活动物等公益活动，其净收益不属于任何组织或个人利益，并且也没有试图影响立法或参与、干涉任何竞选公职的候选人的任何政治运动，此类可以扣除；（iii）兄弟协会、会议或者联合会为宗教、慈善、科学、文学或者教育目的适用赠与财产；（iv）对美国或其领地内的、净收益不为个人所有的战争老兵组织或其附属单位的赠与可以扣除。当然其中也有某些禁止扣除项，可参照遗产税部分，二者内容基本相同。

④"对配偶的赠与"。如果赠与人在该公历年度通过赠与向受赠人转让财产利益，该受赠人在赠与时是赠与人的配偶，关于该利益应当允许扣除等于该赠与价值的数额。但是如果随着时间推移，转让给该配偶的利益将会终止或消失，则不能扣除。比如赠与人为自

身保留了在该财产中的利益，或者将该利益以低于公平市价的对价转让给了除配偶外的其他主体，这就导致了赠与人或者除配偶外的其他受让人可能享有部分或者全部的财产利益，所以此时是不得扣除的；或者该赠与人在赠与财产之后，对该财产仍有指定利益的权力，如果其指定了除配偶外的其他主体，享有财产的部分或者全部利益，这种情况下也不得扣除。

（2）非居民纳税人

美国的非居民纳税人只就转让的美国境内不动产和有形私人财产缴纳赠与税，外国财产和所有无形财产（包括美国公司发行的股票）的转让不需向美国缴纳联邦赠与税。非居民纳税人应税赠与的计算只能扣除向符合条件的美国政府机构和符合条件的美国国内慈善机构的捐赠部分。公式表示如下：

应税赠与＝该公历年度赠与的美国境内不动产和有形私人财产－慈善性及类似赠与－豁免额（对配偶赠与的豁免）

①"慈善扣除"。对于非公民且非居民而言，其与公民和居民的最大不同是，所做出的财产赠与，其受赠人必须是美国国内的公司、信托、社团、基金或兄弟协会等组织，由这些组织为美国国内的宗教、科学、慈善、文学或教育目的使用这些财产，才可以扣除。换言之，两者身份的区别，区分了赠与财产使用的范围与广度。对非公民和非居民而言，其所赠与的财产只有当被用作美国国内推动美国国内事业发展时才能被扣除。

②"豁免额"。美国税法规定，对非美国公民配偶的赠与不得从应税赠与额中扣除，也没有对每个个人的赠与享受14000美元的豁免额。但是非美国公民对配偶的赠与可以享受的豁免额，这一豁免

额在 2015 年为 147000 美元。

（3）赠与财产的价值

赠与财产的价值，采用赠与日的公平市价估算。其中，不动产的估价，要按照不动产当前的用途，采用公平市价进行估价；股票和债券的估价，采用估价日（若估价日未开市，则为最接近估价日之前的那一日）的最高和最低售价之间的中间价格。对于其他财产的估价，财政规章中都有专门的详细说明。

6.2.4 税率

联邦遗产税和赠与税适用统一的税率表，其税率为超额累进税率。具体税率见表 6-1（更新于 2016 年 11 月）。

表 6-1　　　　　　　　联邦遗产税和赠与税税率

应税遗产（赠与）额	暂定税款
不超过 10000 美元	该数额的 18%
超过 10000 美元，但不超过 20000 美元	1800 美元加该数额超过 10000 美元部分的 20%
超过 20000 美元，但不超过 40000 美元	3800 美元加该数额超过 20000 美元部分的 22%
超过 40000 美元，但不超过 60000 美元	8200 美元加该数额超过 40000 美元部分的 24%
超过 60000 美元，但不超过 80000 美元	13000 美元加该数额超过 60000 美元部分的 26%
超过 80000 美元，但不超过 100000 美元	18200 美元加该数额超过 80000 美元部分的 28%
超过 100000 美元，但不超过 150000 美元	23800 美元加该数额超过 100000 美元部分的 30%
超过 150000 美元，但不超过 250000 美元	38800 美元加该数额超过 150000 美元部分的 32%

应税遗产（赠与）额	暂定税款
超过 250000 美元，但不超过 500000 美元	70800 美元加该数额超过 250000 美元部分的 34%
超过 500000 美元，但不超过 750000 美元	155800 美元加该数额超过 500000 美元部分的 37%
超过 750000 美元，但不超过 1000400 美元	248300 美元加该数额超过 750000 美元部分的 39%
超过 1000000 美元	345800 美元加该数额超过 1000000 美元部分的 40%

资料来源：美国国内收入局：https://www.irs.gov/pub/irs-pdf/i706.pdf。

6.2.5　税收抵免项目

1. 遗产税

（1）统一抵免

①美国公民和美国居民纳税人

美国公民和居民在生前转让和死后转让合并累积纳税义务确定之后，可享受统一抵免额。统一抵免是指纳税人一生可以抵免的遗产与赠与税的数额。该抵免可以在纳税人一生中的任何时候包括死亡时使用，用完为止。纳税人可以自行决定使用该抵免项目抵免遗产税或者抵免赠与税。但是，如果纳税人的应纳税额低于统一抵免额，不能获得退税。并且，对于 2010 年 12 月 31 日以后死亡的个人，其幸存的配偶除了自己的抵免额度还可以选择使用该死者未使用的抵免额度。

美国 2001～2017 年美国联邦遗产与赠与税抵免额与最高税率见表 6-2。

表 6-2　2001～2017 年美国联邦遗产与赠与税抵免额与最高税率

年份	抵免额（万美元）	最高税率（%）
2001	67.5	55
2002	100	50
2003	100	49
2004	150	48
2005	150	47
2006	200	46
2007	200	45
2008	200	45
2009	350	45
2010	取消	取消
2011	500	35
2012	512	35
2013	525	40
2014	534	40
2015	543	40
2016	545	40
2017	549	40

资料来源：美国国内收入局：https://www.irs.gov/uac/newsroom/。

特别值得注意的是，纳税人在 1976 年以后、2010 年 1 月 1 日之前以及 2011 年 1 月 1 日以后进行的生前财产赠与，应与遗产合并计算，并适用相同的税率。2010 年取消遗产税期间，赠与的财产适用专门的赠与税税率。

②非居民纳税人

2017 年美国非居民纳税人的统一抵免限额为 13000 美元。

（2）州死亡税抵免

如果遗产已缴纳州遗产税或继承税，该遗产可以获得对州遗产税或继承税的抵免。抵免额等于"调整后的应税遗产"乘以一定的比率。这里的"调整后的应税遗产"等于应税遗产额减去 60000 美元。表 6-3 列示了对州遗产税或继承税的最大抵免额。

表 6-3 　　　　　2011 年州遗产税或继承税的最大抵免额 　　　　单位：美元

调整后的应税遗产	最大税收抵免
不超过 9 万	调整后应税遗产超过 4 万美元的数额的 1% 的 8/10
超过 9 万，但不超过 14 万	400 加上超过 9 万部分的 1.6%
超过 14 万，但不超过 24 万	1200 加上超过 14 万部分的 2.4%
超过 24 万，但不超过 44 万	3600 加上超过 24 万部分的 3.2%
超过 44 万，但不超过 64 万	10000 加上超过 44 万部分的 4%
超过 64 万，但不超过 84 万	18000 加上超过 64 万部分的 4.8%
超过 84 万，但不超过 104 万	27600 加上超过 84 万部分的 5.6%
超过 104 万，但不超过 154 万	38800 加上超过 104 万部分的 6.4%
超过 154 万，但不超过 204 万	70800 加上超过 154 万部分的 7.2%
超过 204 万，但不超过 254 万	106800 加上超过 204 万部分的 8%
超过 254 万，但不超过 304 万	146800 加上超过 254 万部分的 8.8%
超过 304 万，但不超过 354 万	190800 加上超过 304 万部分的 9.6%
超过 354 万，但不超过 404 万	238800 加上超过 354 万部分的 10.4%
超过 404 万，但不超过 504 万	290800 加上超过 404 万部分的 11.2%
超过 504 万，但不超过 604 万	402800 加上超过 504 万部分的 12%
超过 604 万，但不超过 704 万	522800 加上超过 604 万部分的 12.8%
超过 704 万，但不超过 804 万	650800 加上超过 704 万部分的 13.6%
超过 804 万，但不超过 904 万	786800 加上超过 804 万部分的 14.4%
超过 904 万，但不超过 1004 万	930800 加上超过 904 万部分的 15.2%
超过 1004 万	1082800 加上超过 1004 万部分的 16%

资料来源：IRC 第 2011 节。

纳税人应在提交纳税申报表后的 4 年内申请抵免该项目。如果纳税人已经向税务机关提交了重新确定欠税的诉讼请求，那么，在该 4 年期间或者在税务法院的判决生效以后的 60 天届满之前申请抵免该项目；如果纳税人经过批准可以延期缴纳纳税申报表中的税款或欠缴的税款，那么，在该 4 年期间或者在该延期期间届满之日之前申请抵免该项目；如果纳税人提交了超额缴纳的退还或者抵扣的权利主张，在该 4 年期间或者在部长以信函的方式通知该纳税人其主张的某一部分被拒绝之日后的 60 天届满之前，或者在法院对该主张做出判决之日后 60 天届满之前，以较晚的时间作为可以申请抵免该项目的最后期限。

（3）对外国遗产税的抵免

对于美国公民和美国居民已缴纳的外国遗产税的遗产，在计算联邦遗产税时，可以获得对外国遗产税的抵免。

对于外国居民，如果该居民的母国与美国有遗产税协定，该外国居民也可以获得对外国遗产税的抵免。美国与以下国家有生效的遗产税协定：澳大利亚、奥地利、丹麦、芬兰、法国、德国、希腊、爱尔兰、意大利、日本、荷兰、挪威、南非、瑞士和英国。与奥地利、丹麦、法国、德国、日本和英国的遗产税协定也适用于赠与税。

税法规定，对外国遗产税的抵免额不得超过下列两数额中较小的一个：

A. $\dfrac{\text{适用抵免的在外国的遗产价值}}{\text{在外国的总的遗产价值}} \times$ 总的外国遗产税税额

B. $\dfrac{\text{适用抵免的在外国的遗产价值}}{\text{全部的总的遗产价值}} \times$ 总的联邦遗产税税额

在 B 中是，"适用抵免的在外国遗产的价值"必须要减去适用于该遗产的慈善捐赠扣除和婚姻扣除；"全部的总的遗产的价值"必须减去慈善捐赠扣除和婚姻扣除；"总的联邦遗产税税额"必须减去在 1977 年以前的赠与税抵免、州遗产税抵免和统一抵免。

（4）对以前缴纳的财产转移税的抵免

为了减轻应税遗产中曾多次被转移的财产的税负，税法规定了对以前缴纳的财产转移税的抵免，该抵免主要适用于在 10 年内缴纳了不止一次遗产税的遗产。

①如果应税遗产对应的死者是在财产让与人去世前 2 年内，或是去世后 10 年内去世，该遗产可以获得这类抵免。税法规定，抵免额被限制为下列两数额中较小的一个：

A. $\dfrac{\text{曾被转移的财产价值}}{\text{转移者的调整后的应税遗产价值}} \times$ 转移者的调整后的联邦遗产税税额

B. $\dfrac{\text{曾被转移的财产价值}}{\text{死者的总的遗产价值}} \times$ 转移者的调整后的联邦遗产税税额

在 A 中，"调整后的联邦遗产税税额"等于转移者已缴纳的税款，加上他的遗产适用的各类抵免额。"调整后的应税遗产的价值"等于应税遗产额，减去各类遗产税。

② IRC 第 2013 节规定：（a）如果应税遗产对应的死者是在财产让与人去世前 2 年内去世，可以在上述抵免限额内获得全部的抵免；（b）如果这名死者是在财产让与人去世后 10 年内去世，那么每 2 年该抵免限额要减少 20%。具体参见表 6-4。

表 6-4　死者去世年份在让与人去世之后的年数与抵免限额比率

死者去世年份在让与人去世之后的年数	适用的抵免限额比率（%）
0～2 年	100
3～4 年	80
5～6 年	60
7～8 年	40
9～10 年	2
10 年以上	0

资料来源：IRC 第 2013 节。

因此，在对以前缴纳的财产转移税的抵免额进行计算时应该分两步：第一步，根据①计算出抵免限额；第二步，根据死者与让与人死亡时间的关系在②中选择适用（a）或（b），并根据（a）或（b）的规定计算抵免额。

6.2.6　应纳税额的计算

应纳税额的计算公式为：

应纳税额 =［（被继承人遗产总额—费用、债务与税收—损失—为公共、慈善、宗教使用而转移—对配偶的遗赠）× 适用税率］—统一抵免额—其他抵免额

6.2.7　申报缴纳

1. 纳税时间

遗产税的纳税义务人必须在死者去世后的 9 个月内进行纳税申报。如果非公民非居民死亡时，在美国境内的遗产超过 6 万美元，其遗产执行人也应在其死亡后 9 个月内提出纳税申报。因故不能按时申报的，在申报期限内提交申请，可以得到 6 个月的延期。

赠与税的纳税义务人在该公历年度除了根据规定可以不计入应

税赠与的赠与、在赠与税免征额以内的赠与、向符合规定的慈善事业的赠与外，对其他任何赠与方式转移的财产，都应该在该纳税年度结束后的次年4月15日前作出纳税申报。

同时根据IRC的规定，财政部部长有权与纳税人签订分期付款协议，分期偿还税款；有权因任何合理的理由，延长遗产税的缴纳期限为12个月。

2.纳税地点

纳税人做出纳税申报后，应该与纳税申报单填写人，按照纳税申报单所填写的固定地点、时间（不考虑任何延期）向税务官缴纳税款。如果财政部另有通知和要求，应按照财政部的具体要求，在规定的时间地点缴纳。

6.2.8　隔代转移税

如果巨额财产（超过100万美元）被生前赠与或者死后转让给这样的受益人，即超越赠与人或者被继承人第一代以后的多代受益人，这时就要征收隔代财产转移税，除非已经对中间一代的受益人征收了遗产和赠与税。隔代转移税的作用是确保在每一代都能对财产的转让征集税款。对于美国非居民而言，如果转让的财产在初次转让时就是美国联邦遗产税的应税项目，则其也适用隔代转移税的规定。

隔代财产转移税不适用累进税率，税率为遗产和赠与税的最高税率，2017年隔代财产转移税的税率为40%。同时，隔代财产转移税适用与联邦遗产税和赠与税相同的抵免额度，即2017年的抵免额为549万美元。

6.3　环境税

美国是世界上最早考虑通过税收措施来减少污染的国家。1970年，尼克松政府提议对汽油中的铅征税。1972年，美国国会提议对二氧化硫排放征税，但这些议案并没有被付诸实施。1978年终于将对耗油汽车征税纳入法律。20世纪80年代初政府将税收手段引入环境保护领域，至今已形成一整套相对完善的生态税收政策。

6.3.1　联邦层级的环境税

IRC第38章专门规定了环境税，其中，A分章为石油税，B分章为化学品税，C分章为进口物质税，D分章为消耗新鲜空气的化学品税。

1. 石油税（Oil Tax）

美国石油税的征税对象为美国本土生产、使用或出口的原油，以及美国本土所消耗、使用或储存的进口石油产品。原油包括原油冷凝物和天然汽油；国内原油是指从位于美国的油井生产的原油；美国包括50个州、哥伦比亚特区、波多黎各自治邦、北马里亚纳群岛自治邦、太平洋岛屿的托管领土以及外贸区域。

对于精炼厂收到的原油，石油税的纳税人为美国炼油厂经营者；对于进口的石油产品，纳税人为进口石油产品的个人或企业；对于出口的石油产品，纳税人为出口石油产品的单位和个人。

石油税的税率是有害物质超级基金融资率与漏油责任信托基金融资率之和。有害物质超级基金融资率为每桶（42加仑）9.7美分；在2017年1月1日之前进口原油或石油产品，漏油责任信托基金融资率为每桶8美分，在2017年1月1日之后进口的石油产品，漏油责任信托基金融资率为每桶9美分。是否征收该税，取决于两基金融资率是否在法律规定的适用期内。

2. 特定化学品税（Certain Chemicals Tax）

（1）一般规定

美国针对制造、生产、进口以及出口某些特定的化学品征收化学品税，这些化学试品包括：乙炔、苯、丁烷、丁烯、丁二烯、甲烷等化学品。特定化学品税的纳税人是出口、销售任何应纳税化学品的生产商、制造商或销售商。

特定化学品税的征收实行定额税率，适用税率见表6-5。

表6-5　　　　　特定化学品税应税化学品及税率　　　　单位：美元/吨

化学品类别	税率（%）
乙炔、苯、丁烷、丁烯、丁二烯、乙烯、丙烯、甲苯、二甲苯、萘	4.87
锑、砷、溴、水星、铬、镍、磷、镉、钴	4.45
氟化氢	4.23
氧化铅	4.14
氧化亚铁	3.97
三氧化锑	3.75
氧化铜	3.59
甲烷	3.44
三氧化二砷	3.41
氯化亚锡	2.85
氯	2.70
氨	2.64
硫化钡	2.30
氯化锌	2.22

续表

化学品类别	税率（％）
氯化锡	2.12
硫酸锌	1.90
重铬酸钠、硫酸铜	1.87
重铬酸钾	1.69
铬铁矿	1.52
盐酸	0.29
氢氧化钠	0.28
硫酸	0.26
硝酸	0.24
氢氧化钾	0.22

资料来源：IBFD 数据库：http://uscode.house.gov/view.xhtml?num=0&edition=prelim&req=granuleid:USC-prelim-title26-section4661。

（2）特殊规定

①免税规定

（i）根据规定，用作燃料的甲烷或丁烷，以及用于生产任何电动机燃料、柴油、航空燃料或喷气燃料的甲烷或丁烷免征特殊化学品税。

（ii）用于生产氨（该生产的氨被用于制作化肥）的硝酸、硫酸、氨以及甲烷免征化学品税。

（iii）在使用设备进行空气污染控制时作为副产物产生的硫酸，免征化学品税。

（iv）在生产煤炭的过程中衍生出的任何化学物质免征化学品税。

（v）作为燃料使用的乙炔、苯、丁烯、丁二烯、乙烯、萘、丙烯、甲苯和二甲苯免征化学品税。

（vi）在任何冶炼、精炼或以其他方式提取任何不符合税款的物质的过程中，暂时存在的应税化学品，免征化学品税。这些化学品包括硫化钡、硫酸铜、氧化铜、氧化亚铜、氧化铅、氯化锌和硫酸锌，以及含有上述化学品的任何溶液或混合物。"暂时存在的应税化学品"不包括任何从冶炼、精炼或其他提取过程中除去或不再属于其他提炼过程的化学品。

（vii）除了进口到美国以及从美国出口的二甲苯外，二甲苯分离的二甲苯异构体免征化学品税。

（viii）从任何固体废物转移或回收的铬、钴和镍不征收化学品税。但该条款在回收单位的纠正措施未完成时不适用，纠正措施的开始时间为执行主管或授权州要求采取纠正措施时，结束时间为署长或该州向秘书证明该纠正措施已经完成的日期。

（ix）生产动物饲料使用的硝酸、硫酸、氨以及用于生产氨的甲烷免征化学品税。

（x）对以分离、提取或以其他方式从中间碳氢化合物流中除去或不再属于其一部分的化学品，免征化学品税。

②税收抵免

生产商或制造商使用已税化学物质制造或生产应税化学品，则该生产商或制造商在销售应税化学品时可以使用已缴纳的化学品税抵免该化学品的应纳化学品税，该规定适用于：用于生产氨（该生产的氨被用于制作化肥）的硝酸、硫酸、氨和甲烷以及生产动物饲料使用的硝酸、硫酸和氨。

3. 进口物质税（Import Substances Tax）

为了保护美国本土环境，美国开征进口物质税，以限制高污染的产品进口，这些应税物质包括：枯烯、二氯甲烷、苯乙烯、聚丙烯等。进口物质税的纳税人为销售或使用这些物质的厂商。

若进口的应纳税产品是以特定化学品税的应税化学品作为生产原料的，并且这种原料的重量超过了应纳税物质的 50%（若不满足此重量规定，由秘书处与环境保护局管理人员以及海关理事协商后确定），则按特定化学品税项征税；若进口商未向秘书处提供足够信息，税率为此类物质在进入美国进行消费、使用或仓储的时间内的估定价值的 5%。

若已经对该物质的销售或使用征收石油税或特定化学品税，则不再对该物质征收进口物质税。进口物质税的征收取决于有害物质超级基金融资率是否在适用的期间内。

4. 破坏臭氧层化学品税（Ozone Depleting Chemicals Tax）

（1）一般规定

IRC 第 4681 节及第 4682 节规定，一些含氟类物质的制造或使用会引发臭氧层破坏问题，出于环境保护的目的，应当对破坏臭氧层化学品的销售、使用以及进口开征破坏臭氧层化学品税。破坏臭氧层化学品税的纳税人是销售或使用破坏臭氧的化学品的制造商、生产商和进口商，以及销售或使用任何进口应纳税产品的进口商。

根据破坏臭氧层化学品对臭氧层的破坏程度，IRC 第 4682 节规定了"破坏臭氧层指数"，从 1.0 到 10.0 不等，课征不同额度的环境税，IRC 第 4682 节规定的破坏臭氧物质的范围及其对应的破坏臭氧层指数见表 6-6。

表 6-6　　破坏臭氧物质的范围及其对应的破坏臭氧层指数

破坏臭氧层化学品种类	破坏臭氧层指数
三氯氟甲烷（CFC-11）	1.0
二氯二氟甲烷（CFC-12）	1.0
三氯三氟乙烷（CFC-113）	0.8
1，2-二氯-1，1，2，2-四氟乙烷（CFC-114）	1.0
氯五氟乙烷（CFC-115）	0.6
溴氯二氟甲烷（Halon-1211）	3.0
溴三氟甲烷（Halon-1301）	10.0
二溴四氟乙烷（Halon-2402）	6.0
四氯甲烷（四氯化碳）	1.1
1，1，1-三氯乙烷（甲基氯仿）	0.1
CF3Cl（CFC-13）	1.0
C2FCl5（CFC-111）	1.0
C2F2Cl4（CFC-112）	1.0
C3FCl7（CFC-211）	1.0
C3F2Cl6（CFC-212）	1.0
C3F3Cl5（CFC-213）	1.0
C3F4Cl4（CFC-214）	1.0
C3F5Cl3（CFC-215）	1.0
C3F6Cl2（CFC-216）	1.0
C3F7Cl（CFC-217）	1.0

资料来源：IBFD 数据库：http://uscode.house.gov/view.xhtml?hl=false&edition=prelim&req=granuleid%3AUSC-prelim-title26-section4682&num=0&saved=%7CZ3JhbnVsZWlkOlVTQy1wcmVsaW0tdGl0bGUyNi1zZWN0aW9uNDY4MQ%3D%3D%7C%7C%7C0%7Cfalse%7Cprelim。

对每磅破坏臭氧层物质征收的税额应等于基础税额乘以这种化学品的破坏臭氧层指数。1995 年以前任何一个日历年内出售或使用破坏臭氧层物质的基础税额为 5.35 美元，1995 年以后每年增加 45 美分。

对任何进口的应税产品征收的税额应等于对用于制造或生产此类应税产品的材料所征收的破坏臭氧层化学品税的税额。

（2）特殊规定

①在美国转运或回收的破坏臭氧层物质，以及从"关于消耗臭氧层物质的蒙特利尔议定书"签署国的任何国家进口的再循环的 Halon-1301 和 Halon-2402，不征收破坏臭氧层化学品税。

②由制造商、生产商或进口商出售破坏臭氧层物质给买方或由买方转售给第二购买者，该购买方或第二购买者使用已税破坏臭氧层物质生产应税化学品出售时，可以用已税破坏臭氧层物质缴纳的破坏臭氧层化学品税抵免其出售的应税化学品应纳的破坏臭氧层化学品税。

5. 二氧化硫税（Sulfur Dioxide Tax）

1972 年，美国在发达国家中率先开征二氧化硫税。在美国，如果一定区域的二氧化硫浓度达到国家规定的一级或二级标准，该地区任何排放主体每排放一磅硫分别课征 15 美分和 10 美分，美国政府希望通过开征该税种，促使纳税人安装污染控制设备并间接促使纳税人更多使用低硫燃料。

6.3.2 州层级的环境税

1. 资源税（Resource Tax）

州的资源税（开采税）主要是对石油与天然气等自然资源的开采活动征收的一种消费税，目的是减少对自然资源的开采和提高资源使用效率。目前，美国有 43 个州开征了资源税。资源税从总体上看不是各州的主要收入来源，其收入仅占各州总收入的 1%~2%，但税率却相对较高。美国各州自行制定资源税的征收规定，但总的来看各州资源税的课税对象大致包括销售到州外的石油、天然气、煤炭、非金属矿石和林业产品。

在矿产资源由本州销售到州外时按该矿产品的价格或产量征收资源税，经由此种征收方式能够最大限度地由产地获得自然资源租值，提高本州的财政收益。在本州进行矿山开采的居民或企业是开采税的纳税人，但本州外的资源需求者或购买者才是真正的负税人。

州的资源税税率有两种形式。一是定额税率。如亚拉巴马州的非金属矿石开采税为 0.1 美元 / 吨，所辖库萨市矿石开采税 0.25 美元 / 吨，煤炭开采税为 0.335 美元 / 吨，所辖杰克逊市煤炭开采税为 0.2 美元 / 吨。二是比例税率。比如亚拉巴马州的石油和天然气资源税税率为 2%~8% 的比例税率。

2. 噪声税（Noise Tax）

州的噪声税是对超过一定分贝的特殊噪声源所征收的一种税，税基是噪声的产生量。征收噪声税的主要目的是限制噪声污染，并为政府筹集资金，用于在飞机场附近安装隔音设施，安置搬迁居民等。美国的洛杉矶对机场的每位旅客和每吨货物征收 1 美元噪声治理税，税金指定用于支付机场周围居住区的隔音费用。

3. 与汽车有关的州环境税

与汽车有关的州环境税包括汽油税（Petroltax）、轮胎税（Tire Tax）、汽车使用税（Vehicle Use Tax）、汽车销售税（Vehicle Sales Taxes）和进口原油及其制品税（Imported Crude Oil and its Products Tax）等。汽油税最初并非作为环境税征收，但其实施对环境尤其是空气质量具有明显的改善作用。汽油税在联邦层级和州层级都有征收，联邦政府汽油税目前是每加仑 0.14 美元，但各州差别较大，平均税率为每加仑 0.16 美元。该税种的发展趋势是税率不断提高，1992 年以来有 15 个州提高了该税税率。此外，联邦政府对卡车使用者还征收了 12% 的消费税。

4. 垃圾税（Garbage Tax）

州的垃圾税的课税对象为生产、批发和零售等经营活动产生的垃圾以及家庭生活垃圾。对于生产经营活动产生的垃圾征收的垃圾税税率为总收入的 0.015%，所征集税款的 70% ~ 80% 将用于城市垃圾地处理，20% ~ 30% 的税款用于再生能源的开发。对于家庭生活垃圾征收的垃圾税，目前在大部分州都已经开征，征收依据是垃圾的数量。

除了以上介绍的几种税收外，州层级征收的环境税还有塑料袋使用税、拥挤税、填埋和焚烧税等。

6.3.3 美国超级基金（American Superfund）

针对危险物质的泄露及其费用负担问题，1986 年美国出台《超级基金修正案》，创建了超级基金项目，以治理国家污染最严重的地方。

超级基金仅作为法案，其实际运作是由美国环境保护署来执行的。超级基金明确规定对污染严重场地的治理由污染责任者负责；对污染责任者难以界定的或污染责任者没有能力进行污染场地的治理时，由超级基金对污染治理费用负担；对于污染责任者不愿对污染场地进行治理时，可由超级基金先行支付污染治理费用，再授权美国环境保护署对污染责任者收取治理费用。这种运作方式能够保证污染场地及时得到治理，减少场地对环境的污染。

超级基金主要由四个部分构成：一是石油税、特定化学品税和特定进口物质税；二是公司所得附加税（环境收入税）；三是财政支持；四是一些罚款或投资收益（基金利息或运作收益）。其所获取的收入作为专项基金用于对环境的保护。

超级基金的责任主体是对场地造成污染的责任人。责任主体对危险物品处理的费用负有直接责任和连带责任，联邦政府或超级基金委员会可以对责任者追究全部的费用承担责任。同时，在《超级基金法案》中明确规定了"追本溯源"的原则，即在超级基金法案没有出台之前企业泄漏危险物品即使是合法的，在《超级基金法案》出台之后也被视为责任主体，并追究污染责任。在《超级基金法案》中也规定了一些责任主体免责的情形，例如因自然灾害、战争等不可抗力因素造成的危险物品的泄漏，治理费用是由超级基金承担，责任主体可免除费用。

7 税收征管制度

7.1 税收征管机构

美国税收的征管机构分为联邦、州、地方三级。三级征管机构各司其职，不存在领导和被领导关系。其中，联邦税收由国内收入局（Internal Revenue Service，IRS）和美国海关边境与保护局（U.S. Customs and Border Protection，CBP）负责。国内收入局负责国内税征收和法案的执行，美国海关边境与保护局则负责关税的征收。州税务局和地方税务局分别负责本辖区内的税收征管工作。国内收入局、州税务局和地方税务局各自拥有独立的执法权，有权根据税法解释执法过程中的具体问题。

三级征管机构在业务上会存在一定的合作关系，包括数据交换。这不仅是为了纳税人信息的完整全面，也是为了避免实际征管中的重复征税。由于州与州直接税制差异极大，有些州会就避免重复征税签署合作协议，同时联邦和部分州所得税也存在抵免关系，这种数据交换便显得十分有意义。

7.1.1 联邦税收征管机构

联邦政府的税收征管机构是财政部下属的国内收入局以及国土安全局下属的美国海关边境与保护局。国税局负责联邦政府除关税以外的所有税种的征管工作，海关边境与保护局则负责关税的征收。

1.国内收入局

美国国内收入局（Internal Revenue Service，IRS），即联邦税务局，是联邦政府主要的税收管理部门。虽然国内收入局隶属于财政部，但是它具有很大的独立性。国内收入局的局长由总统直接任命，并征得参议院的同意，这也从侧面突显了它的重要地位。国内收入局负责全国性税收的征收和实施国会颁布的《国内收入法典》，征收包括个人所得税、企业所得税、联邦社会保障税、遗产与赠与税等联邦税种。

1998年之前，国内收入局有43个派出机构，其中包括33个地区局和10个服务中心，并设有9名副局长分管各个具体业务部门。但由于地理分布和管理层级相对复杂，导致了实际税收征管效率的低下。1998年，美国国会通过了《国内收入局重组与改革法案》，以不同纳税群体的具体需求重组了机构，各业务部门分工也更专业、细致。重组后的国内收入局管理层级更加扁平化，提高了税收征管效率。

目前，国内收入局的机构分为三级：总部、大区局、地方分局和办事处。总部设在华盛顿，只负责计划、研究、监督等全局性工作，共设有三个局长或副局长级领导机构。①

国内收入局局长的职责包括：（1）直接管理、监督和指导国内税收法律、相关法规以及美国作为缔约国一方的税收协定的执行和实施；（2）在联邦税务局首席法律顾问的任命和解职上向美国总统提供相关建议。局长主要负责领导6个特殊业务部门，包括税务复议处

---

① https://www.irs.gov/about-irs/todays-irs-organization，最后访问日期为2017年10月27日。

（Appeals）、通讯与联络处（Communications and Liaison）、平等就业和职员多样化处（Equity，Diversity and Inclusion）、研究分析与统计处（Research，Applied Analytics and Statistics）、纳税人权益保护办公室（National Taxpayer Advocate）以及首席法律顾问办公室（Chief Counsel）。需要说明的是，美国联邦税务局的首席法律顾问，是由美国总统任命，并需要征得众议院的同意，主要负责为美国联邦税务局局长提供法律意见、为联邦税务局签发的裁定和建议提供专业意见等法律相关事务。

两个副局长分别负责运营保障、服务与执法工作。其中纳税服务与税收执法部门有 10 个，具体是：平价医疗法案办公室（Affordable Care Act Office）、税务犯罪调查办公室（Criminal Investigation）、大企业及国际税收服务部（Large Business and International Division）、网络服务办公室（Office of Online Service）、税务代理从业者管理办公室（Office of Professional Responsibility）、纳税申报办公室（Return Preparer Office）、小企业及自由职业者办公室（Small Business/Self-Employed Division）、税收减免及政府机构办公室（Tax Exempt and Government Entities Division）、工薪收入与投资收益办公室（Wage and Investment Division）和税务违法案件举报办公室（Whistleblower Officer）。运营保障部门有包括后勤服务处（Agency-wide Shared Services）、财务处（Chief Financial Office）、人力资源处（IRS Human Capital Officer）等 8 个部门。

国内收入局下设大区局，每个大区局负责区域范围内联邦税收的征收管理工作。大区局下还下设地区分局和办事处，具体处理行政、纳税审计、稽征与纳税人服务、情报等工作。

2.美国海关

为了满足新成立的美利坚合众国的财政需求，1789 年 7 月 4 日，由美国国会第一次会议通过并由华盛顿总统签署的《关税法案》正式授权对进口货物征收关税。之后，国会通过了《第五法案》，组建了美国海关及其在各口岸的业务机构。美国早期的发展和建设基础主要依靠关税来支付，依靠海关征收的关税，美国政府购买了路易斯安那州、俄勒冈州、佛罗里达州和阿拉斯加州的大片土地，建设了从马里兰州到西弗吉尼亚州的国家公路以及从东海岸到西海岸的跨州铁路。

美国海关自 1789 年成立以来经历了多次机构调整。1875 年，美国海关并入美国财政部。1927 年，美国海关成为美国财政部的一个业务局。1973 年，美国海关正式更名为美国海关署，仍旧隶属于美国财政部。1995 年，经过调整，美国海关署成了一个以提供口岸服务为重点的新的政府部门。海关署长经美国财政部长授权，负责政策的制定以及其他各项业务的开展。海关署将全国分为 7 个稽征区，包括东北区、纽约区、东南区、中南区、西南区、西海岸区以及中北区。稽征区下再细划为 45 个管区，分别管理着全美 301 个海关口岸。①

由于"9·11 事件"的发生，美国总统乔治·W·布什于 2002 年 11 月 25 日签署了国会通过的关于成立国土安全部的法案，收编了包括当时隶属于财政部的海关署在内的 23 个联邦机构。原海关署的职能和人员被分为两部分：一部分被收编到美国海关与边境保护局（U.S. Customs and Border Protection，CBP）②，另一部分则被收

---

① 财政部税收制度国际比较课题组.美国税制［M］.中国财政经济出版社，2000，第 315 页。

② 美国海关与边境保护局官网 https://www.cbp.gov/，最后访问日期为 2017 年 10 月 20 日。

编到美国移民海关执法局（U.S. Immigration and Customs Enforcement，ICE）。征收进口关税的职能由海关边境与保护局负责，但其机构的实际职能已经远远超过了之前海关署的职能范围。关税征管只作为 CBP 的众多职能之一，其首要使命是防范恐怖分子和恐怖武器进入美国。

7.1.2 州和地方政府的税收征管机构

州和地方政府会根据各自实际情况设立税收征管机构，分别负责本级政府的税收征管工作。由于各地税制差别较大，州和地方税务机关的机构名称和工作范围也并不一致。一般来说，州税务主管机关称为收入部（Department of Revenue）。以加利福尼亚州为例，加州州税务局（Franchise Tax Board）主要负责州个人所得税和公司所得税的征管工作，并下设涉税法律事务部、应缴未缴税款追征管理部、税务审计及合规性管理服务部、技术及电子服务部、税务申报服务部等职能部门。[①] 此外，加州还设立了州平准局（Board of Equalization）负责加州销售和使用税的征管工作，州就业发展局（Employment Development Department）主管加州社会保障税的征收管理。

7.2 税收征管程序

7.2.1 登记和服务

1. 税务登记

税务登记是税收征收管理工作的基础，建立纳税人识别号则是税务登记的核心工作。纳税人在申报纳税和填写其他资料时，都需

---

① 加州州税务局机构设置概览，网址 https://www.ftb.ca.gov/aboutFTB/ftb_overview.shtml?WT.mc_id=AboutUs_ManagementTeam，最后访问日期为 2017 年 10 月 27 日。

要填写纳税人识别号，否则将会被处以罚款。

不同种类的纳税人拥有不同的纳税识别号，一般来说，纳税人识别号就是个人拥有的社会保障号码（the Social Security Number, SSN）。从事经营或代扣代缴义务的纳税人会拥有一个雇主识别号（Employer Identification Number），通常来说，公司、合伙企业、继承遗产都需要用到雇主识别号。如果在美国需要申报税款的纳税人既没有 SSN 也不符合取得 SSN 的资格，则必须使用国内收入局核发的个人纳税人识别号码（Individual Taxpayer Identification Number，ITIN）。

州所得税的申报使用的是联邦纳税人识别号码，但是销售和使用税一般是使用单独的登记号码。州和地方政府对于财产税的征管工作还需要建立记录包括财产清单、自然状况以及价值的财产资料档案。

2. 纳税服务

由于美国税制相对繁琐，个人申报工作难度较大，美国各级税务机关对纳税人提供了电话咨询、申报报表填写等大量免费的纳税指导。联邦税务局设立了志愿报税援助中心（Volunteer Income Tax Assistance）以及老年人税务咨询服务中心（Tax Counseling for the Elderly），为特定人群提供免费的纳税服务。此外，国内收入局官方网站也非常人性化地提供了多样的纳税服务，纳税人不仅可以选择西班牙语、中文、韩文等多种语言环境，还能在网页醒目处发现包括税务协助、纳税人辩护服务处、审查过程等指导和服务界面。

同时，税务中介行业也提供有偿的纳税服务，帮助纳税人更好地应对日常生活中的税务事项，包括税务代理、提供报税服务等。取得执业许可证的律师、注册会计师都可以在法定范围内从事税务代理活动，此外参与大学税收诊所的学生，也可以在导师的指导下，为低收入人士提供一定的税收服务。

7.2.2　纳税申报

通常来说，纳税申报的途径有两种：电子报税和邮寄报税。电子报税一般实时上传，纳税人只需在截止日期前完成申报。纳税人采用邮寄申报方式时，只要信封上的通讯地址正确，且邮戳日期和投入邮政系统是在截止日期之前，报税表也会被视为准时申报。

各级税务机关在纳税人自行申报的基础上，确认纳税人的税收债务。纳税人缴款的依据就是自己的申报，但不论申报与否，税收确定权仍属于税务机关。除了申报具体收入，纳税申报表上还需要填写扣除项目、免税总额、抵免额度等，以便确定最终的应缴税额。

1.确定纳税身份，填写对应申报表格

以个人所得税申报为例。纳税人需要在本纳税年度终了后第4个月的15日之前提交年度个人申报表。根据纳税人的报税身份不同，填写的报表也不一样。报税身份有五种：单身申报、已婚夫妻联合申报、已婚夫妻分别申报、户主申报以及抚养子女的合格寡妇（鳏夫）申报。一般来说，纳税人最常用的是1040EZ表[1]，即单身及无被抚养人的已婚联合报税者所得税申报表，这是申报个人收入最简化的税表，满足不申报被抚养人、应纳税收入小于10万美元等条件的单身个人或联合申报的夫妇，需要填写这份表格。如不满足相应条件，纳税人就需要根据自身实际情况填写1040A表[2]（包含了几

---

[1]　表格内容参见 https://www.irs.gov/pub/irs-pdf/f1040ez.pdf，最后访问日期为2017年10月29日。

[2]　表格内容参见 https://www.irs.gov/pub/irs-pdf/f1040a.pdf，最后访问日期为2017年10月29日。

项 1040EZ 表中没有的项目）或是 1040 表[①]（适用于应纳税收入大于10 万美元、有列举的项目扣除等情况）。

2. 填写正确完整的纳税信息

纳税申报表必须包含完整必要的信息，诸如姓名、纳税人识别号、收入、扣除、抵免等。以申报个人所得税 1040 表为例，需要填写的信息包括姓名、家庭住址、纳税人识别号、收入、列举扣除项目、抵税优惠以及收入调整等。此外，和 1040 表一起使用的附表还包括：1040 表 –A 副表（列举扣除项目）、1040A 表或 1040 表 –B 副表（利息与一般股息）、1040 表 –C 副表（业务利润与亏损）、1040表 –C–EZ 副表（业务净利润）、1040 表 –D 副表（资本利得和亏损）、1040 表 –E 副表（附加收入和损失），纳税人需要根据实际情况填写真实完整的信息。

纳税人识别号的填写也需要格外注意。纳税人在填报税表的时候必须填写纳税人识别号。填写个人所得税时对应要填写的纳税人识别码为社会保障号码。如果纳税人已婚，则夫妻双方的社会保障号码都需要填写。对于雇主来说，除了填报个人所得税使用的社会保障号码外，在申报公司所得税的时候需要正确填写由联邦税务局分配的雇主识别号。

3. 修正申报

当申报个人所得税的纳税人报税身份、收入、扣除或者抵免优惠不正确，纳税人就要提交一份更正的报税表。纳税人需要填写

[①]　表格内容参见 https://www.irs.gov/pub/irs–pdf/f1040.pdf，最后访问日期为 2017 年10 月 29 日。

1040X 表 [1]（更正税表申报书），用于更正以前提前的申报表。在纳税申报期内，纳税人可以修改申报书的内容，并且重新递交，一般情况下联邦税务局都会接受。但在纳税申报期届满之后，联邦税务局就会根据实际情况考虑是否接受修改申请。

当纳税人发生了欠税，但尚未超过该纳税年度截止日，如果纳税人在截止日期前提交了 1040X 表并支付税款，则可以避免罚款和利息。截止日如果在周末或是法定假日，则下一个工作日当天申报税表或纳税都不算延迟。一般情况下，如果纳税人要求退税，则必须在提交原始报表后的三年内或是开始缴税后的两年内提交 1040X 表。

修正申报一般是由纳税人提出，但在特殊情况下，联邦税务局也可能会主动要求纳税人修正申报。当纳税人在原始申报中存在溢缴税款的情况时，联邦税务局会要求纳税人递交修正申报，以达到申请退税或者抵免的目的。此外，当纳税人存在少交税款的情况，税务局也可以通过这种方式收取补交的税款。

4. 延期申报

纳税人可以采用三种办法延长所得税的申报期限，但必须在报税截止日前提出申请。一般情况下，纳税人最多可以延长申报 6 个月。需要注意的是，延长报税时限并不意味着可以延长缴税时限。这三种方法包括：

（1）利用联邦税款电子缴税系统（The Electronic Federal Tax Payment System，EFTPS）或者信用卡支付应缴纳的全部或部分预估

---

① 表格内容参见 https://www.irs.gov/pub/irs-pdf/f1040x.pdf，最后访问日期为 2017 年 10 月 29 日。

所得税，并注明该款项仅用于缴纳延期税款；

（2）通过网络提交4868表（自动延长美国个人所得税申报时限申请书）；

（3）提交纸质版4868表并附上应缴纳的预估税款。

7.2.3　税款缴纳

1. 预扣税和预估税

美国的所得税制是即收即付制，也就是说纳税人必须及时缴纳当年取得收入的所得税。一般来说，来自工资薪金所得由雇主代扣代缴（Withholding），也就是预扣税。当工资薪金或是退休金预扣所得税金额不足，或纳税人有包括利息、股息、赡养费、自营执业所得、资本利得和奖励等收入，纳税人一般需要缴纳一定比例的预估税。如果纳税人没有缴纳足够的预扣税或是预估税，则将面临罚款处罚。

2. 主要税种的税款缴纳

（1）个人所得税。个人所得税纳税期限与申报期限相同。纳税人根据实际情况填写申报表，对应缴税款超过预缴税和预估税的部分应在纳税年度终了的第4个月的15日以前缴清。逾期未缴纳税款的，将会被征收罚款和滞纳金。通常缴款可以通过网络付款的方式进行，如果纳税人决定以邮寄方式支付税款，则需要连同申报表寄出支票或汇票。

当纳税人不能完全付清税款，可以通过线上付款协议申请书（Online Payment Agreement，OPA）与国内收入局签订协议。协议通过则可以获得120天的宽限期，但由延期缴清税款导致的利息和罚金将积累到欠税完全付清为止。如果纳税人无法立即或是在120天内付清所有税款，还可以通过签订按月分期付款协议，分月缴纳税款。在分期付款协议下，纳税人还是无法付清税款，可以签订折衷付税方案（Offer In Compromise，OIC），国内收入局将会在折衷付税方案下减免部分欠款以减轻纳税人的纳税义务。在纳税人无法负担基本生活开支的情况下，还可以向国内收入局申请以获得延期追索。

（2）公司所得税。一般来讲，公司所得税纳税人需要在纳税年度终了后的第4个月15日之前缴清税款。当纳税人自行计算的应纳税额达到或超过500美元，则需要按季预缴，并以年度为单位汇算清缴。按季预缴的截止日期分别是该纳税年度第4、第6、第9和12月的15日之前。

美国居民企业和在美国有经营场所或办公地点的外国企业需要在纳税期限以前用电子转账的方式将预估的税款存入指定账户。在美国没有经营场所的外国公司的纳税期限是纳税年度终了后的第6个月的15日之前。进行申报的该类纳税人可以选择直接扣款方式缴纳税款。负有代扣代缴义务的代理人可能会被要求存入税款。

（3）销售和使用税。一般来说，消费者在购买商品时，连同对应销售税一并付清，销售税会由卖方代扣代缴。使用税则由纳税人自行申报缴纳。卖方通常会以季度为单位缴纳代扣代缴的销售税，超过一定限额的纳税人可能会被要求按照短于一个季度的纳税期限缴纳税款。

（4）社会保障税。联邦失业保险税应纳税额超过500美元，必须按季预存税款。代扣代缴的薪资税以及社会保险税、医疗保险税的纳税人需按每月或每周预存税款。

7.2.4　溢缴税款退还

IRC 第 6401 条列举了三种溢缴税款退还的情况：（1）时效届满

之后核定和征收的税收，属于溢缴税款；（2）超过当年应纳税额的可退还抵免；（3）即便没有纳税义务存在，当事人以税收名义支付的款项。由于大多数退款是因为预缴税和预估税超过应纳税额造成，所以我们将溢缴税款放在税收征管这章进行说明。

1. 退税申请的期限

退税申请必须在法定期限内提出。以信件形式提出退税的申请，则以邮戳的日期为准。根据国内收入法典，退税申请必须在填报相关申报表后的三年内提出，或者实际缴纳税款后的两年内，如果二者并存，则以靠后的时间为准。实际中，如果缴税时间在申报后的一年以上，纳税人可以参考实际缴税的时间标准申请退税。

如果纳税人延期申报获得批准，退税申请的时间也自然向后推延。如果纳税人放弃核定时效的限制，允许联邦税务局在时限期满后的一定时期内核定税收，那么在该期限届满后的 6 个月内，纳税人都可以对溢缴税款提出退税申请。特殊情况下，与坏账或证券亏损有关的退税，退税申请可以延长至 7 年。

2. 退税申请的提出和处理

根据美国财政部规章，纳税人填报的申报表在一定情况下就相当于退税申请表，这个时候只要填报的应缴税额小于预缴税和预扣税，就可以进行退税。在税务稽查过程中，如税务局发现存在溢缴税款，会要求纳税人填写 870 表，以放弃税收核定时效利益，这种情况下 870 表也相当于退税表。

一旦税务局收到纳税人的税表并核准退税时，纳税人便可以核查自己的退税状态，通常来说时纳税人电子报税表 24 小时或是邮寄报税表 4 周后。税务局处理退税的时间通常少于 21 天，但当纳税人通过修正税表获得退税或是提出 1040NR 表要求 1040-S 表上的预扣税金的退税时，处理时间往往会更长。

3. 退税的抵免

财政部金融服务局（Bureau of the Fiscal Service，BFS）负责支付退款，在一些特殊情况下，美国国会授权金融服务局执行财政部抵用计划（Treasury Offset Program，TOP）。通过抵用计划，金融服务局可能会减少纳税人的退款并用于支付一些项目。这些项目包括逾期子女抚养费、联邦机构的非税收债务、州所得税义务或是欠缴的州政府失业补偿债务。如果是夫妻基于过去的法律义务进行联合申报，纳税人有权向国税局要求退还属于自己的退税部分。纳税人可以通过填写 8379 表（Injured Spouse Allocation，离婚配偶款项划分）申请退还。

4. 退税的税收救济

当纳税人提出的退税申请被税务局拒绝时，纳税人可以申请复议。对复议结果仍旧不满意纳税人可以在收到税务局正式通知后的规定期限内向有关法院提起诉讼。对法院判决仍有不服，可以继续提出上诉。具体救济过程和途径可参见 7.3 节税收救济及处罚相关章节。

7.2.5　税务稽查

税务稽查（Tax Examination），也称税务审计，是指联邦税务局通过一定的方法和程序，对纳税人的申报信息进行核查，或者对纳税人的纳税事实进行查证，从而确定正确的应纳税额的过程。[①]美国税法主要是建立在纳税人依法申报的基础上，在这一过程中，纳税

---

① 熊伟.《美国联邦税收程序》.北京大学出版社 2006 年版，第 51 页。

遵从（Tax Compliance）就显得非常重要。理想状态下，纳税人根据实际情况将自己全部的纳税收入申报并上缴对应的应纳税额。但现实生活中，"搭便车"的行为屡禁不止，如果国家税收机关不通过一定措施惩治这种不遵从行为，国家税基将会受到越来越严重的侵蚀。因此，税务稽查就显得尤为重要。

1. 税务稽查机构

美国联邦、州和地方税务机关均设有专门的税务稽查机构。美国国内收入局总部以及各大区税务局的稽查部门主要负责稽查工作的管理职能，一般不负责具体的税务稽查案件，案件查处工作主要由分区的稽查机构负责。在税务机关中，稽查机构是一个极其重要的部门，具有非常重要的地位。由于稽查业务相对繁杂，所以对参与稽查工作的人员一般有非常高的要求。美国严格规定了税务稽查人员的准入标准，具备大学毕业或者商业学士资格才有可能成为税务稽查人员。在对一些重要的或是专业化程度高的大公司稽查中，通常还会聘请一些经济专家，凸显了稽查工作较强的专业性。

2. 税务稽查的选案方法

一般来说，美国联邦税务局公布的名义稽查率是很低的，一般是 1% 左右。美国在 2011 年公历年度提交的 1.86 亿份纳税申报表中在 2012 财政年度被稽查的份数为 165 万份，稽查率为 0.9%。[①] 但是这仅是实际立案的案件数量，是狭义的稽查率。在日常稽查工作中，税务机关利用计算机对纳税信息进行逐一核查，这一排查过程本身其实也应算作稽查工作的一部分，所以实际稽查率要远远高

---

① 何惠敏. 对美国税务稽查制度的分析及其启示——基于纳税遵从理论［J］. 当代经济，2014（12），第 35 页。

于立案侦查的稽查率。常用的选案方法包括纳税信息的电子比对（Document Matching Program）、纳税申报的筛选系统（Discriminate Function System）、知情人举报或纳税人行为引起的税务稽查。

（1）纳税信息的电子比对。美国的征管制度除了要求纳税人提交纳税申报外，雇主和第三方机构等也需要向税务机关提供相应的税务信息。举例来说，申报个人所得税的纳税人除了填报对应的申报表，获得工资薪金的个人还需要递交 W-2 表。W-2 表格，其中包括了纳税人从雇主那里获得的工资、代扣代缴税款以及雇主个人资料等信息。此外，纳税人从第三方取得的利息、股息等收入，也会由对应的支付方申报相关信息。联邦税务局将收到的这些信息用电脑进行比对，发现不一致信息的时候，便会重点核查。这种稽查方法可以对大量的申报数据进行排查，很大程度上提高了税务稽查的准确率和效率。

（2）纳税申报的筛选系统。除了纳税信息电子比对，联邦税务局还可以通过电脑系统对纳税信息进行打分。打分的标准通常参照纳税遵从"全国研究计划"（National Research Program）。这个计划主要是利用随机抽样的方式，衡量纳税人的税收遵从度。打分的过程由计算机完成。通常来说，纳税申报表的分数越高，发生纳税不遵从行为的可能性越大，税务稽查价值也越高。计算机打分完成后，再由稽查人员对分数较高的纳税申报表进行人工核查，结合其他纳税信息进行分析，找出最可能需要进行税务稽查的案件。

（3）除了上述两种选案方法，税务机关还可能根据知情人的举报以及纳税人个别行为进行重点稽查。如果纳税人申报了过多的免税额或是项目扣除的金额过大，都有可能成为税务稽查的重点对象。

此外，纳税人提请一些需要全面审查的申请、诉讼行为，也可能会导致税务机关的税务稽查。

3. 税务稽查类型

选案后，税务局会根据案件的复杂程度选择不同稽查方式，用以对纳税人的申报情况进行审查。主要的稽查类型有通信稽查（Correspondence Examination）、办公室稽查（Office Audit）、现场稽查（Field Examination）、刑事调查（Criminal Investigation）等。

通信稽查是指税务稽查人员向纳税人发送信函，要求纳税人对特定的事项提供解释和相关资料。通常情况下，可能涉及通信稽查的事由相对简单，可以通过信函简单说明；办公室稽查是在国内收入局各个地区办公室进行。该检查一般是由国内收入局事先通知被稽查的纳税人一些相关事由。办公室稽查涉及的内容相比通信稽查要复杂一些，纳税人可以现场亲自针对性地回答稽查人员的一些疑问；现场稽查一般涉及更为复杂的情况和法律问题，一般来说稽查的对象是从事生产经营的纳税人，且地点多为生产经营场所。现场稽查的目的在很多情况下是为了搜集足够的证据支持稽查人员对纳税人违规的判断。特殊情况下，税务稽查人员可以通过签发税务传票，责令纳税人配合调查。上述三种稽查方式都属于民事调查的范畴，当纳税人涉及欺诈情节，稽查人员要将案件移交到刑事调查部，对纳税人是否存在确实的欺诈行为进行刑事调查。

4. 合伙企业的税务稽查

合伙企业不是纳税人，只是负有纳税报告义务，因此对合伙企业的税务稽查相对比较特殊。对合伙企业的税务稽查要区分合伙企业实际性质，小合伙人企业（即合伙人数不超过 10 人，并且合伙人都是自然人或遗产），上市合伙企业都不参照这里对合伙企业的税务稽查方式，当然小合伙企业自愿选择适用的情况除外。

虽然合伙企业不缴纳税款，但是对合伙企业的税务稽查要以合伙企业整体进行，对合伙人不单独进行检查。对检查的结果，合伙人对其份额内的收入和抵扣负责。税务局在稽查前要通知税务合伙人（Tax Matters Partner）以及其他有被通知权的合伙人。结束对合伙企业的税务稽查后，税务局会给税务合伙人寄发最终税收调整（Final Partnership Administrative Adjustment）。在税收调整通知寄给税务合伙人 120 天之前，联邦税务局必须完成税务稽查，并且在该通知寄给税务合伙人 60 天内，需要通知其他有被通知权的合伙人。

除了税务合伙人可以代表整体合伙人，单个合伙人只能代表自己或是特定合伙人。税收调整通知寄给税务合伙人 90 天内，税务合伙人有权代表全体合伙人起诉。90 天期限过后，其他合伙人有 60 天期限做出起诉决定。

5. 税务稽查的结果处理

检查结束后，稽查人员会对检查情况和结果出具一份稽查报告。稽查报告需经过审查人员审查通过才能生效。如果纳税人同意税务局的处理结果，则需要签署一份 870 表，宣布放弃税收核定的限制。这样一来，税务机关便可以立即启动核定和征收程序。

当纳税人不同意税务局的处理结果时，税务局会先寄送一份 30 日函，在收到信件的 30 天内，纳税人有权提起复议。如纳税人 30 日内没有提起复议，税务局会下发欠税通知。纳税人可以在收到欠税通知 90 日内，针对欠税争议提出诉讼。纳税人期满仍未提起诉讼，税务机关便要进行税务核定，确定纳税人具体税收义务。此时，如果纳税人仍要提起诉讼，则必须先行缴清税款。

7.2.6 税收核定

税收核定就是税务机关依法行使税收核定权，其过程相对简单，就是将应纳税款计入纳税人名下，确定了纳税人的具体纳税义务。但是税收核定在整个税收征管过程中的作用却非常重要。税收核定从程序和数量两个维度确认了纳税人的纳税义务和纳税金额。

此外，税收核定是区分欠税争议和退税争议的关键，这点在税收救济环节非常重要。税收核定前，纳税人和税务机关只能就是否欠税进行争论。一旦经过了税收核定环节，欠税事实认定，纳税人负有缴清欠款的义务。如果此时纳税人对决定不服，提出上诉，也必须先缴纳税款，再由法院判决是否退税。

1. 税收核定时效

税收核定的意义在于确定纳税人具体纳税义务，而税收核定时效则规定了税务机关确认这项义务的期限。当税务机关在规定时效内进行税收核定，纳税人具体的纳税义务便被明确。而当税务机关在规定的税收核定时效内未进行税收核定，则该税收核定对应的税收债务将不复存在，即便纳税人已经缴纳税款，也可以申请退还。

通常来说，税收核定时效从纳税申报或是纳税申报截止之日起为 3 年。纳税人正常申报则从截止日算起，如果纳税人没有在规定期限内申报，则核定时效从实际申报日算起。一般情况下，当纳税截止日为周六、周日或是节假日时，都可向后顺延，但税收核定时效对上述规则不具有适用性。当纳税人以逃避税收为目的进行虚假、欺骗性的纳税申报，则税收核定不受限制。当纳税人遗漏申报金额达到应纳税额 25% 以上时，税收核定期限则从 3 年延长至 6 年。

此外，在一些情况下，税收核定时效可以中止，即税收核定时效暂停计算。例如当纳税人接到欠税通知，有权在 90 日内决定是否起诉。如果纳税人决定起诉，则在法院做出判决前，税收核定时效中止计算。纳税人在规定期限内没有做出决定起诉，则税收核定时效在规定的 90 天期限内中止计算。

2. 税收核定类型

（1）简单核定（Summary Assessment）。简单核定适用于纳税人主动申报的情况，只要纳税人正确申报应纳税额，税务机关便可以完成税收核定，确认纳税人具体纳税义务。需要说明的是，当纳税人申报完成后并未缴清税款，此时税务局按照正常程序进行核定，并通知纳税人缴清税款，这种通知有别于欠税核定程序中的"欠税通知"。前者已经经过简单核定明确了纳税义务，只能先缴清税款再申请退税。而后者尚未明确纳税义务，可以直接对欠税事项提起诉讼。

（2）欠税核定（Deficiency Assessment）。当纳税人法定债务大于申报税额时，才会发生欠税。通常情况下，只有所得税、遗产与赠与税、特定类型的消费税以及相关罚金发生欠税情况时，适用于欠税核定。当纳税人出现欠税时，税务机关会先向纳税人发出一份 30 日函（30-Day Letter），即在 30 日内，纳税人有权向税务局申请复议。纳税人 30 日内未做出复议决定，税务局就会邮寄正式的欠税通知，纳税人将有 90 天的时间决定是否对欠税通知进行上诉。

（3）预险核定（Assessment In Jeopardy）。预险核定分为提前核定和紧急核定。正常情况下，在纳税申报截止日前，秉着信任纳税人的原则，税务局不会采取相应的征管措施。而预险核定恰恰相反，税务机关会采取必要措施，以保障国家的税收利益。提前核定和紧急核定大体相似，最重要的区别在于提前核定适用于纳税申报期限届满前，紧急核定则适用于纳税申报期限已经到期。

（4）破产和接管状态下的税收核定（Bankruptcy and Receivership Assessment）。根据IRC第6781条规定，对于破产财团的税收，联邦税务局可以随时核定。对于纳税人个人属于不可豁免的税收，且经过税务法院或联邦法院确定，税务局可以直接核定，不需要寄送欠税通知。

在破产程序中，由于程序自动终止的影响，税收核定受到了很多限制。所谓程序自动中止是指破产申请受理后，所有的债权人，包括联邦税务局，必须暂停对纳税人的财产采取的一切征收措施或实现留置权。破产法院对于具体税额的确定拥有极大的管辖权。除非破产法院批准，否则税务法院无法审理处于破产程序中的欠税争议。但对于税务机关来说，不论税务法院还是破产法院，只要具体税额确定便可以直接进行税收核定。

对于被接管状态下的财产，纳税人无权对欠税问题向税务法院起诉。税务机关也无须对纳税人财产采取相应措施，除非接管状态结束或者中断时，税收仍未被清偿。

7.2.7 税务留置

当负有纳税义务的纳税人，经过通知催缴后仍不履行纳税义务，税务机关有权就应纳税额对纳税人全部财产，采取税务留置（Tax Lien）。税务留置属于税收保全措施，赋予税收债务优先受偿的担保权。

程序上，联邦税务局先对纳税人的纳税义务进行税收核定，明确了纳税人的税收义务，如果纳税人同时缴清税款，则税收债务关系消灭。但当纳税人没有在规定期限内缴清税款，税务机关就会寄送催缴通知。催缴通知送达后，纳税人有 21 天的宽限期。如在宽限期内，纳税人仍未履行相应税收义务，则纳税人的全部财产将被留置。留置后在一定时间内仍未缴清税款，税务机关便会对留置财产进行拍卖等强制执行手段。

联邦的税务留置有一般税务留置和特殊税务留置两种。特殊税务留置只针对遗产与赠与税。根据国内收入法典，自死者死亡之日起，联邦政府就对遗产享有留置权。这种留置权有别于一般税务留置权，故称作特殊税务留置权，对遗产的特殊税务留置可以极大限度地保证遗产税的征收。此外，赠与行为发生后，也会对赠与物产生一种特殊留置。当纳税人没有在纳税期截止前缴清足额税款，受赠人将以受赠物对相应的纳税义务承担责任。

1.税务留置的财产范围

税务留置针对纳税人的全部财产施行，因此，明确纳税人的财产范围十分重要。在美国，财产权益是各州法律决定的范畴，在对纳税人全部财产实行税务留置前，需要依据各州法律，确定税务留置的范围。

税务留置的发生虽然是由纳税人在宽限期内仍未履行纳税义务导致的，但其效力发生并不是从宽限期截止日算起，而要追溯到税收核定之日。因此，自税收核定之日起，纳税人拥有的全部财产，不论是动产、不动产，都应算作税务留置范围。

2.税务留置权登记的法律效力

相对于普通债权来讲，税收具有优先偿还权；但对于有一定优先权的债权来说，则需要分情况判断。一般来说，如果税务留置发生在有优先权的债权之前，税收会优先受偿。

但当税务留置登记后，税收优先于普通债权，除非该债权拥有超级优先权。我们可以将税务留置登记理解为税务机关公开宣示对纳税人财产享有的受偿权，是对与纳税人可能发生利益往来的潜在主体的警示。这时，除了一些拥有法定的超级优先权的债权外，任何普通债权都不能撼动税务的优先受偿权力。

需要注意的是，税务留置登记后，仍有两类权力优先于税务留置权。一类是附条件的优先权，包括：不动产建筑或改良融资协议、强制支付协议、商业交易融资协议以及其他需要在留置登记45天内支付的担保债券。由于上述优先权有附加条件，因此被称为"准超级优先权"；另一类是超级优先权，不过这种优先权必须基于善意取得的基础上，否则不能对抗税务留置权。

税务留置登记的效力从登记之日开始，一直到征收时效届满为止。留置登记的期限不会随征收时效的延长而延长。期限届满后，如要继续维持登记效力，就必须重新登记。

3.税务留置权的变动

税务留置权基于纳税人逾期未履行纳税义务的事实，实际中，纳税人的行为、留置财产的状态等都有可能导致税务留置发生变动。一般来说，税务留置的变动包括税务留置的撤回、解除、豁免、减等以及无附加。

（1）税务留置的撤回。税务留置的撤回指的是在欠税清缴前，税务机关撤回经过登记的税务留置。税务留置登记的撤回并不意味着留置的消灭，只是将留置恢复到登记前的状态。在实践中，如果税务留置撤回有利于税收义务的履行，税务局才有可能做出撤回的决定。

（2）税务留置的解除。与撤回不同，税务留置的解除将使纳税人财产的担保义务消灭。通常情况下，当税收债权已经实现，或是第三人提供了担保，税务局便有可能解除纳税人财产的税务留置。

（3）税务留置的豁免。税务留置的豁免指的是特定情况下，对纳税人部分财产免除税务留置。根据国内收入法典，出现下列情况，税务机关可以对特定财产豁免留置：①除豁免留置的财产外，剩余财产的公允价值最少是未清偿税收总值的两倍；②税收部分被清偿，且金额不少于被豁免留置的财产价值；③留置财产对政府的税收利益没有价值；④根据纳税人与税务局达成的协议，出售被豁免留置财产的资金将继续成为留置对象；⑤对豁免留置的财产提供等额担保。

（4）税务留置的效力减等。效力减等意味着使某种特定权利的受偿顺序优于该财产的税务留置。根据国内收入法典，当联邦税务局收到等同于税务留置财产价值的款项或通过效力减等可以使政府的利益增加，联邦税务局就可以签发税务留置效力减等证书。效力减等的精髓在于，虽然税务留置的效力降低了，但政府实际的税收权益并没有减少。

（5）税务留置的无附加。当税务机关错将纳税人的留置登记在第三人名下时，国税局应当签发一份无附加留置证书以证明该第三人的财产没有附加的税务留置。

7.2.8　税收强制执行

在税务机关履行正常程序后，纳税人仍未主动缴清税款，税务机关便可以采取税收强制执行措施（Tax Levy）。税收强制执行与税务留置紧密联系。通常来说，税务留置为强制执行提供了保障，但是强制执行并不一定依赖于税务留置，只要条件允许，便可启动强制执行程序。相对来说，强制执行是税收征收程序中最为严厉的手段。

1. 税收强制执行的对象

一般来说，除了法律规定的豁免财产外，都可以成为税收强制执行的对象。在实践中，除了法律豁免的财产外，法院监管的财产，包括处于破产程序中被监管的财产也不能成为税收强制执行的对象。对于纳税人其他的财产，税务机关应本着实质重于形式的原则，判断财产所有权，以确定税收强制执行的对象范围。

2. 税收强制执行的主要程序

税收强制执行开始前，必须履行一些前期程序，包括税收核定（Tax Assessment）、催缴通知（Notice and Demand）、强制执行预告（Notice of Intent to Levy）以及正当程序听证（Collect Due Process Hearing）。税收核定和催缴通知属于税收强制执行的逻辑前提，而当联邦税务局认为税收利益处于危险状态，则不必经过强制执行预告和正当程序听证两个程序。

（1）税收核定。通常来说，税收核定是确定纳税人具体纳税义务的过程。当纳税人欠税时，税务局会寄送欠税通知，纳税人有权在90日内提出上诉。过期未提起上诉，税务机关便对纳税人进行税收核定，以明确纳税人的具体纳税义务。可以说税收核定是税收征管程序的开始。如果不进行税收核定，税收强制执行就没有了依据。

（2）催缴通知。税收核定完成后，税务机关要在60日内对纳税人下达催缴通知。纳税人接到催缴通知后，有 21 天的宽限期，必须缴清税款。当欠缴金额大于 10 万美元时，宽限期只有 10 天。过了宽限期纳税人还未缴清税款，税务局便有权进入税收强制执行程序。

（3）强制执行预告。纳税人在宽限期内没有缴清税款，税务机关便可以启动税务强制执行程序。但在执行程序启动 30 天前，税务机关有义务正式通知纳税人。强制执行预告应告知纳税人具体欠缴数额、申请正常程序听证的权利、财产扣押和出售相关的法律规定和程序等。

（4）正当程序听证。同强制执行预告一样，正当程序听证需要在强制执行开始 30 天前送达到纳税人。纳税人有权在强制执行开始 30 日内向税务机关申请复议。如果联邦税务局局长认为该税收权益处于危险状态，则可以不用履行上述通知程序。但在强制执行措施实施后，仍必须给纳税人提供听证机会。

3. 税收强制执行的具体措施

在履行上述程序后，纳税人仍未缴清税款，税务机关就可以正式进入税收强制执行阶段。税收强制执行的具体措施包括财产扣押（Seizure）和财产出售（Sale）。

（1）财产扣押。财产扣押指的是税务机关对纳税人财产的直接扣留，对于不动产来说，扣押形式一般表现为粘贴封条。扣押主要针对有能力但不愿意缴税的人。同时，对纳税人的私有财产，税务机关必须通过法官授权或是纳税人许可才能进行扣押。一般来说，扣押前不需要通知纳税人。但在完成扣押后，税务机关应尽快通知纳税人，告知其扣押的时间、清单以及法定权利。

对于第三人掌握的纳税人财产或是对纳税人的债务，税务机关

不能直接扣押，只能对第三人签发强制执行通知。强制执行通知的
目的是告知第三人配合税务机关的征收行为。但如果第三人拒绝配
合，则可能遭受税务机关的处罚。此外，纳税人不能因第三人遵守
强制执行通知，而向第三人请求赔偿。

（2）财产出售。在财产被出售前，税务机关必须向纳税人寄送
扣押通知和出售通知。出售通知需要告知被出售财产的具体状况，
以及出售时间、地点等信息，并对外公示。否则，财产出售无效。
财产出售必须采取公开拍卖或竞标的方式。出售日期不得早于财产
出售通知公示后的 10 天，也不得晚于 40 天，否则出售也无效。

当然，在财产被出售前，纳税人有权要求赎回。不过赎回的资
金不仅包括税款，还有利息和执行强制措施的相关费用。已出售的
动产不能被赎回，已出售的不动产只能在出售后的 180 天内按要求
赎回。

7.3　税收救济及处罚

在美国，如果与税务机关发生纠纷，一般有两种救济途径可以
选择。一种是向税务机关提起行政复议，对复议结果不满时，可以
向法院提出诉讼。另外一种是直接向法院提出诉讼。在美国，有专
门的税务法院来解决税务法律诉讼，纳税人也可以选择向有管辖权
的地区法院或是联邦法院提出诉讼。各个法院的受理程序、上诉程
序和审理规则都不尽相同。

7.3.1　税务复议

行政复议是解决税收争议的重要途径。相对于税务诉讼来说，

行政复议更加灵活快捷。税务复议旨在高效解决税务争端，尽可能地避免税务诉讼的发生。美国绝大部分的税务争议都是通过税务复议解决。

1.美国联邦税务复议机构

美国联邦税务局的税务行政复议机构是复议办公室（Appeals Office），其前身是1927年成立的特别咨询委员会。复议办公室负责处理税务行政复议相关案件，尽可能地使案件在复议阶段得到解决。复议办公室的职能完全独立于税收征管部门，内部实行垂直管理，以使复议办公室对案件做出独立判断，保证行政复议的公平性。

2.行政复议主要程序

（1）复议提起。通常情况下，纳税人提起税务行政复议是在收到30日函的30天内，除了小额税款申请外，纳税人需要提交书面的复议申请。书面申请的内容一般包括：①申请人的姓名、地址；②提请复议的诉求；③已收到的税务机关处理决定文件的复印件；④争议税款涉及的纳税期间；⑤对税务机关处理决定存有的异议；⑥理由及支持上述理由的法律法规；⑦签署伪证处罚申明（如文件由第三方代为准备和签署，第三方必须签字）。

（2）税务员抗辩。税务员会在纳税人提出复议后，收到一份复议申请的复印件。税务员会向复议办公室提交一份答辩意见，以支持他们的处理意见，并对纳税人提出的法律和事实问题提出抗辩。

（3）单方交流。在复议会议召开前，通常会召开一个单方会议，以听取税务局工作人员对争议案件的抗辩。纳税人也可以在会上提出自己的看法和疑问。一般情况下，单方会议会要求负责案件的复议人员、纳税人和税务局的工作人员共同参加。

（4）复议会议。复议案件的最主要一个环节是复议会议。在复议会议上，由复议团队通过对事实、法律、政策的权衡，对案件进行裁决。通常情况下，复议团队由一名负责人和复议人员组成。对于小额案件，复议人员可以独自组成复议团队。

复议会议得出的结论会提交给审批人员，由审批人员进行最终裁决。如果审批人员同意复议结论，则复议程序了结。如果审批人员不同意复议结论，则需要再通过与纳税人会谈等方式了解情况，以便做出最终裁决。纳税人若不接受复议最终裁决结果，可以在规定时间内进行上诉。

7.3.2 税收诉讼

纳税人对税务处理结论或复议结果不满意时，可以选择诉诸法律向税务法院起诉，或是向区法院、巡回法院起诉。美国法院体制存在州和联邦之分，各州法律体系和诉讼制度也不尽相同。下面主要介绍联邦税收诉讼体系。

1. 起诉

（1）一审法院。当纳税人发生退税诉讼案件时，可以向地区法院或联邦索赔法院提起诉讼。各地均设有地区法院，地区法院的法官是终身制，且设有陪审团。联邦索赔法院坐落在华盛顿，主要审理以美国政府为被告的金钱诉讼，不设陪审团。

美国还设立了税务法院，专门负责审理欠税案件。税务法院是拥有有限管辖权的联邦法院，坐落在华盛顿特区，可以受理来自全国各地的案件，税务法院的法官也可以在全国各指定城市巡回审理案件。其最早的前身是根据《1924 年税收法案》创立的美国税收复议委员会。

税务法院由 19 名成员组成，包括首席法官和法官，不设陪审团。除此之外，法院还设有高级法官和特审法官。税务法院的法官由总统任命，并经参议院确认，任期 15 年。税务法院的主要管辖范围包括：审理欠税争议、受让人责任争议、特定类型的确认判决、合伙项目的调整和再调整、夫妻联合申报时连带责任的救济以及特定征收措施的审查等。① 针对特定税款金额不超过 50000 美元的案件，税务法院还有专门的小额税款诉讼程序供纳税人选择。小额税款诉讼程序的审理更简化，周期相对较短，诉讼费用也更低。但小额税款诉讼程序的裁决是终审判决，且不能成为其他案件援引的判例。

由于管辖权的限制，税务法院不能审理退税案件。纳税人有时候基于欠税利息的考虑，会选择先缴清税款，再申诉退税，这个时候，纳税人只能去地区法院或是索赔法院索还，税务法院无权受理。此外，税务法院的法官对税法最为精通，且不设陪审团，所以税务法院的审判在税收法律的把握上更准确。

地区法院、联邦索赔法院以及税务法院在案件的管辖权上存在明显差异，因此，纳税人提起税务诉讼时，需要根据案件性质准确选择相应的诉讼法院。

除了上述介绍的三类一审法院的诉讼管辖权外，美国相关法律还规定了其他一些特定案件的管辖权，比如纳税人提出关于纳税信息泄露的诉讼只能向地区法院提起。

（2）起诉时限。对于欠税诉讼，纳税人收到欠税通知的 90 天内，向税务法院提出诉讼。如果纳税人在国外，且欠税通知以邮寄方式发出，则起诉期限可以延长到 150 天。

---

① 关于美国税务法院的概况可以参考 https://www.ustaxcourt.gov/about.htm，最后访问日期为 2017 年 10 月 29 日。

对于退税诉讼，纳税人需要向地区法院和联邦索赔法院提起诉讼。在纳税人提起诉讼前，必须先全额缴纳税款，并在纳税资料提交的3年内或税款缴纳的两年内向美国联邦税务局提出申请。提出退税申请6个月后，或者收到联邦税务局的驳回通知的两年内，纳税人都可以就退税事项向地区法院和联邦索赔法院提出诉讼。

（3）联邦税务局的诉讼代表。在欠税诉讼中，美国国内收入局首席顾问办公室的工作人员将代表国税局参加诉讼。而在退税诉讼中，美国国内收入局司法部的工作人员将代表国税局参加诉讼。

（4）判决。税务法院做出判决的方式有三种，包括当场判决、简易判决以及判决备忘录或法院判决。当场判决和简易判决相对简单，都不能作为其他案件的援引。判决备忘录和法院判决一般由首席法官决定，如果案件涉及常规的法律问题，则可以作判决备忘录，否则就需要做出法院判决。若纳税人对税务法院的判决存有异议，可以在判决书发出之日起30日内向税务法院申请重新审议案件，但小额税款案件除外。

2. 上诉

除小额税款案件外，纳税人可以对一审判决提起上诉。上诉法院分为美国上诉法院和联邦巡回上诉法院。美国的诉讼管辖区共分为12个巡回区。美国上诉法院（the US Court of Appeals）在其管辖区内对有管辖权的案件进行审理；联邦巡回上诉法院（the Court of Appeals for the Federal Circuit）对全国范围内特定类型案件的上诉具有管辖权。

税务法院、地区法院判决的案件，可以向所在巡回区的美国上诉法院提起上诉。如果纳税人对税务法院的判决不服，需要在判决后的 90 天内提出上诉。由联邦索赔法院判决的案件，可向联邦巡回上诉法院提起上诉。如果当事人双方对上诉法院判决不服，则可以向联邦最高法院上诉。参见图 7-1。

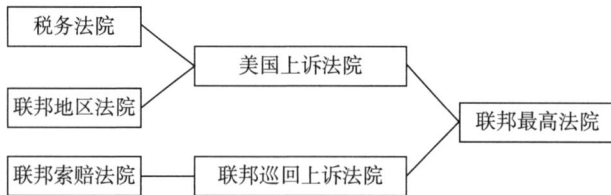

图 7-1　税务诉讼上诉法院的管辖权

7.3.3　税务处罚

在美国，税务处罚主要分为两类：一类是税务民事处罚，另一类是税务刑事处罚。处罚除了惩罚性的罚款，还有可能需要支付因资金占用而产生的利息费用。刑事处罚还可能包括监禁等更为严苛的措施。税务民事处罚相当于我国的行政处罚，一般由税务机关做出处罚决定。当遇到刑事案件时，先由税务机关作刑事调查，并由司法部和地方检察官提起诉讼，最终交由法院作刑事处罚判决。

1. 税务民事处罚

下面介绍几种常见的联邦税务民事处罚的情况，包括未按时申报的、未按时缴纳税款、未及时缴纳税款以及税务欺诈。

（1）未按时申报。如果纳税人没有在申报期限内提交纳税申报表，根据 IRC 第 6651 条的规定，没有在法律规定日期提交纳税申报的，除非能够证明没有提交具有合理理由，并且不是故意疏忽，如该行为不超过 1 个月，应当在纳税申报数额中加上该税款的 5%，每增加 1 个月（未满 1 个月，按 1 个月算），税款相应增加 5%，但累计不得超过 25%。

（2）未按时缴纳税款。未按时缴纳税款的情况分为两种：一是按时申报，但未及时缴纳税款；二是及时缴纳了税款，但经税务稽查后发现存在欠税情况，且超过了税款缴纳期限。根据 IRC 第 6651 条的规定，没有在法律所规定的缴纳期限前缴纳税款，除非能够证明有合理的理由，且不是由于故意的疏忽，如果该行为不超过 1 个月，则应当在纳税申报数额中加上欠缴税款的 0.5%，每超过 1 个月（未满 1 个月，按 1 个月算），增加 0.5%，但累计不得超过 25%。

（3）未准确申报。根据 IRC 第 6662 条的规定，对于应当申报而未申报的，应对缴付不足部分处以 20% 的罚款。适用的情况包括：①对于规则或规章的疏忽或漠视；②对于所得税的任何实质性申报不足；③根据第 I 章的规定，任何实质性的估价误述；④养老金债务任何实质性价值高估；⑤遗产和赠与税的实质性价值低估。

（4）税务欺诈。税务欺诈罪是最严厉的税务民事处罚。根据 IRC 第 6663 条规定，由于欺诈导致税款缴付不足的，必须处以缴付不足部分的 75% 的罚款。对于联合申报而言，如果配偶一方存在欺诈，罚款只适用于当事人一方的财产。

2. 税务刑事处罚

美国联邦税务局设有专门的刑事调查部，负责调查税务刑事案件。一般来说，税务犯罪由刑事调查部的特别调查员负责。当特别调查员完成刑事调查、决定控诉纳税人后，会将案件呈交给联邦税务局地方法律顾问处进行审查。审查无误，再移交到税务局司法部审查。税务局司法部在审查结束后，决定是否需要提交给地方检察官办公室起诉。如需要起诉，则地方检察官根据实际情况向法院起诉，并由法院作最终裁决。通常来说，税收刑事处罚要比民事处罚严重得多。

（1）逃税罪。纳税人故意以任何方式逃避税收，将被认定为逃税罪，包括逃避税收核定以及逃避税款支付。根据 IRC 第 7201 条规定，逃税罪应被认定为重罪，并处以不超过 10 万美元（公司法人是 50 万美元）的罚金，或者被处以不超过 5 年的监禁，或者二者并罚。

（2）故意不提交纳税申报、提供信息或缴纳税款。根据 IRC 第 7203 条规定，上述罪行应被认定为轻罪，处以不超过 2.5 万美元（公司法人 10 万美元）的罚金，或者被处以不超过 1 年的监禁，或者二者并罚。

（3）欺诈或虚假陈述。纳税人故意提交或者做出虚假纳税申报、陈述等文件时，如果以伪证的名义书面申明，自身却不相信文件真实性，就构成了欺诈或虚假陈述罪。欺诈或虚假陈述应当被认定为重罪，并被处以不超过 10 万美元（公司法人 50 万美元）的罚金，或者处以不超过 3 年的监禁，或者二者并罚。

7.4　海外账户税收遵从法案

自 2008 年金融危机以来，奥巴马政府的公共债务已从 10 万亿美元上升到了 18 万亿美元。在债务危机和经济危机的背景下，美国国会于 2010 年 3 月 18 日通过了美国《海外账户税收遵从法案》（Foreign Account Tax Compliance Act，FATCA），目的是在全球范围内收集纳税人的海外账户信息，打击美国纳税人利用海外账户偷逃税款的行为。

7.4.1 FATCA 概述

根据 FATCA 法案，若美国纳税人个人或企业账户余额分别达 5 万美元和 25 万美元以上，或者保单现金价值超过 14 万美元，便需要向美国联邦税务局进行申报。

FATCA 法案还要求全球金融机构与美国联邦税务局签订合规协议，规定其必须向美国联邦税务局提供金额超过 5 万美元的美国公民、绿卡持有者以及 3 年内累计往来美国超过 183 天的个人相关账户信息，包括纳税人姓名、地址、账号等内容。如果海外金融机构未与美国政府签订协议或未履行合规义务，则该金融机构会被认定为"非合规海外金融机构"，对其来源于美国的利息按照 30% 的税率征收预提所得税。如果美国账户持有人拒绝披露账户的相关资料，该金融机构便需要预扣账户持有人的税款。对于非金融机构，应当披露其美国投资者是否拥有超过 10% 以上的权益，否则也将受到 30% 预提税的惩罚。

7.4.2 FATCA 发展历程

2010 年 3 月 18 日，FATCA 法案作为《恢复就业鼓励雇佣法案》的一部分，在美国国会通过，并被写入 IRC 的 A 分部第 4 章第 1471～1474 节。2012 年 2 月 8 日，美国联邦税务局发布了修改后的 FATCA 法规，并明确了开始扣缴的日期。2012 年 7 月 26 日，政府间协议范本一（草案）发布。2012 年 9 月 12 日，英国与美国签署了政府间协议，是第一个按照范本一同美国签署海外账户税收遵从法案政府间协议的国家。2012 年 11 月 15 日，政府间协议范本二（草案）发布。2013 年，瑞士成为第一个按照范本二与美国签订政府间协议的国家。

2013 年 7 月 12 日，FATCA 扣缴日期由 2014 年 1 月 1 日推迟到 2014 年 7 月 1 日。2014 年 1 月 1 日，美国联邦税务局海外金融机构网上注册系统正式开放。2014 年 6 月 3 日，美国联邦税务局在其官方网站公告了第一批注册海外金融机构名单。2014 年 6 月 24 日，中美两国就 FATCA 的实施达成了实质上的协议，中美双方将加强两国之间的税务信息交流，共同打击偷逃税款的行为。2014 年 7 月 1 日，FATCA 正式生效。截至 2016 年 6 月数据显示，与美国签署政府间协议的国家已达到 86 个，包括芬兰、比利时、丹麦等欧洲传统避税天堂；向美国注册的海外金融机构达到了 77000 多家，这些海外金融机构将向美国政府提供相关客户的账户资料。

7.4.3 FATCA 政府间协议

为了降低金融机构合规成本，减少或消除 FATCA 合规义务要求与各国法律之间存在的冲突，寻求国际合作，更好地实施海外账户税收遵从法案，美国制定了政府间协议范本。政府间协议范本有两种。根据协议范本一，海外金融机构仅需要向其本国的税务机关提供美国纳税人账户信息，再由该国政府与美国进行税收情报交换；根据协议范本二，海外金融机构直接向美国政府提供美国纳税人账户信息。但在协议范本二的架构下，两国政府同样可以通过税收情报交换机制补充获取税收情报。

7.5 税收征管制度的特点

7.5.1 健全的税收征管法律体系，保障税收征管工作有序开展
美国税收法律体系包括宪法、联邦税法、财政部制定的规章以

及司法判例等，涉及了税收征管工作的方方面面，税收征管的法制化程度非常高，从根本上保障了税收征管工作的有序开展。税法以及其他具有法律地位的规章、判例在纳税登记、纳税申报、税务稽查、税务代理、行政复议、税务诉讼、退税等方面都做了具体的规定。此外，美国政府还通过网络、征税服务中心等形式提供咨询服务，向纳税人解释涉税法律法规，促进了相关法律法规的普及。税收征管法律对税务机关、纳税人以及税务代理人的行为也有着严格的约束，保障了征纳双方平等的法律地位，任何一方做出违法行为都将受到严厉的处罚。

7.5.2 科学的机构设置和现代化的征管方式，提高了税收征管的效率

美国税务执法机关分联邦、州、地方三级，各级政府分别行使税收执法权，并通过信息共享、协作征管等方式加强合作。其中，联邦税务局经过 1998 年的改组，形成了由总部、大区税务局以及地区税务局及其办事处三级机构构成的征管体系，管理模式更加专业、细化，使得税务机关能够更准确地掌握、分析纳税人的相关信息，高效处理不同类别的征管工作。在人员的配置上，税务局非常注重税务人员的整体素质。招录时除了有严格的学历要求外，普遍采用考试录用，遵循公开、平等、择优的基本原则。

美国税收征管工作的电算化程度非常高。税务机关利用网络和科学的统计方式处理包括纳税申报、税款征收、违法处罚等各项业务，并通过设立数据处理中心以及征税服务中心，对税源进行高效、严格的监控。例如，在税收稽查环节，税务局利用计算机进行申报信息的电子对比工作，并参照纳税遵从全国研究计划对随机目标打

分，排查潜在的风险，筛选出需要被稽查的对象。现代化的税收征管方式，在提高税收征管的效率和质量、节约税收成本和社会成本的同时，也为纳税人提供了极大的便利。

7.5.3 专业的税务稽查手段和严厉的惩罚措施，提高了税务遵从度

美国的税收征管实施专业化稽查。税务机关采用严格而缜密的选案程序和手段通过纳税信息的电子对比和纳税申报筛选系统，对税务稽查的对象进行排查，同时辅以人工核查，结合其他纳税信息，确定最可能需要进行税务稽查的案件，然后制定严格的稽查方案实施稽查。现代化的征管方式和纳税人自行申报相结合，使税务机关将工作重点放在后期的税务稽查上，专门负责税务稽查的人员占到了全体人员的一半以上。此外，税务稽查人员的准入标准相对较高，具备大学毕业或者商业学士资格才有可能成为税务稽查人员，并且需要经过严格的专业培训。稽查过程也是高度的专业化协作分工。

税务稽查后的处理流程和处罚方式需要参照相关法律法规，惩罚措施也极其严厉。对于未准确申报的纳税人和税务欺诈行为，将被处以高额的罚款；而对于逃税罪，则还可能面临不超过5年的监禁。专业的稽查手段和人员，加上严格的稽查流程和严厉的惩罚措施，有效地遏制了偷逃税款的情况。

7.5.4 加强信息交换和全球税务合作，严厉打击跨国避税行为

在经济全球化的背景下，税基侵蚀和利润转移（Base Erosion and Profit Shift，BEPS）的问题屡见不鲜，纳税人经常利用低税区的税收优惠降低自身税负。这不仅会导致投资决策的扭曲，甚至会降低全球纳税人的税法遵从度，而且会严重侵犯所属国的财政利益，侵害

税收公平。美国作为 OECD 和 G20 的成员，积极推动 OECD/G20 的《BEPS 行动计划》，对消除现有国际税收规则的制度性漏洞、遏制跨国企业规避全球纳税义务以及侵蚀各国税基的行为做出了积极贡献。

此外，美国国会在 2010 年通过了海外账户税收遵从法案（FATCA），海外账户满足一定金额的纳税人需要及时申报，并要求海外金融机构向美国联邦税务局提供超过 5 万美元的美国纳税人账户的相关信息，否则会征收惩罚性的预提所得税。截至 2014 年 6 月，已有 80 多个国家与美国签署了政府间协议，超过 77000 家金融机构向美国注册为合规金融机构。各国政府通过和美国签署政府间协议，建立税收信息交换机制，不仅有效地遏制了美国纳税人利用离岸账户逃避税款的行为，也为全球税收信息自动交换机制和打击跨国避税行为提供了一个新的典范。

8 税收与经济增长

8.1 美国税收与经济增长的理论分析

8.1.1 税收与经济增长的一般关系

一个国家的经济增长与很多因素有关，例如创新力，风险资本、投资总量和类型、企业家、劳动力水平和流动性、劳动市场的灵活性等。税收则在这些因素中发挥着至关重要的作用。税负水平、税制结构、税收征管水平、税收遵从成本等都会对一个国家的经济增长产生影响。

从理论上看，如果不考虑税收使用，只考虑税收对经济增长的影响，其影响将为负面，即宏观税负与经济增长负相关，这是由于税收对经济增长和投资存在一定的抑制作用。但当我们考虑到税收的使用时，税收又可能会促进经济增长。可见，税收对经济增长的影响是双向的，这是税收与经济增长关系的一般原理。税收效应理论表明，政府通过征税，可以影响纳税人的消费、储蓄和投资行为，使其作出获得最大化效用的理性选择，进而影响资源配置。因此税收与经济之间的一般关系是税收与经济间互相影响，经济是税收的源泉，经济决定税收，而税收又会反作用于经济。

1.经济决定税收

经济是税收的源泉，决定税收的产生和发展，具体表现为：

（1）经济决定税收的产生。税收分配的对象是生产经营单位和个人生产的剩余产品或剩余价值。一般来说，经济活动延伸到哪里，税收就跟踪到哪里；哪里有经济活动，哪里就有税收。

（2）经济规模决定税收规模，税收规模随经济规模扩大而扩大。随着经济的逐年增长，税收收入也随之提高。

（3）经济结构决定税源结构。表现在三个方面：一是产业结构决定税源结构；二是所有制结构决定税源结构；三是地区经济结构决定税源结构。

（4）经济发展水平决定税负水平。国家征税要从计税收入中扣除企业成本和居民基本生活费。发达国家做了这两项扣除后，可分配的收益基数仍然很大。而发展中国家做了这两项扣除后，可分配的收益基数小。所以，不但国家间经济发展水平不同，税负差异也很大。

（5）经济科技含量决定税收增长。科学技术是经济和税收增长的推动力。高新技术产业，增加值大，带来的税收多。技术落后的传统产业，增加值小，带来的税收少。企业行业特点和规模以及企业所有制和收益分配多元化，决定税收征管方式和方法的多样性。

2.税收作用于经济

从另一方面来看，税收会对经济产生反作用。当税收与经济发展相适应时，就会促进经济发展；反之，则阻碍经济发展。税收对经济产生的这种反作用，主要是通过税种、税率、减免税、税负、征管等税制要素调整来影响经济发展。具体表现如下：

（1）税种对经济的影响。一般来说，主体税种侧重组织财政收入，税基广，具有普遍调节经济的作用；其他税种侧重调节某种经济行为，且有增加财政收入的功能。

（2）税率对经济的影响。税率是税制核心，它对企业实现的收益进行分配，确定国家与企业各占的份额，最终确定财产归属。税率高低表明国家征税程度，亦称调节经济的程度。美国经济学家阿瑟·拉弗用一条开口向下的抛物线表明，税收收入随税率增长而增长，而当税率超过纳税人承受能力时，税收就随税率增长而减少。可见，税率适当可以促进经济发展，税率过高则影响经济发展。减税产生一定的扩张效应，如刺激民间投资和需求、吸引外资、促进资本在地区之间和国际之间流动，促进经济结构调整，促进经济复苏和持续增长，提高企业竞争力，增加经济发展后劲。

3.税负对经济的影响。税负反映国家干预经济的程度。在计划经济条件下，企业利润大多交给国家，资源也由国家配置。这往往会妨碍民间投资，削弱市场配置资源的基础作用，影响经济活力。而在发达国家的市场经济条件下，国家只能用税收满足社会公共需要和保障低收入阶层的基本生活，一般不能把税收用于营利性的生产投资，否则，国家配置资源，加重企业负担，部分企业受益，容易产生腐败，导致企业竞争不公平，影响市场经济发展。所以，税负高低也会影响到资源配置的效果，进而影响经济发展。

4.税收征管对经济的影响。税制靠征管来落实。科学严密的征管，不仅可以正确贯彻落实税收政策，把应收的税征上来，发挥税收的调控作用，而且可以发现税制中的问题，促进税制改进和完善，同时还可以方便纳税人，节省纳税人办税时间，还可以保证企业之间纳税公平，促进企业之的公平竞争。反过来说，征管疏漏，税款流失，造成实际税负低于名义税负，削弱国家宏观调控能力，引起企业之间的不公平竞争，影响经济的健康发展。

5.税收政策对经济的影响。税收政策对于经济的影响较为广泛。比如对于高新企业的减免税政策，这会吸引社会资源向该产业倾斜，影响社会资源配置。又如对高档奢侈品征税，会抑制人们对于该类消费品的消费，此时税收政策就调节了经济生活中的供需关系，对经济产生影响。

税收对经济增长的效应主要体现在其对物质资本积累、人力资本积累、技术进步等的影响上。无论是哪种税收，其征收的税收收入都是对私人财富的无偿占有，必然会减少私人资本存量，降低储蓄率，对民间投资产生抑制作用。然而通过不同税种的设计对各种税收来源征税，会产生不同的经济效应，对经济增长的长期效应有明显的差异。

对商品、原材料等物质资本的征税可以影响物质资本积累，如流转税类，包括消费税和关税等。其中，消费税对特定的消费品或消费行为进行征收，由于消费是一种有效需求，和投资一样能够促进经济的增长，所以征收消费税调整消费税征收范围和税率可以对消费行为加以引导，在收入水平、消费习惯等因素相同的情况下，较广的征收范围和高消费税率会降低消费需求，不利于经济增长。美国的消费税应税货物和劳务主要有：烟草类、酒类、油气燃料类、卡车、拖车、挂车、大型汽车；煤、石油、大排气量汽车、轮胎、疫苗、运动渔具、弓箭、枪械弹药、醇类、普通化学品、破坏臭氧的化学品；通信（电话、电传）、运输（空运、船运）、外国保险等。美国的消费税属于典型的专款专用的税种。许多税目的消费税收入分别形成特定的基金，例如，高速公路信托基金、机场和航线信托基金、矽肺残疾信托基金（这三类基金数额占消费税收入约60%）

等，用于联邦政府对相关项目的支出。2010 年，关税收入占美国税收总收入的比重为 1.2%。因此美国当前的关税水平较低。

对资本和劳动所得直接征税，降低了资本和劳动的边际收益，而劳动和资本是生产最基本和核心的投入，因此会极大地挫伤私人部门对劳动力和资本的供给，影响经济的长期增长率。企业所得税作为直接影响企业投资决策的税种之一，主要是对投资的边际收益征税，从而使投资的边际收益下降，抑制投资行为同时也允许对某些成本项目进行扣除，降低投资成本，鼓励投资行为。征收企业所得税使企业投资收益率降低，从而对纳税人的投资行为产生方向相反的两种效应。一是收入效应，即投资收益率下降减少了纳税人的可支配收益，促使纳税人为维护以往的收益水平而增加投资；二是替代效应，即投资收益率下降降低了投资对纳税人的吸引力，造成纳税人以消费替代投资，导致投资规模收缩。个人所得税率较高会影响劳动者在工作和闲暇之间的选择，不鼓励劳动力参与工作和增加工作时间，同时降低企业对劳动力教育和培训的兴趣，影响劳动供给的数量和质量，从而影响人力资本的积累，降低商品和服务的供给。征税还直接减少了经济主体进行人力资本积累、研究开发活动的投资收益率，从而影响人力资本投资，进而影响到经济增长。此外，经济发展水平越高，人均收入水平也越高，对个人征收的所得税比重就越高。但是在人均收入水平较低的社会中，经济增长主要来源于投资和劳动供给，对资本征税降低社会投资率，对劳动征税也降低投资率，但由于劳动供给过剩，通过收入效应则是刺激了劳动供给，而税收的替代效应，即征税促使人们以闲暇替换劳动的效应不明显，不影响劳动供给，因此在经济水平较低的社会，对资本和劳动所得直接征收所得税对经济增长的副作用有限。

税收结构设置体现了国家的税收政策导向，会直接影响到资本、劳动力的流向，而资本和劳动力的流向分配同时也影响到了资本和劳动力的产出效率。因此，税收结构设置可以通过对各要素的影响间接地影响到国家的经济发展水平。

8.1.2 美国税收收入与经济增长

衡量一国经济发展规模与水平的指标通常包含国内生产总值、国民生产总值、国民收入等。其中：国内生产总值（Gross Domestic Product，GDP）是指一个国家（或地区）在一定时期内（通常为一年）以市场价格表示的本国居民和外国居民在其领土范围内所生产的最终产品和劳务的价值总量，等于国民生产总值中扣除国外要素收入净额后的社会最终产值与劳务价值的总和；国民生产总值（Gross National Product，GNP）是指一个国家（或地区）在一定时期内（通常为一年）所有常住单位在一定时期内收入初次分配的最终成果。它等于国内生产总值加上来自国外的初次分配收入净额。国民收入（National Income，NI）是一个国家物质生产部门的劳动者在一定时期内（通常为一年）新创造价值的总和，即一国在一定时期内所生产的社会总产品扣除生产中所消耗的生产资料以后的部分。通常以国内生产总值（GDP）来衡量经济发展状况。

税收与GDP的关系集中反映了税收与经济的关系。从核算范围来看，GDP包括生产和非生产等各个领域，综合反映了国民经济活动总量和三次产业的运行结果。税收也来自生产和非生产，经营和非经营的各次产业等。二者在核算范围上基本一致，具有直接相关性。

美国是世界上规模最大和最发达的经济体。2015年，美国人均

GDP 为 56115.7 美元，GDP 总量为 165974 亿美元，均居世界首位。同年税收收入为 20590 美元。为探究美国税收收入与经济之间的关系，首先，我们对美国的 1972~2015 年 GDP 总量和税收收入的变化情况进行比较。图 8-1 是 1972~2015 年美国 GDP 总量和税收收入的折线图。

（十亿美元）

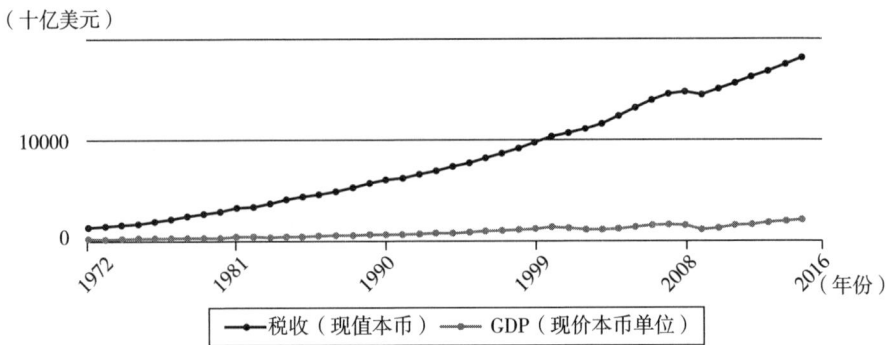

图 8-1　美国 1972~2015 年税收收入与 GDP 总量 [①]
资料来源：世界发展指标。

由图 8-1 可看出，1972~2015 年，美国的 GDP 总量和税收收入都呈现上升的趋势，然而 GDP 总量的上升趋势较陡，税收收入的上升趋势相对较缓。并且 2008 年前后，随着 GDP 总量的下降，税收收入也有所下降。总体而言，GDP 总量和税收收入的变化呈现正相关关系，变化趋势相同。这符合我们对于税收收入与 GDP 总量两者之间关系的认识，即税收收入会随着 GDP 总量的变化而呈现相同趋势的变化。

为了更好地衡量一个国家、一个地区税收收入增长速度是否适

---

① 资料来源：世界银行官网。

度，我们运用税收弹性系数来深入分析税收增长与经济增长的关系。税收弹性反映的是税收收入增长对经济增长的反应程度，即税收收入增长率与经济增长率之比。其基本表达式为：

$$E = \frac{\Delta T / T}{\Delta GDP / GDP}$$ （8-1）

税收弹性与税收负担不同，税收弹性是从动态的角度来考察经济增长对税收的能动作用，它说明的是政府应当从中抽走多少资源是最适度的，它是从本身的变动去分析税收收入的变动，从而预测税收未来的走势；而税收负担是从静态来考察二者的关系，它说明的是政府从中已经抽走了多少资源。从公式上看税收弹性表示 GDP 每增长百分之几，税收就增长百分之几，从本质上讲税收弹性代表的是政府能从新增的 GDP 中集中多少财力。这种财力的集中不仅取决于的增长程度，而且还取决于设计合理、科学的税制和征管水平的高低，因此，税收弹性也是考核这些因素的指标。

税收弹性问题，实质上就是说明税收收入与 GDP 增长的协调问题。当 E<1 时为缺乏弹性，表明尽管税收绝对量可能增大，但税收增长速度慢于经济增长速度，新增国民收入中税收集中度下降，税收收入与国民经济发展之间的关系发生了扭曲；当 E=1 时，表示税收与经济同步增长；当 E>1 时为富有弹性，表明税收增长速度快于经济增长速度，税收参与新增国民收入分配的比重有上升趋势。

图 8-2 是 1973～2015 年美国税收弹性折线图。可以看出，税收收入和 GDP 的增长趋势基本相同，但在 1973～1976 年、1979～1982 年、1990～1992 年、2000～2003 年税收弹性小于 0，即税收增长与经济增

长反方向，当 GDP 增长率为负时，税收收入没有随之降低，反而仍然有所增长；按照经济学的基本原理，若采取以商品税为主体，以商品流转额为计税依据，采用比例税率的税收制度，税收收入的增长率通常应略低于或与经济增长保持同步，即税收收入弹性应该小于或等于 1。如图 8-2 所示，在 2000～2009 年，美国的税收弹性远高于 1，甚至在 2008 年已经超过 2，说明存在着税收超常增长问题；而在其他年份，美国的税收弹性小于 1 或接近于 1，说明此时税收收入的增长速度是低于 GDP 的增长速度的，属于正常的增长范围。

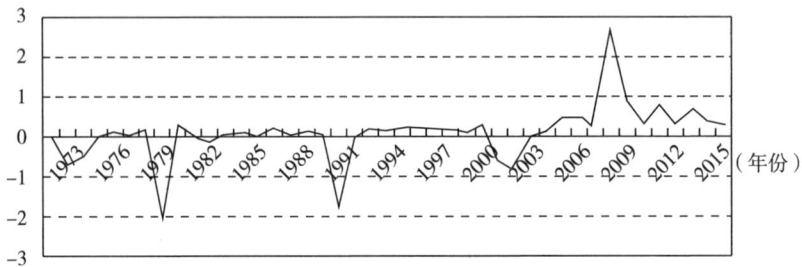

图 8-2　1973～2015 年美国税收弹性

　　除了税收收入的增长率和税收弹性，我们还可以考察美国的宏观税负来了解税收与经济间的关系。宏观税负，是指一国在参与国民收入分配过程中以税收形式所集中的价值总额及其比率，从相对额看，它是纳税人的纳税额与其计税依据价值的比率，反映了政府的社会经济职能及财政功能的强弱，集中体现的是国家与纳税人在分配上的量的关系，是衡量财力集中与分散程度的一个重要指标。一般来说，宏观税负与政府集中掌握的财力的关系呈正相关：宏观税负高，意味着政府集中掌握的财力和动员的资源的能力高；宏观税负低，意味着政府集中掌握的财力和动员的资源的能力低。从各国的实践来看，保持适度的宏观税负水平对社会经济发展和国民收入的增长具有积极的促进作用，一方面既能保证国家在不侵蚀税基、涵养税源的基础上筹集到充足的财政收入，满足国家履行职能的资金需要，另一方面又可以适时适度的发挥税收调节经济的作用，促进国民经济的平稳健康发展，而过高或过低的宏观税负都会产生阻碍作用，并直接制约或影响着宏观调控能力的实现。在本节中，采用的是用美国税收收入总额占国内生产总值的比重来表示宏观税负，以此来衡量美国的宏观税负水平。

首先，我们对税收收入相对于 GDP 的变化进行简单的数据分析。税收收入占 GDP 的比例可以大致表现一个国家的宏观税负，可以反映一个国家政府参与国民收入分配的程度。图 8-3 是美国 1970～2015 年税收收入占 GDP 的比例。由图 8-3 可以看出，美国税收收入占 GDP 的比例大致在 25% 上下波动。1970～1985 年，美国税收收入占 GDP 的比例基本没有变化，1985～2000 年，美国税收收入占 GDP 的比例逐渐上升，2000～2005 年，美国税收收入占 GDP 的比例有所下降，但又在 2005～2009 年间发生波动，2009 年后，美国税收收入占 GDP 的比例再次上升。

2014 年美国税收收入占 GDP 的比例为 25.9%，与之相比，世界平均税负水平为 14.8%，欧盟的税负水平为 19.7%、经合组织的税负水平为 15.8%。可以看出，美国的宏观税负高于世界平均水平，也高于发达国家水平，税负较重。

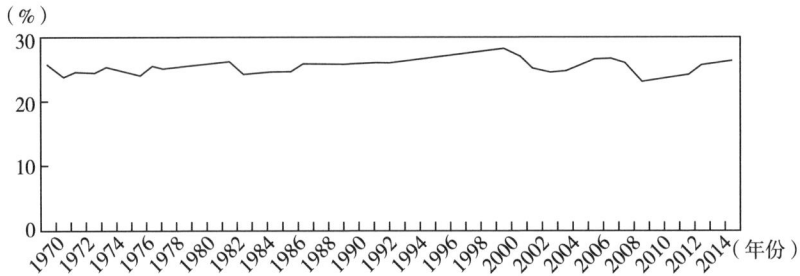

图 8-3　美国 1970~2015 年税收收入占 GDP 的比例

　　流转税主要具有以下几个特点：第一，课征普遍，它是以商品生产、交换和提供商业性劳务为征税前提，征税范围较为广泛，既包括第一产业和第二产业的产品销售收入，也包括第三产业的营业收入；既对国内商品征税，也对进出口的商品征税，税源比较充足。第二，以商品、劳务的销售额和营业收入作为计税依据，一般不受生产、经营成本和费用变化的影响，即无论经营状况如何都要征收，因此可以保证国家能够及时、稳定、可靠地取得财政收入。第三，一般具有间接税的性质，特别是在从价征税的情况下，税收与价格的密切相关，便于国家通过征税体现产业政策和消费政策。第四，税款的缴纳者和税款的直接负担人通常是分离的。第五，同有些税类相比，流转税在计算征收上较为简便易行，也容易为纳税人所接受。

　　所得税的特点主要包括：第一，通常以纯所得为征税对象；第二，通常以经过计算得出的应纳税所得额为计税依据；第三，以纳税人实际负担能力为征税原则，所得多则多征，所得少则少征，无所得则不征；第四，纳税人和实际负担人通常是一致的，因而可以直接调节纳税人的收入，特别是在采用累进税率的情况下，所得税在调节个人收入差距方面具有较明显的作用。对企业征收所得税，还可以发挥贯彻国家特定政策，调节经济的杠杆作用。

为了追求公平和效率两大目标，美国的税收制度在不断地改革和完善，以体现不同时期的政策取向。经过长期的演变，形成了目前的以个人所得税、社会保障税、公司所得税等直接税为主体，销售税和消费税等间接税以及财产税为补充的税制体系。从总体上看，美国税制是以个人所得税等直接税为主体，但从纵向的角度看，联邦、州和地方政府根据各自的权利和税收征管等因素，选择了不同的税种作为各自的主体税种，形成了不同的税制模式，体现了与美国联邦制分权特征相适应的税制特征。

美国联邦政府开征的税种主要有个人所得税、社会保障税、公司所得税、遗产与赠与税、消费税和关税等。其中，个人所得税和社会保障税两个税种收入占到联邦税收总收入的80%左右，是联邦政府最主要的税收收入来源。

州政府开征的税种主要有销售税、个人所得税、公司所得税、消费税、财产税、遗产与赠与税、资源税、社会保障税等。其中，销售税和个人所得税是大多数州政府的主要税收来源。

地方政府开征的税种主要有财产税、销售税、消费税、个人所得税、公司所得税、社会保障税。其中，财产税是地方政府税收的主要来源，占地方政府税收收入的70%～80%。

通过计算流转税、所得税及其他税种税收收入占GDP的比重得到了流转税税负、所得税税负以及其他税种税负（见图8-4），可以发现，1970～2015年，美国不同税种的税收负担变化较为平稳。其中流转税的税收负担基本没有变化，且低于发达国家流转税占

GDP 的比率；同时美国所得税的税收负担虽然相对来说变化相对较大，但其平均水平基本维持在 14%，高于以流转税为主体税种的发展中国家，这说明美国的所得税对于经济的调节作用较强；其他税类的税收负担也基本平稳无变化，其中社会保障税占 GDP 的比率略低于发达国家水平，而财产税占 GDP 的比率则略高于发达国家水平。

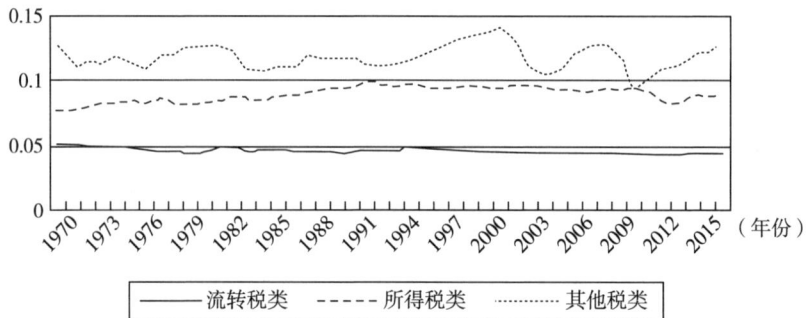

图 8-4　1970～2015 年美国主要税种税负

表 8-1　　　　　部分 OECD 成员平均税负结构（2014 年）

国家	美国	加拿大	英国	日本	OECD 成员
流转税（%）	4.503	7.175	10.653	6.330	10.960
个人所得税（%）	10.168	11.346	8.795	6.058	8.424
企业所得税（%）	2.181	3.290	2.399	3.143	2.814
社会保障税（%）	6.223	4.726	5.987	12.712	9.087
财产税（%）	2.801	3.666	4.703	2.718	1.862

资料来源：世界银行官网和 OECD 官网。

8.2 美国税收收入规模对经济增长影响的实证分析

8.2.1 模型建立

经济增长是指在一个较长的时间跨度内，一个国家的各种资源通过有效配置进行社会再生产，实现社会财富持续增长的过程。在一定的生产资源条件，比如在一定量的资本和劳动要素条件下，经济增长主要是由生产要素的产出效率决定的，资本和劳动的产出效率越高，经济的产出总量就越大；资本和劳动的产出效率越低，经济的产出总量就越小。本书应用新古典经济增长研究思路，分析增长的要素贡献，选用柯布—道格拉斯生产函数，其一般形式为：

$$Y_t = K_t^\alpha L_t^\beta e^\varepsilon \tag{8-2}$$

其中 Y_t 表示第 t 期产出，K_t、L_t 分别表示第 t 期资本和劳动投入，e^ε 表示随机误差项。

从宏观经济的角度看，经济增长是由各种生产要素通过社会的专业化和劳动分工体系，或经济制度组合在一起，生产出社会的总产出。对于既定的生产要素量，在不同的专业化和社会劳动分工体系中，生产要素的产出效率将会不同。而一个国家的税收体制，具体从数量上讲就是税收规模和结构份额，会对社会的专业化和劳动分工的程度产生影响，从而对生产要素效率产生影响。根据上述说明，我们可以将受税收规模影响的国家生产函数表示为如下形式：

$$Y_t = K_t^{\alpha\eta_t} L_t^{\beta\eta_t} e^{\lambda\eta_t + \varepsilon} \tag{8-3}$$

其中 Y_t 表示国内生产总值，用来衡量经济增长的程度，K、L 分别表示资本使用量和劳动投入量，η_t 表示宏观税负。对上式两端取对数，得到税收规模对于生产要素效率影响的计量经济模型：

$$\log Y_t = \alpha \eta_t \log K_t + \beta \eta_t \log L_t + \lambda \eta_t + \varepsilon \qquad （8\text{-}4）$$

该计量模型中，参数 α、β 表示宏观税负对资本和劳动要素产出弹性的影响；λ 表示在资本要素和劳动要素不变的情形下，剔除对资本产出弹性和劳动产出弹性的影响后，宏观税负的变化对于经济增长的影响。

8.2.2 数据来源与处理

本书选择美国 1970～2015 年的数据作为样本区间。反映全社会资本投入量的指标选用国民经济核算中的资本形成存量总额。劳动投入量指标选用就业率，选用宏观税负作为税收规模变量。相关数据主要来源于世界银行官网和 OECD 官网。

8.2.3 模型回归与结果分析

根据方程（8-4），用 Eview 9.0 对宏观税负与国民生产总值进行回归，得到如下回归结果，见图表 8-2。

表 8-2 回归结果

Variable	Coefficien...	Std. Error	t-Statistic	Prob.
C	30.93820	0.281497	109.905900	0.000000
T*LOG(L)	0.062127	0.019752	3.145363	0.003000
T*LOG(K)	0.029439	0.004044	7.280355	0.000000
T	−2.062146	0.269642	−7.647712	0.000000
R-squared	0.992717	Mean dependent var		29.398250
Adjusted R-squared	0.992196	S.D.dependent var		0.841488
S.E.of regression	0.074336	Akaike info criterion		−2.277513
Sum squared resid	0.232083	Schwarz criterion		−2.118501
Log likelihood	56.382800	Hannan−Quinn criter.		−2.217946
F-statistic	1908.178000	Durbin−Watson stat		0.903005
Prob(F-statistic)	0.000000			

由上述回归结果可知：宏观税负所占比重的变化与资本要素产出弹性正相关，*t* 值为 7.28，*P* 值为 0，统计显著。*T*log(K)* 的系数为 0.029，表明宏观税负每提高 1 个百分点，会使资本要素的产出弹性提高 2.9%；宏观税负与劳动要素产出弹性正相关，*t* 值为 3.15，*P* 值为 0.0030，统计显著。*T*log(L)* 的系数为 0.062，表明所得所占比重每提高 1 个百分点，会使劳动要素的产出弹性提高 6.2%；*T* 的系数为 -2.06，*t* 值为 -7.65，*P* 值为 0，统计显著。表明宏观税负与经济增长负相关，当资本和劳动要素量不变时，宏观税负每增加 1%，会使经济规模缩小到原来的 $e^{-2.06\%}=0.9796$，即在资本要素和劳动要素不变的情形下，剔除对资本产出弹性和劳动产出弹性的影响之后，美国的宏观税负对经济的总体规模产生消极的影响。说明美国的宏观税负较高，对长期经济增长不利。

8.3 美国税制结构对经济增长影响的实证分析

8.3.1 模型建立

内生经济增长理论认为不同的税种对经济增长的效应（尤其是长期效应）有明显的差异。一项基于有效税率结构的实证研究发现，一国税制结构的变化会影响这个国家的经济发展，那么税制结构影响经济增长的传导路径是怎样的呢？一般而言，不同的行业所承担的税种是不一样的，不同税种所承担的税负大小必然会带来行业净收益的高低不一，于是带来资源在行业间的重新配置，从而引起行业结构的变化也即产业结构变化，最终带来经济增长的结构变化。从 8.2 的理论分析可知，税收结构对经济增长的影响是通过生产要素这一传导机制来实现的，即税收结构的变化—生产要素有效税率的变化—生产要素效率—经济增长的变化。这里，我们依然采用柯布—道格拉斯生产函数来分析税收结构对经济增长的影响。柯布—道格拉斯生产函数的一般表现形式为：

$$Y_t = K_t^{\partial_i t_i} L_t^{\beta_i t_i} e^{\lambda_i t_i + \varepsilon} \qquad （8-5）$$

其中 Y_t 表示国内生产总值，用来衡量经济增长的程度，K、L 分别表示资本使用量和劳动投入量，t_i，$i=1$，2，$\cdots$，k 表示第 i 类税种在总税收收入中所占的比重。对上式两端取对数，得到税制结构对于生产要素效率影响的计量经济模型：

$$\log Y_t = \alpha_i t_i \log K_t + \beta_i t_i \log L_t + \lambda_i t_i + \varepsilon \qquad （8-6）$$

从计量模型（8-6）可以看出，参数 α_i 和 β_i，$i=1$，2，$\cdots$，k 分别表示第 i 类税所占税收收入的比重对资本和劳动要素产出效率的影响，表示在资本要素和劳动要素不变的情形下，各类税所占比重的变化对经济生产规模的影响，如果 $\lambda_i>0$，表明税收结构份额的变化与经济增长正相关，在资本和劳动要素不变的条件下，提高某种税收的比重，有利于扩大经济生产规模，促进了经济增长。相反地，如果 $\lambda_i<0$，表明税收结构份额的变化与经济增长负相关，在资本和劳动要素不变的条件下，提高某种税收的比重，缩小了经济生产规模，不利于经济增长。下面我们分析 1970～2015 年美国税收结构的变化对经济增长的影响。

8.3.2 数据来源与处理

本节选择美国 1970～2015 年的数据作为样本区间。反映全社会资本投入量的指标选用国民经济核算中的资本形成存量总额，劳动投入量指标选用就业人数，选用各税种占税收收入的比重作为税制结构变量。t1、t2、t3、t4、t5 分别表示个人所得税、企业所得税、社会保障税、财产税、商品税及其他税类占税收收入的比重。

相关数据主要来源于世界银行官网和 OECD 官网。

8.3.3 模型回归与结果分析

根据方程（8-6），用 Eviews 9.0 分别对个人所得税所占比重、企业所得税所占比重、社会保障税所占比重、财产税所占比重、商品税及其他税类所占比重与国内生产总值进行回归，得到如下回归结果（见表 8-3）。

表 8-3　　个人所得税所占比重与国内生产总值的回归结果

Variable	Coefficien...	Std. Error	t-Statistic	Prob.
C	30.24358	0.160895	187.970600	0.000000
T1*LOG(K)	0.018476	0.002703	6.834506	0.000000
T1*LOG(L)	0.031366	0.010745	2.919110	0.007500
T1	−1.133610	0.131363	−8.629610	0.000000
R-squared	0.991876	Mean dependent var		29.56516
Adjusted R-squared	0.990861	S.D.dependent var		0.475648
S.E.of regression	0.045471	Akaike info criterion		−3.211917
Sum squared resid	0.049623	Schwarz criterion		−3.021602
Log likelihood	48.966840	Hannan−Quinn criter.		−3.153736
F-statistic	976.789100	Durbin−Watson stat		1.102993
Prob(F-statistic)	0.000000			

由上述回归结果可知：个人所得税所占比重的变化与资本要素产出弹性正相关，t 值为 6.83，P 值为 0，统计显著。$T_1*log(K)$ 的系数为 0.018，表明个人所得税每提高 1 个百分点，会使资本要素的产出弹性提高 1.8%；个人所得税与劳动要素产出弹性正相关，t 值为 2.92，P 值为 0.0075，统计显著。$T_1*log(L)$ 的系数为 0.031，表明个

人所得税所占比重每提高 1 个百分点，会使劳动要素的产出弹性提高 3.1%；T_1 的系数为 –1.13，t 值为 –8.63，P 值为 0，统计显著。表明个人所得税与经济增长负相关，当资本和劳动要素量不变时，个人所得税每增加 1%，会使经济规模缩小到原来的 $e^{-1.13\%}$=0.988，即在资本要素和劳动要素不变的情形下，剔除对资本产出弹性和劳动产出弹性的影响之后，美国的个人所得税对经济的总体规模产生消极的影响。说明美国的个人所得税对长期经济增长不利。

企业所得税所占比重与国民生产总值的回归结果（见表 8–4）。

表 8–4　　企业所得税所占比重与国民生产总值的回归结果

Variable	Coefficien...	Std. Error	t–Statistic	Prob.
C	28.29928	0.313926	90.146260	0.000000
T2*LOG(L)	0.091592	0.031246	2.931329	0.005800
T2*LOG(K)	0.040327	0.006703	6.016363	0.000000
T2	–2.802399	0.403435	–6.946339	0.000000
R–squared	0.989462	Mean dependent var		29.582760
Adjusted R–squared	0.988607	S.D.dependent var		0.688046
S.E.of regression	0.073440	Akaike info criterion		–2.292233
Sum squared resid	0.199556	Schwarz criterion		–2.125056
Log likelihood	50.990780	Hannan–Quinn criter.		–2.231356
F–statistic	1158.004000	Durbin–Watson stat		0.535637
Prob(F–statistic)	0.000000			

由上述回归结果可知：企业所得税所占比重的变化与资本要素产出弹性正相关，t 值为 6.01，P 值为 0，统计显著。$T_2*log(K)$ 的系数为 0.04，表明宏观税负每提高 1 个百分点，会使资本要素的产出弹性提高 4%；企业所得税与劳动要素产出弹性正相关，t 值为 2.93，P 值为 0.0058，统计显著。$T_2*log(L)$ 的系数为 0.092，表明企业所得

税所占比重每提高 1 个百分点，会使劳动要素的产出弹性提高 9.2%；T_2 的系数为 -2.80，t 值为 -6.95，P 值为 0，统计显著。表明企业所得税与经济增长负相关，当资本和劳动要素量不变时，企业所得税每增加 1%，会使经济规模缩小到原来的 $e^{-2.80\%}=0.9724$，即在资本要素和劳动要素不变的情形下，剔除对资本产出弹性和劳动产出弹性的影响之后，美国的企业所得税对经济的总体规模产生消极的影响。说明美国的企业所得税对长期经济增长不利。

（3）社会保障税所占比重与国民生产总值的回归结果。（见表 8-5）

表 8-5　　　社会保障税所占比重与国民生产总值的回归结果

Variable	Coefficien...	Std. Error	t-Statistic	Prob.
C	28.60627	0.141694	201.887100	0.000000
T3*LOG(L)	0.166437	0.047179	3.527754	0.001000
T3*LOG(K)	0.050068	0.010060	4.976925	0.000000
T3	−4.487057	0.624319	−7.187118	0.000000
R-squared	0.990521	Mean dependent var		29.398250
Adjusted R-squared	0.989844	S.D.dependent var		0.841488
S.E.of regression	0.084803	Akaike info criterion		−2.014041
Sum squared resid	0.302042	Schwarz criterion		−1.855029
Log likelihood	50.322940	Hannan-Quinn criter.		−1.954474
F-statistic	1462.961000	Durbin-Watson stat		0.508509
Prob(F-statistic)	0.000000			

由上述回归结果可知：社会保障税所占比重的变化与资本要素产出弹性正相关，t 值为 4.98，P 值为 0，统计显著。T_3*log(K) 的系数为 0.05，表明社会保障税每提高 1 个百分点，会使资本要素的产出弹性提高 5%；社会保障税与劳动要素产出弹性正相关，t 值为 3.53，P 值为 0.0010，统计显著。T_3*log(L) 的系数为 0.17，表明社会

保障税所占比重每提高 1 个百分点，会使劳动要素的产出弹性提高 17%；T_3 的系数为 –4.49，t 值为 –7.19，P 值为 0，统计显著。表明社会保障税与经济增长负相关，当资本和劳动要素量不变时，社会保障税每增加 1%，会使经济规模缩小到原来的 $e^{-4.49\%}$=0.9724，即在资本要素和劳动要素不变的情形下，剔除对资本产出弹性和劳动产出弹性的影响之后，美国的社会保障税对经济的总体规模产生消极的影响。说明美国的社会保障税长期经济增长不利。

（4）财产税所占比重与国民生产总值的回归结果。（见表 8-6）

表 8-6　　　　　财产税所占比重与国民生产总值的回归结果

Variable	Coefficien...	Std. Error	t–Statistic	Prob.
C	29.78640	0.308338	96.603230	0.000000
T4*LOG(L)	0.159357	0.044450	–3.585087	0.001700
T4*LOG(K)	0.068289	0.007791	8.765080	0.000000
T4	1.114654	0.635897	1.752884	0.094200
R–squared	0.962047	Mean dependent var		30.048490
Adjusted R–squared	0.956625	S.D.dependent var		0.332024
S.E.of regression	0.069150	Akaike info criterion		–2.359436
Sum squared resid	0.100416	Schwarz criterion		–2.164416
Log likelihood	33.492950	Hannan–Quinn criter.		–2.305345
F–statistic	177.436300	Durbin–Watson stat		0.671561
Prob(F–statistic)	0.000000			

由上述回归结果可知：财产税所占比重的变化与资本要素产出弹性正相关，t 值为 8.77，P 值为 0，统计显著。$T_4*log(K)$ 的系数为 0.068，表明财产税每提高 1 个百分点，会使资本要素的产出弹性提高 6.8%；财产税与劳动要素产出弹性负相关，t 值为 –3.59，P 值为 0.0017，统计显著。$T_4*log(L)$ 的系数为 –0.16，表明财产税所占比重

每提高 1 个百分点，会使劳动要素的产出弹性降低 16%；T_4 的系数为 1.11，t 值为 1.75，P 值为 0.0942，统计显著。表明财产税与经济增长正相关，在 10% 的显著性水平下，当资本和劳动要素量不变时，财产税每增加 1%，会使经济规模增加到原来的 $e^{1.11\%}$=1.0112，即在资本要素和劳动要素不变的情形下，剔除对资本产出弹性和劳动产出弹性的影响之后，美国的财产税对经济的总体规模产生积极的影响。说明美国的财产税对长期经济增长有利。

（5）商品税及其他税类所占比重与国民生产总值的回归结果。（见表 8-7）

表 8-7　商品税及其他税类所占比重与国民生产总值的回归结果

Variable	Coefficien...	Std. Error	t-Statistic	Prob.
C	30.02198	0.067058	447.699300	0.000000
T5*LOG(K)	0.067047	0.015602	4.297429	0.000500
T5*LOG(L)	0.198761	0.074006	2.685740	0.015600
T5	−5.720409	0.982814	−5.820439	0.000000
R-squared	0.986215	Mean dependent var		29.776210
Adjusted R-squared	0.983782	S.D.dependent var		0.330968
S.E.of regression	0.042148	Akaike info criterion		−3.325600
Sum squared resid	0.030200	Schwarz criterion		−3.126643
Log likelihood	38.918800	Hannan-Quinn criter.		−3.282421
F-statistic	405.406200	Durbin-Watson stat		0.907390
Prob(F-statistic)	0.000000			

由上述回归结果可知：商品税及其他税类所占比重的变化与资本要素产出弹性正相关，t 值为 4.30，P 值为 0.0005，统计显著。$T_5 * log(K)$ 的系数为 0.067，表明商品税及其他税类每提高 1 个百分点，会使资本要素的产出弹性提高 6.7%；商品税及其他税类与劳

动要素产出弹性正相关，t 值为 2.69，P 值为 0.0156，统计显著。$T_5*log(L)$ 的系数为 0.19，表明所得所占比重每提高 1 个百分点，会使劳动要素的产出弹性提高 19%；T_5 的系数为 -5.72，t 值为 -5.82，P 值为 0，统计显著。表明商品税及其他税类与经济增长负相关，当资本和劳动要素量不变时，商品税及其他税类每增加 1%，会使经济规模缩小到原来的 $e^{-5.72\%}=0.9444$，即在资本要素和劳动要素不变的情形下，剔除对资本产出弹性和劳动产出弹性的影响之后，美国的商品税及其他税类对经济的总体规模产生消极的影响。说明美国的商品税及其他税类对长期经济增长不利。

8.4　主要结论及政策启示

经济决定税收，税收反作用于经济，本章是从后一个角度来研究税收负担对经济增长的能动作用，文章在借鉴前人理论的基础上，结合美国现行税制的实际情况，沿着税收收入、税收负担、税收负担对经济增长的研究进行了探讨，在此基础上得出了相关的政策启示。

8.4.1　主要结论

8.1 节首先对税收与经济增长之间的理论关系进行了分析。接着，从美国税收收入与 GDP、税收弹性、宏观税负与经济以及美国宏观税负的国际比较等方面多角度地考察了美国的税收收入与经济增长之间的关系；并介绍了美国当前的税制结构，对主要税种的税收负担进行了测算和国际比较，从而得出：一是美国的税收收入与 GDP 基本呈相同趋势的增长，除了 2008 年左右，其他时段税收弹性基本小于 1，税收增长速度低于经济增长速度，是合理的，但宏观税负相对于其他发达国家较重；二是美国不同税种的税收负担变化较为平稳。其中流转税的税收负担基本没有变化，且低于发达国家流转税占 GDP 的比率；同时美国所得税的税收负担虽然相对来说变化相对较大，但其平均水平基本维持在 13.14%，不仅远远高于以流转为主体税种的发展中国家，甚至高于一些发达国家，这说明美国的所得税对于经济的调节作用较强；其他税类的税收负担也基本平稳无变化，其中社会保障税占 GDP 的比率略低于发达国家水平，而财产税占 GDP 的比率则略高于发达国家水平。

8.2 节、8.3 节选取了美国 1970~2015 年的数据，对税收收入与经济增长、税制结构与经济增长之间的关系进行了实证分析，从实证结果可以看出：第一，美国的税收收入与经济增长呈负相关，说明美国作为世界上第一大经济体，它的宏观税负相较于其他发达国家而言，相对较重，这对于长期经济增长不利；第二，美国的主要税种与经济增长之间的关系则是个人所得税、企业所得税、社会保障税、商品税及其他税类与经济呈负相关，会抑制经济的增长，而财产税与经济呈正相关，会促进经济的增长。

8.4.2 政策启示

1. 税收负担与经济增长

税收负担以驱动经济增长的四大要素为变量，通过具体税种税负和税负结构影响这些变量的改变，从而实现对经济增长的影响。驱动经济增长的因素很多，但基本的因素应当是资本、消费、劳动或人力资本、技术进步，税收负担主要通过具体的税种和税制结构影响这四大要素，最终达到对经济增长的间接影响。具体讲，税收负担的改变可实现储蓄的增加和推动储蓄转化为资本；税收负担的改变可推动社会的充分就业和对人力资本的投资，以减少失业，提高劳动者的素质，实现经济的增长；税收负担可以改变人们消费需求的规模和结构，从而实现需求对经济增长的拉动；通过税收负担变化鼓励私人的研发与创新，以实现技术的进步，从而推动经济的增长。

税收负担对三大投资主体的投资行为影响的机制不同，影响的路径是通过企业所得税、流转税来实施。一般来说投资主体分为政府投资、民间投资和外商投资，税负对这三大主体的投资行为影响机制不同。就政府投资而言，税负对其影响作用小；税负对民间投资的影响主要是通过税负高低改变投资人的投资收益、投资能力和投资风险，最终带来投资规模和结构的变化；税负对外商投资的影响是随跨国公司在东道国投资战略的变化而不断变化的，总的趋势是由强到弱。总之税收负担对投资与经济增长的影响并非是线性的、单调的函数关系，而呈现的是凹函数即投资和经济增长是税负因素的凹函数。

税收负担是通过所得税类、流转税类和财产税类来实现对居民消费的影响，这三类税在居民收入形成和使用的不同阶段分别发挥作用，具体讲在收入形成阶段发挥作用的是所得税，这类税对高收入层的影响大于低收入层；在收入使用阶段发挥作用的是流转税类，这类税对低收入层的影响比高收入层表现明显，而且难以产生消费的替代效应和收入效应；在收入积累阶段发挥作用的税类是财产税。在美国现行税收结构中，所得税份额的提高既会有效扩大经济总体规模，同时也会显著扩大资本和劳动产出效率的差异。由此可以看出，在现行的税收结构中，税收份额的增加对经济总体规模和要素产出效率的影响，所得税类份额均大于流转税类份额。根据斯密定理可知，在一定的技术条件下，经济总体规模的大小主要取决于经济社会的专业化和劳动分工的广度和深度，而专业化和劳动分工的广度和深度又取决于市场的大小，因此在税率不变的条件下，所得税类份额的增加，促进收入分配的公平性，消除垄断等消极市场干扰因素，提高资源利用效率，必然增加社会专业化和劳动分工的广度，从而增加经济的总体规模。

税收主要是为了保证公共开支。但税收也被用来实现其他目标，例如公平，解决社会和经济问题。税收也影响到家庭储蓄、供给劳力和投资人力资本的决定、企业生产、创造就业、投资和创新的决定，以及投资者选择储蓄渠道和资产的决定。对于这些决定，重要的不仅是税收水平，而且是不同的税务工具设计和组合产生收入的方式。税收水平和税制结构对公民经济行为的影响可能反映在总体生活水平上。由于认识到这一点，在过去几十年中，许多国家对其税制进行了结构性改革。大多数个人所得税改革都试图创造一个财政环境，鼓励储蓄、投资、创业，并提供更多的工作奖励。几乎所有的这些税制改革都可以描绘为涉及降息和基础扩大，以提高效率，同时维持税收收入。

2. 不同税种与经济增长

对个人和企业的经济决策产生较小的消极影响的税收对经济增长的消极作用较小。一般来说，所得税对企业和家庭决策的影响大于（大多数）其他税种。

从所得税中看，公司所得税是最有害的增长，因为它们会阻止企业的活动。一般来说，对于增长最重要的是：投资的资本和生产力的提高。此外，大多数公司税制都有大量的规定，为特定活动创造税收优势，通常将资源从他们可以为增长作出最大贡献的部门中汲取。然而，降低公司税率大幅度低于最高个人所得税税率会危及税收制度的完整性，因为高收入人士将试图在公司内庇护他们的储蓄。

而个人所得税比消费税更有害增长，原因有两个：首先，它们通常是累进的，边际税率高于平均税率。这意味着，它们比通常是比例税率和不（或不非常）累进的消费税，更能阻止每单位税收的增长。有证据表明，降低纳税时间表可能有益于人均 GDP，特别是有利于企业（这又一次意味着在增长和权益之间进行权衡）。其次，它们通常会对储蓄（利息或股息）征税，除了对储蓄的收入征税之外，还会使储蓄减少。虽然第二个效应可能不会损害上市公司的增长，因为它们可以筹集海外资金，但它可以减少中小公司的融资。

从实际的政策角度来看，消费税可能会有更大的收入转变。消费税可以通过减少实际工资的实际价值而影响劳动力供给，但另一种是中性的。例如，它们不鼓励储蓄和投资。此外，它们通常在目的地的基础上适用——适用于进口并退还／免除出口，因此不影响生产国际贸易货物的公司的行为。例如增值税，意味着消费税现在比以往大多数经合组织国家都更统一，尽管降低了增值税税率仍然很普遍。因此，可以预期消费税对增长的消极影响较小，尽管它们没有对不动产征收经常性税款的好处。

然而，由于消费税比个人所得税更落后，甚至倒退，税收结构从个人收入转移到消费税将会减少累进性。同样，从企业转移到消费税将会增加股价（通过增加公司的税后现有价值）和财富不平等以及通过降低资本所得税来增加收入不平等。因此，这种税收转变意味着要在提高人均 GDP 和公平的税收政策之间权衡。

劳动收入课税的改革，一般会因其目的是提高参与程度或工作时间而有所不同。减少平均劳动力税，如直接通过降低税率或间接地通过收入税抵免的实施或其他"在职福利"的政策，这可能是可取的，因为它可能提高参与率，降低边际税率可能比工作时间增加要好。然而，任何这种改革都应考虑到现有福利的连带影响，这可能影响到有效的平均税率和边际税率，特别是对低技能工人或第二收入者而言。此外，边际税率的减少将导致收入不平等。而且，劳动税的变化对就业的影响也可能依赖于劳动力市场机构，例如工资设定机制和最低工资，这会影响到对劳动力成本的征税。

除了劳动力方面，还可以从投资的角度考虑优化税制。降低公司税率和取消特别税收减免可以通过很多方式提高投资。特别是，如果主要目的是减少对国内投资水平和吸引外国直接投资的扭曲，降低公司税率可能比减少股息和资本收益的个人所得税更可取。降低公司税率和取消差别税率待遇也可以通过减少可能的税收导致的资产选择扭曲，从而提高投资的质量。为企业所得税的应用提供更人的确定性和可预见性，可能导致更高的投资，进而提高经济增长的表现。

综上所述，税收政策可以通过多种方式影响生产率：一种选择是减少个人收入的最高边际法定比率，因为它通过影响个人所承担的风险，进而影响企业，从而对生产率产生了冲击。第二个选择是改革公司税，因为它们以多种方式影响生产率。降低法定公司税率会使那些具有活力和盈利能力的公司获得特别大的生产率提高，即那些能够对 GDP 增长作出最大贡献的企业。此外，公司税对所有公司的生产率会产生不利影响，除了一些新成立的公司和小公司，因为这些公司往往不太有利可图。一个可能的解释是，对小公司的免税或降低法定公司税率可能比一般的法定公司税率的全面减少，在提高生产率方面的成效要低得多。这一减少可以通过缩小对企业规模的豁免，因为它们只能浪费资源而没有任何实质性的积极增长效应。

一个广泛使用的提高生产率的政策途径是通过对研发支出给予税收奖励来刺激私营部门的创新活动。这些对研发支出的税收奖励对生产率的影响似乎相对温和，尽管对于结构更大的研发密集型产业来说，这一效果是较大的。因此，我们发现对研发支出的税收激励措施比直接资助效果更大。

9　税收与社会公平

　　"公平"是税收制度中最重要的原则，税收公平包括纵向公平和横向公平两个方面。经济能力或纳税能力相同的人应当缴纳数额相同的税收，即以同等的方式对待条件相同的人，这被称为"横向公平"；经济能力或纳税能力不同的人应当缴纳数额不同的税收，即以不同的方式对待条件不同的人，这被称作"纵向公平"。纵向公平主要体现能力均等；横向公平主要体现机会均等。衡量税收公平的标准大体有两种：一是受益原则，即根据纳税人从政府所提供公共服务中获得效益的多少，判定其应纳多少税或税负应为多少。获得效益多者多纳税，获得效益少者少纳税，不获得效益者不纳税。二是支付能力原则，即根据纳税人的纳税能力，判定其应纳多少税或其税负应为多少。纳税能力强者应多纳税，纳税能力弱者可少纳税，无纳税能力者则不纳税。税收公平的重要性在很大程度上取决于政府和纳税人对公平的自然愿望。一方面，税收的公平性对于维持税收制度的正常运转必不可少；另一方面，税收矫正收入分配不均或悬殊差距的作用，对于维持社会稳定也是不可或缺的。

9.1　个人所得税与收入分配

　　第二次世界大战前，财政需要是促使美国联邦个人所得税发展的主要因素；战后，收入分配调节和经济稳定等需要使它在美国税收中居于主导地位。当前，美国的个人所得税制度通常被认为是世界上最有效率又最大限度地关注公平原则的个人所得税。美国实行的个人所得税制是将纳税人全年各种所得不分性质、来源、形式等统一加总求和、统一扣除的综合所得税制，并以家庭为纳税单位、以年为纳税期限，对汇总的净所得应用累进税率计算应纳税额。这种制度贯彻了量能负担原则，从纵向和横向对税收负担进行了分配。纵向上实现了所得多、纳税多；横向上避免了因为收入结构不同而带来的税收不公问题。

9.1.1 扣除：对低收入人群的保障

美国联邦个人所得税应纳税所得的计算公式可反映出其税前费用扣除制度的概貌：

应纳税所得＝毛所得，其中，毛所得＝全部来源所得－不予计列的所得－进行毛所得调整做的扣除－对调整后的毛所得的扣除－个人宽免和被抚养者宽免

由此可知，美国联邦个人所得税的税前费用扣除总体上分为三个步骤：

1. 进行毛所得调整做的扣除（Adjustments）

进行毛所得调整做的扣除项目通常是纳税人在交易或经营过程中发生的，或是与取得其他类型所得相关的费用。具体项目包括：交易或经营费用、租金和特许权使用费、资本利亏扣除、搬迁费、赔偿雇员的经营扣除。这一部分的扣除也相当于我国的"与应税收入相匹配的必要费用扣除"。

2. 对调整后的毛所得的扣除（Deduction）

调整后的毛所得扣除是指税法允许个人把某些私人费用和其

他一些非个人费用进行扣除。有两种类型：标准扣除（Standard Deduction）和分项扣除（Itemized deduction），纳税人可以根据自身情况选择这两种扣除数额较多的类型作为扣除项。其中标准扣除额不要求纳税人列出每一项实际支付的费用，而是因纳税人的纳税身份而异制定的一个标准额度，每年根据通货膨胀情况做指数化调整。标准扣除具有明显的优势，一方面使得费用较小的纳税人更容易遵守税法，另一方面降低了税务部门的征管成本。分项扣除是纳税人根据实际发生的税法允许范围内的个人费用进行逐项扣除。税法允许扣除的分项扣除项目有医疗费用、税款、利息、慈善捐赠、偶然损失和盗窃损失、杂项费用。不过为了避免纳税人过分增加扣除额度以及减少税款流失，分项扣除对于每个扣除项目都有限制性规定，如对医疗费用规定只有处方上开的药剂和药品以及胰岛素可作为医疗费用项目。另外，选择采用分项扣除的纳税人必须保存相关的记录。故而，实际操作中，往往是富人选择分项扣除方式，使得其税基大大减小，从而实际税款下降，造成一定程度的不公。对调整后的毛所得的扣除在性质上较难界定，不过更多地倾向对纳税人生活费用以及基于特殊目的的扣除。

3. 个人宽免和被抚养者减免

个人宽免（Exemption）和被抚养者宽免是为了维持个人及家庭最基本的生活而进行的一项扣除，该额度根据纳税人申报身份的不同而异，且高收入者享受的宽免额递减。美国国会规定每个公民在一个纳税年度都享受一个个人的宽免。国会每年都对个人宽免规定一个一般适用的标准，个人免税扣除可以看作用来补偿劳动者的基本消耗。同时根据家庭的负担能力不同还可以进行被抚养者的扣除

（Deduction），也就是对其配偶、子女和老人也能进行被抚养者的个人扣除。不过被抚养者的宽免需要符合规定的条件才可以适用。这部分扣除可以看作补偿家庭生活开支，充分考虑纳税人家庭结构、婚姻状况、被抚养／赡养人口等。

美国联邦个人所得税由于实行了建立与物价联动机制的标准扣除和宽免，个人所得税的"门槛"提高了，由此免除了一些低收入者和贫困家庭的纳税义务，一般来看，美国政府确定标准扣除额和宽免额的主要参照标准是美国社会的贫困线。同时个人宽免与被抚养人宽免相当于生计扣除，有利于保障生存权和照顾弱势群体。同时，为了更好地调节收入分配，有效地缓解社会分配不公，美国个人所得税制度建立了高收入纳税人宽免额减少机制。对于调整后的毛所得超过规定限额的纳税人，除医疗费用、意外损伤和被盗产生的损失、投资利息以外的其他分项扣除要受到限制。该限额每年根据通货膨胀率进行指数化调整。调整后的毛所得超过上述限额的纳税人，必须降低其分项扣除额，降低的数额等于超过限额的那部分调整后的毛所得的 3% 和分项扣除总额 80% 二者中的较低者。此外，如果纳税人调整后的毛所得超过规定限额，纳税人的宽免额也要呈现梯度性递减。足以看出，扣除项目的设置主要是为了对低收入人群的生存权有所保障，同时也要避免高收入者滥用宽免额造成不公。此外，美国个人所得税还有一项重要的税收优惠政策——税收抵免（credit）。税收抵免与前两者的不同之处在于，前两者都是从应税收入中减去一定金额，税收抵免则是从应纳税额中减去一定数额。美国联邦个人所得税的税收抵免分为不可退还抵免和可退还抵免两种类型。不可退还抵免在抵免额大于应纳税额时，抵免不尽的部分不能获得退税，绝大多数税收抵免属于这种类型，包括收养抵免、儿童与被赡养者看户抵免、老年人和残疾人税收抵免、儿童税收抵免、外国税收抵免等。可退还抵免在抵免额大于应纳税额时可获得政府退税，相当于负的税收，例如勤劳所得税收抵免，主要是为了补助低收入的劳动人群，以体现税收公平。

9.1.2　税率：对高收入人群的调节

1913 年个人所得税正式纳入了美国的税收体制，当年美国个人所得税的最低税率是 1%，年应税所得 2 万美元以上的人开始征收 1% 的个人所得税。个人所得税税率最高是 7%，50 万美元以上可纳税收入的人按最高税率征收个人所得税。1944~1945 年战争期间，美国的个人所得税税率达到了历史高点，年应税所得 2 万美元的人就要按 23% 的税率交纳个人所得税，年应税所得 20 万美元的人要缴纳高达 94% 的个人所得税。1986 年是美国联邦个人所得税税率调整的另一个重要节点时间。1986 年以前，美国联邦个人所得税采用 10 级以上的超额累进税率结构，1986 年简化税制后，开始采用级次少的超额累进税率结构，逐渐体现出低收入与中高收入阶层级距拉开，但进入中等收入后税率递增较为平缓的结构特点。从 1998~2000 年美国个人所得税的最低税率一直保持在 15%，最高税率大多保持在 39.6%。2000 年小布什上台后，将个人所得税最低税率拉低到 10%，最高税率也降到 35%。从美国联邦个人所得税税制的演变历史来看，高收入人群所得是个人所得税收入的主要来源。

由于绝大多数国家的个人所得税承担了调节收入分配的职能，因而超额累进税率是国际上个人所得税普遍采用的税率形式。我们可以具体到超额税率的税率级次、最高边际税率、最低边际税率等要素分别进行分析。税率级次方面，从历史时间维度可以看出，在保证税率有效累进的前提下，美国的联邦个人所得税税率级次总体上呈现税率从简的改革倾向。但由于美国联邦个人所得税按照纳税人申报身份的不同分别适用不同的税率表，另外，美国的涉税人口众多且纳税人收入信息透明化，所以即使美国的税率结构呈现从简的改革趋势，但在国际上仍属于税率级次较多的国家。从最高边际税率方面来看，美国联邦个人所得税的最高边际税率并不高，即使国家存在一定收入差距，但美国由于在扣除方面对高收入人群存在递减机制，所以对于最高边际税率的设置并没有过高，以防止刺激高收入人群避税行为，也防止抑制劳动积极。美国联邦个人所得税的最低边际税率在国际上看是偏高的，这也是与其对低收入人群的多样扣除手段相适应的。对美国联邦个人所得税税率表结构进行分析，不难发现它是不等额累进的，不仅应税所得累进额不等，税率的累进数也是不等的。同时，税率表中的税收适用级距是不同的，所以即使应税收入相同，但由于税收级距不一致，应纳税额也不相同。这使得美国的不等额税率在适用上更加灵活，其带有波动的减速累进路线，累进效果更好，其低税率的级距较大也是充分考虑了低收入人群的利益的结果。值得一提的是，美国在超额累进税率制度中还曾经引入了"累进消失"的安排，即当应纳税所得额达到一定数额时，不再按照超额累进税率下通常的计算办法计算应纳税额，而是全额适用最高一级的边际税率，这更加体现了美国联邦个人所得税制度对高收入者的严苛。

9.1.3　从替代性最低税看个人所得税制度的两面性

美国现行的个人所得税制采取的是两套系统并存，除了常规的个人所得税税制系统外，还有一套针对高收入纳税人的特殊税制系统，即替代性最低税（Alternative Minimum Tax，AMT）。纳税人申报个人所得税时，要按常规系统和 AMT 分别计算出全年应纳税额，然后取二者中的较大者作为其当年实际需要申报缴纳的应纳税额，若 AMT 应纳税额大，则需按 AMT 缴纳个人所得税。

在普通所得税制下，许多纳税人提前进行税收筹划，作为这种筹划的结果，造成国家用于宏观调控的财力相对减少，同时由于富有的个人和高额利润的公司与其他相对贫困的个人和法人相比具有更多的财力进行税法方面的研究，从而有更多的机会找出税法的漏洞进行避税，因而严重损害了税法的公平性。认识到纳税人可能滥用税法中优惠条款规避税收之后，美国国会一直考虑通过某项立法来制止税法滥用，来对那些从一系列专门的税收优惠中得到了太多好处的纳税人额外课征一定数量的联邦所得税，AMT 应运而生。AMT 实行后，"合理"避税现象有所减少，联邦所得税收入节节攀高。高收入的富人通过各种税收优惠与抵扣来"合理避税"，而 AMT 则通过国会立法来规范各种税收优惠与抵扣，AMT 的立法者在主观上使用了种种方法防止人们使用税法漏洞进行避税。

美国 AMT 的本意是宽税基、低税率，尽量减少名目繁多的税收优惠和减免，使得税法既能体现简化原则，又能体现公平原则，即一方面在一定程度上降低了中间收入者的所得税负，另一方面也适当增加了富裕阶层的税负。所以 AMT 的最大优点是对高收入者多征税，也就是对所谓的富人实行高税收政策，这是 AMT 的优势面。然而，在实际运行中，AMT 的劣势面也逐渐显现出来。AMT 的潜在复杂性逐步表现出来，使得纳税申报工作越来越复杂，背离了设计初表；又由于 AMT 的多变性，使其缺少必要的稳定性，同时增加了稽征成本。近年来，AMT 已经受到越来越多的关注，2001 年正常税制下的所得税税率有所降低而相应 AMT 的税率并未改变。结果是有些中产阶级受到 AMT 影响，尽管对这些纳税人征税并不是立法者的初衷。有大额扣除的人，特别是那些居住在享有抵押贷款利息扣除及享有所得税收入扣除的人最受影响，这也使得某些应当得到鼓励的活动得不到鼓励。又由于 AMT 体系中也存在一些优惠条款，为税收筹划提供了机会。

9.1.4 从巴菲特规则（Buffett Rule）看个人所得税的收入分配调节效果

美国的个人所得税制度通常被认为是世界上最有效率又最大限度地关注公平原则的个人所得税，也是国际上最复杂的个人所得税制度之一。在美国联邦个人所得税制中，一方面低收入者可以申请免税，另一方面美国几乎没有可以逃避纳税的隐形收入，所以起到一定"劫富济贫"的作用。然而美国的联邦个人所得税调节收入分配的效果真的能达到与其复杂程度相匹配吗？

在评价美国联邦个人所得税制度的公平效应的时候，"巴菲特规则"是一个经常被引用的例子。"巴菲特规则"指的是，百万富翁的所得税税率，不应低于普通收入者的所得税税率。这一规则源于"股神"巴菲特的一句笑谈。作为亿万富翁的巴菲特，曾以自己缴税的税率"还不如手下的秘书多"，直指美国税收体制的不合理性。巴菲特缴税的税率约为 15%，而其秘书缴纳的税率则为 30%。巴菲特为此支持奥巴马政府推动税制改革，表示自己愿意缴纳更多的税费。"巴菲特规则"在提出后，很快引发了 2012 年美国政治界和社会大众的热烈讨论。

所以，美国真的需要"巴菲特规则"吗？答案是肯定的。从定性的角度来看，巴菲特等亿万富豪缴纳的联邦收入所得税率低于办公室里的清洁工和秘书，显失社会公平，这样的税收杠杆鼓励的是投机文化，无益于社会的良性治理，民主党提出年收入超百万美元的富翁联邦个人所得税率不能低于30%，此主张有利于社会财富的扁平化。2012年的美国相关民调显示，有60%的美国民众支持"巴菲特规则"。从定量的角度来看，向16万亿美元大关逼近的美国公共债务定时炸弹必须要有拆除的那一刻，接近1/4的百万富翁所缴税率低于年收入10万美元至25万美元的中产阶层。在受金融危机影响而导致税源大幅下降的2009年，由于各种税收漏洞，据统计竟然有1470名美国百万富翁当年分文没有缴纳联邦收入所得税。在普通工薪阶层收入增幅迟缓的2012年，共和党议员保罗·瑞安提出要给百万富翁每年再减税15万美元的做法对联邦财政而言无疑是雪上加霜。

但"巴菲特规则"为何受阻了？除却当时一些政治原因，另一个主要原因是"巴菲特规则"治愈美国的税收痼疾的能力有限。首先"巴菲特规则"的剂量显然不够。根据美国国会税务联合委员会（Joint Committee on Taxation，JCT）的数据，这一方案在未来10年内仅能带来不足500亿美元的税收收入，也即每个财年新增不足50亿美元的税源，这仅相当于近年来1.2万亿美元左右的年度财政赤字的0.4%，用杯水车薪来形容毫不为过。另一个原因是美国税制改革不仅是一个简单调整税率的问题，更需剔除五花八门的税收漏洞，否则税基难以扩大。2011年家庭年收入超过78万美元的白宫第一家庭所交联邦收入所得税率仅为 20.5%，低于奥巴马的秘书，大量的慈善捐赠带来的扣除帮助拉低了实际缴纳税率，使得本应缴纳第六档最高税率的第一家庭实际承担了比第三档税率还低的税负；无党派的税务政策中心的数据显示，由于形形色色的各类税收漏洞，46% 的美国人当前都不缴纳联邦个人所得税。另外，最富群体税率低于中产阶级的根源，主要在于资本所得、股息红利等税率过低，简单调整联邦个人所得税税率是毫无意义的。例如，当年年收入超过 200 万美元、资产过亿的共和党总统候选人罗姆尼，其各种综合收入的年纳税率只有 15% 左右，也遭到了承担更高税负的美国中产阶级的普遍诟病，但单纯调整税率对这个问题的调节效果仍然不会尽如人意。

9.2 公司所得税与企业竞争

9.2.1 美国公司所得税现状

企业税负关乎企业竞争力，各国的税制选择不能不考虑这一点。目前，美国的公司所得税收入占联邦税收收入的比例只有 10% 左右。如此之低的比例并非一直如此。1952 年，公司所得税收入占美国联邦税收总收入的约 1/3。美国的公司所得税收入在税制结构中的地位之所以发生如此之大的改变，可以从其高税率与低收入并存的现状入手分析。

与公司所得税在税制结构中的地位不相称的是，美国的公司所得税税率并不低。美国公司所得税主要是联邦政府征收的，州和地方也征收少量的公司所得税。综合联邦、州和地方，2016 年和 2017

年公司所得税的平均税率都是 38.9%。在经济合作和发展组织（The
Organisation for Economic Co-operation and Development，OECD） 国
家中，美国的公司所得税税负是最重的。在世界上，美国 38.9% 的
公司所得税税率只比阿拉伯联合酋长国和波多黎各低，位列第三。
如此之高的税率水平，为什么就不能带来更高比例的公司所得税收
入呢？

9.2.2　公司组织形式：公司所得税与个人所得税的选择

关于美国公司所得税存在许多争议。有人认为，正是因为美国
公司的高税率，公司所得税收入占比才不升反降。目前，美国的穿
透实体（pass-through businesses，由企业所有者以个人所得税的形式
而不是以企业所得税的形式为利润缴税）蔚为流行，收入几乎是
1980 年的三倍。穿透实体作为非独立实体，所带来的收入只要在
企业主个人所得税的申报表中体现出来就可以。如果这类业务带
来的收入由公司缴纳所得税，那不仅要被征公司所得税，而且股
东在获得红利时还要缴纳个人所得税。与穿透实体蓬勃发展形成
鲜明对比的是，如果越来越多的企业选择穿透形式，则毫无疑问，
公司部门的税收收入相应萎缩，这直接会导致公司所得税收入占
比下降。

是否应该对公司这种组织形式单独课税，本身就充满争议。一
笔收入是合伙企业、独资企业或其他符合条件的企业取得的，就只
要缴纳个人所得税；而如果是公司取得的，就要缴纳公司所得税和
个人所得税，公司额外缴纳公司所得税，是股东只要负担有限责任
的代价。这么说也不无道理，但是代价应该多高值得讨论。如果更
多的公司业务变成了绕开公司组织形式，那么公司所得税负担就可

能不合理。按此，美国公司所得税的高税率就应相应下调。一种可能的结果是，税率下调之后，公司业务不再萎缩，公司所得税收入就不会减少，相反可能增加。

穿透实体的兴起与美国1986年的税制改革有着密切关系。税制改革之后，个人所得税税率大幅度下降，穿透实体的税负相应下降，穿透实体在税收筹划上的可行性提高。这说明，公司所得税改革需要与个人所得税改革做好协调工作，否则可能导致税源的流失。所以，公司所得税改革必须考虑与个人所得税的联动。

9.2.3　企业规模：筹划能力与公司竞争力

在世界银行小组主导，普华永道全球配合共同编写的2017报告中，美国企业的总税率（Total Tax Rate）为44%（不包括流转税）。这个总税率是由三部分组成的。这三部分分别是：企业税、劳动力税费、其他税费。其中企业税在中国指企业所得税和土地增值税，而美国没有土地增值税，因此主要指企业所得税；劳动力税费指的是养老保险医疗等社会保障费用，与我们一般所说的税并非是一个概念；而其他税费仅指房产税等一些小税种。这三个部分占企业商业利润比例分别为28.1%、9.8%、6.1%。可以看出，美国公司所得税的高税率只是名义税率，实际税率远未达到这一水平。在美国经济中具有举足轻重地位的一些大公司，特别是一些财富500强企业，都在比较长的时间段内不缴纳或缴纳很少的公司所得税。这些大公司的平均实际税率远低于名义税率。它们充分利用税收筹划工具，缩小税基，尽可能少地缴纳公司所得税。在这里，关键点有两个：一是大公司，二是避税天堂。

大公司比中小企业有更强的税收筹划能力，在高名义税率的前提下，可以利用自身优势，将实际税率降低到极致。这样，大公司与中小企业之间所进行的是不公平的竞争。有人认为，这样的高名义税率规定是在惩罚规模小的、税收筹划能力不够强的企业。

避税天堂以及其他税率较低的国家和地区，是跨国公司的最爱，美国公司同样也不例外。一些盈利能力很强的美国公司，通过关联交易、转让定价等各种可能的手段，让这些低税地或避税天堂成为利润的实现地。事实上，一些美国公司就是这么做的，早已成为众矢之的，但现有的税法对它们无可奈何，因为它们这么做并不违反税法。美国公司海外收入递延纳税的规定，让一些公司即使有利润，也不选择汇回国内或不急着汇回。留在海外的公司收入，也不会带来美国的公司所得税收入。

基于这样的现实，人们的认识是不一样的。有人认为应该降低名义税率，让大公司与中小企业之间的税负更加平等。降低税率可以增强美国企业的竞争力，从而让美国经济变得更加强大。但也有人持不同看法。在他们看来，美国公司的实际税负远轻于名义税负，降低名义税率意义不大；而且，如果美国真的下调公司所得税税率，不仅可能不会增加公司所得税收入，反而会导致税收收入下降。这样的结果是难以接受的。现实中不乏下调公司所得税税率的观点，如将税率下调到25%或更低水平的呼吁一直存在。但是，结果到底如何，仍然存在争议。

9.2.4 特朗普的税改新政：加大避税空间，公平性影响存保留态度

特朗普在竞选期间多次提到的大规模税改计划，是特朗普经济政策的核心之一。北京时间2017年9月27日，美国总统特朗普及

美国国会终于公布了税改计划框架，该税改计划全面涉及在美国的所有企业和个人，预计减税规模高达 5 万亿美元，是自里根时代以来最大规模的税改。如此力度的税改计划一旦落实，将给美国以及全球经济带来巨大影响。

特朗普税改的目的，一方面在于简化税制，例如 AMT 的取消，另一方面在于促进鼓励国内的就业和投资，例如企业所得税的各项相关改革。同时，这次税改对美国税制的公平性会不可避免地带来一定影响。第一，个人所得税递进税率的税级调减，现税改中最高税率降为 35%，若不对高收入纳税人增加第四级税级，则此税改将对高收入人群大幅减税，而实质由于 28% 及 33% 的税率会被分摊落入 25% 及 35% 税级档，故而对中等收入人群税负影响仍存保留态度。第二，个人所得税标准扣除虽然翻倍，但新框架并未提及是否翻倍后的标准扣除额会受收入递增而影响。第三，取消遗产税，实际受益人群显而易见。第四，本章所论述的企业所得税方面，作为特朗普税改的主要着力点，承担着税改的主要责任，但同时也承担着巨大的公平性风险。

在特朗普此次提出的税改计划中，关于企业所得税，主要集中在税率调整、小企业所得税及企业所得税优惠政策改革三个方面，核心是降低税率。主要有三方面内容：首先是将联邦企业税率由现行的 35% 降至 20%；其次是对美国企业以现金形式回迁的海外利润一次性征税（具体税率未定，当前讨论焦点为 10%）。这与现行条款下企业回迁海外利润需缴税 35% 形成鲜明对比；最后是中小型税收穿透实体（如个人独资企业、合伙制企业、S 类公司）的所有人从该企业中获得的收入可以不再按个人收入缴税，而按 25% 的单一税率上限缴税，不再区分企业组织形式。企业税的大幅削减，一方面能够帮助企业增厚净利润，鼓励企业进行投资，带领美国走出资本投资低迷的困境；另一方面也能够吸引以往为避开高税率而将产业迁移至海外的美国企业回归，在美国本土经营生产，促进美国国内的就业和投资。不仅如此，针对企业海外利润汇回的税收政策调整，还有望引导企业在海外留存的利润回流，活跃本土投资的同时弥补财政收入，为政府扩张基础设施建设提供一定的资金支持。在对公平性的讨论中，重点在于对穿透实体的减税，是否为大量高收入人群提供避税空间，如果不能避免将个人收入转为公司收入这类降低最高税率的滥用行为，税改将损害公平。

9.3 社会保障税与税收遵从

9.3.1 工薪税与社会保障体系

美国的社会保障制度较为复杂，包括了老年保险、住院保险、失业保险、住房补助、医疗救助，以及针对特殊人群如退伍军人、铁路工人的多层次的福利制度组合。从狭义上来看，美国学术界所指的社会保障计划是老年、遗属和残疾保险（Old-Age, Survivors and Disability Insurance, OASDI），此项保险建立最早，具有强制性和公共性，保障了退休、残障工人及其家人，属于一般意义上的"公共养老金"。相应的，美国的社会保障税也有广义狭义之分。总体而言，美国的社会保障税为以承保对象和承保项目并存设置的混合型社会保障税制。广义上来讲，美国的社会保障税不是一个单一的税种，而是由工薪税、铁路员工保障税、失业保障税和个体业主税四个税种组成的社会保障体系，其中工薪税是主要税种。狭义上指的社会保障税即工薪税。下文讨论的社会保障制度和社会保障税皆为狭义定义。

为解决 20 世纪 30 年代经济危机带来的社会养老和失业问题，1935 年美国制定了《社会保障法案》，规定了支付养老保险的税收条款和失业补偿管理的税收问题。根据该法案，美国设立了专门的工薪税以筹集社会保障资金，并于 1937 年开征。工薪税实行初期，只适用于 65 岁以上的老年人，仅涵盖工业和商业企业雇员，覆盖面有限；同时，工薪税税率较低，雇主和雇员各自按工资薪金总额的 1% 缴纳，与此对应的养老保障水平也较低。1939 年，政府在原有养老保险基础上增加了遗属项目，成为老年和遗属保险（Old-Age and Survivors Insurance，OASI）。1956 年又增加了残疾项目，形成我们目前所熟知的老年、遗属和残疾保险。该项保险的收入和支出被分为两个独立的基金，即老年和遗属保险信托基金（Old-Age and Survivors Insurance Trust Fund）和联邦残疾保险信托基金（Federal Disability Insurance Trust Fund）。这两项基金统称为社会保障信托基金，资金来源主要包括工薪税和基金的投资受益。由于美国社会保障信托基金只允许投资国债，收益率较低，因此基金主要依靠工薪税筹资。针对老年人住院和医疗问题，1966 年美国政府设立了医疗保险计划（Medicare's Hospital Insurance Program，简称 HI 或 Medicare），也是通过工薪税来筹集资金。自此，工薪税成为老年保险和医疗保险的筹集渠道。经过半个多世纪的发展和完善，美国社会保障覆盖面逐步扩大，工薪税的规模也逐渐扩大，成为仅次于个人所得税的第二大税种。

从美国社会保障税发展历程可以看出，1937年美国工薪税仅负担工业和商业企业雇员中65岁以上退休老人的养老金支付，之后分别于1939年、1956年、1966年增加了遗属项目、残疾项目和医疗项目的保障金支付，体现了美国社会保障税渐进发展、逐步完善的过程。而工薪税的规模的扩大，体现出其在社会公平影响中发挥了不可忽视的作用。

按照适用对象的不同，工薪税也被称为联邦保险缴款法案税（Federal Insurance Contributions Act（FICA）taxes）和自雇者缴款法案税（Self Employment Contributions Act（SECA）taxes）。无论是工资薪金还是纯收入，工薪税都没有税前扣除或其他的扣除规定，但对应税收入有最高限额规定，这一限额称为社会保障工资基数（Social Security Wage Base）。如果雇员的年工资薪金收入或自雇者的年纯收入小于当年的社会保障工资基数，则以实际收入作为应纳税所得额计算纳税；反之，则以社会保障工资基数的数额作为应纳税所得额计算纳税。社会保障工资基数会随着平均工资、物价水平、社保资金需求等因素的变化而调整。

9.3.2　比例税率：税收征管与税收遵从的矛盾

社会保障税因其自身的特殊性质，对税收遵从的影响在于以下两个方面：

第一，社会保障税因其自身的福利性质，纳税人的税收遵从度基于纳税人与政府间的"契约关系"，取决于其获得的公共产品价值。按照公共经济学的基本观点，政府与纳税人在地位上是平等的。政府拥有征税的权力，但同时负有提供保质保量的公共产品的义务；纳税人负有纳税的义务，但同时拥有要求、监督政府提供保质保量的公共产品的权利。双方都是权利和义务的统一体。这是从"利益交换说"来理解税收,把税收看作私人经济部门为了消费公共产品而向公共经济部门支付的特殊价格。既然是"价格",那么税收就体现了一种交换关系,既然是交换关系,这种交换是否是所谓的"等价交换"就必然涉及公平能否实现的问题。如果政府筹集的社会保障税收入真正能用来提供满足社会成员需要的社会保障产品,政府与纳税人作为权利与义务统一体的身份都会得到体现,那么政府与纳税人之间的税收公平也就得以实现。则纳税人的税收遵从度也将相应提高。但正如私人经济部门垄断的存在使产品出现不等价交换,我们认为其不符合公平标准一样,如果政府与纳税人之间也存在以税收作为表现形式的不等价交换,那么我们也就可以认为政府与纳税人之间存在所谓的税收不公平。当政府让纳税人承受了相应的税收负担,却没有由于税收收入的使用过程不合理,无法提供符合相应价值的社会保障,则使得纳税人遭受了额外的损失。如果存在政府与纳税人之间的这种税收不公平,那么其所带来的消极影响是显而易见的。因为纳税人是理性的"经济人",其要追求自身经济利益最大化。面对这样的税收不公平,其会把税收看作政府对其经济利益的额外"剥夺",进而会试图通过种种渠道来摆脱或反对这种所谓的合法"剥夺",则产生了纳税人税收遵从的降低。

第二,税收本质上是一种分配关系,当税收导致较为公平的收入分配状态时,可能增进纳税遵从;而当税收并未带来更为公平的收入分配状态,甚至扩大收入分配不公平性时,则可能降低纳税遵从。从上面的介绍可知,美国联邦社会保障税具备两大特点:一是征收成本低,即自成体系税制结构紧密,税基是工薪所得额,税率是比例税率，设计简单合理，没有复杂的宽免、扣除和抵免规定；二是累退性较强，税率采用单一的比例税率，使得社会保障税产生了累退性，再分配效应受到抑制，社会保障税的社会公平功能趋于减弱。可见，采用了比例税率的社会保障税制是一把"双刃剑"，引发了税收征管和社会公平的矛盾。而累退性在损伤社会公平的同时，还影响了工薪阶层的纳税遵从心理。然而，美国工薪税实行比例税率的同时，又对应税收入设置了最高限额，年收入超过最高限额的纳税人只需按最高限额来纳税。这就意味着这类纳税人实际税负并没有名义税率那么高，造成收入越高的人实际税负相对越低，从而加重了累退性，违背了纳税能力原则，公平性欠佳。对于这一问题，美国学术界争论了很久，普遍形成了三种解决办法：一是取消最高限额，使工薪税成为附着于工资薪金之上的比例税。但是对于高收入人群来说，工资薪金并不是其唯一的收入来源，而其他收入不必缴纳工薪税，因此取消最高限额并不能完全避免累退性，但可使累退性变得略微缓和。二是设置宽免和扣除标准，这个标准应该和贫困线相当，使收入低于该标准的贫困人群免于纳税，这种办法也可以降低社保税的累退性。三是将工薪税和所得税合并，这就意味着需要大幅度提高所得税税率，这对美国而言在政治上是难以接受的，因此实行的可能性很小。

显然，美国社会保障税制仍存在其损害社会公平的缺陷，但由于税收征管与税收遵从间的竞对关系，其下一步的改革与修正方向仍值得关注。

9.4 资本利得税与收入平等

9.4.1 资本利得税的演变

资本利得一般指投资转让所得,即销售资产所获取的资金与购买该项资产的价格之差。美国资本利得税与个人所得税同始于1913年,最初税率与个人所得税率相同,在7%~77%之间。美国是世界上最早对资本利得征税的国家之一。此后,美国的资本利得税制随着其国内政治和经济气候的改变而不断地发展和完善。美国的资本利得税制的历史沿革,大致可以分为以下三个阶段:第一阶段是1913~1920年。1913年,美国设立个人所得税,资本利得被合并到普通所得统一征税,没有税收优惠。第二阶段是1921~1986年。1921年的税法使资本利得享受到优惠的低税率;1942~1978年期间,长期资本利得的50%免于计入应税所得;1979~1986年期间,这个比率上升为60%,1979~1980年实际税率为28%,由于个人所得税最高边际税率下调,1981~1986年长期资本利得的实际最高边际税率仅为20%(40%×50%)。美国对长期资本利得实行税收优惠主要是考虑到了累积效应以及通货膨胀引起的资本利得虚增等因素,同时也是为了鼓励长期投资,降低资金成本。第三阶段是1986年以后。1986年法案删除了资本利得和普通所得的差别,对60%的长期资本利得免税的规定被取消,全部变现的资本利得都将作为普通所得纳税,个人长期资本利得的最高边际税率为28%。对资本利得税收优惠的取消,最重要的原因是1986年的个人所得税制改革使超额累计税率的级别从14级下降为2级,所得税率大幅下降,投资者的税负大大减轻。可以看出,1986年以减税为主的税制改革中,资本利得税率却提高到28%，同时取消了税率扣除规定，不再与个人所得税率挂钩。这一法案的通过实际上是各种方案平衡的结果。众议院建议对长期资本利得保留不高于60%的税率扣除，同时维持20%税率不变。而参议院则认为，如果降低普通所得的税率，就没有必要对资本利得实行税率扣除制度，资本利得税率应该定为27%。因为取消税率扣除制度有利于简化税制，为了推行对高收入纳税人实行广泛的低税政策，就必须做出一些让步，即对资本利得实行较高的税率。1997~1998年又分别对资本利得税制进行了修订。目前的资本利得税制主要内容为：（1）对长期资本利得实行两种税率，持有5年以上的资产适用18%税率，持有1~5年的资产适用20%税率。（2）持有不足1年的资产，其资本利得（短期资本利得）税率与普通所得一样；低收入纳税人（税率档为15%），持有1~4年的资产适用10%税率，5年以上税率为8%。

9.4.2　低税率、简税制：社会公平和税收公平的折中选择

由美国资本利得税制可以看到，资本利得税政策的频繁变动，虽然受其政治经济上多种因素的影响，但更重要的内因却是随着时代的发展人们对资本利得认识的转变。早期的税收理论认为资本利得不是生产经营所得，而是不劳而获。如果不对其征税，不仅不利于社会公平的实现，而且会促使社会富有阶层将其他形式的所得转化为资本收益形式，从而大量逃避国家税收。征收资本利得税更多的是出于公平社会分配的角度。但是大量的实证研究表明，由于存在"锁定效应"，高资本利得税并不能有效地实现社会公正的使命。现代理论则认为，资本利得税作为对资本性资产转让所得的课税，必然会影响到资本的形成、资产结构和投资方式。而在市场经济下，

资源的合理流动是实现资源有效配置的前提。过高的资本利得税必然会抑制资源的合理流动。美国的资本利得税的演变，大体上经历了税制由繁到简、税率由高就低的过程。其根本的目的还是希望通过改革和完善资本利得税制，促进资本的形成，提高美国的全球竞争力。这对美国经济的发展起到了不可估量的作用。

资本利得征税的另一个争议就是其存在很多损害税收公平的因素。例如，通货膨胀是形成资本利得的一个重要因素，而资本利得征税，其税基中不仅包含实际的资本利得，还包含因通货膨胀形成的资本利得，明显不公平。另外，只允许部分资本损失扣除（年扣除额不超过3000美元），也有失公平，不利于鼓励风险投资。第三是重复征税，资本利得应该是存量资产价值的增量，实质是资产的税后收益最终在资产价格上的反映（如股票价格），任何额外的税收必然形成重复征税。

资本利得税收入只占联邦政府收入的极小部分，20世纪90年代每年的资本利得税只有250亿～300亿美元，仅占个人和企业所得税收入的6%和联邦政府收入的3%。即使完全取消资本利得税，也不会对政府收入产生重大影响。由于征收资本利得税会对生产、投资和资本积累产生惩罚作用，政府一直在努力寻求较为理想的资本利得税政策，其税率变化的频繁程度超过了任何一个税种。针对资本利得的特点，在具体政策制定中采取了一些简便有效的措施。为了鼓励投资抑制投机，对短期与长期资本利得实行区别对待，短期资本利得适用普通所得税率，长期则根据持有期间适用18%和20%税率；从公平税负的角度看，不仅对资本利得课税应该实行指数化，而且还应该对公司所得与个人所得实行"归集抵免"制度，但这无疑会使税制变得复杂。美国的简单做法是降低税率，最初采取的是税率减半征收，即对资本利得按个人所得最高税率的40%～50%课税，1987年开始与个人所得税脱钩，实行单独的税率制度，税率的主要范围在20%～35%，远低于普通所得的税负水平。从时间维度来看，当前的20%税率也处于历史上较低的水平，也是综合考虑社会公平和税收公平的结果，同时兼顾对资本形成和资本增长的促进，以及达到矫正融资方式、鼓励风险投资，增强美国的国际竞争力的目的。

9.5　财产税与贫富差距

9.5.1　财产税的功能

早期财产税的主要功能在于筹集财政收入，但是随着社会的进步、经济的发展以及财政税收体制的完善，其功能已经发生了很大的变化。目前世界各国的财产税主要发挥以下几方面的功能。

1. 增加地方财政收入功能

财产税是依据财产的价值征税，而财产的价值一般较为稳定，对财产课税一般不易受到其他因素的影响，因此，财产税收入较为稳定。到了近现代社会，随着商品税和所得税的发展，财产税筹集税收收入的地位和作用在不断下降，在国家税收总额的比重已经很小了，但是在许多国家和地区，财产税仍然是各国地方政府主要的收入来源和地方慈善、公益事业的资金来源。

2. 调节社会财富分配职能

收入差距主要通过个人所得税调节，但个人所得税无法调节存量财富造成的贫富差距，同时通过继承、赠与等方式造成的财富分配不均，个人所得税就更显得无能为力。而作为对社会财富存量课税的税种，财产税具有直接税的性质，且税负不易发生转嫁，所以通过对财产课税，在很大程度上弥补了所得税不能对存量财富课税造成的缺陷，发挥了调节收入和财富分配的作用。

3. 资源优化配置职能

财产课税可以对遗产、闲置的资源，尤其是土地资源课税，促使这些资源从非生产性资源转化为生产性资源，以增加用于生产的投资；同时能促使财产所有者增加即期消费和投资，减少财富的过度积累，通过将存量财富引入消费领域，促进有效需求的扩展，从而刺激经济增长。

财产税是对居民个人财产保有环节和流转环节进行课税，一方面，对居民个人以往收入积淀形成财产的存量征税，如一般财产税、土地税、房屋税、不动产税、机动车辆税等财产税；另一方面，对居民个人财产所有权无偿转让征税，如遗产和赠与税、继承税等财产税，对财产等积聚可以形成一种制约效应，直接有力地削弱社会财富分布的不公平，缓解居民收入分配不公。

根据纳税人拥有房产价值的多少，规定不同的税率或实行累进税率进行课证房产税和车船税，可以减少纳税人即期的可支配收入，从而影响未来产生个人收入的要素和增加收入与积累财产的能力，进而缩小社会同代成员之间的财富差距；通过对遗产和赠与实行累进税率，课证遗产和赠与税，同时规定必要的扣除额，对获得遗产或赠与财产多者多征税，少者少征税或者不征税，可以调节个人财富转移，进而缩小社会成员之间因财产继承而产生的财产分配不均。

9.5.2 房地产税：存量课税与经济周期的相悖

房地产税是州以下政府最重要的税种，是地方财力的主要组成部分。各地房地产税一般占地方政府收入来源的30%左右，而房地产税的主要用途是教育支出，各地均在50%以上，其他用于各项公共服务。房地产税的税率由各地地方政府制定，住宅约为1%～1.2%。比如，评估价50万美元的房子，需缴纳5000～6000美元的房产税。房地产税的优惠除了对政府拥有的建筑物、宗教慈善机构拥有的不动产、学校和图书馆等非营利机构拥有的非营利不动产不征税外，还有税收减免规定，主要包括宅基地、老年人、残疾人和退伍伤残军人的财产等实施减免。还有所谓的"断路器"规定，即根据房地产税占人们的收入水平来对房地产税进行限制，方案设计者形象地将房地产税比喻为电路中的电流，电流过大（房地产税占收入的比例过高）时需要断路，这在本质上是一种税收优惠。具体方法是规定房地产税占收入的最高比例，如果纳税人缴纳的房地产税超过该比例，政府可以将超额部分抵免所得税或直接抵免或返还给纳税人。大多数州将"断路器"规定适用于特殊群体，主要是低收入阶层，也有的州对所有居民都适用。

房地产税与个人所得税相比，有着更高的遵从度，因为民众对房地产税的用途有更清晰的认识，认为纳税与自身享受到的福利息息相关。实质上，房地产税具有"双刃剑"属性，具备突出优点同时又蕴藏极大缺陷，优点与缺点同出一源：税基稳定、税负公平却有悖于量能负担原则。由于房地产的稀缺性、固定性、持久耐用和保值增值等特性，房地产税收入弹性波动很小，税基充裕稳定且呈增长趋势，能担当地方主体税税种，倍受地方政府的青睐。税源稳定和逆周期性是房地产税的突出优点，但从美国立法限制历史看，在经济萧条、失业增加、收入下降时房地产税仍保持稳定，违背了量能负担原则从而引发抗税运动。一般情况下，个人和家庭的税负承担能力与房地产价值正相关，因此依据市场价值评估征税能解决"谁有能力谁纳税"这一核心问题，体现了纵向公平。但是，房地产税是对财富存量——房地产价值征税，而纳税必须用当期的收入流量，属于典型的税基与税源分离的税种。实践中，房地产的价值与个人和家庭的收入变动趋势并不完全一致，这主要出现在离退休、经济状况恶化的家庭以及通货膨胀或房价超过经济基本面存在泡沫的城市等。出现上述情况，则会导致纳税人税负与收入流量、支付能力不匹配，仅仅与财产的市场估价相匹配的问题，纳税人福利状况无疑会恶化。美国历史上发生两次大规模的针对财产税的税收革命，皆由该税税基与税源相分离特性引发，均以降低财产税占纳税人收入比例结束。

9.5.3　遗产与赠与税：公平与效率的博弈

美国的遗产税是于 1797 年为了筹集海军经费首次开征，但在 1802 年又被废除了。一直到 1916 年，遗产税才作为经常性的税种重新进行开征。在 1924 年，赠与税作为遗产税的补充税种开始征收，以防止一些人通过赠与行为逃避纳税义务。

鉴于美国的遗产税法产生于 20 世纪战争和动乱不安的时期，立法者制定遗产税法的依据就是希望在筹集财政收入的同时推动社会秩序和经济秩序的稳定，所以在制定世袭财产进行再分配的遗产税法体系过程中力图体现出平等性和公平性。因此，从在遗产税法体系的设置、税率的结构以及纳税人的义务等方面的规定中，都体现了税法的公平和正义的追求。

1. 遗产税法体系的设置

美国的遗产税实行的是三位一体的总遗产税制，具体是指遗产税和赠与税在遗产税制体系中是使用统一的税率进行征收的，而隔代转移税则是为了防止遗产利用隔代转移进行逃税而作为补充税种进行征收的。这种三位一体的遗产税收征收方式，能够避免财产转移过程中出现的不公平的问题，同时也有效的对公民生前和死亡时的遗产行为进行了再分配，体现出公平性。

2. 税率的结构

遗产税采用的是高额累进税率以期达到纵向公平使收入高的人纳税。征收遗产与赠与税的原理之一就是对收入和财富的再分配，遗产与赠与税对财富征收，高额累进税率的设置使之尤其适用于最富有的阶层。遗产与赠与税降低了少数人的财富集中程度，遗产税的税收收入用于再分配时，使国民收入的合理分配得到了改进。很多富人个人所得税纳税申报表中的收入数额只是其全部收入的一小部分，这是因为他们的收入大部分是以应计的未实现的资本利得或其他投资收益的形式存在的。因此，遗产税作为对所得税的补充，支撑着整个税收体系的累进程度。这种累进税率对所得税的累进程度进行的有效弥补，再加上遗产税是对美国个人所得税不予以计征的所得税项目和所得扣除项目，以及税收抵免等各种优惠政策的补充征收，更是对资本收益转移时的进行的征收，这样累进税率作为所得税的有效补充，也体现了公平性。

3. 纳税人的义务

美国实行的总遗产税制，也就是遗产税和隔代遗产税就被继承人死亡时所遗留的财产价值课税，这样纳税的义务人就是遗嘱的继承人或者是遗产的管理人；相应的，赠与税就是将赠与人所赠的财产的价值课税，这样纳税的义务人就是接受财产赠与的受赠人。这种总遗产税制降低了因为家庭出生引起的市场体系中的收入分配不公平的偶然性的基础，因此纳税义务人的原则也体现了公平价值性。遗产税的支持者认为遗产继承本身就不是公平的，继承的权利并不是天生的，遗产税的征收能够达到对社会财富再分配的功能，从这种价值观考虑的话，开征遗产税能够消除不公平，即使效果有限，也能够给民众对与社会公平的期待和信任。

然而，并不是所有人都认同遗产与赠与税的公平性带来的正面价值，甚至遗产税的"存"与"废"问题已经成为总统竞选的"固定曲目"。其实，关于美国遗产税存废之争由来已久。关于存废之间的斗争、博弈、妥协，充分反映了税收公平与效率之间的取舍、求衡。

"存"派认为公平优先，普遍重视遗产税对于调节社会财富分配，缓解社会矛盾、抑制财富集中的重要意义。政府对富人财产的保护付出了比穷人更多的精力，因而富人享受了更多政府服务，就需要付出相应的代价，遗产税制度就是通过这种方式发挥其再分配作用，将一部分富人的财产以税收的形式收归国家所有，将增加的财政收入用于国家建设或社会福利，缩小贫富差距；同时遗产税对慈善的刺激引导作用也有利于缓解社会矛盾，促进福利事业的发展，防止阶层固化，遏制不劳而获，通过遗产税再分配社会财富，建立机会平等性社会，加速社会层级的纵向流动。

作为"废"派的美国社会各界反对遗产税的主要理由有以下三

点：第一，就社会公平的角度看，遗产税难于实现既定的公平目标。根据美国国内收入署的统计，价值在 2000 万美元以上的大额遗产适用的平均税率明显低于价值在 250 万 ～500 万美元之间的小额遗产。其中的主要原因在于，纳税人可轻易地利用以下多种渠道规避纳税义务，最典型的方式有："直接赠与"，如每位受赠者每年都可获得价值 1 万美元的免税财产；"间接赠与"，包括通过提供优惠性个人间贷款而转移的利息收入，通过改变人寿保险的受益人变相转移收入等等；"未申报的赠与"，纳税人对小额不动产的转移即使不予申报，征收机关也难以察觉。第二，就经济效率角度看，遗产税几乎是有百害而无一利。一方面，开征遗产税事实上是对投资、工作和储蓄积极性的打击，人们为逃避遗产税不是减少投资、工作与储蓄，就是增加即期消费；另一方面，遗产税本身就是一个得不偿失的税种，其高额的征收成本使得其筹集财政收入的作用成为无稽之谈。第三，就财政收入角度看，遗产税属于小税种。无论是从绝对量还是从相对数来考察，这一税种的收入水平一直保持相对稳定。事实上，仅仅一个财政年度的个人所得税，就超过了美国在整个 20 世纪的遗产税收入总额。

通过对美国的遗产税的梳理，可以看出美国遗产税的制定和改革过程中，遗产税在公平和效率方面一直备受争议，遗产税无法完全的体现公平，但遗产税开征的最初目的就是为了实现社会财富的再分配，从这一角度来看对于公平的追求要比效率大得多；而美国遗产税的改革，则体现了美国政府在公平与效率价值之间的选择。要实现税法的健全目标，需要找到税法之间公平价值和效率价值的平衡点。

　　税收涉及社会、经济生活的各个方面，具有通过改变社会财富分配状况来影响不同经济主体的物质利益，进而促进社会经济稳定发展的功能。税收的性质是"取之于民，用之于民"，在经济发展成为社会关注重心的今天，越来越多的公民认识到税收对于国家发展的重要性。而作为纳税人所关心的社会公平，除了在税收制度本身，对于税收所产生的社会效果或许更加关心。换言之，如果政府能提供令人满意的服务，那么，民众会愿意承担较高的赋税。如果公民承担着较高的赋税，却没有享受到应有的社会服务，那么，对公民来说，没有公平可言。所以，基于其目的来说，税收政策的制定，一定是为了促进社会公平的，但是，在真正的政策实施和运行过程中，因为公平与效率的权衡、税收的经济影响甚至财政收入的考虑等各种原因，导致税收引起部分民众的不满。我们需要正确认识公平。公平，不能被理解为平均，也不能放任收入差距不断扩大。公平是在尊重绝大多数人利益的基础上能够保护困难群众的公平，承认差距的存在，但这种差距应是合理、适度的。实现公平与效率的统一，是极具现实意义的问题，更是每一个国家税收改革中都会面临的难题。

10 税制改革趋势

10.1 美国税收制度特征

10.1.1 美国税收制度的一般特征

1. 多种税制并存，充分体现美国联邦与地方自治的政治特色

美国的联邦、州与地方政府各有明确的事权与独立的立法与行政权，三级政府间不存在领导与被领导的关系。联邦议会审议通过联邦税法，规范联邦税制体系。多数州和地方政府通过颁布法规的形式来解释税法，州议会一般以州宪法和收入与税收法规制定本州税收体系，地方政府可在管理权限内做适当变动，只要不违反联邦法律和州法即可，县市也有权根据州法及本辖区内市民投票来决定是否开征自己的税种。美国税收体系的这种多层级性是其政治制度的产物，是与美国政治结构的联邦性和地方自治性相适应的。

2. 税制分散复杂，各地税收制度差异大

美国的政治制度及行政管理体制导致美国税制分散复杂，各地税收制度差异较大。美国税制内容相对繁琐，联邦与州及地方开征的税种多达上百种，每一税种都有其特殊规定，每部税法少则几十页，多则上千页。美国联邦与地方之间的税收制度差异很大，主要表现为：一是税种构成不同，有些州有个人所得税，但州内不同县市税制并不统一，而有些州如阿拉斯加等 7 个州不征收个人所得税。二是税种比重不同，如有的州消费税占总收入的 40% 以上，有的只

占 8% 左右。三是各地税率不一，如消费税税率在各州之间、同一州的各县之间都存在差异。

3. 实行税源多级共享与管理协作，实施自上而下的补助分配

三级政府共同开征个人所得税（Individual Income Tax）、公司所得税（Corporate Income Tax）、销售税（Sales Tax）、消费税（Excise Tax）；州和地方政府共同开征财产税（Property Tax）、营业执照税（Business Franchise Tax）、营业税（Sales Tax）。由此可见，美国各级政府间的税种划分并不绝对。一些主要税种由中央和地方共享税源，采用税率分享的办法划分收入，这是美国分税制的一个显著特点。美国主要通过税款代征、税种补征、税收扣除、税收减免等方法来调整三级政府间的收入分配。基于同一税源的税收绝大部分归属于联邦，其次是州，再次是县，市政府直接征收的税收最少。因此，为了弥补各州和地方政府用本级税收收入冲抵本级支出带来的经费不足，美国实行自上而下的补助金制度，联邦每年从本级财政中支出一定比例给州和地方政府发放补助金，州对各地方政府也要发放一定比例的州补助金。

4. 税收管理目标多元，税收的社会性功能显著

美国税种多种多样，税收开征的目的除增加财政收入、实现再分配功能外，还有其特殊的社会功能。如社会保障税的开征是为解决社会保障问题，保证失业人口及老年人能够享受到政府提供的养老金、失业救济和医疗保险，维护失业人员及无工作能力人的最低生活水平。征收白色货物处置税、干洗溶剂税及废旧轮胎处置税，是对环境污染的一种补偿。征收遗产与赠予税，是为调节贫富差距，推动社会慈善与捐助事业的发展。至于开征高速路使用税、泊车税

等，则是为发展道路与交通事业。

10.1.2　美国税收收入的变化及特点

美国税制成型于 20 世纪 80 年代。1986 年的税制改革是美国自"二战"以来最为彻底的一次综合性改革，它在降低税率、拓宽税基方面取得了巨大成功。其中，个人所得税率被压缩为 15% 和 28% 两个档次，最高税率由 50% 下降到 28%；企业所得税税率从 46% 减到34%，整个改革表现为税收中性，略显累进。自 1986 年税制改革以来，美国联邦政府的税收政策始终处于调整、改革之中，历届政府都把税制改革作为重中之重。

1. 税收收入总体情况

美国的国内税收收入是其政府收入的主要来源，占政府收入的90% 以上，这为美国的国家治理和国际活动提供了充足的财力保证。表 1 为 1986～2016 年美国的各个税种税收收入情况。由表 1 数据可以判断，除了 2003 年和 2009～2012 年美国税收收入呈现下降的趋势之外，美国国内税收收入总体上呈不断上升趋势。1986 年税收收入总额约为 7800 亿美元，2016 年税收收入总额达 3.3 万亿美元，可见，美国税制运行 31 年，税收收入大规模增长。为了更加直观地看到税收收入的变化趋势，图 1 反映出美国税收收入整体上呈波动上升的趋势。美国税收收入不断增加是由于经济的不断发展、GDP 的不断提高，使得税基逐渐扩大，税基的扩大为税收带来更多的税源。2003年美国税收收入减少与美国发动美伊战争有关，战争使美国国内经济受到影响，其经济发展状况直接影响到美国税收收入状况。因此，在小布什政府时期，为刺激经济增长，缓解战争带来的经济衰退，小布什政府采取了降低个人所得税税率，提高免征额，减少累进级次的减税措施，个人所得税最高边际税率被降至35%。2009～2012年正处于金融危机的持续影响之中，美国经济发展疲软，直接引起国内税收收入的减少。为此，奥巴马政府也进行了联邦政府综合税制改革，改革以增收节支为基本思路，在扩大两大所得税税基、跨国公司海外所得纳税标准等方面修订了相关的税收政策。

2. 各税种税收收入情况

美国的联邦税收收入来源主要由所得税收入、社会保障税收入、遗产与赠予税收入、消费税（国内货物税）收入构成。其中，个人所得税是美国税收收入的第一来源，社会保障税是美国税收收入的第二来源。

（1）个人所得税。个人所得税是在个人收入中，每年须向美国国内收入局（IRS）进行纳税申报的部分。一般来说，个人所得税税基包含工资、薪金、利息和红利所得应税部分、经营收入和农场收入、已实现的净资本收益，以及来自特许权使用费、租金、信托基金、馈赠、合伙收入，应税养老金、年金所得和赡养费等。美国的个人所得税收入自1986年税制改革以来整体上保持增长趋势，从1986年的4170亿美元增加到2016年的1.8万亿美元，这也体现了美国居民的收入水平以及生活质量的不断提高。

（2）社会保障税（工薪税）。社会保障税（工薪税）是指用于"社会保障"计划和医保计划住院补贴的税收。此处"社会保障"计划不同于我国普通意义上的社会保障政策，仅指美国的老年人以及遗属和残障保险（OASDI）。工薪课税分两种，第一种工薪税（也叫FICA税）大部分用于社会保障计划和医保计划，合计税率为工资报酬的15.3%，职工与雇主各缴一半，即6.2%，再加上税率为2.9%

的医保税，根据实际工资计缴。第二种工薪税是失业保险税（也叫FUTA 税），即雇主按职工所得额向联邦政府缴纳的税收，各州税率不同，此项收入用于职工失业计划。由于美国属于实行福利制度的国家，社会保障税的计税依据是工资薪金所得，因此随着居民收入水平的增加，美国的社会保障税收入也快速增长，从 1986 年的 2439 亿美元增加到 1.1 万亿美元，成为美国税收收入的重要来源。

（3）公司所得税。公司所得税是针对企业经营行为的课税。公司所得税税基是企业利润，即企业经营净所得。美国税法典规定，所谓企业净所得等于公司毛收入减去企业经营成本，再减去可抵扣成本，包括原料、利息、工资报酬等项目，以及折旧费。美国的公司所得税收入也呈增加趋势，从 1986 年的 800 亿美元上升到 3455 亿美元，由于美国的跨国企业存在海外利润转移的情况，使得美国的公司所得税税基受到侵蚀。虽然美国历届政府都采取相关措施来应对跨国企业的海外利润转移，但是其税基侵蚀的现象仍然十分严重。

（4）遗产与赠与税。联邦遗产与赠与税是在遗赠人身后发生遗赠行为时才征收的赋税。遗产税的征税对象是遗产，继承税则是向继承人征收的。遗产税的税基等于自然人死亡后发生的不动产转移，然后减去可折扣和免缴部分。联邦政府遗产税税率为固定的。如果遗产继承人为已婚配偶，则无折扣限制，其他折扣有遗产管理费、捐献以及特定项目。遗产与赠与税是基于社会公平的角度而开征的，目的是为了缩小社会的贫富差距，其筹集税收收入的作用较小。由于遗产与赠与税的税基有限，因此，其税收收入相对较少，税收收入的变化相对稳定。1986 年遗产与赠与税收入约为 72 亿美元，2016 年约为 222 亿美元，从表 10-1 数据可知，遗产与赠与税收入从 1991

年至今变化幅度不大。

（5）消费税（Excise tax）。对消费课税是筹措特别基金的一种办法。消费税通常是针对物资和服务消费的征课项目。联邦政府把"国内货物税"归之于各州政府征收，成为地方财源，因此，美国各地"国内货物税"五花八门。1986年美国消费税收入为337亿美元，2016年美国消费税收入为758亿美元，呈现出一定程度的增长趋势，但是与税收收入总额相比，其规模较小。

（6）遗产与信托所得税（Estate and Trust Income Tax）。遗产与信托所得税从2008年开始征收，其收入规模较小，约为150亿～350亿美元，其变化趋势尚不明确。

3. 税收收入占GDP比重的情况

美国联邦税收收入占GDP的比重维持在15%～20%（见表10-2），相对比较稳定。两大所得税收入占GDP比重约为10%～13%，其中个人所得税占GDP比重约为8%～11%，公司所得税占GDP比重约为1%～2%。个人所得税与社会保障税占GDP比重约为13%～17%，其中社会保障税占GDP比重约为5%～6%。可见，三大税种对GDP的贡献从大到小依次是个人所得税、社会保障税和公司所得税。但是，个人所得税收入在更长时段内的变化显然大于其他税种，其对GDP的贡献区间是13%～17%，周期规律虽不太明显，但长期趋升是大势；社会保障税占GDP的比重从整体上来看是先下降后波动上升；公司所得税占GDP比重从长期来看呈下降趋势。实际上，美国历年税收收入占GDP比重的变化一定程度上反映了特定时期的经济发展状况与税收政策的意图。

表 10—1　1986~2016 年美国联邦税收收入

单位：亿美元

财政年度	税收总收入	所得税				社会保障税（工薪税）	遗产税	赠与税	消费税
		总额	公司所得税	个人所得税	遗产与信托所得				
1986	7822.52	4974.06	804.42	4169.65	n.a.	2439.78	68.14	3.81	336.72
1987	8862.91	5683.11	1028.59	4654.52	n.a.	2770.00	71.65	5.03	333.11
1988	9351.07	5833.49	1096.83	4736.67	n.a.	3180.39	73.49	4.36	259.34
1989	10133.22	6327.46	1170.15	5157.32	n.a.	3456.26	81.44	8.29	259.77
1990	10563.66	6502.45	1100.17	5402.28	n.a.	3672.19	96.34	21.28	271.39
1991	10868.51	6604.75	1135.99	5468.77	n.a.	3844.51	102.37	12.36	304.52
1992	11208.00	6756.74	1179.51	5577.23	n.a.	4000.81	104.11	10.68	335.66
1993	11766.86	7173.22	1315.48	5857.74	n.a.	4115.11	114.33	14.57	349.62
1994	12764.67	7740.24	1542.05	6198.19	n.a.	4438.31	135.00	21.07	430.05
1995	13757.32	8502.02	1744.22	6757.79	n.a.	4654.05	133.26	18.18	449.81
1996	14865.47	9343.68	1890.55	7453.13	n.a.	4923.65	153.51	22.41	422.22
1997	16232.72	10295.13	2044.92	8250.21	n.a.	5285.97	175.95	27.61	448.06
1998	17694.09	11413.36	2132.70	9280.66	n.a.	5577.99	213.15	33.16	456.43
1999	19041.52	12185.11	2163.25	10021.86	n.a.	5986.70	236.27	47.58	585.86
2000	20969.17	13727.33	2356.55	11370.78	n.a.	6396.52	256.18	41.03	548.11
2001	21288.31	13649.42	1867.32	11782.10	n.a.	6822.23	252.90	39.58	524.19

续表

财政年度	税收总收入	所得税				社会保障税（工薪税）	遗产税	赠与税	消费税
		总额	公司所得税	个人所得税	遗产与信托所得				
2002	20166.27	12491.72	2114.38	10377.34	n.a.	6880.77	255.32	17.09	521.37
2003	19529.29	11813.55	1941.46	9872.09	n.a.	6959.76	208.88	19.39	527.71
2004	20185.02	12208.68	2306.19	9902.49	n.a.	7172.47	241.30	14.49	548.07
2005	22688.95	14145.96	3070.95	11075.01	n.a.	7714.42	235.65	20.40	572.52
2006	25186.80	16171.84	3809.25	12362.59	n.a.	8148.19	267.17	19.70	579.90
2007	26915.38	17617.77	3955.36	13662.41	n.a.	8497.33	245.58	24.20	530.50
2008	27450.35	17803.06	3543.16	14004.05	255.85	8831.98	265.43	32.81	517.08
2009	23453.37	14158.64	2254.82	11754.22	149.61	8581.64	215.83	30.94	466.32
2010	23450.56	14539.27	2779.37	11636.88	123.02	8241.88	169.31	28.20	471.90
2011	24149.52	15890.30	2428.48	13311.60	150.22	7675.05	25.07	65.72	493.38
2012	25243.20	16692.98	2814.62	13714.02	164.34	7843.97	123.41	21.10	561.75
2013	28550.59	18763.48	3119.94	15396.58	246.96	8978.47	140.52	57.78	610.34
2014	30643.01	19967.65	3531.41	16142.13	294.11	9762.23	175.72	25.83	711.58
2015	33026.77	21830.74	3898.89	17597.40	334.45	10223.59	179.53	20.89	772.02
2016	33334.49	21613.72	3455.52	17861.24	296.95	10739.08	198.80	24.57	758.33

资料来源：IRS "2016 data book"。

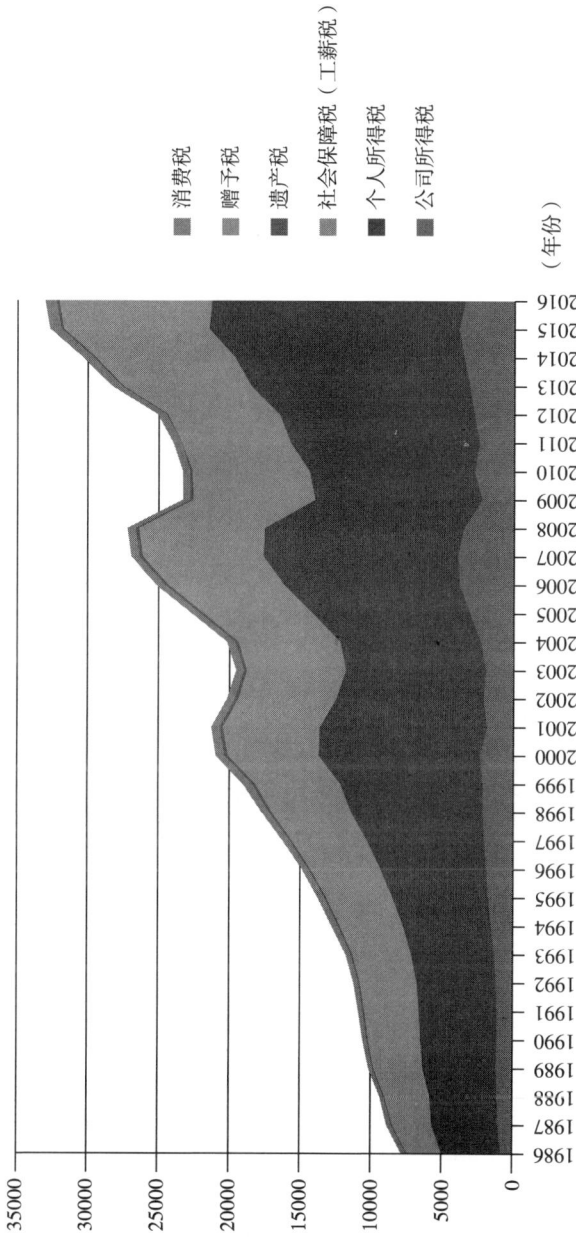

图 10-1　1986~2016 年美国联邦税收收入

注：笔者根据表 10-1 的数据制作。

图例：
消费税
赠予税
遗产税
社会保障税（工薪税）
个人所得税
公司所得税

（年份）

表 10-2

税收收入占 GDP 比重

年份	GDP（亿美元）	公司所得税占 GDP 比重（%）	个人所得税占 GDP 比重（%）	社会保障税占 GDP 比重（%）	个人和公司所得税之和占 GDP 比重（%）	个税和社保税之和占 GDP 比重（%）	联邦税收收入总额占 GDP 比重（%）
2000	102847.79	2.29	11.06	6.22	13.35	17.28	20.39
2001	106218.24	1.76	11.09	6.42	12.85	17.52	20.04
2002	109775.14	1.93	9.45	6.27	11.38	15.72	18.37
2003	115106.7	1.69	8.58	6.05	10.26	14.62	16.97
2004	122749.28	1.88	8.07	5.84	9.95	13.91	16.44
2005	130937.26	2.35	8.46	5.89	10.80	14.35	17.33
2006	138558.88	2.75	8.92	5.88	11.67	14.80	18.18
2007	144776.35	2.73	9.44	5.87	12.17	15.31	18.59
2008	147185.82	2.41	9.51	6.00	11.92	15.52	18.65
2009	144187.39	1.56	8.15	5.95	9.72	14.10	16.27
2010	149643.72	1.86	7.78	5.51	9.63	13.28	15.67
2011	155179.26	1.56	8.58	4.95	10.14	13.52	15.56
2012	161552.55	1.74	8.49	4.86	10.23	13.34	15.63
2013	166915.17	1.87	9.22	5.38	11.09	14.60	17.10
2014	173931.03	2.03	9.28	5.61	11.31	14.89	17.62
2015	180366.48	2.16	9.76	5.67	11.92	15.42	18.31
2016	185669.49	1.86	9.62	5.78	11.48	15.40	17.95

资料来源：IRS "2016 data book"。

10.1.3　美国税制结构的变化及特点

1.联邦政府税制结构变化及特点

美国联邦政府税收的长期结构大致稳定。表 10-3 显示了美国从 1960～2016 年联邦政府各主要税收来源占联邦税收收入比例变化情况。所得税收入占税收收入总额的比重长期比较稳定，是美国税收收入的主要来源，约为 60%～73%。（1）个人所得税占税收总额比重约为 46%～55%，是美国的主体税种，所占比重最高，而且从长期来看，美国个人所得税所占比重呈增长的趋势。（2）社会保障税的比重约为 12%～37%，而且变化幅度较大，最高 36.69%，最低 12.16%。近年来社会保障税收收入快速增长，占税收总额的比重不断增加（30%～35%），逐渐超过公司所得税和消费税，在 1970 年成为仅次于个人所得税的第二大税种。（3）公司所得税自 1960 年以来整体上呈现下降趋势，占税收总额的比重约为 24%～9%，近年来大致占税收总收入的 10% 左右。（4）自 1960 年以来消费税（excise tax）的比重整体上来看也呈下降趋势，占税收总额的比重约为 1.8%～12.9%，近年来消费税占税收收入的比重约为 2%。（5）遗产税与赠予税占税收收入的比重最小，二者相加约占税收收入的 1%～2%，且其所占比重长期保持稳定，变化幅度很小。所以，美国是以所得税为主体税种的税制结构模式，其中个人所得税和社会保障税是美国的两大主体税种。

表10-3　1960~2016年美国各种税收收入占总税收收入的比重

财政年度	所得税				社会保障税（工薪税）（%）	遗产税（%）	赠予税（%）	消费税（%）
	总额（%）	公司所得税（%）	个人所得税（%）	遗产与信托所得（%）				
1960	73.14	24.17	48.97	n.a.	12.16	1.57	0.20	12.93
1961	71.95	23.06	48.89	n.a.	13.24	1.85	0.18	12.78
1962	72.35	21.42	50.93	n.a.	12.78	1.81	0.24	12.82
1963	71.11	21.09	50.02	n.a.	14.17	1.86	0.20	12.66
1964	70.28	21.65	48.63	n.a.	15.15	1.88	0.27	12.43
1965	69.73	22.84	46.89	n.a.	14.95	2.14	0.25	12.93
1966	71.49	23.92	47.56	n.a.	15.72	2.05	0.35	10.40
1967	70.29	23.53	46.75	n.a.	18.17	1.84	0.19	9.51
1968	70.39	19.46	50.93	n.a.	18.28	1.76	0.24	9.32
1969	72.25	20.40	51.85	n.a.	17.60	1.67	0.21	8.27
1970	70.86	17.90	52.96	n.a.	19.13	1.66	0.22	8.13
1971	68.39	15.82	52.57	n.a.	20.83	1.75	0.23	8.80
1972	68.53	16.64	51.88	n.a.	20.83	2.44	0.17	8.03
1973	69.04	16.42	52.62	n.a.	21.90	1.82	0.27	6.97
1974	68.65	15.52	53.13	n.a.	23.09	1.73	0.16	6.36
1975	68.80	15.57	53.23	n.a.	23.87	1.47	0.13	5.73
1976	68.01	15.46	52.55	n.a.	24.53	1.61	0.14	5.70
1977	68.91	16.77	52.15	n.a.	24.03	1.58	0.50	4.98
1978	69.65	16.35	53.29	n.a.	24.34	1.31	0.03	4.67
1979	70.15	15.52	54.63	n.a.	24.51	1.16	0.04	4.14

续表

财政年度	所得税				社会保障税（工薪税）（%）	遗产税（%）	赠予税（%）	消费税（%）
	总额（%）	公司所得税（%）	个人所得税（%）	遗产与信托所得（%）				
1980	69.30	13.94	55.36	n.a.	24.71	1.21	0.04	4.74
1981	67.00	12.15	54.85	n.a.	25.20	1.10	0.04	6.66
1982	66.21	10.44	55.77	n.a.	26.69	1.27	0.02	5.82
1983	65.59	9.85	55.74	n.a.	27.72	0.97	0.02	5.70
1984	64.23	10.90	53.33	n.a.	29.28	0.89	0.02	5.59
1985	63.82	10.42	53.40	n.a.	30.32	0.85	0.04	4.98
1986	63.59	10.28	53.30	n.a.	31.19	0.87	0.05	4.30
1987	64.12	11.61	52.52	n.a.	31.25	0.81	0.06	3.76
1988	62.38	11.73	50.65	n.a.	34.01	0.79	0.05	2.77
1989	62.44	11.55	50.90	n.a.	34.11	0.80	0.08	2.56
1990	61.55	10.41	51.14	n.a.	34.76	0.91	0.20	2.57
1991	60.77	10.45	50.32	n.a.	35.37	0.94	0.11	2.80
1992	60.28	10.52	49.76	n.a.	35.70	0.93	0.10	2.99
1993	60.96	11.18	49.78	n.a.	34.97	0.97	0.12	2.97
1994	60.64	12.08	48.56	n.a.	34.77	1.06	0.17	3.37
1995	61.80	12.68	49.12	n.a.	33.83	0.97	0.13	3.27
1996	62.85	12.72	50.14	n.a.	33.12	1.03	0.15	2.84
1997	63.42	12.60	50.82	n.a.	32.56	1.08	0.17	2.76
1998	64.50	12.05	52.45	n.a.	31.52	1.20	0.19	2.58

续表

财政年度	总额（%）	所得税			社会保障税（工薪税）（%）	遗产税（%）	赠予税（%）	消费税（%）
		公司所得税（%）	个人所得税（%）	遗产与信托所得（%）				
1999	63.99	11.36	52.63	n.a.	31.44	1.24	0.25	3.08
2000	65.46	11.24	54.23	n.a.	30.50	1.22	0.20	2.61
2001	64.12	8.77	55.35	n.a.	32.05	1.19	0.19	2.46
2002	61.94	10.48	51.46	n.a.	34.12	1.27	0.08	2.59
2003	60.49	9.94	50.55	n.a.	35.64	1.07	0.10	2.70
2004	60.48	11.43	49.06	n.a.	35.53	1.20	0.07	2.72
2005	62.35	13.53	48.81	n.a.	34.00	1.04	0.09	2.52
2006	64.21	15.12	49.08	n.a.	32.35	1.06	0.08	2.30
2007	65.46	14.70	50.76	n.a.	31.57	0.91	0.09	1.97
2008	64.86	12.91	51.02	0.93	32.17	0.97	0.12	1.88
2009	60.37	9.61	50.12	0.64	36.59	0.92	0.13	1.99
2010	62.00	11.85	49.62	0.52	35.15	0.72	0.12	2.01
2011	65.80	10.06	55.12	0.62	31.78	0.10	0.27	2.04
2012	66.13	11.15	54.33	0.65	31.07	0.49	0.08	2.23
2013	65.72	10.93	53.93	0.86	31.45	0.49	0.20	2.14
2014	65.16	11.52	52.68	0.96	31.86	0.57	0.08	2.32
2015	66.10	11.81	53.28	1.01	30.96	0.54	0.06	2.34
2016	64.84	10.37	53.58	0.89	32.22	0.60	0.07	2.27

资料来源：IRS "2016 data book"。

2. 美国州和地方政府税制结构特点

（1）个人所得税（Individual Income Tax）。美国大多数州都有个人所得税，在联邦制下，州政府有较大的税收自主权，不同州个人所得税差异较大。个人所得税是州政府收入的主要来源，占税收总收入的 36% 左右。共有 43 个州开征个人所得税。其中，41 个州对工资薪金收入征税，2 个州（即新罕布什尔州和田纳西州）对股利和利息征税，另外 7 个州不征收个人所得税。在 41 个对工资薪金收入征收个人所得额税的州中，有 8 个州采用单一税率，33 个州采用累进税率，而且各州在税率等级设置方面相差很大。加利福尼亚州和密苏里州设置了十档累进税率，是税率级次最多的州。最高边际税率从北达科他州的 2.9% 到加利福尼亚州的 13.3%。各州对个人所得税的征管细节也不尽相同。例如，一些州对已婚申报者的费用扣除金额进行翻倍；一些州对收入级距、免税额和费用扣除标准等要素进行指数化处理，将通货膨胀的因素考虑其中；一些州按照联邦政府税法的规定来制定费用扣除标准和个人豁免额，而另一些州则制定自己的税法标准或者根本不提供税法标准。

大多数美国的城市和县地方政府都没有征收地方个人所得税，2011 年只有 17 个州中的 4943 个地方行政单位征收了地方个人所得税，其中印第安纳州和马里兰州的所有县、俄亥俄州的 593 个自治区和 181 个学区、宾夕法尼亚州的 2469 个自治市和 469 个学区、爱荷华州和密歇根州的不少城市与学区征收了地方个人所得税。美国地方个人所得税以多种形式在地方出现，如工资税（Wage Tax）、所得税（Income Tax）、工薪税（Payroll Tax）、地方服务税（Local Services Tax）、职业税（Occupation Privilege Tax）等。一般情况下，地方个人所得税由个人负担、雇主代扣代缴，有些地方个人所得税按个人工资或薪金的一定比例征收，有些地方以个人缴纳的联邦或州个人所得税的一定比例征收，还有的地方按一定时期对个人征收定额地方个人所得税，大多数地方所得税税率为工薪收入的1%~3%，对于非居民采用较居民相对较低的税率。

（2）一般销售税（General Sales Tax）。销售税是筹集税收收入比较透明的一种方式。对大多数纳税人来说，个人所得税的累进税率和收入级距比较复杂且难以理解，而销售税则容易理解得多，消费者可以直接从他们的收据上看到自己的税收负担。销售税是美国州政府的主体税种，也是县市等地方政府的重要税收来源。45个州和哥伦比亚特区征收遍及全州的一般性销售税。有38个州的地方征收地方销售税。阿拉斯加州、特拉华州、蒙大拿州、新罕布什尔州和俄勒冈州5个州没有州销售税，但是，阿拉斯加州和蒙大拿州允许地方政府征收地方销售税。因此，如果同时考虑州销售税税率和地方销售税税率，即使州销售税税率适中，它们的联合销售税税率也可能会很高。联合销售税税率最高的5个州分别是路易斯安那州9.98%，田纳西州9.46%，阿肯色州9.30%，亚拉巴马州9.01%和华盛顿8.92%。联合税率最低的5个州分别是阿拉斯加州1.76%、夏威夷州4.35%、怀俄明州5.4%、威斯康星州5.42%和缅因州5.5%。州销售税税率最高的是加利福尼亚州7.25%，印第安纳州、密西西比州、罗得岛和田纳西州州税率为7%，非零最低税率的是科罗拉多州2.9%。阿拉巴马州、佐治亚州、夏威夷州、纽约州和怀俄明州的州税率为4%。地方销售税税率最高的5个州分别是阿拉巴马州5.01%，路易斯安那州4.98%，科罗拉多州4.6%，纽约州4.49%，俄克拉何马州 4.36%。

（3）财产税（Property Tax）。财产税是美国地方政府的主要收入来源，财产税为地方消防、法律执行、公共教育、道路建设和其他公共服务提供了资金。财产税由地方政府征管，但由于县、市、镇、学区、公共服务等辖区的交叉，许多州政府对地方政府财产税的征收行为进行了规范，如一些州规定了财产价值确定方式使各地方以相同评估值为基础对一特定房产或财产征税。

财产税主要对房地产和个人财产征收，包括土地、建筑物及固定装置等不动产、商业用的其他财产。财产税应纳税额为财产公允市场价值与评估比率之积再乘以税率。不同地区的评估比率和税率一般由地方立法机构决定。各地方在州法律约束下自行确定本辖区财产税税率，一些地区对财产分类，如居民房产、商业房产、工业房产、空置房产、破旧房产等，并基于不同的公共政策目的设定不同的税率，税率可根据地方预算支出需要经法定程序每年调整。如华盛顿哥伦比亚特区对不同类别房产以不同税率征收，居民用房产按评估值征收 0.85% 的房产税，对空置房产按评估值征收 5% 税率，鼓励房产的充分利用和资源优化配置（见表 10-4）。

表 10-4　　2015 年华盛顿哥伦比亚特区的财产税税率

房产类别	描 述	税率（%）
Class1	居民用房产，包括多户家庭使用的房产	0.85
Class2	商业和工业房产，评估值小于或等于 300 万美元的部分	1.65
	商业和工业房产，评估值大于 300 万美元的部分	1.85
Class3	控制的房产（含商业用和居民用房产）	5.00
Class4	破损的房产	10.00

资料来源：Tax Foundation "Facts & Figures"。

（4）公司所得税（Corporate Tax）。美国有44个州和哥伦比亚特区开征公司所得税，税率从北卡罗来纳州的3%到爱荷华州的12%。阿拉斯加州、康涅狄格州、爱荷华州、明尼苏达州、新泽西州和宾夕法尼亚州和哥伦比亚特区6个地区的最高边际税率达9%及以上。北卡罗来纳州、亚利桑那州、科罗拉多州、密西西比州、北达科他州、南卡罗来纳州和犹他州7个州的最高边际税率在5%以下。内华达州、俄亥俄州、得克萨斯州和华盛顿征收毛收入税（Gross Income Tax）。南达科他州和怀俄明州是仅有的两个既不征收公司所得税也不征收毛收入税的州。有27个州和哥伦比亚特区采用单一税率，表明大多数州更倾向于采用单一税率很可能是因为相较于个人所得税而言，公司所得税没有"支付能力"的概念。

2014年和2015年一些州实施了降低州公司所得税的税制改革，根据改革方案伊利诺伊州将税率由原来的9.5%降到了目前的7.75%，亚利桑那州计划到2018年将把州所得税税率降到4.9%，新墨西哥州把最高税率从7.3%降至6.9%，到2018年将会进一步将最高税率降至5.9%。

（5）州和地方税制结构特点。美国州和地方政府的税收收入来源主要是财产税、销售税和个人所得税，但是根据美国对所有州和地方税收结构统计结果（见表10-5）发现，不同州政府的税收构成也不一样。

表 10-5　　　　　　2014 年州和地方政府税收收入来源　　　　单位：%

州	财产税	一般消费税	个人所得税	公司所得税	其他税
所有州	31.3	23.3	22.9	3.7	18.9

续表

州	财产税	一般消费税	个人所得税	公司所得税	其他税
阿拉巴马州	17.4	29.7	22.7	2.8	27.4
阿拉斯加州	34.9	3.9	0	7.3	53.8
亚利桑那州	29.5	39.6	15.4	2.6	13.0
阿肯色州	18.0	37.5	23.4	3.6	17.6
加利福尼亚州	25.4	22.9	32.2	4.2	15.3
科罗拉多州	31.3	25.8	24.2	3.1	15.7
康涅迪格州	38.3	15.3	29.8	2.4	14.2
特拉华州	18.8	0	26.6	6.9	47.7
佛罗里达州	35.7	35.3	0	3.1	26.0
乔治亚州	32.2	26.0	26.3	2.8	12.7
夏威夷州	17.2	37.6	21.5	1.6	22.2
爱达荷州	28.7	26.0	25.3	3.6	16.4
伊利诺伊州	36.5	14.2	23.5	6.3	19.5
印第安纳州	25.9	28.3	24.4	3.5	17.8
爱荷华州	34.5	21.5	24.1	2.8	17.1
堪萨斯州	32.8	30.7	19.8	2.6	14.1
肯塔基州	20.4	19.7	31.3	5.1	23.4
路易斯安那州	21.6	38.3	15.2	2.7	22.2
缅因州	39.9	18.7	22.1	2.9	16.4
马里兰州	26.6	12.5	37.4	2.9	20.5
马萨诸塞州	36.3	13.6	32.6	5.4	12.1
密歇根州	35.4	23.3	22.3	2.4	16.7
明尼苏达州	25.0	18.3	31.3	4.3	21.1
密西西比州	26.2	31.5	15.9	5.0	21.4
密苏里州	27.6	26.4	27.0	2.0	16.9
蒙大拿州	38.2	0.0	27.1	3.8	31.0
内布拉斯加州	36.0	23.0	23.1	3.3	14.5

续表

州	财产税	一般消费税	个人所得税	公司所得税	其他税
内华达州	24.6	38.1	0	0	37.3
新罕布什尔州	66.1	0	1.6	9.4	22.8
新泽西州	47.5	15.4	20.8	4.1	12.2
新墨西哥州	18.4	36.8	15.7	2.5	26.6
纽约州	30.7	16.5	32.1	6.9	13.7
北卡罗来纳州	26.3	22.7	28.9	3.8	18.4
北达科他州	11.5	21.1	6.9	3.5	57.1
俄亥俄州	28.6	25.0	26.7	0.6	19.1
俄克拉何马州	17.5	33.3	21.4	2.9	24.9
俄勒冈州	32.9	0.0	40.8	3.4	22.8
宾夕法尼亚州	29.8	16.9	25.9	4.6	22.7
罗得岛州	44.6	16.8	20.0	2.2	16.4
南卡罗来纳州	33.5	24.1	22.0	2.1	18.2
南达科他州	35.3	40.4	0	0.8	23.4
田纳西州	26.8	40.9	1.2	5.8	25.3
得克萨斯州	40.4	36.0	0	0	23.6
犹他州	27.7	24.3	28.0	3.0	17.0
佛蒙特州	42.2	10.5	19.4	3.0	24.8
弗吉尼亚州	34.7	13.7	31.1	2.1	18.4
华盛顿州	29.9	45.4	0.0	0.0	24.6
西弗吉尼亚州	21.5	16.7	24.2	2.8	34.8
威斯康星州	36.2	18.9	25.7	3.7	15.5
怀俄明州	35.5	27.4	0	0	37.1
哥伦比亚特区	32.5	17.8	26.3	6.5	16.9

数据来源：Tax Foundation "Facts & Figures"。

整体而言，美国各州和地方政府税收收入主要来源于财产税，占税收总收入的31.3%，其次是一般性销售税和个人所得税，分别占税收总收入的23.3%和22.8%。其中，共有26个地区（25个州和哥伦比亚特区）的主体税种为财产税，13个州的主体税种为一般性销售税，8个州的主体税种为个人所得税，4个州为其他税种。

具体而言，华盛顿州没有个人所得税收入，主要依靠销售税和财产税作为州政府税收主要来源，而俄勒冈州没有开征销售税，个人所得税收入和财产税则高达45.4%和29.9%。美国不同州之间由于产业等因素存在，每个州和地方政府的税收构成差别很大。表10-6列示了2014年美国州政府的财产税、消费税和个人所得税比重最高的10个州。

表 10-6　　财产税、消费税和个人所得税比重最高的 10 个州

序号	财产税	比重（％）	一般消费税	比重（％）	个人所得税	比重（％）
1	新罕布什尔州	66.1	华盛顿州	45.4	俄勒冈州	40.8
2	新泽西州	47.5	南达科他州	40.4	马里兰州	37.4
3	得克萨斯州	40.4	田纳西州	40.9	马萨诸塞州	32.6
4	缅因州	39.9	亚利桑那州	39.6	加利福尼亚州	32.2
5	康涅迪格州	38.3	路易斯安那州	38.3	纽约州	32.1
6	蒙大拿州	38.2	内华达州	38.1	肯塔基州	31.3
7	伊利诺伊州	36.5	夏威夷州	37.6	明尼苏达州	31.3
8	马萨诸塞州	36.3	阿肯色州	37.5	弗吉尼亚州	31.1
9	内布拉斯加州	36.0	新墨西哥州	36.8	康涅迪格州	29.8
10	佛罗里达州	35.7	佛罗里达州	35.3	北卡罗来纳州	28.9

资料来源：Tax Foundation "Facts & Figures"。

10.2 美国税收制度改革动向

10.2.1 美国当前税制改革的国际和国内背景

每一轮税制改革都与当时的特定历史环境相关。到目前为止，公认的世界税制改革一共有五次。第一次是英国于 1798 年开征所得税，开征此税主要是为了筹集战争所需经费，战争结束之后停征，属于临时税。第二次是 20 世纪 30 年代世界各国普遍开征社会保障税，主要源于世界各国对社会保障问题的重视。第三次是法国于 1954 年率先开征增值税，而后在全世界迅速风靡起来。第四次是对公司来源的所得免除双重征税。第五次是 20 世纪 80 年代始发于美国的全球性减税浪潮。

1. 美国税制改革的国际背景

（1）世界经济增长速度放缓。世界经济复苏乏力，GDP 增长率持续下降。美国金融危机以前的 10 年，世界 GDP 年均增长率（1998～2007 年）为 4.2%；美国金融危机之后的 8 年，世界 GDP 年均增长率（2008～2015 年）下降至 3.2%，世界 GDP 增长率持续下降。2016 年世界经济增长率按购买力平价（PPP）计算约为 3.1%，比 2015 年下降 0.1 个百分点。其中，发达经济体经济增速为 1.6%，比 2015 年下降 0.5 个百分点；新兴市场与发展中经济体经济增速为 4.2%，比 2015 年上升 0.2 个百分点[①]。

美国和欧元区 GDP 增速有明显下降，日本和其他发达经济体增速与上年基本持平。2016 年美国经济复苏进程受阻，GDP 增长 1.6%，

---

① 陈文玲，颜少君 . 2016～2017 年世界经济形势分析与展望［J］. 全球化，2017，（02）：45～63+135.

比 2015 年下降 1.0 个百分点。欧元区 GDP 增长 1.7%，比 2015 年下降 0.3 个百分点。日本 GDP 增长率与 2014 年相同，保持在 0.5% 的水平；美、欧、日以外的其他发达经济体 GDP 增长 1.9%，也与 2014 年基本保持一致。

新兴市场与发展中经济体整体增速止跌回升。新兴市场与发展中经济体 GDP 增长率于 2010 年达到 7.5% 的历史最高水平，此后逐年下降，截至 2015 年，已经降至 4.0%。2016 年新兴市场和发展中经济体 GDP 增长率有望实现连续五年下跌以后的首次回升。

（2）公私债务高位累积，风险加剧。2016 年全球政府债务水平继续升高。发达经济体政府总债务与 GDP 之比从 2015 年的 105.4% 上升至 2016 年的 108.6%，政府净债务与 GDP 之比从 2015 年的 70.3% 上升至 2016 年的 72.5%。新兴市场与发展中经济体总债务与 GDP 之比从 2015 年的 44.8% 上升到 2016 年的 47.3%。

美国政府总债务 /GDP 提升了 3 个百分点，2015 年为 105.2%，2016 年约为 108.2%。日本政府债务状况继续恶化，政府总债务 /GDP 从 2015 年的 248% 上升到 2016 年的 250.4%。欧元区政府总债务 /GDP 于 2014 年达到最高点 94.3%，2015 年回落至 92.5%，2016 年继续回落至 91.7%，由于其部分重债国的债务负担持续加重，欧元区总体政府债务水平的下降并不意味着其债务风险降低。

发达经济体的财政赤字 /GDP 持续下降的过程有所中断，从 2015~2016 年，发达经济体政府总财政赤字 /GDP 从 2.8% 上升到 3.0%。其中，美国从 3.5% 上升到 4.1%，加拿大从 1.3% 上升到 2.5%，日本维持 5.2% 不变，欧元区从 2.1% 轻微降到 2.0%。但在欧元区内部，重债国希腊的财政赤字 /GDP 从 3.1% 上升到 3.4%。

新兴市场与中等收入经济体政府总债务 /GDP 从 2015 年的 44.8%
上升到 2016 年的 47.3%。低收入发展中国家的政府总债务 /GDP 从
2015 年的 35.9% 上升到 2016 年的 39.1%。发展中经济体总体的政府
债务水平虽然不高，但是其引发危机的债务阈值也相对低很多。

各国居民和企业债务不断累积，导致全球非金融部门债务总额
与 GDP 之比不断攀升。根据国际清算银行的估计，2014～2015 年，
全球非金融部门的债务总额与 GDP 之比从 221.3% 上升到 234.3%，
2016 年第一季度进一步上升到 245.3%。发达经济体非金融部门的债
务总额与 GDP 之比从 2014 年的 257.0% 上升到 2015 年的 268.3%，
2016 年第一季度进一步上升到 279.3%。新兴市场经济体非金融部
门的债务总额与 GDP 之比从 2014 年的 160.3% 上升到 2015 年的
176.4%，2016 年第一季度上升到 186.6%[①]。全球债务总水平的持续攀
升，是全球金融稳定面临的重大挑战。

（3）国际贸易和投资增长乏力。国际贸易低增长已经成为影响
全球经济复苏的重要制约因素。虽然世界经济复苏乏力本身也是国
际贸易低增长的一个原因，但是国际贸易低迷还有国际贸易体制与
国际经济格局变动方面的内在原因。这些原因包括：其一，贸易自
由化的红利逐渐消失，这主要是因为多边贸易谈判进展缓慢，区域
贸易谈判虽然方兴未艾，但目前尚无生效的重要协定。其二，世界
经济增长由更多地依赖制造业转向更多地依赖服务业，经济增长带
来的制成品贸易比过去更少。其三，全球价值链扩张速度放缓，中
间产品反复过境产生的国际贸易减少。正是这些内在的原因，导致

---

① 数据来源：陈文玲，颜少君 . 2016～2017 年世界经济形势分析与展望 [J] . 全球化，
2017，（02）：45～63+135.

全球国际贸易自 2012 年以来出现低速增长，并且世界出口总量增长率持续低于世界 GDP 增长率。

国际直接投资规模一直没有恢复到危机以前的水平。其在 2015 年短暂高增长以后，2016 年又一次进入低迷期，预计未来几年增长也会比较缓慢。国际直接投资是促进国际分工发展、全球经济一体化和世界经济繁荣的重要力量。国际直接投资活动的低迷与三个因素有关：一是国际投资准入和开放的推进力度较慢；二是发达经济体开始重视本土制造业的发展，鼓励制造业回流；三是对避税天堂的打击以及防止税基侵蚀和利润转移的国际行动计划虽然有利于各国公平地获得跨国公司的税收，但也在一定程度上了抑制了跨国投资活动。

（4）收入与财富差距拉大。目前，世界基尼系数已经达到 0.7[①]。全球收入不平等既存在于国与国之间，也存在于一国内部。2014 年世界上最富裕的国家是挪威，其人均年国民收入达到 10.3 万美元，最贫穷的国家是布隆迪，人均年国民收入仅为 250 美元。最富裕国家的人均国民收入是最贫穷国家的 41 余倍。在不少国家内部，也存在严重的且不断扩大的收入不平等现象。比如美国，1986 年的基尼系数仅为 0.37，1994 年上升到 0.39，2000 年进一步上升到 0.40，到 2012 年，又上升到 0.41。2012 年，美国收入最高的 10% 的人口占据了 30% 的国民收入；而收入最低的 10% 的人群只获得了 1.7% 的国民收入[②]。收入不平等还会导致社会财富越来越集中于少部分人手中，

---

① 习近平总书记在 2016 年 9 月 3 日 20 国集团工商峰会上的主旨演讲和 9 月 4 日 20 国集团领导人峰会开幕式的讲话中，均提到世界基尼系数达到 0.7。

② 资料来源：陈文玲，颜少君 . 2016～2017 年世界经济形势分析与展望［J］. 全球化，2017，（02）：45～63+135.

从而引起更大的不平等。瑞士瑞信银行的《全球财富报告2016》指出，世界上最富裕的1%的人拥有世界上50%的财富。

在此经济形势和社会背景下，各国税制改革也围绕"促进复苏"和"应对风险"两大目标，积极探索"减赤字、抗通胀、增就业、保增长"的有效途径。对于发达国家尤其是主权债务危机国家来说，在开源节流的硬性要求下，由于削减开支会承受巨大的政治风险，增加税收就成为不得已的选择。欧元区深陷主权债务危机国家的税制改革是实施财政整顿的艰难选择。欧元区各国没有发行货币的权力，一些国家又遭到国际信用评级机构的测评降级，借债成本增加，依靠借新债还旧债和维持国内财政支出的方式变得十分困难，因此无法通过通货膨胀和债务重组的形式进行财政整顿。作为政府获取收入的"三驾马车"中已经有两架失灵，在单方面减支难以达到接受外部援助的要求下，各国把目光转移到了税收上，通过增加税收改善本国的财政赤字和减少债务；英法日等国自身尚未出现债务危机，但面对欧洲债务危机带来的影响，也开始重视本国的债务问题，通过税制改革来未雨绸缪。同时这些国家进行税制改革也与执政党的执政理念有很大关联。

2.美国税制改革的国内背景

（1）经济复苏乏力，政府债务风险加大，劳动力市场不稳定。2008年金融危机至今，美国经济状况出现了积极的变化和缓慢复苏的迹象，但由于诸多不确定因素的影响，美国经济复苏的道路曲折。2016年美国经济复苏进程受阻，GDP增长1.6%，比2015年下降1.0个百分点。

美国政府总债务/GDP提升了3个百分点，2015年为105.2%，

2016 年约为 108.2%。2015～2016 年，美国的财政赤字 /GDP 从 3.5%
上升到 4.1%，赤字上限不断突破，财政面临不可持续风险。这一方
面是美国政府实施大规模的刺激经济计划，为应对金融危机、经济
衰退而扩大财政支出所致，另一方面是因为美国税收显著下降形成
的缺口增大。

美国劳动力市场持续改善的态势出现波折。2016 年 9 月美国失
业率为 5.0%，相比 2015 年 9 月下降了 0.1 个百分点，但是相比 2016
年 5 月的最低点，上升了 0.3 个百分点。美国失业人数有所增加，
2016 年 9 月美国失业人数为 793.9 万，相比 2015 年 9 月增加了 1.4
万，相比 2015 年 5 月的最低点增加了 50.3 万。但与此同时，美国的
劳动参与率并没有显著上升。美国的劳动参与率于 2015 年 9 月下降
到金融危机以来的最低点 62.4%，此后开始有所回升，至 2016 年 3
月，回升至 63%。但是劳动参与率的回升势头并没有持续，而是在
63% 的水平上反复波动，2016 年 9 月为 62.9%①。失业人数的增加和
劳动参与率并没有持续提高，反映了美国经济的疲软态势。

因此，如何在促进经济增长、降低失业率和控制财政赤字规模
之间保持一种平衡，是美国政府进行税制改革的背景，也是今后面
临的一大挑战。

（2）税制本身存在缺陷。现行的所得税体系复杂、税负偏高、
缺乏公平性，税收规模越来越不足。所得税免税机制错综复杂、税
收优惠繁多，纳税人每年花费 60 亿小时才能完成美国税收法典的填
报要求，美国国税局（IRS）执行和管理这套税制的花费约占年财政

---

① 资料来源：陈文玲，颜少君 . 2016～2017 年世界经济形势分析与展望［J］. 全球化，
2017，（02）：45～63+135.

收入的 0.5%，整个社会在理解税收政策、进行纳税筹划方面花费了大量的时间和金钱，有超过一半纳税人聘请了税收顾问。

美国企业所得税税率为 35%，加上州税，整体税负为 39.2%，位列 OECD 国家之首（2012 年 34 个发达国家平均公司所得税率为 25.4%）。过高的税率极大的限制了企业的竞争力，使得不少公司不得不将海外业务中的收入所得留在境外（美国税法规定，美国公司的海外所得也需缴纳 35% 的所得税，但只有在将所得汇回国内才需纳税）。有报告显示，近 1000 家美国公司在美国境外的账户上持有 1.7 万亿美元的现金。而企业也利用现行税制的漏洞进行避税，几乎没有企业按照 35% 的税率进行纳税，企业所缴纳的实际税率要低很多。长期资本利得税的最高边际税率为 15%，而一般个人所得税的最高边际税率为 39.6%。这将会带来两个方面的问题：一是会使富人变得越来越富有；二是二者的巨大差异也使得税收筹划有机可乘，将促使个人把本应得到高效利用的时间和精力，用于筹划正常收入转变为资本利得。虽然所得税税率高，但政府的所得税收入却逐年下降。

10.2.2　美国国内税收改革举措

在 2008 年美国金融危机的背景下，奥巴马政府启动税改项目，谋划税制调整思路与方案。税改着力解决几个突出的问题：一是增加税收收入，缓解政府赤字压力，实现国家财政的稳健与可持续性；二是突出税制收入分配功能，缩小实际收入差距，缓解社会矛盾；三是配合国家发展战略，促进经济增长，做强制造业，提升美国全球竞争力。为此，美国从国内税制、涉外税收法规以及税收征管等多环节入手调整，打造适应新形势的税收体系。

1.修订税收条款，加强税收监管，堵塞税收漏洞，增加政府财政收入

（1）加强国际税收合作，堵塞漏洞，控制税源，增加政府收入。国际上，加强同英、法等国税收稽查合作，推进国际层面税收透明。2012年，美国施压以保护储户信息著称的瑞士银行业，推动美国公民海外账户情报交换。2013年1月，《外国账户税务遵守法案》（FATCA）生效，美国公民离岸金融账户信息披露制度化。在国内，对苹果、Google等大型跨国公司展开税收审查，打击利用税制漏洞避税行为。

（2）寄希望提升间接税比重增加财政收入。为缓解财政压力，美国国会多次讨论开征增值税的议题，还试图迫使Amazon、Ebay等网络零售商代表联邦政府对网购行为征收消费税，通过税制覆盖新型商业模式增加收入，减少政府的财政赤字。

（3）调整税式支出政策，堵塞税收漏洞，扩大税基。主要措施包括：第一，严格美国企业、公民海外收入延期纳税的优惠政策。2012年10月，修订税收法案打击美跨国公司借利润延期汇回、Subpart T等条款逃税行为，规定只有当收益汇回本国之后才能免税，并要求成本抵扣与收入相匹配。第二，提议削减石油、燃气、保险等部分行业性税收优惠政策；削减部分个人税收抵扣项目；取消对冲基金、私人股权合伙人等部分高收益人群附带权益收入税收优惠政策等。

2.实行结构性税收优惠，保护美国本土产业，提升美国产品的全球竞争力

（1）减轻税负，刺激就业与消费，促进经济增长。奥巴马2009年签署《美国复兴与再投资法案》，其中通过减税政策刺激经济复兴

仍然是核心内容之一。2010年，美国联邦政府宣布一项总额2000亿美元的企业减税提议，以期为企业节省购置生产设备和厂房的资金；同时，向国会提交的3.8万亿美元的财政预算草案中，继续实施对小企业和家庭的减税政策。一项旨在为小企业削减税收和放宽信贷标准的法案也得到了国会参议院的批准。由此看出，美国国内税制改革仍然以恢复经济和刺激就业为主要目标。

（2）加大制造业税收优惠扶持力度，支持创新，做强新兴制造业。为抢占制造业制高点，在未来继续保持产业领先地位，美国政府提出打造新兴制造业产业战略。对本土制造企业进口部分原材料减免税；对在本土投资的美国企业实行减至25%以下的企业所得税税率；将研发费用税收优惠政策永久化，降低制造业成本，吸引制造业资本回流，实现经济"再工业化"。

（3）选择性调整进出口贸易税收政策。一方面，频用关税、反倾销、反补贴手段，有针对性地限制国外产品进口，推行贸易保护主义；另一方面，推动与欧盟、日本等自由贸易区的谈签工作，推进区域贸易自由化，进一步打开国际市场，提升美国产品出口竞争力，平衡贸易赤字。

3.结构性增税，提高税制整体累进程度，强化收入分配功能

2009年美国大幅度提高联邦烟草税，从每包烟征税39美分提高至1.01美元。这是美国政府迄今最大幅度提高联邦烟草税，政府从中获得的税收收入将为低收入家庭的孩子提供医疗保险；按照美国《医患保护和大众医疗法》规定，美国国税局对室内日光浴课征10%的服务税；对包括打肉毒杆菌、隆胸甚至是牙齿美白等美容手术征税；美国部分州计划提高旅游消费税税率，以缓解因经济危机导致

的财政紧张问题；等等。

10.2.3 美国国际税收改革动向

在国际税收方面，美国为加强打击逃税行为的力度和实施贸易保护主义措施，进行了一系列的税制调整：

加强国际防范避税的合作，严厉打击境内公民海外避税行为。美国和瑞士政府加强协调，已就查税纠纷正式签署协议，瑞士为此提供4450名涉嫌逃税客户信息。随后，美国与瑞士签署的税务新协议，瑞士向美国国税局提供更多美国公民在瑞士银行的账户信息，从而进一步帮助美国打击境内公民海外避税的行为。

取消美国公民来自海外收入的税收优惠政策，促进本国就业。联邦政府对硅谷各大企业的税收征收方式做出调整，原先可以免收税或暂缓征税的海外收入部分，如今需要像国内收入一样按时正常缴税，此举将有助于企业把就业机会留在美国国内。

美国联邦政府推出一整套有关协调国际税收政策方面的提案，该提案对离岸银行账户制定了更严格的规则，目的是对美国的海外利润征更多的所得税，并打击避税行为，这项提案如果实施，将为美国政府增加2100亿美元的税收收入。

利用关税限制外国产品进口。2009年，美国对加拿大的木材征收10%的进口税，征税持续到美方收够5480万美元为止。

频用反倾销和反补贴手段实施贸易保护主义。2009年美国宣布对从中国进口的轮胎征收惩罚性关税。宣布对从中国进口的无缝钢管发起反倾销和反补贴的调查。2010年美国认定进口自中国的编织电热毯存在倾销，对中国编织电热毯征收77%至174%的惩罚性关税，等等。

10.3 特朗普税制改革计划

10.3.1 特朗普税制改革的背景

在世界经济增长速度放缓及美国经济复苏乏力的情况下，美国产业空心化状况愈发明显，特朗普希望通过一系列减税政策来促进美国经济增长，包括大幅度降低企业所得税和个人所得税的税率，同时给予企业更大力度的税收优惠等。特朗普早在竞选美国总统时就曾提及要进行税制改革，最早的减税方案在 2017 年 4 月 26 日公布，该方案没有考虑减税后的财政缺口弥补问题，因此国会并没有通过此方案，而特朗普税改也由此拉开帷幕。特朗普声称，此次税制改革将是美国历史上规模最大的减税改革，它不仅能起到减税的作用，而且能改善美国的宏观经济，提振美国就业。

特朗普推动的此次税制改革，主要涉及个人所得税和联邦层级的企业所得税，还涉及一部分小税种，比如取消遗产税。此次税制改革的总体战略是降低税率，调整税收减免政策，完善美国的所得税结构，旨在追求短期内降低个人和企业税负，振兴美国经济。

此次特朗普税改的主要特点有四个方面：一是降低税率；二是简并优惠；三是提高税制竞争力；四是优化国际税制，这也间接表现出特朗普此次税改的主要方式就是降低税率，完善税收优惠政策，降低税负，从而振兴美国经济，提高其经济的国际竞争力。

10.3.2 特朗普税制改革目标

面对美国经济遇到的各种问题，特朗普试图从税制改革入手加以解决。在特朗普看来，美国需要税制改革的重要原因之一，是美国人的工作机会减少，有太多的就业机会流失到海外，太多的中产阶级收不抵支。美国就业问题的成因是多方面的，事实上，美国失业率已经从2008年国际金融危机以来的高位下降到一个相对较低的水平。特朗普想要促进的是美国的再工业化。考虑到新型工业化大多伴随着技术替代劳动，即使再工业化进展顺利，由此所能带动的就业能有多少仍不可知。而中产阶级财务困境的形成同样是众多因素影响的结果。面对这些复杂的国内经济问题，特朗普提出如下税制改革目标：

第一，对中产阶级减税。中产阶级是美国的主体，这一招数是要让更多人的口袋更加殷实，税后工资增加，从而促进美国梦的实现。

第二，简化税法，使美国人少受报税难的困扰。美国税制的复杂性难题长期存在。为了各种各样不同的政策目的，具体税制可能被打上一个又一个的补丁，由此税制变得越来越复杂。这种做法虽然有更加公平合理的一面，也有更加人性化的一面，但是复杂的税制让税收的遵从成本不断提高。为了报税，纳税人或者需要聘请税务代理人员帮忙，或者需要耗费自己更多的时间、精力和财力。

第三，阻止税收倒置（Corporate Inversion），促进美国经济增长。所谓税收倒置，就是公司总部迁到低税国或避税天堂，与此同时公司的实际业务仍然在高税国的行为。不少美国大企业，包括一些知名的全球化公司，虽然业务主要在美国，但是总部已经迁到海外，其平均实际税率处于较低水平上，对美国的税收贡献与他们的经济地位严重不相称。在这种情况下，美国的税基受到侵蚀。税基侵蚀和利润转移是全球主要经济体都面临的难题，国际社会正在采取措施共同应对。特朗普看到了这一点，希冀通过美国自身的税制改革来阻止税收倒置。在特朗普看来，这样做可以增加大量新就业岗位，让美国再次具有全球竞争力。

第四，不增加债务和赤字。在特朗普看来，美国的债务和赤字规模都已经太大。在减税税改革的同时，不应增加债务和赤字水平。

从这四个目标来看，特朗普关于美国国内的税收改革主张实际上没有太多的新意，但具有整体性。减税可以让中产阶级拥有更多的可支配收入，简化税制以降低税收的遵从成本，让税收促进经济增长并提升美国的竞争力。但是如果政策实施之后，税收收入大幅下降，结果或者是政府应该履行的公共职能缺少资金支持，或者是赤字规模扩大和债务继续高筑。因此，减税必须考虑财政的可持续性。特朗普显然注意到了这个问题，提出了减税又不增加债务和赤字的目标，但实际上能否实现值得关注。为此，特朗普提出了阻止税收倒置等其他主张来平衡财政收入。

10.3.3　特朗普税制改革方案

继 2017 年 4 月美国财政部长和白宫国家经济委员会发布税改纲要，以及 7 月美国政府和共和党领导人发布关于全面税改原则性内容和目标的联合声明之后，美国税改进程如何推进一直备受关注。美国当地时间 2017 年 9 月 27 日，美国政府、众议院筹款委员会与参议院财政委员会发布了税制改革方案的框架性文件，旨在建立有利于美国本国经济发展、降低美国中产家庭负担，保护本国就业机会的税收制度。2017 年 11 月 9 日，众议院筹款委员会通过了"减税与就业法案"，众议院于 11 月 16 日通过了该法案。参议院财政委员会于 11 月 16 日通过了"减税与就业法案"，参议院于 12 月 2 日通过了该法案。"减税与就业法案"同现行税制相比有诸多改变（美国现行税制与两院"法案"之间的详细对比见表 10-7）。

表10-7　美国现行税制与特朗普减税法案的比较

项目	现行税法	减税和就业法案	
		众议院版本	参议院版本
个人所得税率	10%，15%，25%，28%，33%，35%，39.6%；单身人士的最高税率临界点为426700美元，户主的为453350美元，联合申报的为480050美元	12%，25%，35%，39.6%；单身人士和户主的最高税率临界点为500000美元，联合申报的为1000000美元	10%，12%，22%，24%，32%，35%，38.5%；单身人士的为500000美元，联合申报的为1000000美元；2025年后废止
替代性最低征税	有规定	废除	保留企业替代性最低税；保留更高的免征额和淘汰门槛的个人替代性最低税
标准扣除	单身人士为6500美元，联合申报的为13000美元，户主为9550美元；通货膨胀指数化	单身人士为12200美元，联合申报的为24400美元，户主为18300美元；从2019年不再实行通货膨胀指数化	单身人士为12000美元，联合申报的为24000美元，户主为18000美元；通货膨胀指数化；2025年后废止
个人和家属免征额	4150美元；通货膨胀指数化	废除	废除；2025年后废止
儿童税收抵免	每名符合资格的17岁以下儿童1000美元；单身人士从75000美元，联合申报从110000美元逐步递减，可退回部分为超过3000美元收入的15%	每名符合资格的17岁以下儿童抵免额为1600美元，纳税人、配偶、其他家属为300美元（2022年失效）；单身人士从115000美元，联合申报的从230000美元逐步递减；每个合格儿童可退回部分为超过3000美元收入的15%，最高为1100美元；最大可退回比例通货膨胀指数化；要求使用社保号申报抵免	每名符合资格的18岁（2025年为17岁）以下儿童抵免额为2000美元，其他家属为500美元；联合申报者从500000美元逐步递减；每个合格儿童的可退回部分为超过2500美元收入的15%，最高为1100美元；最大可使用社保号申报可退回抵免；2025年后废止

续表

项目	现行税法	减税和就业法案	
		众议院版本	参议院版本
高等教育	美国机会税收抵免；终身学习抵免（2016年失效）；学生贷款利息扣除	美国机会税收抵免第五年可得（一半价值）；终身学习抵免废除；学费扣除废除；学生贷款利息扣除废除	未改变
州和地方税专项扣除	房产税、个人财产以及所得税或销售税都可以扣除	只有房产税达10000美元时可以扣除	只有房产税达10000美元时可以扣除；2025年后废止
抵押贷款利息专项扣除	最高110万美元贷款的利息可以扣除；适用于主要住所和一个其他住所	2017年后利息扣除限于50万美元的贷款，并且只适用于一个主要住所	最高100万美元贷款的利息可以扣除；适用于主要住所和一个其他住所；2025年后废止
医疗支出专项扣除	超过AGI10%的自费医疗费用可以扣除	废除	2017年和2018年超过AGI 7.5%的自费医疗费用可以扣除；2019年恢复到现行法律
专项扣除的总限制	单身人士的专项扣除从AGI266700美元开始，联合申报的从320000美元开始不再适用	废除	废除；2015年后废止
资本利得最高税率	23.8%（20%加3.8%的净投资所得税）	未改变	未改变

续表

项目	现行税法	减税和就业法案	
		众议院版本	参议院版本
通货膨胀指数	消费者价格指数（CPI）	滚动加权的消费者价格指数（C-CPI）	滚动加权的消费者价格指数（C-CPI）
穿透性收入的最高税率	39.6%（个人所得税的最高税率）	"消极"净经营所得税率为25%；"积极"净经营所得税率为35.22%；个人服务所得税率为39.6%	29.6%（最高税率38.5%适用于扣除23%后的合格营业收入据所支付的报酬的扣除25万以上；单身人士根据所支付的报酬的扣除25万美元以上，联合申报扣除500000美元；2025年后废止
企业所得税最高税率	35%	20%	20%；延期到2019年
新投资购买	2018年：合格财产"奖励"折旧40%；2019年：合格财产"奖励"折旧30%；2020年：合格财产"奖励"折旧20%；小型企业支出最高可为50万美元	合格财产"奖励"折旧100%（即"支出"）；2023年失效；小型企业支出最高可为500万美元	合格财产"奖励"折旧100%（即"支出"），从2023年开始，逐年从100%降低20%；小型企业支出最高可为100万美元

续表

项目	现行税法	减税和就业法案	
		众议院版本	参议院版本
企业利息扣除	全部扣除（一般情况下）	超过营业收入30%的利息不允许扣除（包括折旧）；总收入在2500万美元或以下的企业免税	超过营业收入30%的利息不允许扣除（包括折旧）；总收入在1500万美元或以下的企业免税
美国跨国公司的税收	"全球征税制"、推迟课征、外国税收抵免	"属地征税制"；对向外国公司的某些支付征税；对未汇回的海外收益一次性课征7%的税（现金14%）	"属地征税制"；对向外国公司的某些支付征收"反滥用"税；对未汇回的海外收益一次性课征7.5%的税（现金14.5%）
遗产税	遗产价值超过560万的征收40%的税；夫妻双方为超过1120万；数额通货膨胀指数化	遗产价值超过11200万的征收40%的税；夫妻双方为超过2240万；数额通货膨胀指数化；2024年后废止	遗产价值超过11200万的征收40%的税；夫妻双方为超过2240万；数额通货膨胀指数化；2025年后废止
《平价医疗法案》的个人授权惩罚	没有足够的医疗保险的个人必须缴纳税款罚款或要求豁免保险	未改变	废除

资料来源：笔者根据美国智库 Tax Policy Center 网站资料整理。

通过表 10-7 可以看出，众议院和参议院出台的税改方案是有很大不同的，但是都对现行税法做出了某些改变，包括降低税率和加大税收优惠力度，具体而言主要有以下几点：

（1）个人所得税的变化。第一，降低个人所得税税率和级次，取消替代性最低税（AMT）；第二，提高纳税人的标准扣除额和儿童税收抵免，但是废除个人和家属免征额；第三，限制房产税、抵押贷款利息及医疗支出专项扣除标准。

（2）企业所得税的变化。第一，企业所得税最高税率由 35% 降至 20%；第二，对 2017～2022 这五年内发生的资产投资成本 100% 费用化；第三，企业发生的利息费用设置扣除标准。

（3）国际税收方面。第一，实行"属地征收制"原则征收所得税；第二，境外子公司利润汇回将被课征一次性所得税，现金及现金等价物适用 14% 的税率，非流动资产适用 7% 的税率。

（4）其他方面。调整遗产税；对《平价医疗法案》中个人的惩罚性措施进行修改。

10.3.4 未来税制改革的方向

近年来美国税制的一系列改革，主要立足于本国经济运行状况，旨在刺激就业和消费，以促进经济复苏。然而美国在应对金融危机时采取的扩张性财政政策，使其经济在没有完全复苏之前，财政赤字规模却越来越大，这已经成为美国当前面临的严重问题。不过，从整体来看，美国税制改革的未来趋势已经逐渐清晰，即在经济复苏之前，不会通过大规模增税措施来弥补财政赤字；相反，将继续实施减税的政策，把恢复经济增长和增加就业放在首要的位置。

首先，美国将继续实施结构性税制改革，将减税与增税相结合，把促进经济增长、增加就业和减少财政赤字综合起来考虑，在三者之间寻求平衡点，力避顾此失彼。当前，美国经济复苏步伐缓慢，在经济没有完全走出衰退之前，不存在实施大规模增税计划的宏观环境，然而针对税收收入水平下降和财政赤字增加的现状，美国在实施减税刺激经济复苏的同时，也会出台一些增税措施，在一定程度上缓解了财政赤字的压力。

其次，美国将继续加强税收区域化和国际税收关系的协调。在推进区域贸易自由的过程中，对进出口贸易的税收政策进行调整，使参与区域贸易的国家之间实施协调的关税政策，促进对外贸易的增长。在国际税收关系方面，美国通过加强国家间的协作来打击海外避税行为；同时强化税收审查力度，努力改善征税环境，减少跨国纳税人偷漏税行为。

再次，加大力度完善税收征管制度，防止税款流失，美国近年来税收收入大幅度下降，除了因经济衰退导致的税源不足外，另一个重要的原因就是税收征管不力，导致税收大量流失。所以，美国政府将继续加强税收征收管理，并建立和完善银行、证券、房地产、期货等部门向税务机关报送个人收入、储蓄、交易的纳税信息资料制度，推进税收征管制度和方式的现代化进程。

最后，利用反补贴税或反倾销税措施助推国际收支平衡。在应对金融危机的措施中，谋求国际收支平衡是美国政府实施税制改革的另一个着力点：尽管近年来美国国际贸易逆差有所减少，但与美国政府的预期目标有较大偏差，这引起美国贸易保护主义抬头，频频利用反补贴或反倾销税措施限制国外产品进入美国。同时，未来美国税制改革的趋势更侧重于提高资源配置效率和税收征收效率，试图建立一个富有效率的公平税制，既可以在一定程度上助推本国经济复苏，也有助于提高美国企业和出口产品的国际竞争力，以实现国际收支平衡。

10.4 特朗普税改计划的预期影响

当前，美国仍是世界规则的主要制定者之一，其一举一动具有牵一发动全身的效果。特朗普就任美国总统后，推动美国历史上规模最大的减税改革，特朗普主张通过减税等手段重塑美国经济，并且优化国际税制。可以预见的是，未来特朗普税改计划的实施，将会对包括中国在内的国际社会产生一定的影响。

10.4.1 对国际社会的影响

1.产生示范效应，引发新一轮的全球减税浪潮

《减税和就业法案》通过后，美国的税制改革即将进入实施阶段，其在促进国内经济发展的同时也会产生示范效应。美国税改后的重重优惠政策向包括美国在内的各国企业抛出"橄榄枝"，使各国不得不重新审视全球经济规则，紧跟美国税改步伐，对本国的税收政策和制度做出调整，从而引发新一轮的全球减税浪潮，间接造成国际经济的不良竞争，不利于国际税收政策的协调。

2.形成新的"税收洼地"，影响全球资源配置格局

纵观世界各地，"税收洼地"确实存在，但主要是小型经济体或某些地区借以吸引投资，通过外来资金进行货物生产或服务提供，进而促进其更好发展。这些经济体或地区存在某些劣势，税收优惠

政策的制定确实能带来较好的促进作用，但是对于美国来说，其作为世界上第一大经济体，本身就具有市场优势，一旦成为"税收洼地"，势必会影响全球资源配置格局，产生"虹吸效应"，这对其他国家和地区的经济发展会造成不良影响，违背全球范围的税收公平原则，同时也将会对全球税制改革进程带来新的冲击和挑战。

10.4.2　对中国的影响

1. 刺激在华的美国资本回流

此次税改针对美国跨国公司的一条重要优惠政策，就是将留存在海外的利润汇回美国将一次性课征一个较低的税收，即使税收不是企业进行生产经营需要考虑的唯一因素，但是低税负仍会在一定程度上对美国的跨国公司产生影响，促使其将在华资本、利润撤回美国。跨国企业资本回流会减少中国经济发展的资金流，降低中国对外国直接投资的吸引力，削弱中国的"集群效应"，不利于我国经济潜力的进一步挖掘。

2. 吸引中国资本外流

特朗普税改将会把一些产业和企业吸引到美国，因为低税率的存在，中国的跨国企业可能会增加对美投资，之前已有一些制造业企业流向美国，特朗普减税后将进一步增加比较优势。对于中国来说，其产业结构和美国较为互补，因此受到美国减税冲击预计可能相对小一些，而且中国近年来推行的一系列对企业减税降费措施，也有效对冲了这一影响。但是，随着中国的制造业向产业链上游攀升，与美国的交叉增多，受到的影响也会增大，中国的资本可能会逐步流向美国，对中国的经济发展造成长远的不利影响。

3. 产业转移可能引发较高失业率

产业链的整体转移或者跨国企业、跨国业务的部分迁移，势必会对中国就业产生影响。特朗普曾说，这次税制改革很多方面都将促进就业，税改必将给美国创造海量的工作机会，这也是其税改的目的之一，但与此同时，产业链、企业或业务迁出中国也必然会减少中国的就业机会，同时可能会增加中国的失业率，这对中国经济发展与社会和谐也会带来一定的不利影响。

4. 人民币面临贬值风险

美国税改在拉动内需时也会增加其全球市场份额，较低的税负使美国的产品在全球范围更具有竞争力，此时，国际市场对美元的需求增加，美元升值，对于同一项交易事项的另一国来说，其货币将会面临贬值风险。同时，美国资本的不断汇回和中国资本的逐渐外流，使得人民币的需求进一步下降，这就意味着实行管理浮动制的人民币可能在多方面压力下重回贬值通道。

10.4.3　关于中国税制改革的思考

作为以流转税为主的国家，中国有大约 90% 的税收收入来源于企业，特朗普减税方案的逐步实施会给中国企业发展带来许多挑战，面对这些挑战，中国不能作为被动的被影响者，应该保持对特朗普税改法案的清醒认识，积极深化税收制度改革，充分发挥我国税收制度的优势。

首先，继续完善"营改增"的相关政策，推进结构性减税政策。与美国相比，我国所得税占全部税收收入的比重要小得多，因此我国税制改革的重点不应该放在所得税上，而是应该放在流转税上，这样才能更好地产生减税降负的效果。近年来我国进行的"营改增"

改革，就是结构性减税的重要举措，也是供给侧结构性改革的重要推动力，因此，我国应该继续完善"营改增"税收政策，大力推进供给侧改革，给中国企业带来真正的税收优惠，减轻企业税负，从而能在根本上留住中国企业，在中国创造更多的就业机会。

其次，加快个人所得税改革进程。我国的税制模式正在由以流转税为主体的模式向以流转税和所得税为双主体的模式转变，因此加快所得税的改革进程对于应对特朗普的减税政策具有重要意义。我国的企业所得税法相对较为完善，但是个人所得税的课征仍存在许多不足之处，税收收入流失严重，因此，完善对个人所得的课征办法，合并个人所得税的征收项目，加快个人所得税的改革进程，提高所得税在全部税收收入的比重，将会十分重要。

再次，完善税收征管法，增加税收努力。我国现行的征管法是2001 年通过的《中华人民共和国税收征收管理法（修订案）》，也就是平常所称的新征管法，相比修改之前的旧征管法，新征管法对于税款征收方面有了重大突破，但仍存在一些问题，加之，共享经济及电子商务经济对税收征管提出了新的挑战，如果不能对现行税收征管法进行补充完善，我国的税收可能会进一步流失，税收努力进一步降低，这也是企业感觉税收负担过重的原因之一。因此，我国应该逐渐完善征管法，将税收努力发挥到极致，相当于间接给予企业税收优惠，从而能够真正做到为企业减税降负。

最后，积极融入国际税收治理新体系，深化对外开放与合作。特朗普税改中鼓励海外利润汇回、打造"税收洼地"的做法不仅对我国吸引外国投资和跨国企业在华经营产生影响，而且给全球范围的国际税收体系带来了冲击，可能会出现有害税收竞争和对 BEPS 项目的不合理应用。为此，我国应该密切关注各个国家的减税动向，对特朗普税改可能造成的不利影响出台相应的应对措施，同时要继续推进"一带一路"倡议，积极融入国际税收治理新体系，成为在经济领域和税收领域的带动者和贡献者。

缩 略 语 表

缩略语	英文原文	中文译文
ADS	Alternative Depreciation System	替代性折旧制度
AGI	Adjusted Gross Income	调整后毛所得
AMT	Alternative Minimum Tax	替代性最低税
CFC	Controlled Foreign Corporations	受控外国公司
DPAD	Domestic Production Activities Deduction	国内生产活动扣除
DRD	Dividends Received Deduction	分配股息扣除
EGTRRA2001	Economic growth and Tax Relief Reconciliation Act of 2001	2001 年经济增长和税收减免协调法案
EITC	Earned Income Tax Credit	勤劳所得税收抵免
E&P	Earnings and Profits	盈余和利润
FATCA	Foreign Account Tax Compliance Act	海外账户税收遵从法案
FICA	Federal Insurance Contributions Act	联邦保险缴款法案
FMV	Fair Market Value	公允市场价值
G20	Group of 20	20 国集团
GDS	General Depreciation System	通用折旧制度
HI	Medicare's Hospital Insurance Program	医疗保险计划
IRC	Internal Revenue Code	国内收入法典
IRS	Internal Revenue Service	国内收入局
JCT	Joint Committee on Taxation	税务联合委员会

缩略语	英文原文	中文译文
JGTRRA2003	Jobs and Growth Tax Relief Reconciliation Act of 2003	2003 年就业和增长税收减免协调法案
LTCG	Long-Term Capital Gains	长期资本利得
MACRS	Modified Accelerated Cost Recovery System	修改过的加速成本回收制度
MAGI	Modified Adjusted Gross Income	修改过的调整后毛所得
NIIT	Net Investment Income Tax	净投资所得税
NOL	Net Operating Loss	净经营亏损
OASDI	Old-Age, Survivors and Disability Insurance	老年、遗属和残疾保险
OASI	Old-Age and Survivors Insurance	老年和遗属保险
OBRA90	Omnibus Budget Reconciliation Act of 1990	1990 年综合预算协调法案
OBRA93	Omnibus Budget Reconciliation Act of 1993	1993 年综合预算协调法案
OECD	Organization for Economic Co-operation and Development	经济合作与发展组织
PSC	Personal Service Corporations	个人服务公司
REIT	Real Estate Investment Trusts	房地产投资信托
RIC	Regulated Investment Companies	受管制投资公司
SECA	Self Employment Contributions Act	自雇者缴款法案
SSN	Social Security numbers	社会保障号码
TRA86	Tax Reform Act of 1986	1986 年税收改革法案
TRA97	Tax Relief Act of 1997	1997 年纳税人税收减免法案

参 考 文 献

［1］翟继光编译 . 美国税法典（精选本）［M］. 经济管理出版社，2011.

［2］财政部税收制度国际比较课题组 . 美国税制［M］. 中国财政经济出版社，2000.

［3］熊伟 . 美国联邦税收程序［M］. 北京大学出版社，2006.

［4］郑幼锋 . 美国联邦所得税变迁研究［M］. 中国财政经济出版社，2006.

［5］王晓刚，王则柯 . 美国税制［M］. 中国经济出版社，1999.

［6］（美）哈维 .S. 罗森著，平新乔等译 . 财政学［M］. 中国人民大学出版社，2000.

［7］付伯颖 . 外国税制教程［M］. 北京大学出版社 .2010.

［8］王国华，张京萍 . 外国税制［M］. 中国人民大学出版社 .2008.

［9］肖炼 . 美国经济研究［M］. 中国友谊出版公司，2007.

［10］美国经济分析局 . 美国统计摘要［M］. 外文出版社，1979.

［11］梁若莲 . 特朗普税改方案对我国的影响与对策建议［J］. 税收经济研究，2017，22（03）.

［12］戴悦 . 特朗普税改及影响分析［J］. 中央财经大学学报，2017，（09）.

［13］王红晓，白涛林 . 美国个人所得税税率的历史变迁及启示

［J］．税务研究，2017，（07）．

［14］苏铁，王翀．美国边境调节税的概念、机理和影响分析［J］．海关与经贸研究，2017，（05）．

［15］王铭槿，高歌，李之媛．中国应该如何应对特朗普税改［J］．商业经济，2017，（04）．

［16］杨元杰．2016 年世界经济形势回顾及 2017 年前景展望［J］．中国财政，2017，（04）．

［17］李超民，胡怡建．特朗普税制改革取向及其影响［J］．税务研究，2017，（01）．

［18］卢锋．特朗普的经济主张［J］．国际经济评论，2017，（01）．

［19］于长红．简析中美税收协定的作用［J］．时代金融，2016，（35）．

［20］邵挺．正确认识美国房地产税的作用和局限性［J］．中国发展观察，2016，（02）．

［21］张敬石，胡雍．美国个人所得税制度及对我国的启示［J］．税务与经济，2016，（01）．

［22］唐明，李欢．美国财产税立法限制对我国房地产税立法的启示［J］．中国财政，2015，（11）．

［23］李青，张海波．中美税收强制执行程序比较与启示［J］．税务研究，2015，（10）．

［24］敖玉芳．美德税收核定程序证明责任的比较及借鉴［J］．税务与经济，2015，（05）．

［25］何惠敏．对美国税务稽查制度的分析及其启示——基于纳税遵从理论［J］．当代经济，2014，（12）．

［26］丁芸，胥力伟．美国社会保障税及对我国的启示［J］.国际税收，2014，（12）.

［27］余菁，张雁．美国欠税强制拍卖制度及启示［J］.国际税收，2014，（10）.

［28］付伯颖．美国联邦个人所得税变迁的思考与借鉴［J］.地方财政研究，2014，（10）.

［29］苏新泉．美国事权财权划分对我国全面深化财政改革的启示［J］.西部财会，2014，（05）.

［30］杨红燕，孙红娟．美国财政社会保障支出公平性分析及启示［J］.社会保障研究，2014，（01）.

［31］冯静．美国税制改革原因、思路及对中国的启示［J］.财政研究，2013，（12）.

［32］张友斗，苗杨，张帆．美国税制结构特点分析及对我国的启示［J］.国际税收，2013，（11）.

［33］高光芝．美国房地产税的经验及启示［J］.时代金融，2013，（08）.

［34］陈日生，陆岩．美国税制的借鉴和启示［J］.涉外税务，2012，（09）.

［35］王文静．论美国遗产税的公平与效率价值［J］.法制博览（中旬刊），2012，（08）.

［36］茹文娟．中美税收制度的比较与启示［J］.财会研究，2012，（08）.

［37］刘丽，张彬．美国政府间事权、税权的划分及法律平衡机制［J］.湘潭大学学报（哲学社会科学版），2012，（06）.

［38］姚璐，朱邦宁.美国经济中的死穴——美国巨额财政赤字问题分析［J］.新视野，2012，（5）.

［39］苏雅.联邦制下的中央与地方立法权划分模式之比较——美国与德国［J］.法制与社会，2011，（04）.

［40］林国建.从美国遗产税"空窗期"看我国遗产税的开征［J］.涉外税务，2011，（03）.

［41］郑文琳.公平视野下的美国联邦个人所得税研究——兼论对中国个税改革的借鉴［J］.中央财经大学学报，2011，（03）.

［42］王德祥，刘中虎.美国的个人所得税制度及其启示［J］.世界经济研究，2011，（02）.

［43］曾康华，王聪.美国税制改革新趋势［J］.中国税务，2011，（02）.

［44］戚鲁江.美国州议会组织结构及立法程序［J］.中国人大，2010，（24）.

［45］黄立新，张旋.欧洲债务危机后世界税制改革的发展趋势［J］.税务研究，2010，（12）.

［46］郭红雨."减税"之争扰乱美国政坛［J］.涉外税务，2010，（11）.

［47］冷永生.美国州公司所得税制及其存废之争［J］.涉外税务，2010，（06）.

［48］潘小璐.公平视角下美国个人所得税制度的借鉴［J］.金融与经济，2010，（03）.

［49］陈亚芹.论美国税收协定模式下强制性仲裁的法律特征及其现实基础——兼与OECD新范本规定的比较［J］.仲裁研究，

2010,（02）.

[50]凌兰兰，朱卫东.资本利得税经济效应研究：美国的经验与启示[J].税务研究，2008,（12）.

[51]孙承.美国现行税务管理体制特点及启示[J].税务与经济，2008,（02）.

[52]李方旺.美国税制和税收征管的特点及启示[J].税务研究，2007,（08）.

[53]骆祖春.美国税制改革历程、动因及未来发展趋势[J].涉外税务，2006,（11）.

[54]寇铁军.政府间事权财权划分的法律安排——英、美、日、德的经验及其对我国的启示[J].法商研究，2006,（05）.

[55]朱纯宣，陈洪波，陈斌.美国阿拉巴马州立法程序考察[J].楚天主人，2006,（01）.

[56]朱邦宁.美国经济中的"双高赤字"及其前景[J].求是，2005,（22）.

[57]（美）阿兰·J·沃尔巴克，张瑛译.美国税制改革历程[J].经济资料译丛，2004,（03）.

[58]严明，赵祥兰.美国取消联邦遗产税之争及评析[J].涉外税务，2003,（04）.

[59]蔡诗宏.美国州议会的基本架构与运行程序[J].吉林人大，2003,（01）.

[60]解宏，翟景明.美国资本利得税制的历史演变、原因及借鉴意义[J].涉外税务，2002,（05）.

[61]李伯钧.美国州议会的立法程序[J].吉林人大，2001,（08）.

［62］李卫东.美国联邦社会保障基金管理［J］.中国财政，1997，（03）.

［63］于一贫.美国税收立法程序简介［J］.税收与企业，1994，（02）.

［64］杨良.美国的税收留置权［J］.涉外税务，1993，（06）.

［65］曾尔恕.美国宪法规定的国会征税权［J］.政法论坛，1988，（01）.

［66］王奇，单长宗，胡健华.美国法院设置和法官制度［J］.学习与辅导，1987，（12）.

［67］张锐.特朗普减税计划能四两拨千斤？［N］.上海证券报，2017-02-17.

［68］杨志勇.美国公司所得税改革：争议与启示［N］.21世纪经济报道，2017-01-17.

［69］郭凯.巴菲特规则被阻则增加美财政风险［N］.21世纪经济报道，2012-04-19.

［70］蒋旭峰.美国需要"巴菲特规则"吗［N］.经济参考报，2012-04-17.

［71］刘天峰.遗产税"停顿"扰乱美国富人生活［N］.中国税务报，2010-01-13.

［72］周卫民.美国房地产税的征收和管理［N］.中国税务报，2005-05-18.

［73］付伯颖.美国联邦遗产税的历史变迁与启示［A］.财政史研究（第八辑）［C］，2015.

［74］马冉.美国联邦个人所得税制度历史变迁研究［D］.山东

大学, 2013.

[75] 肖怡. 中美税制的差异 [D]. 西南财经大学, 2011.

[76] 陈振. 中美税收立法程序比较研究 [D]. 江西财经大学, 2006.

[77] Rudolf Macek. The Impact of Taxation on Economic Growth: Case Study of OECD Countries. REVIEW OF ECONOMIC PERSPECTIVES-NÁRODOHOSPODÁR SKÝ OBZOR, VOL. 14, ISSUE 4, 2014, pp. 309–328, DOI: 10.1515/revecp-2015-0002.

[78] Daphne A. Kenyon; et al. (November 2011). "The Property Tax Exemption for Nonprofits and Revenue Implications for Cities" (PDF). Urban Institute. Retrieved2015-02-01.

[79] Gustavo Canavire-Bacarreza, Jorge Martinez-Vazquez, and Violeta Vulovic. Taxation and Economic Growth in Latin America. Inter-American Development Bank. 2013.

[80] OECD (2010), Tax Policy Reform and Economic Growth, OECD Publishing. http://dx.doi.org/10.1787/9789264091085-en.

[81] Toshihiro Ihori. Wealth taxation and economic growth Toshihiro Ihori. Journal of Public Economics 79 (2001) 129-148.

[82] Eric M.Engen, Jonathan Skinner. Taxation and Economic Growth. National Burean of Economic Research: November 1996.

[83] Stella Karagianni, Maria Pempetzoglou, and Anastasios Saraidaris. Average Tax Rates and Economic Growth : A NonLinear Causality Investigation for the USA. Frontiers in Finance and Economics. Vol 12 N° 1, 51-59.

［84］Harold Underwooe Faulkner "American Economic History"，Harper&Brother Publication，New York 1960.

［85］美国财政部：https：//www.treasury.gov/.

［86］美国国内收入局：https：//www.irs.gov/.

［87］美国海关与边境保护局：https：//www.cbp.gov/.

［88］美国统一关税表：https：//hts.usitc.gov/current.

［89］美国税务法院：https：//www.ustaxcourt.gov/.

［90］美国加州税务局：https：//www.ftb.ca.gov/ .

［91］美国经济分析局：https：//www.bea.gov/.

［92］美国联邦储备局：https：//www.federalreserve.gov/.

［93］美国劳工部：https：//www.bls.gov/ces/.

［94］美国烟酒及贸易局：https：//www.ttb.gov/.

［95］美国能源信息署：https：//www.eia.gov/.

［96］美国税务管理联合会：https：//www.taxadmin.org/.

［97］美国税务基金会：https：//taxfoundation.org/.

［98］美国销售税研究会：http：//salestaxinstitute.com/resources/.

［99］美国康奈尔大学法学院：https：//www.law.cornell.edu/uscode/text/26.

［100］美国 efile 电子申报服务网：https：//www.efile.com/.

［101］美国注册会计师协会税收政策数据库：http：//www.aicpa.org/interestareas/tax/resources/Pages/default.aspx.

［102］安德普翰人力资源服务网税收政策数据库：https：//www.adp.com/tools-and-resources/compliance-connection.aspx.

［103］移民研究中心：http：//cis.org/.

［104］皮尤研究中心：http：//www.pewresearch.org/.

［105］世界银行数据库：https://data.worldbank.org.cn/.

［106］OECD 数据库：http：//stats.oecd.org/.

［107］IBFD 数据库：https：//online.ibfd.org/.

［108］中国商务部投资美国指南：http://us.mofcom.gov.cn/article/zt_investguide/.

［109］中国外交部：http://www.fmprc.gov.cn/web/.

后 记

　　本书是《"一带一路"倡议下国别税制研究系列丛书》之美国卷。本书的编写是在该丛书主编、中央财经大学中国财政发展协同创新中心执行主任、研究生院院长马海涛教授和中央财经大学财政税务学院院长白彦锋教授的关心和指导下完成的。中央财经大学财政税务学院副院长何杨副教授为丛书的编写和出版做了大量细致工作。在此表示感谢!

　　中央财经大学财政税务学院2016级的几位研究生参与了本书前期资料的搜集、翻译、整理以及各章初稿的编写工作(格根图娅第1、5、6章,李政谕第2、3、7章,黄大卓第4章,朱东阳第8章,于倬第9章,李锐和肖孟璇第10章)。张京萍和陈宇主持本书的编写,并对全书进行修改和审定(张京萍第1～7章,陈宇第8～10章)。

　　需要说明的是,本书的编写过程正值"特朗普税改"从财政部提案到国会审议期间,至本书交稿时,国会参众两院对税改方案仍未达成一致。因此,本书没有将这一税改方案的内容放在现行税制中进行介绍,但在最后的"税制改革趋势"一章中,对参众两院的税改方案做了详细介绍和讨论,以便读者了解美国税制改革的最新动向。

　　由于作者的时间和能力所限,书中难免存在差错或疏漏,欢迎读者批评指正。

作　者

2017 年 12 月于北京